Basic Conversational French

Seventh Edition

Julian Harris
University of Wisconsin

André Lévêque
University of Wisconsin

HOLT, RINEHART AND WINSTON

New York • Chicago • Philadelphia • San Francisco • Montreal • Toronto
London • Sydney • Tokyo • Mexico City • Rio de Janeiro • Madrid

113821

ILLUSTRATION CREDITS: *see page 501.*

PUBLISHER: **Rita Pérez**
DEVELOPMENTAL EDITOR: **Marilyn C. Hofer**
PROJECT EDITOR: **Arthur J. Morgan**
PRODUCTION MANAGER: **Lula Schwartz**
DESIGN SUPERVISOR: **Renée Davis**
TEXT DESIGN: **Scott Chelius**

Library of Congress Cataloging in Publication Data

Harris, Julian Earle, date.
  Basic conversational French.

  Includes index.
  1. French language—Conversation and phrase books.
I. Lévêque, André, date. II. Title.
PC2121.H26   1982   448.3'421   81–20166
ISBN 0-03-060112-6   AACR2

CBS COLLEGE PUBLISHING
Holt, Rinehart and Winston
The Dryden Press
Saunders College Publishing

Contents

Although our ideas about teaching foreign languages are fairly well known, we would like first to state, once again, the assumptions upon which our method is based, and to discuss them briefly.

1. Learning a language means *learning to use it*.

2. The principal device for learning a language is to *practice using* it.

3. It follows that the main thrust of a first-year French course should be on practice in using the language.

4. In learning French, the most efficient learning unit is the phrase rather than the word. When students learn to use words in familiar phrases, they learn simultaneously their meaning, their gender, the way they are pronounced, and how they are used in authentic patterns of the language. It is inefficient for students to learn first the meaning and gender of words, then how they are pronounced, and finally to try to figure out, on the basis of the rules of French syntax, how to put words together in correct French sentences.

Whether it is a question of teaching grammar, pronunciation, intonation, vocabulary, idioms, listening comprehension, speaking, reading, or writing, we regard the phrase as the basic learning unit. Of course, it is frequently necessary to work on a single word or even on a single sound; but after working, say, on the uvular r (as in *au revoir*) or the French u (as in "*une lettre*"), students will produce the sound more accurately and remember it better if they repeat several times the French phrase in which it occurs.

5. The strategic moment for getting students to take the plunge and actually begin to understand and use French phrases is the very first day of the beginning course—before they realize what a feat they are accomplishing. They can take this fantastic step very easily because we start with phrases they *can* understand and use in French, in dialogs that seem natural, and in situations with which they are perfectly familiar. The students will develop a sense of French grammar and sentence structure. The first day is probably the most important day of the year. When the students say "*Au revoir*" to the instructor as they leave the classroom, many of them are already eager to learn French.

6. For adults and adolescents alike, a systematic study of grammar is invaluable—provided that it is accompanied by adequate practice. If principles of grammar are properly assimilated, they help students learn to use correctly and with confidence an ever-increasing number of authentic patterns of the language.

Moreover, students are used to generalizations and they like to see how a given expression fits into the general picture. It is important to remember, however, that massive doses of grammar without adequate practice will make students painfully self-conscious about avoiding mistakes, and inhibit rather than strengthen their ability to use the language.

Vocabulary building.   Words can be learned most efficiently by using them in phrases within a known context. But as the number of words that can be introduced in the dialogs is limited, we use phrases that have been learned in dialogs as a basis for substitution exercises in which new words are substituted for known words. The context can often make their meaning perfectly clear without preliminary study or explanation. For example, once students can understand and say: "*Je vais à la gare,*" they can understand and say: "*Je vais à l'aéroport, au cinéma, au stade, à la pharmacie,*" etc., with minimal prompting by the instructor.

The lay-out of the book.   The dialogs are constructed in such a way that the students can understand the meaning of individual phrases easily and quickly, so that they can use authentic French phrases intelligently from the first day, and so that they will associate French phrases with other phrases of the dialog rather than associating French words with English words. For example, before they come to the first grammar unit, they have four conversation units with exercises that give them practice in answering and asking questions in French, in thinking in French about a few very simple matters, and in reacting in French to a few directions in French.

The exercises of the first dialogs teach students to understand and use the phrases of the dialogs correctly, intelligently, and with increasing confidence. The first grammar unit then presents systematically what the students have already noticed or at least *sensed* about the forms and use of definite and indefinite articles. It is based entirely on examples that have appeared in the preceding dialogs.

The English version of the dialogs.   Each dialog is accompanied by a correct English version, because this is by far the easiest and quickest way for students to find out just what the French phrases mean. If the English version were printed on another page or in an appendix, many students would waste time transcribing it between the lines of the French text. If no English version were available, either the students would have to make a translation, or else the instructor would have to do it for them—either of which would take up valuable time that could be more appropriately used for learning to understand and use French phrases. The instructor can devote the entire class hour to the business of helping students learn to understand and use the French phrases of the dialog *in French.* And finally, if books are firmly closed during the *exercices pratiques,* it actually becomes possible to "banish English from the classroom" at least a part of the time.

Grammar.   Although we have tried to avoid over-emphasis on grammar, we are convinced that the elements of grammar should be presented with the greatest possible clarity. We have made it a point to explain without over-simplification, particularly emphasizing points of syntax in which French is different from English—points that have been stumbling blocks for generation after generation of young Americans.

Each grammar unit throughout the book is preceded by one or more dialogs in which students practice a few new forms and constructions orally and aurally before they consider them from the point of view of grammar. Thus, instead of trying to learn the subtleties, say, of the use of the partitive by poring over abstract explanations, the students first learn to use a few concrete examples in easily remembered contexts, and come prepared for the abstract explanation of the use of *du, de la, des,* and *pas de.* New vocabulary items are introduced in the dialogs so that the grammar lessons can be devoted exclusively to giving students a clear understanding of the principles of grammar and to doing exercises in which the principles are applied. While some of the grammar units look long, it is surprising how quickly abstract principles of grammar can be grasped and assimilated when students are thoroughly familiar with actual phrases that exemplify the principles. For example, most of the students know, before the lesson on the partitive, that you say: *"Voulez-vous du café?" "Nous n'avons pas de café," "Nous n'aimons pas le café."* Consequently the lesson explains what the students already need and want to know.

Timing.   We recommend that all exercises be done at a fairly rapid tempo and, usually, with books closed. If students utter a phrase quickly, it is much easier for them to overcome the habit of pronouncing vowels as if they were diphthongs and over-emphasizing initial consonants.

The exercises in which students merely repeat phrases present no difficulty in timing—since the instructor determines the rhythm. This exercise should set the pace for responses in subsequent exercises so that the answers to questions (*Répondez en français*) should be almost in the same rhythm. It should take only a *little more time* for students to respond to the command (*Dites-moi* or *Demandez-moi*) than it does to repeat a phrase. But this last type of exercise calls for a little dramatization: at first it is necessary to reiterate the rubric for each question and to give a sample response. For example, we say *"Demandez* (point to the student) *à Monsieur Hughes* (point to an imaginary Mr. Hughes) *comment il va."* Then we ask (looking at the imaginary Mr. Hughes) *"Comment allez-vous, monsieur?"* Then we repeat the command *without gestures: "Demandez à Monsieur Hughes comment il va."* By this time the students catch on and are ready to do the exercise. The idea is to get students to understand and use phrases intelligently, correctly, and with assurance. By understanding the "new word" *il va* in this context without having it explained, the students begin to develop the ability to sense what words *must* mean.

Substitution exercises.   These exercises should be done with verve. Their purpose is to give students practice in understanding, using, and varying authentic patterns of the language. We have made it a point to construct exercises that students can do correctly without worrying about *how* to do them. By doing simple substitution exercises, students are actually repeating over and over a pattern that they must retain while concentrating upon understanding and repeating a variation of one element of the pattern. This helps them master the pattern far better than mere repetition. As soon as a student can understand and repeat a phrase correctly, he must move onto the next stage of learning, and use the phrase correctly in response to a question or a command. The third stage of mastery of a pattern is the point at which the student can recall and use it without outside stimulus. The fourth stage is the point at which the student can recall the basic pattern and use it with variations without outside stimulus.

We have constructed a great number of transformation exercises that will give students practice in varying the subject of a sentence, or the verb, or the object, or the adjective modifiers, or the adverbial modifiers, and so on. At first they are so simple that beginners can do them quickly, correctly, and with confidence. After a few days, the exercises become more subtle. Throughout the book we have tried to construct exercises in such a way that students can do them successfully. The experience of hearing a phrase and retaining it long enough to answer it is a necessary step towards remembering it for twenty-four hours or six weeks.

Writing in French. We recommend that students begin to practice writing in French before the end of the first week. On the day they take up Conversation 2 we ask them to write a brief *Dictée* from Conversation 1. Thereafter, for each new dialog, the students are expected to learn to write the phrases of the preceding one. In this way, they learn that the art of spelling is merely a means of recording a language.

Quizzes. We find that a short weekly or at least a fortnightly quiz is an invaluable teaching device. From day to day, students should be encouraged to use the language orally as much as possible, and without worrying too much about mistakes; but it is necessary to keep a very careful check on the progress each student makes, and to keep each student informed as to the result of his work. The first quiz will necessarily consist only of a *Dictée*, a few questions asked orally in French that are to be answered in French, questions the students must ask, and a question to test their ability to use the prepositions *à* and *de* with the definite article. All the material in the first quizzes will be taken from the dialogs. As the first semester progresses, and as the exercises become more and more varied, any of the types of questions found in the exercises can be used. For variety, true-false statements may be included. The *Dictée* may occasionally be replaced by a simple anecdote that the students retell in their own words. After a few grammar units have been studied, questions calling for a thorough mastery of points of grammar can be included, and if a supplementary reader is being used, passages from it can be included as a basis for questions in French to be answered in French.

Reading in French. Before the students read the first *Texte à lire* (based on Conversations 1–5), explain to them that reading is, essentially, understanding what is written or printed, and that reading the sketches in this book is little more than understanding the written form of a few phrases—slightly rearranged, of course—that they have been understanding and using orally. To introduce a reading exercise, first read two or three sentences aloud while the students listen and read it silently. In a reading lesson, the books are always open. We have tried to combine text, subject matter, and illustrations in such a way that the students can have the salutary experience of reading in French something that they can actually understand *in French*. The purpose of reading aloud to them and with them is (1) to show them how to read by thought groups instead of word by word or syllable by syllable, (2) to show them from the beginning that they *can* read for meaning without constantly resorting to the vocabulary, and (3) to give them the pleasure of hearing, seeing, and understanding French.

We try to give students the experience of reading in French with understanding *and pleasure*, in the hope that they will not form the habit of trying to find a supposed English equivalent of every word in a passage before they attempt to understand what it is all about.

We recommend that after about three weeks, students be given short reading assignments once a week in a French reader, brief periods of practice in sight reading, and, eventually, a little outside reading. It goes without saying that students who ask and answer questions in French in connection with the dialogs, *textes à lire*, and grammar units, can do the same in connection with easy texts of a French reader.

We find that questionnaires such as those we have provided help students reach the point where they can understand the text in French without translating it into English. When students cannot grasp the meaning of a question there are several ways of helping them understand it: (1) Let them *read* the question. (2) Have them repeat the question in French before trying to answer it. (3) Answer the question in French and then ask the students to answer it. (4) Explain what the question means. (5) Tell them precisely where the answer may be found in the book. Only after a great deal of practice in listening to questions and finding the answers in the book can students be expected to prepare a reading lesson well enough to answer questions in French without referring to the book.

How we go about it.   We have been asked so often for a play-by-play description of the way we teach the dialogs and grammar lessons, that although it may seem almost supererogatory, we have decided to explain here precisely how we proceed. We realize that there are many other ways of going about it and that some of them may be better than ours. We also realize that excellent results can be had by strictly following the exercises as they are printed in the book. But here is the way we do it. (Cf. *Instructor's Manual* for our *Basic Conversational French*, 7th edition.)

At the first meeting of the class, we give the students a mimeographed schedule of assignments and quizzes for the semester. (We give 30-minute quizzes every two weeks and we cover 38 units in the first semester—that is, not quite three units per week, on the average, for sixteen weeks.) We explain very briefly the basic assumptions of the method and the procedures that are to be used, insisting especially on the importance (1) of listening with all possible attention to the way the instructor and the voices on the tapes utter each phrase, (2) of trying to understand the meaning of each French phrase each time it is repeated, and (3) of trying to reproduce each phrase precisely as the instructor and the voices on the tapes utter it—with proper intonation and, when appropriate, with gestures. We explain that the difficult part of French pronunciation is not *producing* the sounds but *hearing* them. We point out also that a foreign language must be learned bit by bit and that trying to learn two weeks' work on the night before quizzes—as students do in certain courses—simply will not work.

After this brief introduction (five minutes at most), we explain that the first dialog takes place between John Hughes, a young American chemical engineer who is living in Paris, and the concierge, or caretaker-superintendent, of the apartment house in which he lives. Then we say, "The concierge says to John, Good morning, Sir, *Bonjour, monsieur. Bonjour, monsieur. Bonjour, monsieur.* Please listen with all possible concentration. Notice that the greeting contains four short, equally stressed syllables. *Bonjour, monsieur.* Now repeat after me: *Bon-jour mon-sieur.*" It takes a great many repetitions and much listening to get the students to utter this phrase correctly. In fact, this may be the most difficult and important step in their entire language-learning career! But the best time to teach French pronunciation is before students build up bad habits of pronunciation and incorrect notions about French accent.

After they can say *Bonjour, monsieur* in four short, equally stressed syllables and without adding an *r* to *monsieur*, we introduce John's answer *Bonjour, madame.* While it takes six or seven minutes to teach them to say *Bonjour, monsieur,* it then takes only a minute or two to get them to say *Bonjour, madame* correctly—again in four short, equally stressed syllables. But the accent-less rhythm of French phrases must be carefully practiced day after day so that the students will not slip into the habit of uttering French phrases with American rhythms. Detailed suggestions for this sort of practice will be found in the special section on "How to Get a Good French Accent" (page 362).

When the first two lines are mastered, we say to the class: "*Dites-moi bonjour*" with an appropriate gesture at the word *moi.* Some of the students will understand at once and say "*Bonjour, monsieur.*" We then repeat "*Dites-moi bonjour*" and all the students respond. In teaching the first class, we say "Repeat after me" a few times in English, but thereafter we give the direction in French. Translation or explanation of *Répétez* or *Répétez après moi* after the first day is quite unnecessary.

As soon as they can respond easily to *Dites-moi bonjour,* we point to an imaginary John Hughes and say "*Dites bonjour à monsieur Hughes, Dites bonjour à la concierge,*" and so on. We do this at a fairly quick tempo so the students will develop the habit of grasping meaning immediately.

After the initial greeting is mastered, the next two lines are taken up in the same way. We say "The concierge says, Are you Mr. Hughes? *Êtes-vous monsieur*

Hughes?" and so on. But instead of seven or eight minutes, the second two lines can be introduced in three or four. As soon as they can say *Êtes-vous monsieur Hughes?* we say "*Demandez-moi si je suis monsieur Hughes,*" as above, and then, "*Demandez à ce monsieur* (point to an imaginary person) *s'il est monsieur Hughes.*"

Each pair of lines takes less time than the preceding pair. After each pair of lines, we return to the beginning of the dialog and have the students say as much of it as they can—prompting whenever it is necessary. We work through the entire dialog in this way, but at an increasing tempo. This takes about 25–30 minutes.

We then use ten to twelve minutes in a variety of ways. Sometimes we have the students repeat the phrases of the dialog while looking at the French text, or again we tell them to look at the English—for the first two or three weeks. We think it is a good idea to have the students see the French as soon as they have learned how it sounds so that they will begin to grasp the relationship between spelling and pronunciation. If students are constantly working with the tapes—listening, responding, recording, comparing their pronunciation with that of French voices— conventional French spelling will not be such a handicap as it was in the days when students were supposed to figure out from a lot of rules (and exceptions) about silent letters, how each word *would be* pronounced. Sometimes (but not the first day) we have students run through a dialog while looking at the IPA transcription so that they will know how to consult a transcription whenever they wish to do so. Usually, we do as many of the exercises as we can, but whatever else we do the first day, (1) we always make it a point to work seriously on the French uvular **r** and the French **u** (see pp. 368–369), (2) we always say something in French to each student: "*Bonjour, mademoiselle,*" "*Comment-allez-vous?*" "*Voici une lettre pour vous,*" etc., and (3) we always have the students run through the dialog of tomorrow's lesson two or three times so that they will have a fair idea of how the phrases sound before they try to work on them at home or in the lab.

Finally, we devote the last ten minutes or so of the hour to running rapidly through the dialog in a variety of ways: the teacher says the lines of the concierge, and the students those of John. Then we reverse the roles. Next, one half of the class says the lines of the concierge and the others those of John. Then two students run through the dialog alone.

As we remarked above, we are not at all sure that this way of doing it produces any better results in the long run than following the lesson precisely as it stands in the book; but we feel that the class may possibly get off to a faster start if the students are constantly being told to listen, to repeat, to answer, to ask, and so on—from the first day. This change of pace is one way of getting them to practice a great deal without lapsing into absent-minded parroting. (We have never approved the practice of 50-minute periods of "mimicry-memorizing.")

As for the grammar units, we run through the explanation of one paragraph, have the students repeat the examples carefully and do the exercises based on that paragraph at once. Then we take up the rest of the lesson paragraph by paragraph.

In addition to the work in class, we recommend that students work on the exercises three or four hours a week in small sections with skilled teaching assistants or with tapes under the guidance of an experienced laboratory assistant. We believe it is better to begin to work on a dialog in class than to have students study it ahead of time. After a dialog has been thoroughly worked over in class, serious study at home or in the laboratory will greatly strengthen the correct impressions that have been planted.

About the seventh edition.   In light of the comments made by users of the sixth edition, we have shortened *Basic Conversational French* in order to allow instructors to complete the text with greater ease. We have eliminated four conversation units, rearranged the grammar explanations, eliminated one grammar unit, and generally shortened conversations and exercises. In order to provide additional cultural insight, most of the cultural notes have been rewritten or expanded and many new ones added. Two new *textes à lire* are designed to give students an added opportunity to develop their reading skills. Vocabulary lists now appear after each reading. They provide topical words found in the preceding conversations and reading and were added to help students review vocabulary and to give them a reference tool to enable them to write better compositions. The illustration program is also entirely new.

Acknowledgments.   So many colleagues, both at Wisconsin and in other institutions, have contributed to the improvement of successive editions of our books that it would be impossible to mention them all by name. We are nonetheless grateful to them all: to those who have graciously told us of their favorite teaching devices, to those who have tried out new exercises for us, to those who have sent us desiderata for new editions, and to those who have simply written heart-warming letters to express approval of our efforts. The success of our books is due in no small part to their interest, help, and encouragement. We would like particularly to thank Karl Bottke, who was kind enough to read proof on the IPA transcriptions.

The University of Wisconsin   J.H.
Madison, Wisconsin   A.L.

Paris

Vue du haut de la Tour Eiffel (à gauche)

Des voiliers devant la Tour Eiffel (en haut, à droite)

Le Tour de France passe par Paris (en bas, à droite)

Paris

(cette page)

Une femme peintre à Montmartre (en haut)

La rue de Vaugirard dans le Quartier Latin (au milieu)

Versailles (en bas)

(page suivante)

Au Jardin du Luxembourg (en haut)

Le Bistro de la Gare *à Montparnasse* (au milieu)

On joue aux échecs au Jardin du Luxembourg (en bas)

La Province

(cette page)

Les menhirs préhistoriques de Carnac, Bretagne (en haut)

Le Château de Josselin, château du XVIe siècle de style flamboyant (à gauche)

Une falaise de la côte française à Êtretat (à droite)

(page suivante)

La rivière Rance traverse la ville de Dinan en Bretagne (en haut, à gauche)

Rouen (en haut, à droite)

Les Hautes-Alpes (en bas)

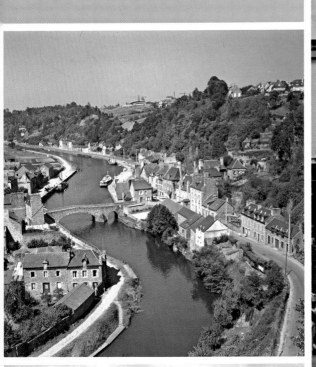

La Province

Cannes (en haut)

Le foulage du raisin à Bordeaux (à
  droite)

Le port de Marseille (en bas)

Les Beaux-Arts

L'Enlèvement de Rébecca, *Eugène
Delacroix* (en haut, à gauche)

Le Billet doux, *Jean Fragonard*
(en haut, à droite)

Mont St. Victoire, *Paul Cézanne* (à
gauche)

Les Beaux-Arts

(cette page)

La Bohémienne
endormie, *Henri
Rousseau* (à droite)

Un masque du Congo (Zaïre)
(en bas, à gauche)

Voilier à Sainte Adresse,
Raoul Dufy (en bas, à
droite)

(page suivante)

La Salle à manger, *Pierre
Bonnard* (en haut, à
gauche)

Nuit de Noël, *Henri
Matisse* (à droite)

Quand se reposer?,
*Roland Dorcely, peintre
haïtien* (en bas, à
gauche)

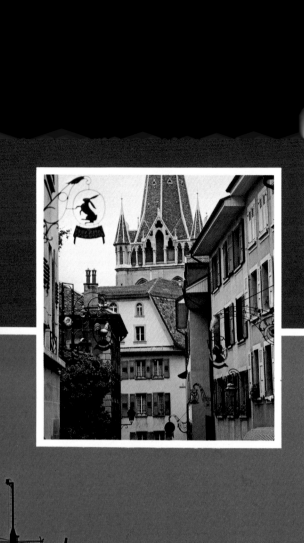
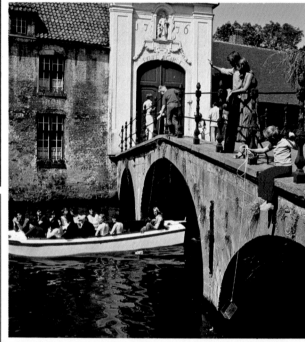

(page précédente)

Lausanne, Suisse (en haut, à gauche)

Bruges, Belgique (en haut, à droite)

Le port de Montréal, Canada (en bas)

(cette page)

Une femme au marché, Dakar, Sénégal (en haut, à gauche)

Québec, Canada (en bas, à gauche)

Une mosquée à Fez, Maroc (à droite)

Les Pays francophones

Marché d'Abidjan, Côte d'Ivoire (à gauche)

Marché aux fleurs, Martinique (en haut, à droite)

Port-au-Prince, Haïti (en bas, à droite)

Getting acquainted

*As John Hughes, a young American chemist, leaves his apartment
on the Avenue de l'Observatoire in Paris, he speaks to the concierge
of the building.*

LA CONCIERGE° ¹Bonjour, monsieur.°

THE CONCIERGE Good morning, sir.

JEAN HUGHES ²Bonjour, madame.

JOHN HUGHES Good morning, (madam).

LA CONCIERGE ³Êtes-vous M. Hughes?

THE CONCIERGE Are you Mr. Hughes?

JEAN HUGHES ⁴Oui, madame. Je suis Jean Hughes.

JOHN HUGHES Yes, (madam). I am John Hughes.

LA CONCIERGE ⁵Comment allez-vous, monsieur?

THE CONCIERGE How are you, sir?

JEAN HUGHES ⁶Bien, merci. ⁷Et vous-même?

JOHN HUGHES Well, thank you. And you (yourself)?

* A degree symbol indicates that an explanatory cultural note follows the Conversation.

LA CONCIERGE [8]Pas mal, merci.
JEAN HUGHES [9]Parlez-vous anglais?
LA CONCIERGE [10]Non, je ne parle pas anglais. [11]Mais vous parlez français, n'est-ce pas?
JEAN HUGHES [12]Oui, madame, je parle un peu français.
LA CONCIERGE [13]Voici une lettre pour vous.
JEAN HUGHES [14]Merci beaucoup.°
[15]Au revoir, madame.
LA CONCIERGE [16]Au revoir, monsieur.

THE CONCIERGE Not bad (thank you).
JOHN HUGHES Do you speak English?
THE CONCIERGE No, I don't speak English. But you speak French, don't you?
JOHN HUGHES Yes, (madam) I speak French a little.
THE CONCIERGE Here is a letter for you.
JOHN HUGHES Thank you very much. Good-bye, (madam).
THE CONCIERGE Good-bye, sir.

Cultural Notes

La concierge is roughly the equivalent of a manager/superintendent of an apartment building. She is a sort of French "institution." After a fixed hour at night, the building is locked and anyone who wishes to come in— including residents of the building—must identify himself (herself) to the concierge before being admitted. Thus, the concierge is aware of all the comings and goings.

French titles of civility (Monsieur, Madame, Mademoiselle) are much more commonly used than their English equivalents (Sir, Madam, Miss).

It is not necessary to say anything in response to Merci, but French people sometimes say: De rien or Il n'y a pas de quoi—which correspond roughly to You are welcome, Welcome, Think nothing of it, etc. Bonjour is a polite greeting. It corresponds to Good morning, Good afternoon, Hello, Hi.

3

I *Exercices de rythme**

A. Quatre syllabes

Repeat in four short, equally stressed syllables:

1. Bonjour monsieur.
2. Bonjour madamé.
3. Merci monsieur.
4. Merci madamé.

5. Merci beaucoup.
6. Au révoir monsieur.
7. Au révoir madamé.

B. Cinq syllabes

Repeat in five short, equally stressed syllables:

(1)

1. Bonjour madémoiselle.
2. Merci madémoiselle.
3. Au révoir madémoiselle.
4. Jé parlé un peu français.
5. Jé parlé un peu anglais.

(2)

1. Êtés-vous monsieur Hughés?
2. Comment allez-vous?
3. Parlez-vous français?
4. Parlez-vous anglais?

C. Six syllabes

Repeat in six short, equally stressed syllables:

1. Merci beaucoup monsieur.
2. Merci beaucoup madamé.
3. Je né parle pas français.

4. Je né parle pas anglais.
5. Mais vous parlez français.
6. Mais vous parlez anglais.

D. Sept syllabes

Repeat in seven short, equally stressed syllables:

1. Vous parlez français n'est-cé pas?
2. Vous parlez anglais n'est-cé pas?
3. Jé parlé un peu français monsieur.

4. Jé parlé un peu français madamé.
5. Jé parlé un peu anglais monsieur.
6. Voici uné lettre pour vous.

E. Huit syllabes

Repeat in eight short, equally stressed syllables:

1. Je né parle pas français monsieur.
2. Je né parle pas français madamé.

3. Je né parle pas anglais monsieur.
4. Je né parle pas anglais madamé.

---

* In order to make the rhythm exercises perfectly clear, silent **e**s are printed ¢ and commas are omitted. For additional pronunciation exercises, see pp. 367–368.

II *Dites en français* (Say in French):

1. Dites-moi bonjour. (Bonjour, monsieur. Bonjour, madame. Bonjour, mademoiselle.)
2. Dites-moi au revoir. (Au revoir, monsieur. Au revoir, madame. Au revoir, mademoiselle.)
3. Dites-moi merci. (Merci, monsieur. Merci, madame. Merci, mademoiselle.)
4. Dites-moi merci beaucoup. (Merci beaucoup, monsieur, madame, mademoiselle.)

III *Demandez en français* (Ask in French):

1. Demandez-moi si je suis M. Hughes. (Êtes-vous Monsieur Hughes?)
2. Demandez-moi comment je vais. (Comment allez-vous, monsieur, madame, mademoiselle?)
3. Demandez-moi si je parle anglais. (Parlez-vous anglais, monsieur, madame, mademoiselle?)
4. Demandez-moi si je parle français.

IV *Donnez une réponse convenable à chacune des expressions suivantes* (Give a suitable response to each of the following expressions):

1. Bonjour, monsieur.
2. Bonjour, mademoiselle.
3. Comment allez-vous?
4. Vous parlez français, n'est-ce pas? (Oui, je parle un peu français.)
5. Voici une lettre pour vous.
6. Au revoir, mademoiselle.

V *Mini-dialogues entre deux étudiant(e)s*

*Le professeur demande à deux étudiant(e)s (**A** et **B**) de poser des questions et d'y répondre* (The instructor asks two students (**A** and **B**) to ask questions and to answer them).

1. **A.** Dites bonjour à un(e) autre étudiant(e). (Bonjour, M., Mme, Mlle.)
   B. Répondez, s'il vous plaît. (Bonjour, M., Mme, Mlle.)
   A. Dites au revoir à l'autre étudiant(e). (Au revoir, M., Mme, Mlle.)
   B. Répondez, s'il vous plaît. (Au revoir, M., Mme, Mlle.)

2. **A.** Demandez à l'autre étudiant(e) s'il (si elle) parle anglais. (Parlez-vous anglais?)
   B. Répondez, s'il vous plaît. (Oui, je parle anglais.)
   A. Demandez comment il (elle) va. (Comment allez-vous?)
   B. Répondez, s'il vous plaît. (Pas mal, merci.)
   A. Dites au revoir à l'autre étudiant(e). (Au revoir.)
   B. Répondez, s'il vous plaît. (Au revoir.)

5

Asking directions

John Hughes is spending a few days visiting some of the interesting places in the Île-de-France.° He has just arrived at Chantilly where he plans to see the château,° museum, racetrack, etc. He asks for information first in the railroad station and then on the street.

À la gare	*At the station*

JEAN   ¹Pardon, madame. Où est le château, s'il vous plaît?

UNE EMPLOYÉE   ²Tout droit, monsieur.

JEAN   ³Et le musée?

L'EMPLOYÉE   ⁴Le musée est dans le château.

JEAN   ⁵Y a-t-il un restaurant près du château?

L'EMPLOYÉE   ⁶Oui, monsieur. Il y a un bon restaurant en face du château.

JEAN   ⁷Merci beaucoup.

JOHN   Pardon me, madam. Please tell me where the chateau is.

AN EMPLOYEE   Straight ahead, sir.

JOHN   And the museum?

THE EMPLOYEE   The museum is in the chateau.

JOHN   Is there a restaurant near the chateau?

THE EMPLOYEE   Yes, sir. There is a good restaurant across from the chateau.

JOHN   Thank you very much.

Dans la rue

JEAN *(À un passant)* [8]Pardon, monsieur. Où est le bureau de poste?
LE PASSANT [9]La poste° est sur la place,° là-bas, à gauche. *(geste°)*
JEAN [10]Y a-t-il un bureau de tabac° près d'ici?
LE PASSANT [11]Mais oui, monsieur. Il y a un bureau de tabac là-bas, à droite. *(geste)*
JEAN [12]Merci beaucoup.

On the street

JOHN (To a passer-by) Pardon me, sir. Where is the post office?
THE PASSER-BY The post office is on the square, over there, to the left. *(gesture)*
JOHN Is there a tobacco shop near here?
THE PASSER-BY Oh, yes, sir. There is a tobacco shop over there on the right. *(gesture)*
JOHN Thank you very much.

Cultural Notes

The **Île-de-France** is not an island but the region around Paris. It occupies part of six of the **Départements** (administrative divisions) of France.

The **Château de Chantilly** is about twenty-five miles north of Paris. In the 17th century, the rich and powerful **Prince de Condé** lived there and had a magnificent court that almost rivaled the court of Louis XIV at Versailles. The chateau was destroyed during the French Revolution and was rebuilt in the 19th century. It has a very valuable collection of manuscripts, miniatures, and other works of art.

LE CHÂTEAU DE CHANTILLY

7

Le Bureau de poste de la **CITE UNIVERSITAIRE** est ouvert du lundi au vendredi de 9ʰ à 16ʰ30

tous les autres bureaux de poste de Paris sont ouverts
Lundi au Vendredi de : 8ʰ à 19ʰ
Samedi de : 8ʰ à 12ʰ

PARIS 08 annexe 1 71, Avenue des Champs-Elysées (8ᵉ) assure le téléphone, le télégraphe et la vente des timbres-poste jusqu'à 23 ʰ 30

DIMANCHE ET JOURS FERIES, de 10ʰ à 12ʰ et de 14ʰ à 20ʰ

PARIS 08 annexe 1 71, Avenue des Champs-Elysées (8ᵉ) assure le téléphone, le télégraphe et la vente des timbres-poste

EN PERMANENCE, **LA RECETTE PRINCIPALE DE PARIS** 52, Rue du Louvre (1ᵉ)
Pendant la fermeture des autres établissements, elle n'assure que des opérations courantes à caractère individuel.

La poste and **le bureau de poste** are used interchangeably. The French ministry of **Postes, Télégraphes et Téléphones** (usually called the **PTT**) runs the postal and telegraphic services very efficiently, but the telephone service leaves much to be desired. In recent years the ministry of the **PTT** has been renamed the ministry of **Postes et Télécommunications (P et T)** though most people still refer to the **PTT**.

La Place. Most French towns and villages have a large open square in the center of town, small versions of the internationally known Place de la Concorde in Paris, London's Trafalgar Square, and Venice's St. Mark's Square.

I *Exercice de mise en train* (Warm-up exercise)

Répondez tous ensemble (Answer all together):

1. Dites-moi bonjour.
2. Dites bonjour à un voisin or à une voisine (*Say hello to a neighbor—masculine or feminine*).
3. Demandez-moi commènt je vais.
4. Parlez-vous un peu français? (Oui, je parle un peu français.)
5. Parlez-vous anglais?
6. Demandez-moi si je parle français.
7. Voici une lettre pour vous.
8. Au revoir.

8

II *Exercices de rythme**

Repeat after me:

A. Quatre syllabes

1. Où est le château?*
2. Où est le musée?
3. Où est la gare?

B. Cinq syllabes

1. Où est le bureau de poste?
2. Où est le restaurant?

C. Six syllabes

1. Où est le bureau de tabac?
2. Y a-t-il un restaurant . . .?
3. Il y a un restaurant . . .

D. Sept syllabes

1. Où est le château, s'il vous plaît?
2. Où est le musée, s'il vous plaît?

III *Substitutions* (Vocabulary drill)

Répétez les phrases suivantes, en substituant les mots indiqués (Repeat the following sentences, making the suggested substitutions):

1. Où est **le château?**
    le musée / le bureau de tabac / le bureau de poste / le restaurant

2. **Le château** est près d'ici.
    Le musée / Le bureau de tabac / La poste / Le restaurant

3. Le musée est **près d'ici.**
    là-bas, à droite / là-bas, à gauche / sur la place / près du château

4. Il y a un restaurant **près du château.**
    près de la gare / à l'aéroport / sur la place / dans le château

5. Y a-t-il un restaurant **près d'ici?**
    près de la gare / près du château / dans le château / sur la place

IV *Comptez en français de un à dix* (Count in French from 1 to 10):

1. un (1), deux (2), trois (3), quatre (4), cinq (5).
2. six (6), sept (7), huit (8), neuf (9), dix (10).
3. un franc, deux francs, trois francs.
4. quatre francs, cinq francs, six francs.
5. sept francs, huit francs, neuf francs, dix francs.
6. un étudiant, deux étudiants, trois étudiants.
7. quatre étudiants, cinq étudiants, six étudiants.
8. sept étudiants, huit étudiants, neuf étudiants, dix étudiants.

*For additional pronunciation exercises, see pp. 370–371.

V *Répondez en français, d'après le texte (. . . according to the text):*

1. Où est le château, s'il vous plaît?
2. Et le musée?
3. Où est la poste?
4. Y a-t-il un restaurant près du château?
5. Où est le bureau de poste?
6. Y a-t-il un bureau de tabac près d'ici?

VI *Demandez-moi:*

EXEMPLE Demandez-moi où est le château. → **Où est le château, s'il vous plaît?**

1. Demandez-moi où est la gare.
2. Demandez à un(e) autre étudiant(e) où est la gare.
3. Demandez-moi s'il y a un restaurant près d'ici.
4. Demandez à un(e) autre étudiant(e) s'il y a un restaurant près d'ici.

VII *Mini-dialogues*

*Le professeur demande à deux étudiant(e)s (**A** et **B**) de poser des questions et d'y répondre.*

1. **A.** Demandez à un(e) autre étudiant(e) s'il (si elle) parle français.
   B. Répondez que vous parlez un peu français.
   A. Demandez où est le château.
   B. Répondez que le château est sur la place.
   A. Dites merci à l'autre étudiant(e).

2. **A.** Demandez à un(e) autre étudiant(e) s'il y a un restaurant près d'ici.
   B. Répondez qu'il y a un restaurant en face du château.
   A. Demandez où est le musée.
   B. Répondez que le musée est dans le château.

3. **A.** Demandez à un(e) autre étudiant(e) s'il y a un bureau de tabac près d'ici.
   B. Répondez qu'il y a un bureau de tabac sur la place.
   A. Demandez où est le bureau de poste.
   B. Répondez que la poste est sur la place, là-bas, à gauche.

VIII *Dictée d'après la Conversation 1, pp. 2–3*

Getting a hotel

John is looking for a hotel and asks a policeman for directions.

Dans la rue

JEAN   ¹Pardon, où est l'hôtel du Cheval blanc?°
UN AGENT DE POLICE°   ²Sur la place, monsieur.
JEAN   ³Est-ce que c'est loin d'ici?
L'AGENT   ⁴Non, ce n'est pas loin d'ici.

JEAN   ⁵C'est un bon hôtel?

On the street

JOHN   Pardon me, where is the White Horse Hotel?
A POLICEMAN   On the square, sir.

JOHN   Is it far from here?
THE POLICEMAN   No, it isn't far (from here).

JOHN   Is it a good hotel?

11

L'AGENT ⁶Oui, monsieur, c'est un très bon hôtel.

JEAN ⁷Est-ce que la cuisine est bonne?

L'AGENT ⁸Certainement, monsieur. La cuisine est excellente.

JEAN ⁹Merci beaucoup.

À l'hôtel du Cheval blanc

JEAN ¹⁰Quel est le prix de la pension?

L'HÔTELIERE ¹¹Deux cent cinquante francs par jour, monsieur, ¹²avec le petit déjeuner, le déjeuner et le dîner—¹³et la chambre, bien entendu.

THE POLICEMAN Yes, sir, it is a very good hotel.

JOHN Is the food (cuisine) good?

THE POLICEMAN Certainly, sir. The food is excellent.

JOHN Thank you very much.

At the White Horse Hotel

JOHN What is the price of room and board?

THE HOTEL MANAGER (f.) Two hundred and fifty francs per day, sir, with breakfast, lunch, and dinner—and the room, of course.

Cultural Notes

Les agents de police are the regular city police. They should not be confused with the **gendarmes**, who belong to the French Army and who operate outside the cities and towns. The **gendarmes** are something like our State Troopers.

There are hotels called the **White Horse** in many French towns and many other hotels with names dating from the Middle Ages, such as the Gold Lion, the Golden Pheasant, and the Shield of France. Though the history of many can only be guessed at, these names may have been chosen for their appeal to medieval travellers on horseback or for their suggestions of quality or the unique. They were especially important as emblems in a time when many could not read.

I Exercice de mise en train

Répondez tous ensemble:

1. Dites-moi bonjour.
2. Demandez-moi comment je vais.
3. Demandez-moi où est le château.
4. Demandez-moi s'il y a un restaurant près du château.
5. Dites-moi qu'il y a un bon
7. restaurant près du château.
6. Dites-moi « Tout droit. »
7. Dites-moi « Là-bas, à gauche. »
8. Dites-moi « Là-bas, à droite. »

II Substitutions (Vocabulary drill)

Répétez les phrases suivantes, en substituant les mots indiqués:

1. Jean est **à Chantilly.**
   à la gare / au château / dans la rue / sur la place / au restaurant

2. Est-ce que l'hôtel est **près d'ici?**
   près du château / près de la gare / loin de la gare / loin d'ici

3. **L'hôtel du Cheval blanc** n'est pas loin d'ici.
   Le musée / La poste / L'aéroport / Le stade

4. Il y a un hôtel **en face de l'église** (*opposite the church*).
   en face de la poste / près de la poste / en face du château / à l'aéroport

5. Quel est le prix **de la pension?**
   du petit déjeuner / du déjeuner / du dîner / des repas (*meals*)

III Comptez en français de onze à vingt:

1. onze (11), douze (12), treize (13).
2. quatorze (14), quinze (15), seize (16).
3. dix-sept (17), dix-huit (18), dix-neuf (19), vingt (20).
4. onze étudiants, douze étudiants, treize étudiants, quatorze étudiants, quinze étudiants, seize étudiants, dix-sept étudiants, dix-huit étudiants, dix-neuf étudiants, vingt étudiants.
5. Dites en français: 1 franc, 11 francs; 2 francs, 12 francs; 3 francs, 13 francs; 4 francs, 14 francs; 5 francs, 15 francs; 6 francs, 16 francs; 7 francs, 17 francs; 8 francs, 18 francs; 9 francs, 19 francs; 10 francs, 20 francs.

13

IV *Mettez les phrases suivantes à la forme interrogative en plaçant* **Est-ce qu'(e)** *devant chacune d'elles* (Put the following sentences in the interrogative form by placing *est-ce qu'(e)* in front of each of them):

EXEMPLE Il y a un bon hôtel près d'ici. →
        Est-ce qu'il y a un bon hôtel près d'ici?

1. L'hôtel du Cheval blanc est près d'ici.
2. L'hôtel du Cheval blanc est loin d'ici.
3. Il y a un bon restaurant près d'ici.
4. Il y a un restaurant en face de l'église.
5. Il y a un bon restaurant sur la place.
6. Il y a un bureau de tabac en face de la gare.
7. Il y a un restaurant dans la gare.
8. La cuisine de l'hôtel du Cheval blanc est bonne.

V *Répondez en français d'après le texte* (. . . according to the text):

1. Où est l'hôtel du Cheval blanc?
2. Est-ce que c'est loin d'ici?
3. Est-ce que c'est un bon hôtel?
4. Est-ce que la cuisine est bonne?
5. Quel est le prix de la pension?

VI *Mini-dialogues*

*Le professeur demande à deux étudiant(e)s (***A*** et ***B***) de poser des questions et d'y répondre.*

1. **A.** Demandez à un(e) autre étudiant(e) où est l'hôtel du Cheval blanc.
   B. Répondez qu'il est sur la place.
   A. Demandez si c'est un bon hôtel.
   B. Répondez que c'est un très bon hôtel.
   A. Demandez si c'est loin d'ici.
   B. Répondez que c'est près d'ici.

2. **A.** Demandez à un(e) autre étudiant(e) le prix de la pension.
   B. Répondez: Soixante-dix francs par jour.
   A. Demandez si la cuisine est bonne.
   B. Répondez que la cuisine est excellente.

14   **VII** *Dictée d'après la Conversation 2, pp. 6–7*

Catching a train

John wants to have lunch before returning to Paris. He finds that he has plenty of time.

À l'hôtel

L'HÔTELIÈRE [1]Comment ça va,° monsieur?

JEAN [2]Ça va bien, merci. [3]Quelle heure est-il?

L'HÔTELIÈRE [4]Il est onze heures.

JEAN [5]Est-ce que le déjeuner est prêt?

L'HÔTELIÈRE [6]Non, monsieur, pas encore. [7]À quelle heure voulez-vous déjeuner?

JEAN [8]À onze heures et demie.

L'HÔTELIÈRE [9]À quelle heure allez-vous à la gare?

JEAN [10]Je vais à la gare à midi. [11]Le train pour Paris arrive à midi et quart, n'est-ce pas?

At the hotel

THE HOTEL MANAGER How are you, sir?

JOHN Fine, thanks. What time is it?

THE HOTEL MANAGER It is eleven o'clock.

JOHN Is lunch ready?

THE HOTEL MANAGER No, sir, not yet. At what time do you want to have lunch?

JOHN At half past eleven.

THE HOTEL MANAGER At what time are you going to the station?

JOHN I am going to the station at noon. The train for Paris arrives at a quarter past twelve, doesn't it?

15

L'HÔTELIÈRE   ¹²Non, monsieur. Il arrive à deux heures moins le quart.

THE HOTEL MANAGER   No, sir. It comes at a quarter of two.

JEAN   ¹³Ah bon, alors je vais déjeuner à midi, comme d'habitude.   ¹⁴Est-ce que le bureau de poste est ouvert cet après-midi?

JOHN   Oh, good, then I am going to have lunch at noon, as usual. Is the post office open this afternoon?

L'HÔTELIÈRE   ¹⁵Certainement, monsieur. Jusqu'à sept heures du soir.

THE HOTEL MANAGER   Certainly, sir. Until seven o'clock in the evening.

Cultural Note

Comment ça va is less formal than **comment allez-vous.** The French are generally more reserved when meeting foreigners than Americans are. While we do not hesitate to invite comparative strangers to our homes, the French tend to keep their distance. Note, however, that French people usually shake hands with friends and acquaintances whenever they meet—even if they see each other every day or so.

I *Exercice de mise en train*

Répondez tous ensemble:

1. Demandez-moi comment ça va.
2. Dites-moi que ça va très bien.
3. Demandez-moi si je parle français.
4. Dites-moi que vous parlez un peu français.
5. Demandez-moi si l'hôtel du Cheval blanc est sur la place.
6. Demandez-moi s'il y a un bon restaurant près d'ici.
7. Dites-moi que l'hôtel du Cheval blanc est près du château.
8. Dites-moi que la cuisine est excellente.

II Substitutions (Vocabulary drill)

Répétez les phrases suivantes en substituant les mots indiqués:

1. À quelle heure allez-vous **à la gare?**
   à l'hôtel / au restaurant / au musée / à la poste

2. Je vais à la gare **à midi.**
   à six heures / à dix heures et quart / à cinq heures et demie / à midi moins le quart

3. Il est ouvert jusqu'à **sept heures du soir.**
   huit heures / neuf heures / dix heures / onze heures

4. Je vais au musée **ce matin.**
   cet après-midi / ce soir / à midi et demi / à neuf heures

5. Je vais déjeuner **à midi,** comme d'habitude.
   à midi moins le quart / à midi et quart / à midi et demi / à une heure moins le quart

6. Jean dit à l'hôtelière: « **Ça va bien.** »
   « Très bien » / « Assez bien » / « Pas mal » / « Comme ci comme ça » *(so-so)*

III *Exercices d'application*

A. *Mettez les phrases suivantes à la forme interrogative en plaçant* **Est-ce qu(e)** *devant chacune d'elles:*

1. Le déjeuner est prêt.
2. Le bureau de poste est ouvert cet après-midi.
3. Le dîner est prêt.
4. Le musée est dans le château.
5. Il y a un restaurant près du château.
6. Il y a un bureau de tabac en face du château.
7. Il y a un train pour Paris cet après-midi.
8. Il y a un bon restaurant sur la place.

17

B. *Mettez les phrases suivantes à la forme négative:*

EXEMPLE   Je parle français. → **Je ne parle pas français.**

1. Je suis Jean Hughes.
2. Je parle anglais.
3. Je vais à l'aéroport.
4. Je vais déjeuner à onze heures et demie.
5. C'est loin d'ici.

6. C'est un bon hôtel.
7. Le déjeuner est prêt.
8. Le dîner est prêt.
9. Le bureau de poste est ouvert.
10. Il est ouvert à huit heures.

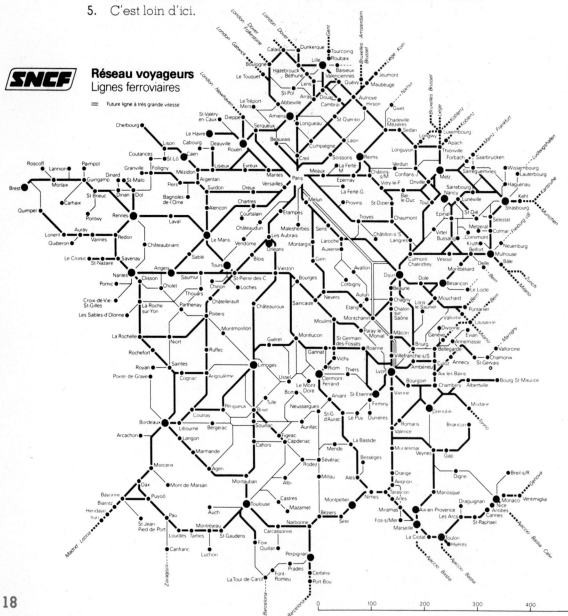

SNCF **Réseau voyageurs**
Lignes ferroviaires

= Future ligne à très grande vitesse

IV *Répondez en français d'après le texte:*

1. Comment ça va?
2. Quelle heure est-il?
3. Est-ce que le déjeuner est prêt?
4. À quelle heure voulez-vous déjeuner?
5. À quelle heure allez-vous à la gare?
6. Le train pour Paris arrive à midi et quart, n'est-ce pas?

V *Répondez en français aux questions personnelles suivantes:*

1. À quelle heure allez-vous déjeuner?
2. À quelle heure allez-vous dîner?
3. Où allez-vous déjeuner?
4. Où allez-vous dîner?
5. À quelle heure déjeunez-vous d'habitude?
6. À quelle heure dînez-vous d'habitude?
7. À quelle heure allez-vous d'habitude au labo?
8. À quelle heure allez-vous d'habitude au cinéma?

VI *Mini-dialogues*

1. **A.** Demandez à un(e) autre étudiant(e) comment ça va.
   B. Répondez que ça va bien.
   A. Demandez s'il (si elle) parle français.
   B. Répondez que vous parlez un peu français.
   A. Demandez si le bureau de poste est ouvert cet après-midi.
   B. Répondez qu'il est ouvert jusqu'à sept heures du soir.
   A. Remerciez l'autre étudiant(e).

2. **A.** Demandez à un(e) autre étudiant(e) quelle heure il est.
   B. Répondez qu'il est onze heures et demie.
   A. Demandez si le déjeuner est prêt.
   B. Répondez que le déjeuner n'est pas encore prêt.
   A. Demandez à quelle heure arrive le train pour Paris.
   B. Répondez qu'il arrive à deux heures moins le quart.
   A. Remerciez l'autre étudiant(e).

VII *Dictée d'après la Conversation 3, pp. 11–12*

Articles and prepositions
de and *à*

1   Masculine and feminine gender

In French, nouns fall into two classes, or, as they are traditionally (and somewhat misleadingly) called, *genders:* masculine and feminine. Those with which **le** or **un** is used are masculine, and those with which **la** or **une** is used are feminine. The question of gender it is very complicated in French, because the form of the article, adjective, pronoun, and sometimes even the verb you use, must conform to the gender of the noun to which it refers. The way to master this all-pervasive problem in French is to practice using each noun with the proper form of an article or adjective. For example, you have already learned to say correctly and with confidence « **Où est le musée?** » and « **Où est la gare?** » Now, although you did not consciously learn that **musée** is masculine and **gare** is feminine, you will always know that one says **le musée** and **la gare**—which is all you need to know in order to use the two words correctly. The exercises in this book will give you systematic practice in hearing and using nouns with the proper form of articles, adjectives, etc. in familiar contexts. You will find that the meaning of phrases, their sound, their intonation, their rhythm, their context—everything will help you recall all the parts of the phrases, including the correct form of articles and adjectives. In this way the complicated problem of gender will practically take care of itself.

There is no dependable rule of thumb for figuring out the gender of nouns in French. It is true that the gender of those that refer to persons usually corresponds to their sex, but the vast majority (those that refer to things, places, activities, abstractions, materials, measurements, etc.) have nothing whatever to do with sex.

2   Indefinite article *un, une* (a, an)

The masculine form **un** is used with masculine singular nouns; the feminine form, **une**, with feminine singular nouns.

MASCULINE		FEMININE	
un musée	*a museum*	une rue	*a street*
un restaurant	*a restaurant*	une place	*a public square*
un employé	*an employee*	une employée	*an employee*
un hôtel	*a hotel*	une gare	*a railroad station*
un hôtelier	*a hotel manager (m.)*	une hôtelière	*a hotel manager (f.)*

3 Definite article *le, la, l', les* (the)

A. *le*

The form **le** (masculine singular) is used before nouns or adjectives that are masculine and singular if they begin with a consonant other than a mute **h***:

le bureau de tabac	**the** *tobacco shop*
le déjeuner	*lunch,* or **the** *lunch*
le restaurant	**the** *restaurant*
le bon restaurant	**the** *good restaurant*
le bon hôtel	**the** *good hotel*
le petit hôtel	**the** *little hotel*

B. *la*

The form **la** (feminine singular) is used before nouns or adjectives that are feminine and singular if they begin with a consonant other than a mute **h**:

la gare	**the** *railroad station*
la rue	**the** *street*
la poste	**the** *post office*
la cuisine	**the** *cooking*
la bonne cuisine	*good cooking*
la chambre	**the** *room*
la pension	*room and board*

C. *l'*

The form **l'** (masculine or feminine singular) is used before nouns or adjectives of either gender if they begin with a vowel or mute **h**:

l'agent de police *m.*	**the** *police officer*
l'hôtel	**the** *hotel*
l'autre hôtel	**the** *other hotel*
l'église *f.*	**the** *church*
l'hôtelière	**the** *hotel manager*
l'employée	**the** *employee*
l'aéroport	**the** *airport*

---

* Although all **h**'s are silent in everyday conversation, they fall into two groups traditionally known as mute **h**'s and aspirate **h**'s:
Before a word beginning with a mute **h**, linking and elision take place precisely as if the word began with a vowel. EXEMPLE: **l'hôtel, les hôtels.**
Before a word beginning with an aspirate **h**, linking and elision do not take place. EXEMPLE: **Le/héros** *(the hero),* **les/héros.**
In the vocabulary of this book, and in most dictionaries, words beginning with an aspirate **h** are marked with an asterisk.
For a discussion of linking, see pp. 371–372.

Explanations of the form l' usually indicate that the vowel of **le** or **la** is elided or that elision takes place. However, do not infer that this is an operation *you* are supposed to perform: as the elision took place centuries ago, there is no point in imagining a vowel and then eliding it! Just say, think, and write **l'hôtel** and be done with it.

D. *les*

The form **les** is used before any plural noun or adjective:

les restaurants	the *restaurants*
les ⌣autres restaurants	the *other restaurants*
les ⌣églises	the *churches*
les ⌣hôtels	the *hotels*
les bons restaurants	the *good restaurants*
les ⌣autres hôtels	the *other hotels*

(1) note that the **s** of **les** is linked (and pronounced **z**) if the noun or adjective which follows begins with a vowel or mute **h**.
(2) In writing, the plural of most French nouns is formed by adding "s" to the singular. This "s" is of course not pronounced—except in linking.

In speaking, the plural of most nouns is distinguished from the singular by the article used: **le restaurant—les restaurants, la gare—les gares.**

4 Preposition *de* (of, from)

A. *du*

When the preposition **de** is used with a noun before which the definite article **le** would normally stand, you say **du** — never *de le*.

le déjeuner	le prix **du** déjeuner	*the price* **of** *lunch*
le château	près **du** château	*near* **the** *chateau*
le musée	loin **du** musée	*far* **from the** *museum*

B. *de la*

When the preposition **de** is used with a noun before which the definite article **la** would normally stand, you say **de la**—just as you would expect.

la pension	le prix **de la** pension	*the price* **of** *room and board*
la chambre	le prix **de la** chambre	*the price* **of the** *room*
la gare	près **de la** gare	*near* **the** *station*
la place	loin **de la** place	*far* **from the** *square*

C. *de l'*

When the preposition **de** is used with a noun before which the definite article
l' would normally stand, you say **de l'**—as you would expect.

l'hôtel	la cuisine **de l'**hôtel	the *hotel's* cooking
l'église	près **de l'**église	*near* the *church*
l'autre hôtel	en face **de l'**autre hôtel	*across* **from the** *other hotel*

D. *des*

When the preposition **de** is used with a noun before which the definite article
les would normally stand, you say **des**—never *de les*.

les repas	le prix **des** repas	*the price* **of** *meals*
les chambres	le prix **des** chambres	*the price* **of** *rooms*
les hôtels	la cuisine **des** hôtels	*the hotels'* cooking

5   Preposition *à* (to, at, in)

A.   *au*

When the preposition **à** is used with a noun before which the definite article
le would normally stand, you say **au**—never *à le*.

le château	Je vais **au** château.	*I am going* **to the** *chateau.*
le restaurant	Je vais **au** restaurant.	*I am going* **to the** *restaurant.*
le musée	Je vais **au** musée.	*I am going* **to the** *museum.*

B.   *à la*

When the preposition **à** is used with a noun before which the definite article
la would normally stand, you say **à la**—as you would expect.

la gare	Je vais **à la** gare.	*I am going* **to the** *station.*
la poste	Je vais **à la** poste.	*I am going* **to the** *post office.*
la concierge	Je parle **à la** concierge.	*I speak* **to the** *concierge.*

C.   *à l'*

When the preposition **à** is used with a noun before which the definite article **l'**
would normally stand, you say **à l'**—as you would expect.

l'hôtel	Je vais **à l'**hôtel.	*I am going* **to the** *hotel.*
l'agent de police	Je parle **à l'**agent de police.	*I speak* **to the** *police officer.*
l'employée	Je parle **à l'**employée.	*I speak* **to the** *employee.*

23

D. *aux*

When the preposition **à** is used with a noun before which the definite article **les** would normally stand, you say **aux**—never *à les*.

les bons restaurants	Je vais **aux** bons restaurants.	*I go* **to the** *good restaurants.*
les employés	Je parle **aux** employés.	*I speak* **to the** *employees.*
les étudiants	Je parle **aux** étudiants.	*I speak* **to the** *students.*

6 Use of the definite article

Specific cases of the use or omission of the definite article will be studied later. But meanwhile, note that in French you say:

Quel est le prix **de la** pension?	*What is the price* **of** *room and board?*
Quel est le prix **des** repas?	*What is the price* **of** *meals?*
Je vais **à** l'église.	*I am going* **to** *church.*
Le déjeuner et **le** dîner.	*Lunch and dinner.*

I Substitutions (Vocabulary drill)

Répétez les phrases suivantes en substituant les mots indiqués:

1. Jean est **à l'hôtel du Cheval blanc.**
   à la gare / au musée / au restaurant / à l'aéroport

2. Le restaurant est **près du musée.**
   près de la place / près de l'hôtel du Cheval blanc / près de la gare / près du château

3. Je vais **au bureau de tabac.**
   à la poste / au château / à l'église / à l'aéroport

4. Je parle **à la concierge.**
   à l'employé / à l'hôtelière / au passant / aux étudiants

II *Exercices d'application*

A. *Répétez en remplaçant l'article défini* (**le, la, l'**) *par l'article indéfini* (**un, une**):

EXEMPLE   le restaurant → **un restaurant**

1. le bureau de tabac, le musée, le déjeuner

2. la gare, la place, la rue

3. l'hôtel, l'agent de police, l'église

B. *Donnez le pluriel des mots suivants:*

1. le dîner, le repas, le train
2. la gare, la rue, la place
3. l'employé, l'hôtelière, l'église

4. l'autre hôtel, l'autre aéroport, l'autre train
5. le bon dîner, le bon restaurant, le petit restaurant

C. *Répétez et remplacez l'article défini* **(les)** *par* **aux:**

EXEMPLE   les employés → **aux employés**

1. les restaurants, les bons restaurants, les repas

2. les étudiants, les étudiantes *(f.)*, les autres étudiants

III *Complétez les phrases suivantes, en employant les mots indiqués:*

1. **Je vais (à) . . .**

EXEMPLE   (le) restaurant → **Je vais au restaurant.**

(le) musée / (le) château / (le) petit hôtel / (le) bureau de poste

2. **Je parle (à) . . .**

EXEMPLE   (les) passants → **Je parle aux passants.**

(les) étudiants / (les) agents de police / (les) employés
(la) concierge / (l')étudiante / (l')hôtelière

25

3. **L'autre hôtel est près (de)** . . .

EXEMPLE (le) château → **L'autre hôtel est près du château.**

(le) musée / (le) bureau de poste / (le) bureau de tabac
(la) gare / (la) place / (la) rue de la Paix
(l')église / (l')autre gare / (l')autre place

IV *Demandez en français à quelqu'un:*

1. s'il y a un restaurant près d'ici.
2. si c'est un bon restaurant.
3. si la cuisine est bonne.
4. si l'hôtel du Cheval blanc est un bon hôtel.
5. si c'est loin d'ici.
6. le prix de la pension.

V *Répondez en français:*

1. À quelle heure allez-vous à la gare?
2. À quelle heure allez-vous au musée?
3. À quelle heure allez-vous à l'hôtel?
4. Où allez-vous déjeuner?
5. Où allez-vous dîner?
6. Y a-t-il un restaurant près du château?
7. Y a-t-il un bon restaurant près de l'église?
8. Y a-t-il un bon hôtel près de la gare?
9. Quel est le prix de la pension?

VI *Mini-dialogues*

1. **A.** Demandez à un autre étudiant (à une autre étudiante) comment ça va.
   B. Répondez que ça va bien.
   A. Demandez-lui à quelle heure il (elle) va à la gare.
   B. Répondez que vous allez à la gare à midi.

2. **A.** Demandez à un autre étudiant (à une autre étudiante) où est le musée.
   B. Répondez que le musée est dans le château.
   A. Demandez s'il y a un bon restaurant près de la gare.
   B. Répondez qu'il y a un bon restaurant en face de la gare.

À la préfecture de police°

John gets his worker's identification card.°

L'EMPLOYÉE ¹Comment vous appelez-vous, monsieur?

THE EMPLOYEE What is your name, sir?

JEAN ²Je m'appelle Jean Hughes.

JOHN My name is John Hughes.

L'EMPLOYÉE ³Quelle est votre nationalité?

THE EMPLOYEE What is your nationality?

JEAN ⁴Je suis Américain.

JOHN I am an American.

L'EMPLOYÉE ⁵Où êtes-vous né?

THE EMPLOYEE Where were you born?

JEAN ⁶Je suis né à Philadelphie, aux États-Unis.

JOHN I was born in Philadelphia, in the United States.

L'EMPLOYÉE ⁷Quel âge avez-vous?

THE EMPLOYEE How old are you?

JEAN ⁸J'ai vingt et un ans.

JOHN I am twenty-one.

L'EMPLOYÉE ⁹Quelle est votre profession?

THE EMPLOYEE What is your profession?

JEAN ¹⁰Je suis ingénieur-chimiste.

JOHN I am a chemical engineer.

DEVANT LA PRÉFECTURE DE POLICE, ÎLE DE LA CITÉ

L'EMPLOYÉE ¹¹Quelle est votre adresse à Paris?

JEAN ¹²Quinze, avenue de l'Observatoire.

L'EMPLOYÉE ¹³Où demeurent vos parents?

JEAN ¹⁴Mon père habite à Philadelphie. ¹⁵Je n'ai plus ma mère.

L'EMPLOYÉE ¹⁶Vous avez des parents en France?

JEAN ¹⁷Non, je n'ai pas de parents en France.

L'EMPLOYÉE ¹⁸Voilà votre carte de travail.

JEAN ¹⁹Merci, mademoiselle.

THE EMPLOYEE What is your Paris address?

JOHN Fifteen Observatory Avenue.

THE EMPLOYEE Where do your parents live?

JOHN My father lives in Philadelphia. My mother is no longer alive.

THE EMPLOYEE Have you any relatives in France?

JOHN No, I haven't any relatives in France.

THE EMPLOYEE Here is your worker's identification card.

JOHN Thank you.

NOTRE-DAME DE PARIS

Cultural Notes

The **Préfecture de Police** is on the **Île de la Cité,** the island in the Seine and the location of the great **Cathédrale de Notre-Dame.** The word **Cité** is used in Paris, as the word **City** in London, to designate the oldest and most central part of town.

In France everyone, whether a French citizen, an immigrant, or a tourist, should have an identification card. Any foreigner who plans to stay more than three months is supposed to get a **carte de séjour** (visitor's card). For those who are employed, a **carte de travail** (worker's card) is necessary. One should always carry a **carte d'identité.**

I *Exercice de mise en train*

Répondez tous ensemble:

1. Demandez-moi comment ça va.
2. Dites que ça va bien.
3. Demandez-moi si le déjeuner est prêt.
4. Répondez négativement. [« Pas encore. » or « Pas encore, monsieur. »]
5. Demandez-moi à quelle heure je veux déjeuner.
6. Répondez: « À onze heures et demie. »
7. Demandez-moi à quelle heure je vais à la gare.
8 Dites que vous allez à la gare à midi.

II *Substitutions (Vocabulaire)*

Répétez les phrases suivantes, en substituant les mots indiqués:

1. Quelle est **votre nationalité?**
   votre profession / votre adresse / la nationalité de Jean / la profession de Jean / l'adresse de Jean
2. J'ai **vingt et un** ans.
   dix-huit / dix-sept / dix-neuf / vingt-cinq
3. Je n'ai pas encore **vingt** ans.
   vingt et un / vingt-deux / vingt-trois / dix-huit
4. Je suis **ingénieur-chimiste.**
   étudiant(e) / Américain(e) / architecte / chauffeur de taxi
5. Vous avez des parents **en France?**
   à Paris / à Philadelphie / en Amérique / aux États-Unis
6. **Mon père** habite à Philadelphie.
   Mon frère *(brother)* / Ma sœur *(sister)* / Mon oncle *(uncle)* / Ma tante *(aunt)*

III *Nombres*

A. *Répétez en français les nombres suivants:*

vingt et un (21), vingt-deux (22), vingt-trois (23), vingt-quatre (24), vingt-cinq (25), vingt-six (26), vingt-sept (27), vingt-huit (28), vingt-neuf (29), trente (30).

B. *Comptez par cinq* (by fives) *de cinq à trente.*

C. *Comptez par trois de trois à trente.*

D. *Dites en français:*

1, 11, 21; 2, 12, 22; 3, 13, 23; 4, 14, 24.

IV *Demandez à un autre étudiant (à une autre étudiante):*

1. comment il (elle) s'appelle.
2. où il (elle) est né (née).
3. quel âge il (elle) a.
4. où il (elle) demeure.
5. quelle est son *(his or her)* adresse.
6. quelle est sa *(his or her)* nationalité.
7. quelle est sa profession.
8. s'il (si elle) a des parents en France.
9. s'il (si elle) a des frères.
10. s'il (si elle) a des sœurs.
11. s'il (si elle) a des oncles.
12. s'il (si elle) a des tantes.
13. où habitent ses *(his or her)* parents.
14. si ses parents demeurent près d'ici.

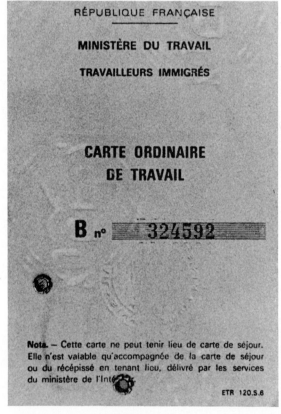

RÉPUBLIQUE FRANÇAISE

MINISTÈRE DU TRAVAIL

TRAVAILLEURS IMMIGRÉS

CARTE ORDINAIRE
DE TRAVAIL

B n° 324592

Nota. — Cette carte ne peut tenir lieu de carte de séjour.
Elle n'est valable qu'accompagnée de la carte de séjour
ou du récépissé en tenant lieu, délivré par les services
du ministère de l'Int...

ETR 120.S.6

V *Répondez en français à chacune des questions suivantes,
d'après le texte:*

1. Comment vous appelez-vous?
2. Quelle est votre nationalité?
3. Où êtes-vous né?
4. Quel âge avez-vous?
5. Quelle est votre profession?

6. Où demeurez-vous?
7. Quelle est votre adresse?
8. Où habitent vos parents?
9. Avez-vous des parents en France?

VI *Répondez en français à chacune des questions personnelles
suivantes:*

1. Comment vous appelez-vous?
2. Quelle est votre nationalité?
3. Où êtes-vous né(e)?
4. Quel âge avez-vous?
5. Quelle est votre profession? (étudiant, étudiante).

6. Où demeurez-vous?
7. Quelle est votre adresse?
8. Où habitent vos parents?
9. Avez-vous des parents en France?

VII *Mini-dialogues*

1. **A.** Demandez à un autre étudiant (à une autre étudiante) comment il s'appelle.
   B. Répondez que vous vous appelez Jean (Jeanne) Hughes.
   A. Demandez où il (elle) demeure.
   B. Répondez que vous demeurez à Paris.
   A. Demandez s'il (si elle) a des parents en France.
   B. Répondez négativement.

2. **A.** Demandez à un autre étudiant (à une autre étudiante) quelle est son adresse.
   B. Répondez: Quinze, avenue de l'Observatoire.
   A. Demandez où il (elle) est né(e).
   B. Répondez que vous êtes né(e) à Philadelphie.
   A. Demandez où habitent ses parents.
   B. Répondez qu'ils habitent à Philadelphie.
   A. Demandez quelle est sa profession.
   B. Répondez que vous êtes étudiant(e).

VIII *Dictée d'après la Conversation 4, pp. 15–16*

Arrivée à Paris

Jean Hughes, jeune ingénieur-chimiste américain, arrive à Paris pour travailler dans les laboratoires d'une compagnie américaine établie en France. Il va en taxi au numéro quinze, avenue de l'Observatoire, fait la connaissance de la concierge et s'installe dans sa nouvelle chambre. Il passe les premiers jours à voir les endroits célèbres de la capitale: l'île de la Cité, la place de la Concorde, les Champs-Élysées, Montmartre, etc. Tout est nouveau pour lui, et les premiers jours dans un pays étranger sont toujours difficiles, même s'ils sont très intéressants.

Habiter un pays où tout le monde parle français, même les enfants qui ne vont pas encore à l'école, est pour Jean une expérience nouvelle. Il comprend assez bien ce qu'on lui dit. Mais les gens qui lui parlent essayent de se rendre aussi compréhensibles que possible. Il remarque qu'ils parlent un peu plus lentement que d'habitude, qu'ils essayent d'employer des mots que tout le monde peut comprendre. Il ne comprend pas toujours, mais au moins il peut d'habitude deviner ce qu'on lui dit. Il observe aussi qu'un certain nombre de jeunes gens lui parlent anglais, mais que beaucoup de « personnes d'un certain âge », comme on dit en français, parlent français—exclusivement.

Un jour qu'il visite Notre-Dame, Jean va à la préfecture de police, voisine de la cathédrale, se procurer la carte de travail obligatoire pour les étrangers qui habitent en France. L'employée lui demande son âge, sa profession, son adresse à Paris, le nom et l'adresse de ses parents. Avec sa carte de travail dans sa poche, Jean a la satisfaction d'être en règle avec la police française.

Au cours de sa première visite au laboratoire, Jean fait la connaissance d'un jeune chimiste français, Roger Duplessis. Les deux jeunes chimistes sont bientôt de bons amis. Un jour, Roger invite Jean à aller avec lui à Chantilly voir les célèbres courses de chevaux. Un autobus conduit les deux jeunes gens à la gare du Nord. Une heure plus tard, le train arrive à Chantilly.

Le château est situé près d'une rivière et le champ de courses est près du château. « C'est un endroit magnifique pour des courses de chevaux», pense Jean. «Le beau château, les jardins, les chevaux, tout donne l'impression d'une autre époque et d'un autre monde. » Jean remarque dans l'assistance des femmes très chics, qui attirent l'attention des spectateurs. « Ce sont des mannequins des grandes maisons de couture parisiennes», explique Roger. «Les courses de chevaux sont un rendez-vous de la société élégante, et par conséquent un excellent endroit pour lancer les nouvelles modes. » Jean conclut qu'après tout l'élégance n'est pas encore morte.

L'ÉGLISE DE
SAINT GERMAIN
DES PRÈS

LA TOUR EIFFEL

LA CONCIERGERIE, ÎLE DE LA CITÉ

QUESTIONS

1. Quelle est la nationalité de Jean Hughes?
2. Quelle est sa profession?
3. Pourquoi est-il à Paris?
4. Où demeure Jean?

DES
GARGOUILLES EN
HAUT DE NOTRE-
DAME

33

5. Où habitent ses parents?
6. Comprend-il tout ce qu'on lui dit?
7. Beaucoup de personnes d'un certain âge parlent-elles anglais?
8. Pourquoi est-ce que Jean va à la préfecture de police?
9. Est-ce que la préfecture de police est loin de Notre-Dame?
10. Qui est Roger Duplessis?
11. Où est situé le château de Chantilly?
12. Est-ce que le champ de courses est loin du château?

VOCABULAIRE: EN VILLE

la **capitale** *capital*	**se procurer** *to get*	le **rendez-vous** *appointment*
la **rue** *street*	l' **adresse** f *address*	l' **ensemble** n *whole,*
la **place** *square, space,*	les **gens** f pl *people*	*entirety;* adv *together*
seat	**étranger** *foreign;* n	**tout le monde**
*traverser *to cross*	*foreigner*	*everybody*
*le **gratte-ciel** *skyscraper*	**faire la connaisance**	**bientôt** *soon*
*le **bâtiment** *building*	**de** *to meet, become*	**plus tard** *later*
la **gare** f *station*	*acquainted with*	**sur** *on, upon, about*
l' **aéroport** m *airport*	l' **agent de police** m	*sûr(e) *sure*
l' **avion** m *airplane*	*police officer*	**en face de** *opposite*
le **train** *train*	**travailler** *to work*	*à côté de *near, beside*
le **taxi** *taxi*	la **carte** *card, menu,*	**au cours de** *in the*
la **voiture** *car*	*map*	*course of, during*
l' **autobus** m *bus*	la **carte d'identité**	**en règle** *in order*
conduire *to lead, to*	*identification card*	**tout droit** *straight*
drive a car, to take	la **carte de séjour**	*ahead*
(to a place)	*visitor's card*	**à droite** *to, on the right*
l' **hôtel** m *hotel*	la **carte de travail**	**à gauche** *to, on the left*
l' **hôtelier** m	*worker's permit*	**près d'ici** *near here*
*(l'**hôtelière** f) hotel*	le **musée** *museum*	**là-bas** *over there*
keeper	l' **église** f *church*	**loin** *far*
la **maison** *house,*	la **cathédrale** *cathedral*	**devant** *before, in*
company	**visiter** *to visit*	*front of*
la **pension** *room and*	**ouvrir** *to open*	**nouveau, nouvel,**
board	**intéressant** *interesting*	**nouvelle, nouveaux,**
l' **appartement** m	le **bureau de tabac**	**nouvelles** *new*
apartment	*tobacco shop*	**devenir** *to become*
le, la **concierge** *janitor,*	le **bureau de poste** *post*	**établir** *to establish,*
caretaker	*office*	*settle*
s'installer *to settle*	le **kiosque** *stand,*	**suivre** *to follow, to*
situé *situated*	*newsstand*	*take (a course)*
demeurer *to live,*	le **voisinage** *neighborhood*	**rendre** *to render,*
reside	l' **endroit** m *place*	*give back, make*
habiter *to live in*	le **restaurant** *restaurant*	**mettre** *to put, put on*

* Words preceded by an asterisk are related to the vocabulary topic but do not appear
in the preceding Conversations or Grammar Units.

Le déjeuner

John Hughes goes to lunch with Roger Duplessis, a young French chemist who is employed in the research laboratory where John works.

JEAN   ¹Il est midi et j'ai faim.

ROGER   ²Moi aussi.

JEAN   ³Allons déjeuner.

ROGER   ⁴Voici un restaurant. Entrons.

JOHN   It is noon and I am hungry.

ROGER   So am I.

JOHN   Let's go have lunch.

ROGER   Here's a restaurant. Let's go in.

Au restaurant

JEAN   [5]Voilà une table libre. Asseyons-nous.

LE GARÇON   [6]Voici la carte, messieurs. [7]Voulez-vous des hors-d'œuvre?

ROGER   [8]Oui, apportez-nous des hors-d'œuvre.

LE GARÇON   [9]Qu'est-ce que vous voulez comme plat de viande?

ROGER   [10]Deux biftek-frites.

LE GARÇON   [11]Voulez-vous du vin blanc ou du vin rouge?°

ROGER   [12]Du vin rouge.

LE GARÇON   [13]Et qu'est-ce que vous voulez comme dessert?°

ROGER   [14]Qu'est-ce que vous avez?

LE GARÇON   [15]Nous avons des fruits— des pommes, des bananes, des poires et des pêches.

ROGER   [16]Apportez-moi une poire.

JEAN   [17]Je vais prendre une pêche.

LE GARÇON   [18]Voulez-vous du café?

ROGER   [19]Oui, donnez-moi un café noir.

JEAN   [20]Non, merci. Je n'aime pas le café.

Plus tard

ROGER (au garçon)   [21]L'addition, s'il vous plaît.

LE GARÇON   [22]Tout de suite, monsieur.

In the restaurant

JOHN   Here's an empty table. Let's sit down.

THE WAITER   Here's the menu, gentlemen. Do you want hors d'œuvres?

ROGER   Yes, bring us some hors d'œuvres.

THE WAITER   What do you want for your meat course?

ROGER   Two small steaks and French fried potatoes.

THE WAITER   Do you want white wine or red wine?

ROGER   Red wine.

THE WAITER   And what will you have for dessert?

ROGER   What do you have?

THE WAITER   We have fruit—apples, bananas, pears, and peaches.

ROGER   Bring me a pear.

JOHN   I'll take a peach.

THE WAITER   Do you want coffee?

ROGER   Yes, give me a black coffee.

JOHN   No, thanks, I don't like coffee.

Later

ROGER (to the waiter)   The check, please.

THE WAITER   Right away, sir.

Cultural Notes

Though Roger follows tradition in ordering red wine with beef (white wine with lighter dishes such as fish), the French do not drink great quantities of wine with all meals, as is sometimes supposed. Mineral water has long been a popular drink in France.

A typical dessert in France includes fruit and cheese but French pastries remain as good, and as rich, as ever. The great French cheeses (Camembert, Port-Salut, Brie, Roquefort, etc.) are world famous, but there are many less well-known local cheeses that are also very, very good.

UNE USINE DE FROMAGE EN NORMANDIE

I *Exercice de mise en train*

A. *Répondez tous ensemble:*

1. Demandez-moi comment je m'appelle.
2. Demandez-moi quelle est ma nationalité.
3. Dites-moi que vous êtes Américain(e).
4. Demandez-moi où je suis né(e).
5. Demandez-moi où je demeure.

37

B. *Répondez individuellement aux questions personnelles suivantes:*

1. Comment ça va?
2. Comment vous appelez-vous?
3. Quelle est votre nationalité?
4. Où êtes-vous né(e)?
5. Quel âge avez-vous?
6. Avez-vous des parents en France?

II Substitutions

Répétez les phrases suivantes, en substituant les mots indiqués:

1. Voulez-vous **des hors-d'œuvre?**
   du vin blanc / du rosbif *(roast beef)* / des pommes frites* / du café
2. Apportez-moi **des hors-d'œuvre.**
   du vin rouge / du café noir / un biftek aux pommes* / une poire
3. Qu'est-ce que vous voulez **comme plat de viande?**
   comme dessert / comme hors-d'œuvre / comme vin / comme légumes *(vegetables)*
4. Je vais prendre **un biftek-frites.***
   des hors-d'œuvre / du vin rouge / du vin blanc / du café noir
5. Nous avons **des pommes.**
   des bananes / des poires / des pêches / de la crème glacée *(ice cream)*
6. Je n'aime pas **le café.**
   le café noir / le lait *(milk)* / le café au lait / le chocolat
7. J'aime beaucoup **les hors-d'œuvre.**
   le rosbif / le poulet *(chicken)* / les gâteaux *(pastry)* / la soupe

III Dites-moi:

1. qu'il est midi.
2. que vous avez faim.
3. qu'il y a un restaurant en face.
4. que c'est un bon restaurant.
5. que la cuisine est excellente.
6. qu'il y a une table libre là-bas à droite.
7. que vous allez prendre un biftek-frites.
8. que vous allez prendre une pêche.

IV Demandez à un autre étudiant (à une autre étudiante):

1. s'il (si elle) a faim.
2. à quelle heure il (elle) va déjeuner.
3. à quelle heure il (elle) va dîner.
4. où il (elle) va déjeuner.
5. s'il (si elle) veut des hors-d'œuvre.
6. s'il (si elle) veut du café.

---

* **pommes de terre frites, pommes frites, frites,** and **pommes** (in **biftek aux pommes**) all mean *French fried potatoes,* but **une tarte aux pommes** is a *(French) apple pie.*

V *Répondez en français à chacune des questions suivantes:*

1. Quelle heure est-il?
2. Avez-vous faim?
3. À quelle heure allez-vous déjeuner?
4. Y a-t-il un restaurant près d'ici?
5. Est-ce que c'est un bon restaurant?
6. Y a-t-il une table libre?
7. Voulez-vous des hors-d'œuvre?
8. Voulez-vous du vin rouge ou du vin blanc?
9. Qu'est-ce que vous voulez comme plat de viande?
10. Qu'est-ce que vous voulez comme dessert?
11. Qu'est-ce que vous avez comme dessert?
12. Voulez-vous du café noir?
13. Aimez-vous le café?
14. Aimez-vous les hors-d'œuvre?
15. Aimez-vous la tarte aux pommes?

VI *Répondez en français aux questions personnelles suivantes:*

1. Comment ça va?
2. Avez-vous faim?
3. À quelle heure voulez-vous déjeuner (dîner)?
4. Aimez-vous le rosbif? (le vin rouge, les fruits, le poulet)
5. Quelle est votre nationalité?
6. Quel âge avez-vous?
7. Où habitent vos parents?
8. Avez-vous des parents en France?

VII *Mini-dialogues**

1. **A.** Dites à un autre étudiant (à une autre étudiante) que vous avez faim.
   B. Répondez que vous avez faim aussi.
   A. Demandez-lui s'il (si elle) veut des hors-d'œuvre.
   B. Répondez affirmativement.
   A. Demandez-lui s'il (si elle) veut du vin blanc ou du vin rouge.
   B. Répondez à cette question.
   A. Demandez ce qu'il (ce qu'elle) veut comme dessert.
   B. Répondez.

2. **A.** Demandez au garçon ce qu'il a comme dessert.
   B. Répondez.
   A. Demandez à l'autre étudiant(e) s'il (si elle) veut du café.
   B. Répondez que vous n'aimez pas le café.
   A. Demandez au garçon de vous apporter l'addition.
   B. Répondez.

VIII *Dictée d'après la Conversation 5, pp. 27–28*

---

* For additional pronunciation exercises see p. 377.

Nouns used in a partitive sense

7 Explanation of nouns used in a partitive sense in French

—Voulez-vous **du café?**   *Do you want* **some coffee?**
—Voulez-vous **des pommes?**   *Do you want* **some apples?**
—Apportez-moi **des hors-d'œuvre.**   *Bring me* **some hors d'œuvres.**
—Avez-vous **des parents** en France?   *Have you* **any relatives** *in France?*

In these sentences, the nouns **café, pommes, hors-d'œuvre,** and **parents** are used in a partitive sense; i.e., they refer to A PART OF the beverage, the fruit, the food, or the people in question.

In English the partitive sense is frequently expressed by the words *some* or *any,* but it is often implied rather than expressed. You can say: *Do you want some coffee? Do you want any coffee?* or *Do you want coffee?* In French, however, the only possible way to express the idea is: Voulez-vous **du café?**

8 The use of *du, de la, de l', des* in expressing the partitive meaning

When nouns are used in a partitive sense in affirmative statements, commands, or questions, they are preceded by one of the special partitive forms **du, de la, de l',** or **des.**

A. The form *du* is used with a masculine singular noun before which *le* would normally stand

| le café | Voulez-vous **du café?** | *Do you want* **(some) coffee?** |
| le sucre | Voulez-vous **du sucre?** | *Do you want* **(some) sugar?** |

B. *De la* is used with a feminine singular noun before which *la* would normally stand

| la crème | Donnez-moi **de la crème.** | *Give me* **some cream.** |
| la monnaie | Avez-vous **de la monnaie?** | *Have you* **any change?** |

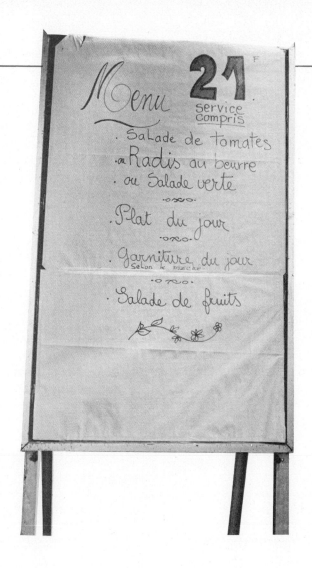

Menu 21 F
service compris

· Salade de tomates
· ou Radis au beurre
· ou Salade verte
·oxo·
· Plat du jour
·oxo·
· Garniture du jour
selon le marché
·oxo·
· Salade de fruits

C. *De l'* is used with a masculine or feminine singular noun before which *l'* would normally stand

l'argent *m.*	Avez-vous **de l'argent?**	*Have you* **any money?**
l'eau *f.*	Donnez-moi **de l'eau.**	*Give me* **some water.**
l'essence *f.*	Donnez-moi **de l'essence.**	*Give me* **some gasoline.**

D. *Des* is used with masculine or feminine plural nouns

les fruits *m.*	*Avez-vous* **des fruits?**	*Have you* **any fruit?**
les pommes *f.*	Nous avons **des pommes.**	*We have* **apples.**
les poires *f.*	Voulez-vous **des poires?**	*Do you want* **pears?**

41

9 Use of *de* alone

A. *De* is used instead of *du, de la, de l', des* with a noun in the partitive sense if it is the direct object of the negative form of a verb

—Nous n'avons **pas de café.**	*We don't have* **any coffee.**
BUT: Nous avons **du café.**	*We have* (**some**) **coffee.**
—Nous n'avons **pas de crème.**	*We have* **no cream.**
BUT: Avez-vous **de la crème?**	*Have you* **any cream?**
—Je n'ai **pas de parents** en France.	*I have* **no relatives** *in France.*
BUT: Avez-vous **des parents** en France?	*Have you* **any relatives** *in France?*
—Il n'y a **pas d'eau** sur la table.	*There is* **no water** *on the table.*
BUT: Y a-t-il **de l'eau** sur la table?	*Is there* **any water** *on the table?*

B. *De* is also used instead of *un, une,* when the noun is the direct object of the negative form of a verb

—Je n'ai **pas de carte d'identité.**	*I have* **no identification card.**
BUT: J'ai **une carte d'identité.**	*I have* **an identification card.**
—Il n'y a **pas d'hôtel** près d'ici.	*There is* **no hotel** *near here.*
BUT: Il y a **un hôtel** près d'ici.	*There is* **a hotel** *near here.*

C. *De* is also frequently used instead of *des,* when the noun is preceded by an adjective

—Il y a **de bons restaurants** sur la place.	*There are* **good restaurants** *on the square.*
BUT: Il y a **des restaurants** sur la place.	*There are* **restaurants** *on the square.*
—Y a-t-il **d'autres hôtels** ici?	*Are there* **other hotels** *here?*
BUT: Y a-t-il **des hôtels** ici?	*Are there* **any hotels** *here?*

D. *De* alone is used after adverbs *beaucoup* (much or many), *un peu* (a little), and most expressions of quantity

—Il y a **beaucoup de restaurants** sur la place.	*There are* **many restaurants** *on the square.*
—Voulez-vous **un peu de café?**	*Do you want* **a little coffee?**

10 Remarks about when to use the partitive forms

A. With verbs such as *want, have, eat, buy, order, bring, give,* etc., nouns are ordinarily used in a partitive sense because you are likely to want, have, buy, order, etc., only a part of the thing or things you are talking about.

B. With verbs such as *to like*, *to dislike*, *to detest*, nouns express the general (not partitive) sense, and therefore you use the definite article *le*, *la*, *l'*, *les* whether the verb is affirmative or negative. You say:

—J'aime **le café.**	*I like* **coffee.**
—J'aime **les bananes.**	*I like* **bananas.**
—Je n'aime pas **le café.**	*I don't like* **coffee.**
—Je n'aime pas **les bananes.**	*I don't like* **bananas.**

In English, "I like *some* coffee" means "I like *a certain kind* or *brand of* coffee." The partitive construction in French could not be used to express this idea.

C. Observe the sense in which the nouns are used in the following sentences and try to see how the different meanings are expressed:

—Aimez-vous **les poires?**	*Do you like* **pears?** *(in general)*
—Voulez-vous **une poire?**	*Do you want* **a pear?**
—Voulez-vous **de la poire?**	*Do you want* **a part of the pear?**
—Voulez-vous **des poires?**	*Do you want* **some pears?**

I Substitutions

Répétez les phrases suivantes en substituant les mots indiqués:

A. Emploi du partitif

1. Donnez-moi **du café,** s'il vous plaît.
   du vin rouge / de la crème / du sucre / des fruits
2. Voulez-vous **des hors-d'œuvre?**
   du vin rouge / du vin blanc / du fromage *(cheese)* / des fruits
3. Je vais prendre **des hors-d'œuvre.**
   de la salade / de la soupe / du jambon *(ham)* / des œufs *(eggs)*
4. Je ne vais pas prendre **de hors-d'œuvre.**
   de vin rouge / de crème / de sucre / de fruits

B. Emploi de l'article défini

1. Aimez-vous **le café?**
   le vin blanc / la crème / le sucre / les fruits
2. Je n'aime pas **le café.**
   le vin blanc / la crème / le sucre / les fruits

43

II Exercices d'application

A. *Répondez affirmativement à chacune des questions suivantes:*

EXEMPLE   Avez-vous du café? → **Oui, j'ai du café.**

1. Avez-vous des bananes?
2. Avez-vous de la crème?
3. Avez-vous des hors-d'œuvre?
4. Avez-vous du vin rouge?
5. Avez-vous des pommes?
6. Avez-vous des parents en France?
7. Avez-vous une carte de travail?
8. Avez-vous de la crème glacée (du jambon, des œufs)?

B. *Répondez négativement aux mêmes questions:*

EXEMPLE   Avez-vous du café? → **Non, je n'ai pas de café.**

C. *Répondez affirmativement, puis négativement aux questions suivantes:*

EXEMPLE   Y a-t-il un restaurant près d'ici?
Oui, il y a un restaurant près d'ici.
Non, il n'y a pas de restaurant près d'ici.

CARTE DES VINS

VINS BLANCS	La bouteille	La demi-bouteille
Cuvée Chevillot	11.00	
Muscadet	12.00	6.50
Savigny les Beaune	15.00	
Sancerre	16.00	
Chablis	20.00	10.50
Meursault	22.00	
VINS ROUGES		
Cuvée Chevillot	11.00	
Beaujolais	12.00	6.50
Château Puy-Blanquet, St. Emilion	12.00	
Côte de Beaune	15.00	8.00
Corton Clos du Roi	20.00	
Volnay	27.00	
Pommard	27.00	
Château Gruaud Larose	35.00	
CHAMPAGNES		
Perrier-Jouët, Brut	26.00	13.50
Dom Perignon	55.00	
Kriter	15.00	

SPARKLING WINE FROM BURGUNDY

Notre Carafe de vin rouge, blanc, ou rosé

SMALL 4.25, LARGE 8.50

1. Y a-t-il un bon restaurant près d'ici?
2. Y a-t-il des restaurants sur la place?
3. Y a-t-il un bon hôtel sur la place?
4. Y a-t-il des tables libres?
5. Y a-t-il du vin rouge sur la table?
6. Y a-t-il de l'eau sur la table?
7. Y a-t-il une lettre pour moi?
8. Y a-t-il des lettres pour moi?

D. *Dites au pluriel:*

EXEMPLE   une pomme → **des pommes**

1. une carte de travail
2. une poire
3. un fruit
4. un hôtel
5. un agent de police
6. une hôtelière
7. un passant
8. un employé

E. *Répondez affirmativement, puis négativement aux questions suivantes:*

EXEMPLE   Aimez-vous le lait? → **Oui, j'aime le lait. Non, je n'aime pas le lait.**

1. Aimez-vous le vin?
2. Aimez-vous les hors-d'œuvre?
3. Aimez-vous les fruits?
4. Aimez-vous les bananes?
5. Aimez-vous le café noir?

F. *Employez* **beaucoup,** *puis* **un peu** *avec chacun des mots suivants:*

EXEMPLE   la monnaie *(change)* → **Beaucoup de monnaie. Un peu de monnaie.**

1. l'argent
2. le fromage
3. l'eau
4. le vin
5. le lait
6. la salade
7. la viande
8. l'essence

III   *Demandez en français:*

A. *Demandez à un autre étudiant (à une autre étudiante):*

1. s'il (si elle) a un frère.
2. s'il (si elle) a des sœurs.
3. s'il y a un hôtel près d'ici.
4. s'il y a un autre hôtel près d'ici.
5. s'il y a de bons hôtels ici.

B. *Imaginez que vous êtes dans un restaurant et demandez au garçon:*

1. s'il y a une table libre.
2. s'il y a d'autres tables libres.
3. s'il y a des poires.
4. s'il y a du fromage.
5. s'il y a des fruits.

Voyage à Rouen

LA RUE DU GROS HORLOGE À ROUEN

John and Roger plan a short trip.

JEAN ¹Quel jour sommes-nous aujourd'hui?

ROGER ²C'est aujourd'hui le vingt septembre. ³Quand vas-tu* à Marseille?°

JEAN ⁴Le mois prochain. ⁵Je compte partir le quinze octobre ⁶et revenir le premier novembre.

ROGER ⁷Est-ce que tu es libre à la fin de la semaine?

JEAN ⁸Oui, je suis libre vendredi, samedi et dimanche.

ROGER ⁹Veux-tu venir à Rouen avec moi?

JEAN ¹⁰Volontiers. ¹¹Quel jour pars-tu?

ROGER ¹²J'ai l'intention de partir jeudi soir.

JEAN ¹³À quelle heure?

ROGER ¹⁴Je crois que le train part à dix-huit heures.

JEAN ¹⁵Parfait . . . ¹⁶C'est entendu donc. À jeudi° après-midi.

JOHN What's today's date?

ROGER Today is September 20 (the twentieth of September). When are you going to Marseilles?°

JOHN Next month. I plan to leave on the fifteenth of October, and to come back on the first of November.

ROGER Are you free this weekend?

JOHN Yes, I'm free Friday, Saturday and Sunday.

ROGER Do you want to go to Rouen with me?

JOHN I'll be glad to. What day are you leaving?

ROGER I'm planning to leave Thursday evening.

JOHN What time?

ROGER I think the train leaves at 6 P.M.

JOHN Fine . . . It's agreed. I'll meet you Thursday afternoon.

Cultural Notes

Rouen, on the Seine between Paris and the English Channel, dates from pre-Roman times. It is a major port with many industries and it contains many fine examples of Gothic and Renaissance architecture. It was the birthplace of the seventeenth century classical dramatist, Pierre Corneille, and the nineteenth century novelist, Gustave Flaubert, whose masterpiece was *Madame Bovary.*

* See Grammar Unit 3, p. 53, for an explanation of the use of **tu** and **vous.**

LE PORT DE MARSEILLE

Marseille is the second largest city in France and one of the largest ports of the Mediterranean. It is the oldest of French cities since it was founded around 600 B.C. by merchant-sailors. In the nineteenth century the city was greatly industrialized and, as it has long been in contact with Middle Eastern countries, it has become an important center for the oil industry.

There are a number of French expressions for leave-taking. **Au revoir** (good-bye in general), **à jeudi** (specifically, Good-bye till Thursday). Even more specific: **à ce soir, à demain, à cet après-midi, à six heures.** Very general: **à bientôt, à un de ces jours.**

I Exercice de mise en train

1. Dites-moi que vous avez faim.
2. Demandez-moi quelle heure il est.
3. Demandez-moi si je veux des hors-d'œuvre.
4. Dites-moi de vous apporter des hors-d'œuvre.
5. Demandez-moi ce que je veux comme plat de viande.
6. Demandez-moi si je veux du vin rouge ou du vin blanc.
7. Dites-moi que vous allez prendre une pêche.
8. Demandez-moi de vous donner un café noir.

II Substitutions

Répétez les phrases suivantes en substituant les mots indiqués:

1. C'est aujourd'hui **le vingt septembre.**
   le 30 septembre / le 30 décembre / le 30 janvier / le 30 mars
2. **Je compte partir** le quinze octobre.
   Je vais partir / Je pars / Partons / J'ai l'intention de partir
3. Je compte revenir **le premier novembre.**
   le premier janvier / le 10 janvier / le 20 février / le 4 mars
4. Est-ce que tu es libre **à la fin de la semaine?**
   cet après-midi / ce soir / dimanche prochain / la semaine prochaine
5. Nous sommes aujourd'hui **mardi,** n'est-ce pas?
   lundi / mercredi / jeudi / vendredi
6. Le train part **à 17 heures.**
   à 17 h. 30 / à 18 h. / à 18 h. 59 / à 20 heures

III Répétez en français après moi:

1. Premier *m.,* première *f. (first)*
2. Deuxième *(second)*
3. troisième *(third)*
4. quatrième *(fourth)*
5. cinquième *(fifth)*
6. sixième *(sixth)*
7. septième *(seventh)*
8. huitième *(eighth)*
9. neuvième *(ninth)*
10. dixième *(tenth)*
11. onzième *(eleventh)*
12. douzième *(twelfth)*

IV Répondez en français à chacune des questions suivantes, d'après le texte:

1. Quel jour sommes-nous aujourd'hui?
2. Quand vas-tu à Marseille?
3. Quand comptes-tu partir?
4. Quand comptes-tu revenir?
5. Es-tu libre à la fin de la semaine?
6. Quelle est la date aujourd'hui?
7. Veux-tu venir à Rouen avec moi?
8. Quand as-tu l'intention de partir?
9. À quelle heure part le train pour Rouen?
10. À quelle heure arrive-t-il à Rouen?

V *Demandez à un autre étudiant (à une autre étudiante):*

A. *en employant la forme* **vous:**

1. à quelle heure il (elle) déjeune.
2. quand il (elle) va à Marseille.
3. quand il (elle) compte partir.
4. quand il (elle) compte revenir.
5. s'il (si elle) est libre ce soir.
6. s'il (si elle) est libre à la fin de la semaine.
7. s'il (si elle) veut venir à Rouen avec vous.
8. quand il (elle) a l'intention de partir.

B. *Même exercice en employant la forme* **tu** *(le* **tutoiement***).*

500 Marseille ■━━━━━━━━━━━━━ ■ Paris 500

		Exp 5082	Rap 4584/5	Rap 5028	Rap 5728 CORAIL	7064	Exp 1582 CORAIL	Rap 5014 CORAIL	Rap 5602 CORAIL	Exp 5084	Rap 5002 CORAIL	Rap 5694/5	Rap 228	Exp 5072
260	Ventimiglia (H.E.Or)	22 53												
248	Menton	23 07												
241	Monaco-Monte-Carlo	23 22												
225	Nice-Ville	▮23 58												
509 205	Antibes	0 14												
194	Cannes	0 30												
161	St-Raphaël-Valescure	0 58												
67	Toulon A	1 55												
	Toulon	▮ 1 58					4 41			╳ 6 00†	6 08			
4	Marseille-Blancarde						5 40			⟩ 6 53†	7 07			
0	Marseille-St-Charles A						5 45			╳ 6 58†	7 12			

Identification du train		Exp 5082	Rap 4584/5	Rap 5028	Rap 5728 CORAIL	7064	Exp 1582 CORAIL	Rap 5014 CORAIL	Rap 5602 CORAIL	Exp 5084	Rap 5002 CORAIL	Rap 5694/5	Rap 228	Exp 5072
Prestations	Places assises	1.2	1.2	1.2	1.2	1.2	1.2	1.2	1.2	1.2	1.2	1.2	1.2	1.2
	Places couchées	⬛	⬛											
	Restauration				╳			╳	╳		╳		╳	
	Particularités	▮5▮R	R	R	R		R	R	▮6▮R		R	R	▮6▮R	
Tab. Km			Hendaye tab. 580		Grenoble tab. 545		Belfort tab. 512		Chambéry tab. 530			Genève tab. 512		

Tab. Km	Marseille-St-Charles													
0	**Marseille-St-Charles**							6 00			▮4▮7 10	7 20		
505 86	Arles							6 43			8 05	8 23		
121	Avignon A	▮1▮4 18	▮2▮5 04					7 02			8 17	8 25		
	Avignon	4 36	▮2▮5 06			5 57	7 05		7 47				
149	Orange	4 55				6 14	7 22		8 05				
168	Bollène-la-Croisière					6 26			8 18				
179	Pierrelatte					6 34			8 28				
201	Montélimar	5 26				6 50	7 50		8 42				
228	Livron					7 10			8 58				
504 246	Valence A	5 54	6 16			7 24	8 11		9 10	9 14	9 28		
	Valence	6 04	6 26			7 28	8 14		9 19	9 15	9 38		
264	Tain-l'Hermitage-Tournon					7 40			9 31				
278	St-Vallier-sur-Rhône					7 50			9 41				
290	St-Rambert-d'Albon	6 32				8 00			9 51				
319	Vienne	6 52				8 21			10 19				
351	**Lyon-Brotteaux** A												
	Lyon-Brotteaux				7 59	8 45	9 07		10 42	10 08			
351	**Lyon-Perrache** A	▮1▮7 13											
	Lyon-Perrache			▮3▮8 06	8 11		9 26			10 10			
385	Villefranche-sur-Saône			8 26	8 31								
423	**Mâcon** A						10 00	10 04					
	Mâcon						10 02	10 06					
456	Tournus												
481	**Chalon-sur-Saône** A						10 28	10 32					
	Chalon-sur-Saône A						10 30	10 34					
503 496	**Chagny** A												
	Chagny												
511	Beaune			9 40	9 45		10 53	11 02	11 06		12 00		
548	**Dijon-Ville** A			9 43	9 48		10 55	11 05	11 09		12 05	13 45	
	Dijon-Ville											14 24	
606	Les Laumes-Alésia											14 38	
620	Montbard											14 53	
638	Nuits-sous-Ravières											15 14	
666	Tonnerre											15 50	
707	**Laroche-Migennes** A											16 20	
	Laroche-Migennes											16 57	
502 750	Sens												
501 863	**Paris-Gare de Lyon** A			▮3▮12 12	12 15		13 23	13 30	13 33		▮4▮14 00	14 36	18 36
	Paris-Bercy A												
	Paris-Austerlitz A												
	Paris-Nord A												
	Paris-Est A												
			Genève tab. 536									Genève tab. 536		

(Colonnes verticales: Exp 5082 — ; Rap 5728 CORAIL — RHÔNE-ALPES ; Rap 5694/5 — JEAN-JACQUES-ROUSSEAU ; Rap 228 — LE RHODANIEN)

▮1▮ • Du 29/30-VI au 8/9-IX : toutes les nuits.

▮2▮ • Les 28-V, 2, 5, 9, 11, 16 et 18-VI ;
• du 23-VI au 10-IX : tous les jours ;
• les 15, 17, 22, 24 et 29-IX.

▮3▮ • Les ① sauf les 4-VI, 6 et 13-VIII ;
• le 5-VI.

▮4▮ • Sauf les ⑦ et sauf les 4-VI et 15-VIII.

▮5▮ Ce train achemine les automobiles de la relation train-autos-couchettes Nice-Lyon (Voir indicateur des « Renseignements généraux »).

▮6▮ N'assure pas le transport des bagages enregistrés.

VI *Répétez après moi:*

1. janvier, février, mars
2. avril, mai, juin
3. juillet, août, septembre
4. octobre, novembre, décembre

VII *Répondez aux questions personnelles suivantes:*

1. À quelle heure déjeunez-vous d'habitude?
2. À quelle heure dînez-vous d'habitude?
3. Où allez-vous dîner ce soir?
4. Êtes-vous libre ce soir?
5. Êtes-vous libre demain soir?
6. À quelle heure allez-vous au labo?
7. Allez-vous au cinéma ce soir?
8. Êtes-vous libre à la fin de la semaine?

VIII *Répondez:*

A.
1. Quel est le premier jour de la semaine?*
2. Quel est le deuxième jour de la semaine?
3. etc.

B.
1. Quel est le premier mois de l'année?
2. Quel est le deuxième mois de l'année?
3. etc.

IX *Mini-dialogues*

1. **A.** Demandez à un autre étudiant (à une autre étudiante) quel jour nous sommes.
   B. Répondez.
   A. Demandez-lui s'il (si elle) est libre à la fin de la semaine.
   B. Répondez affirmativement.
   A. Demandez-lui s'il (si elle) veut venir à Rouen avec vous.
   B. Répondez.

2. **A.** Demandez à un autre étudiant (à une autre étudiante) quand il (elle) va à Marseille.
   B. Répondez que vous y allez au mois d'octobre.
   A. Demandez-lui quel jour il (elle) part.
   B. Répondez que vous partez le quinze octobre.
   A. Demandez à quelle heure part le train.
   B. Dites-lui que le train part à vingt heures quarante.

X *Dictée d'après la Conversation 6, pp. 35–36*

---

* En France, lundi est le premier jour de la semaine.

51

Present indicative of être and *avoir*; regular verbs, first conjugation

11 How to learn verb forms

The best way to learn verb forms is to associate those you want to learn with those you already know. In studying the present indicative of the verb **être,** for example, you should bear in mind the forms you have already learned to use and relate the unfamiliar forms to them.

     If you make it a point to think what each form means each time you say it or hear it, you will have little difficulty in learning verb forms.

12 Present indicative of *être* (to be): irregular

—**Êtes-vous** Français?	**Are you** *French?*
—Non, **je ne suis pas** Français.	*No,* **I am not** *French.*
Je suis Américain.	**I am** *an American.*
—Quelle heure **est-il?**	*What time* **is it?**
—**Il est** dix heures.	**It is** *ten o'clock.*
—Où **sont** Roger et Jean?	**Where are** *Roger and John?*
—**Ils sont** à Paris.	**They are** *in Paris.*

The forms of the present indicative of **être** are:

	AFFIRMATIVE		NEGATIVE	INTERROGATIVE
je suis	*I am*		je ne suis pas *(I am not)*	est-ce que je suis? *(am I?)*
tu es	*you are*		tu n'es pas	es-tu?
il est		*he or it is*	il n'est pas	est-il?
elle est		*she or it is*	elle n'est pas	est-elle?
on est		*one is, people are*	on n'est pas	est-on?
nous sommes	*we are*		nous ne sommes pas	sommes-nous?
vous êtes	*you are*		vous n'êtes pas	êtes-vous?
ils sont		*they are (m. or m. and f.)*	ils ne sont pas	sont-ils?
elles sont		*they are (f.)*	elles ne sont pas	sont-elles?

A. The **vous** form, the second person plural, is used in speaking either to one person or to more than one—as in English **you:**

Vous êtes Américain, n'est-ce pas?	**You are** *an American, aren't you?*
Vous êtes Américains, n'est-ce pas?	**You are** *Americans, aren't you?*

B. The **tu** form, the second person singular, was formerly used only in speaking to members of one's family, to children, or to very intimate friends; but today it is more and more commonly used, especially among young people—even if they are not close friends. This usage is called **le tutoiement.** John and Roger naturally use the **tutoiement** in talking, because they work together in the same research laboratory and feel a certain group solidarity. But John very properly uses the **vous** form in speaking to the **concierge,** the **employé,** the **hôtelière,** the **agent de police,** etc., because he does not "identify" with them. In fact it would not be proper for him to use the **tutoiement** in speaking to people with whom he has little or nothing in common.

Instructors will usually say **vous** to their students, and students will naturally say **vous** to them. On the other hand, students will get practice in using the **tutoiement** with each other in a number of exercises as well as in the "mini-dialogues" and the "dialogues improvisés."

If you go to France or to other countries where French is spoken (Belgium, Switzerland, French Canada, etc.), you will of course use the **vous** form most of the time; but if you get to know people of your age group or of your interest group, you will need to use the **tutoiement.** Note, however, that you should not use the **tutoiement** to a French person unless he or she has already used it in speaking to you. When in doubt, it is much better to say **vous.**

C. **Il, elle, ils, elles** are used to refer to persons or things that have already been definitely identified in the context.

Jean et Roger ont faim. **Ils** vont déjeuner.
Voilà une pomme. **Elle** est rouge.

D. **On** is an indefinite pronoun that is often used somewhat as we use *one, we, they,* or *people.* It is always used with the third person singular of verbs—even if it refers to many people.

On est en retard.	**We** *are late.*
On va à l'hôtel, n'est-ce pas?	**We** *are going to the hotel, aren't we?*
À Paris, **on** dîne à 8 heures.	*In Paris,* **they** *have dinner at 8 o'clock.*
	In Paris, **people** *dine at 8 o'clock.*

53

E. The form given above for the first person singular of the interrogative is **Est-ce que je suis?** This form is given because the inverted form **suis-je** is hardly ever used except in literary style. **Est-ce que?** may of course be used with the other forms.

13 Present indicative of *avoir* (to have): irregular

—**Avez-vous** des frères?

—Non, **je n'ai pas** de frères.

—Qu'est-ce que **vous avez** comme dessert?

—**Nous avons** des pommes et des poires.

Have you *any brothers?*

No, **I have no** *brothers.*

What **do you have** *for a dessert?*

We have *apples and pears.*

The forms of the present indicative of **avoir** are:

AFFIRMATIVE		NEGATIVE	INTERROGATIVE
j'ai	*I have*	je n'ai pas *(I have not)*	est-ce que j'ai? *(have I?)*
tu as	*you have*	tu n'as pas	as-tu?
il a	*he, it has*	il n'a pas?	a-t-il?
elle a	*she, it has*	elle n'a pas	a-t-elle?
on a	*one has*	on n'a pas	a-t-on?
nous avons	*we have*	nous n'avons pas	avons-nous?
vous avez	*you have*	vous n'avez pas	avez-vous?
ils ont	*they have (m. or m. and f.)*	ils n'ont pas	ont-ils?
elles ont	*they have (f.)*	elles n'ont pas	ont-elles?

Note that in the inverted form of the third person singular, the subject pronoun (**il, elle, on**) is always preceded by the sound *t*. For verbs whose third person singular ends in at (or **d**), it is simply a matter of linking the final consonant. EXEMPLE: **Est-il?** For verbs whose third person does not end in a t (or **d**), a **t** is inserted between the verb and pronoun subject. EXEMPLE: **A-t-il? Déjeune-t-il?**

14 Present indicative of *déjeuner* (to eat lunch); first conjugation, regular

—A quelle heure **déjeunez-vous?**

—**Je déjeune** à midi et quart.

—À quelle heure Roger **déjeune-t-il?**

—**Il déjeune** à midi et demi.

—À quelle heure **déjeunent** vos parents?

—**Ils déjeunent** à une heure.

At what time **do you have lunch?**

I have lunch (eat) *at a quarter past twelve.*

At what time **does** *Roger* **have lunch?**

He lunches *at half past twelve.*

At what time **do** *your parents have lunch?*

They eat lunch *at one o'clock.*

LA VILLE DE MARSEILLE

—Ici **on déjeune** à midi.

We (or **people**) **have lunch** *at noon here.*

—À Paris, **on déjeune** à une heure.

In Paris, **they** (or **people**) **have lunch** *at one o'clock.*

The forms of the present indicative of **déjeuner** are:

AFFIRMATIVE	**NEGATIVE**	**INTERROGATIVE**
je déjeune *I have lunch* *I am having lunch*	je ne déjeune pas *I do not have lunch* *I am not having lunch*	est-ce que je déjeune? *Am I having lunch?* *Do I have lunch?*
tu déjeunes	tu ne déjeunes pas	déjeunes-tu?
il (elle) (on) déjeune	il (elle) (on) ne déjeune pas	déjeune-t-il (elle) (on)?
nous déjeunons	nous ne déjeunons pas	déjeunons-nous?
vous déjeunez	vous ne déjeunez pas	déjeunez-vous?
ils (elles) déjeunent	ils (elles) ne déjeunent pas	déjeunent-ils (elles)?

A. Note that the endings of the first, second, and third person singular and of the third person plural are all silent, and that the verb forms in **je déjeune, tu déjeunes, il déjeune,** and **ils déjeunent** are all pronounced alike.

B. The first conjugation has by far the largest number of verbs. You have already met the following verbs of this conjugation: **parler, apporter, donner, dîner, entrer, demeurer, habiter, arriver, fermer, s'appeler,** as well as **demander** and **compter.**

C. The present indicative of regular verbs of the first conjugation consists of a stem and endings: the stem may be found* by dropping the **-er** of the infinitive (**donn-, habit-, étudi-,** etc.); the endings are **-e, -es, -e, -ons, -ez, -ent.** Note that verbs ending in **-ier** (**étudier,** *to study,* **copier,** *to copy*) are conjugated like **déjeuner: J'étudie, tu étudies, il étudie, nous étudions, vous étudiez, ils étudient** [etydi, etydi, etydi, etydjõ, etydje, etydi].

I Substitutions

Répétez les phrases suivantes, en substituant les mots indiqués:

1. **Jean est** au restaurant.
   Je suis / Nous sommes / Jean et Roger sont / Ils sont / Tu es / Il est
2. **Il a** des parents en France.
   Nous avons / J'ai / Elle a / A-t-elle . . . ? / Avez-vous . . . ? / As-tu . . . ?
3. **Je déjeune** à midi.
   Tu déjeunes / Nous déjeunons / Vous déjeunez / Il déjeune *(3rd sg.)* / Ils déjeunent *(3rd pl.)* / Déjeunez-vous . . . ?
4. **J'aime** beaucoup les hors-d'œuvre.
   Il aime / Nous aimons / Aimez-vous . . . ? / Aimes-tu . . . ? / Elle aime / Elles aiment
5. **Le garçon apporte** des poires et des pêches.
   Il apporte / J'apporte / Nous apportons / Apportez-vous . . . ? / Apportes-tu . . . ? / Elle apporte / Elles apportent
6. **J'étudie le français.**
   l'histoire / l'économie politique / la zoologie / les mathématiques

II Exercices d'application

A. *Mettez les phrases suivantes au pluriel:*

EXEMPLE   Je suis Américain(e). → **Nous sommes Américain(e)s.**

(a) **1.** Je suis étudiant(e).   **2.** Je suis libre ce soir.   **3.** Je ne suis pas libre ce soir.
4. J'ai faim.   **5.** Je n'ai pas faim.   **6.** J'ai de la monnaie.   **7.** Je n'ai pas de monnaie.   **8.** J'ai une carte de travail.

---

* For a few verbs in which the final vowel of the stem is an **e** (e.g., **acheter**), note that this **e** is silent in forms in which the ending is pronounced (**nous achetons, vous achetez**), and that it is pronounced like the **è** in **père** in the forms whose endings are silent (**j'achète, tu achètes, il achète,** and **ils achètent**). For **acheter,** this difference in pronunciation is indicated by writing **è** instead of **e.**
In **appeler,** however, this difference in pronunciation of the final vowel of the stem is indicated by writing **ll** instead of **l** in the singular and in the third person plural: **appelle, appelles, appelle, appelons, appelez, appellent.** EXEMPLE: —Comment vous **appelez**-vous? —Je m'**appelle** Jean Hughes.

(b) **1.** Il est ingénieur-chimiste. **2.** Il n'est pas Américain. **3.** Où est-il? **4.** Il a faim. **5.** Elle a vingt et un ans. **6.** Il n'a pas de monnaie. **7.** Quel âge a-t-il? **8.** Elle est Américaine. **9.** Elle n'est pas Française.

(c) **1.** Je déjeune à midi. **2.** Je dîne à sept heures. **3.** Je demeure avenue de l'Observatoire. **4.** J'habite à Paris. **5.** J'arrive le 30 novembre. **6.** J'entre. **7.** Je parle un peu français. **8.** Je ne parle pas anglais. **9.** J'étudie le français. **10.** Je n'étudie pas l'anglais.

(d) **1.** À quelle heure déjeunes-tu? **2.** À quelle heure dînes-tu? **3.** Demeures-tu avenue de l'Observatoire? **4.** Habites-tu à Paris? **5.** Parles-tu anglais? **6.** Tu es Américain(e)? **7.** Tu es libre cet après-midi? **8.** As-tu des parents en France? **9.** Tu étudies le français? **10.** Est-ce que tu aimes les hors-d'œuvre?

(e) **1.** Il habite à Paris. **2.** Il arrive le 29 novembre. **3.** Il parle anglais. **4.** Elle entre. **5.** Elle déjeune à l'hôtel. **6.** À quelle heure arrive-t-il? **7.** Où demeure-t-elle? **8.** Parle-t-il français? **9.** Il n'habite pas à Paris. **10.** N'habite-t-il pas à Paris?

B. *Répondez affirmativement, puis négativement:*

EXEMPLE   Êtes-vous Américain(e)? → **Je suis Américain(e). Je ne suis pas Américain(e).**

1. Êtes-vous étudiant(e)?
2. Êtes-vous libre dimanche?
3. Est-ce que le déjeuner est prêt?
4. Le bureau de poste est-il ouvert cet après-midi?
5. Avez-vous faim?
6. Sommes-nous Américains?
7. Êtes-vous étudiants? *(Réponse au pluriel.)*
8. Étudiez-vous le français?

III   *Répondez en français:*

1. À quelle heure dînez-vous?
2. À quelle heure déjeunez-vous?
3. Où demeurez-vous?
4. Parlez-vous français?
5. Comment vous appelez-vous?
6. À quelle heure Roger déjeune-t-il?
7. À quelle heure dîne-t-il?
8. Où demeure-t-il?
9. Parle-t-il français?
10. À quelle heure déjeunez-vous? *(Réponse au pluriel.)*
11. À quelle heure dînez-vous? *(Rép. au pl.)*
12. Parlez-vous français? *(Rép. au pl.)*
13. Où demeurez-vous? *(Rép. au pl.)*
14. Où Jean et Roger demeurent-ils?
15. Où dînent-ils?
16. Est-ce qu'ils parlent français?
17. Le garçon apporte-t-il des hors-d'œuvre?
18. Qu'est-ce qu'il apporte comme plat de viande?

IV *Demandez à un autre étudiant (à une autre étudiante) en employant la forme* **vous:**

1. s'il (si elle) est libre ce soir.
2. s'il (si elle) est Français (Française).
3. s'il (si elle) est ingénieur-chimiste.
4. où il (elle) va.
5. quand il (elle) est libre.
6. quelle est son adresse.
7. quelle est sa nationalité.
8. sa profession.
9. la date.
10. s'il (si elle) a faim.
11. quel âge il (elle) a.
12. s'il (si elle) a de la monnaie.
13. s'il (si elle) a des frères.
14. combien de frères il (elle) a.
15. à quelle heure il (elle) déjeune aujourd'hui.
16. à quelle heure il (elle) dîne d'habitude.
17. où il (elle) demeure.
18. à quelle heure il (elle) arrive.
19. s'il (si elle) étudie le français.

V *Même exercice en employant le* **tutoiement.**

Au bureau de tabac °

John goes to buy a paper.

ROGER ¹Où vas-tu?

JEAN ²Je vais acheter un journal. ³Où vend-on des journaux?

ROGER ⁴On vend des journaux au bureau de tabac ou au kiosque.

ROGER Where are you going?

JOHN I am going to buy a paper. Where do they sell papers?

ROGER They sell papers at tobacco shops or at newsstands.

Au bureau de tabac

JEAN ⁵Avez-vous des journaux, madame?

MME COCHET ⁶Mais oui, monsieur. Les voilà. *(Elle les montre du doigt.)*

At the tobacco shop

JOHN Do you have newspapers, (madam)?

MME COCHET Yes, sir. Here they are. *(She points to them.)*

JEAN ⁷Donnez-moi *Le Figaro,*° s'il vous plaît.

JOHN Give me *Le Figaro,* please.

MME COCHET ⁸Le voici, monsieur.

MME COCHET Here it is, sir.

JEAN ⁹C'est combien?

JOHN How much is it?

MME COCHET ¹⁰Un franc soixante-quinze centimes, monsieur.

MME COCHET One franc seventy-five centimes, sir.

JEAN ¹¹Avez-vous des revues américaines?

JOHN Do you have any American magazines?

MME COCHET ¹²Je regrette beaucoup, monsieur. *(Haussant les épaules.)* ¹³Nous n'avons pas de revues américaines.

MME COCHET I'm very sorry, sir. *(Shrugging her shoulders.)* We have no American magazines.

JEAN ¹⁴Combien coûte ce plan de Paris?

JOHN How much does this map of Paris cost?

MME COCHET ¹⁵Huit francs, monsieur. ¹⁶Il est très utile, même pour les Parisiens.

MME COCHET Eight francs, sir. It's very useful, even for Parisians.

JEAN ¹⁷Je n'ai qu'un billet de cent francs. ¹⁸Avez-vous de la monnaie?

JOHN I have only a 100 franc bill. Do you have change?

MME COCHET ¹⁹Je crois que oui. La voilà. ²⁰Est-ce que c'est tout, monsieur?

MME COCHET I think so. Here it is. Is that all, sir?

JEAN ²¹Oui, je crois que c'est tout pour aujourd'hui.

JOHN Yes, I think that's all for today.

Cultural Notes

Until recently, the French government had a monopoly on the manufacture and sale of tobacco—a very lucrative monopoly. The government also controlled the **bureaux de tabac** where most cigars, cigarettes, and smoking tobacco are still sold, as are stationery, postage stamps, and newspapers. Today cigarettes made in foreign countries are also easily available and are competing successfully against French brands such as **Gauloise** (Gallic) and **Gitanes** (Gypsies). The French cigarettes are very strong but they are often allowed to go out while remaining between the lips of the smoker for a long time.

Of the many French newspapers, *Le Figaro,* which is politically conservative, is one of the most readable. *Le Monde,* which is politically independent, is one of the most respected papers of Europe. *France-Soir* is a middle-of-the-road evening paper. *L'Humanité* is the organ of the Communist Party. The two best-known weeklies are *L'Express* and *Paris-Match.*

I Exercice de mise en train

A. *Répondez tous ensemble:*

1. Quelle heure est-il?
2. Quel jour sommes-nous aujourd'hui?
3. Nous sommes aujourd'hui dimanche, n'est-ce pas? (Non . . .)
4. Où Roger va-t-il vendredi?
5. Quand est-ce qu'il compte partir?

B. *Répondez individuellement:*

1. Avez-vous faim?
2. Quand allez-vous déjeuner?
3. Où allez-vous déjeuner?
4. À quelle heure dînez-vous d'habitude?
5. Aimez-vous les hors-d'œuvre?
6. Voulez-vous du vin blanc ou du vin rouge?

61

II *Substitutions*

Répétez les phrases suivantes en substituant les mots indiqués:

1. Je vais acheter **un journal.**
   des journaux / des revues américaines / une revue américaine / un plan de Paris
2. On vend des journaux **au bureau de tabac.**
   au kiosque / dans la rue / à la librairie *(bookstore)* / en face de l'hôtel
3. Combien coûte **ce plan de Paris?**
   Le Figaro / cette revue américaine / cette revue française / l'édition parisienne du *New York Times*
4. Nous n'avons pas de **revues américaines.**
   plans de Paris / revues françaises / monnaie / journaux
5. Je n'ai qu'un billet de **cent** francs.
   cinquante / vingt / cinq cents / mille
6. J'ai l'habitude *(the habit)* de lire **les journaux français.**
   de déjeuner à midi / de faire une promenade l'après-midi / de dîner à six heures / d'aller au cinéma le samedi

III *Répétez les phrases suivantes en remplaçant le nom par le pronom* **le, la,** *ou* **les:**

EXEMPLE   Voilà *Le Figaro.* → **Le voilà.**

1. Voilà les journaux.
2. Voilà le plan de Paris.
3. Voilà votre carte de travail.
4. Voilà un billet de 50 francs.
5. Voilà la monnaie.
6. Voilà le journal.
7. Voilà l'agent de police.
8. Voilà l'employée.

IV *Répondez affirmativement et puis négativement à chacune des questions suivantes:*

EXEMPLE   Avez-vous des journaux? → **Oui, j'ai des journaux. Non, je n'ai pas de journaux.**

1. Avez-vous des revues américaines?
2. Aimez-vous le café?
3. Avez-vous des fruits?
4. Aimez-vous les fruits?
5. Avez-vous de la monnaie?
6. Aimez-vous le vin rouge?

V *Répondez aux questions personnelles suivantes:*

1. Avez-vous l'habitude de lire le journal?
2. Avez-vous l'habitude d'acheter le journal tous les jours?
3. Avez-vous l'habitude de lire des romans *(novels)?*
4. Avez-vous l'habitude de lire des romans policiers *(detective novels)?*

5. Avez-vous l'habitude de jouer de la guitare?

6. Avez-vous l'habitude de déjeuner à l'aéroport?

7. À quelle heure déjeunez-vous d'habitude?

VI *Posez la question à laquelle répond chacune des phrases suivantes* (Ask the question to which each of the following sentences is the answer):

EXEMPLE C'est trente centimes. → **Combien est-ce?**

1. C'est loin d'ici.
2. C'est un bon hôtel.
3. C'est tout.
4. J'ai de la monnaie.
5. Le plan coûte six francs.
6. Le train arrive à midi.
7. Je déjeune à midi.
8. J'étudie la chimie.

VII *Demandez à un autre étudiant (à une autre étudiante):*

1. où il (elle) va.
2. pourquoi *(why)* il (elle) va au bureau de tabac.
3. si on vend des journaux au bureau de tabac.
4. si on vend des revues au bureau de tabac.
5. quel journal il (elle) va acheter.
6. combien coûte *Le Figaro.*
7. s'il (si elle) a des revues américaines.
8. s'il (si elle) aime les revues américaines.
9. s'il (si elle) a la monnaie de cinquante francs.
10. où on achète des journaux en France.

VIII *Mini-dialogues*

1. A. Demandez à un autre étudiant (à une autre étudiante) où il (elle) va.
   B. Répondez que vous allez acheter un journal.
   A. Demandez-lui où on vend des journaux.
   B. Répondez.
   A. Demandez-lui combien coûte le journal.
   B. Répondez.

2. A. Demandez à un autre étudiant (à une autre étudiante) s'il (si elle) a des journaux américains.
   B. Répondez négativement.
   A. Demandez-lui s'il (si elle) a des revues américaines.
   B. Répondez négativement.
   A. Demandez combien coûte ce plan de Paris.
   B. Répondez.
   A. Demandez s'il (si elle) a la monnaie de 100 francs.
   B. Répondez affirmativement.

IX *Dictée d'après la Conversation 7, p. 47*

Numbers

15 Cardinal numbers (one, two, three, etc.)*

1	un, une	22	vingt-deux	73	soixante-treize
2	deux	23	vingt-trois	80	quatre-vingts
3	trois	30	trente	81	quatre-vingt-un
4	quatre	31	trente et un	82	quatre-vingt-deux
5	cinq	32	trente-deux	83	quatre-vingt-trois
6	six	33	trente-trois	90	quatre-vingt-dix
7	sept	40	quarante	91	quatre-vingt-onze
8	huit	41	quarante et un	92	quatre-vingt-douze
9	neuf	42	quarante-deux	100	cent
10	dix	43	quarante-trois	101	cent un
11	onze	50	cinquante	102	cent deux
12	douze	51	cinquante et un	103	cent trois
13	treize	52	cinquante-deux	200	deux cents
14	quatorze	53	cinquante-trois	201	deux cent un
15	quinze	60	soixante	300	trois cents
16	seize	61	soixante et un	1000	mille**
17	dix-sept	62	soixante-deux	1100	onze cents
18	dix-huit	63	soixante-trois	1200	douze cents
19	dix-neuf	70	soixante-dix	1300	treize cents
20	vingt	71	soixante et onze	1400	quatorze cents
21	vingt et un	72	soixante-douze	1900	dix-neuf cents

2000	deux mille***	20.000	ving mille****
2100	deux mille cent	100.000	cent mille
2110	deux mille cent dix	1.000.000	un million

(1) The French count by tens from 1 to 60 but by twenties from 61 to 100. The Celts, whose language was spoken in Gaul before the Roman conquest, counted by twenties. The Romans counted by tens. The French system of numbers is a combination of the two.

---

* For phonetic transcription of numbers, see pp. 382–383.

** From 1100 to 1900 you may also say: **mille cent, mille deux cents,** etc., though **onze cents, douze cents,** etc., are somewhat more commonly used.

*** Beginning with 2,000, you always count in thousands in French. In English you may say: *twenty-one hundred, twenty-two hundred,* etc., but in French you may say only: **deux mille cent, deux mille deux cents,** etc.

**** In French numbers, a period is used where we use a comma, and vice versa: ENGLISH: 12,000.85; FRENCH: 12.000,85.

(2) **Et** is used in the numbers 21, 31, 41, 61, and 71—and in these numbers only. The "t" in *et* is never pronounced.

(3) Pronunciation of final consonant of numbers:

(a) The final consonant of numbers is ordinarily silent when the word immediately following the number begins with a consonant. EXAMPLE: **cinq francs; six pommes; huit lettres; dix poires; vingt francs,** etc. Note however that the final **t** is pronounced in **vingt-deux, vingt-trois,** etc.

(b) The final consonant of numbers is pronounced when the word immediately following the number begins with a vowel or a mute **h**. EXEMPLE: **trois ans; cinq ans; six étudiants; sept heures; huit étudiants; cent ans,** etc. Note, however, that in **cent un** (101) the **t** is never pronounced, and that the **f** in **neuf heures** and in **neuf ans** is pronounced **v**. [nœ v œ ʀ] [n œ vã]

(c) The final consonant of **cinq, six, sept, huit, neuf** and **dix** is pronounced when the numbers are used alone, in counting, or at the end of a phrase or sentence. EXEMPLE: **Combien de cousins avez-vous? —Cinq.** [sɛ̃k]

16 Ordinal numbers (first, second, third, etc.)

—Lundi est **le premier** jour de la semaine.

Monday is the first day of the week.

—Quel est **le troisième** mois de l'année?

What is the third month of the year?

—C'est un étudiant de **deuxième** année.

He is a second-year student.

premier, première	*first*	huitième	*eighth*
second, seconde; deuxième	*second*	neuvième	*ninth*
troisième	*third*	dixième	*tenth*
quatrième	*fourth*	onzième	*eleventh*
cinquième	*fifth*	douzième	*twelfth*
sixième	*sixth*	vingtième	*twentieth*
septième	*seventh*	vingt et unième	*twenty-first*

Note that the word **an** is used with cardinal numbers but that **année** is used with ordinals. EXEMPLE: **trois ans** *(three years)*; **la troisième année** *(the third year)*.

65

17 Dates

—C'est aujourd'hui **le onze juin.**	*Today is* **the eleventh of June.**
—Je vais à Marseille **le huit octobre.**	*I am going to Marseilles* **on October 8th.**
—Louis XIV est mort **en 1715** (dix-sept cent quinze).	*Louis XIV died* **in 1715.**

(1) You always use the cardinal numbers for the days of the month except for the first of the month. EXAMPLE: le **deux** mai, le **trois** mai, etc., but **le premier** mai.

(2) In English, we say: *seventeen fifteen, seventeen hundred fifteen,* or *seventeen hundred and fifteen.* In French 1715 can be read in only two ways: **dix-sept cent quinze** or **mille sept cent quinze.** Do not omit the word **cent.**

(3) Note that the **e** of **le** is not elided before **onze** or **huit.**

18 Time of day

A. In conversation

—Quelle heure est-il?	*What time is it?*
—Il est onze heures et quart.	*It is quarter past eleven.*
—Il est onze heures et demie.	*It is half past eleven.*
—Il est midi moins le quart.	*It is a quarter to twelve.*
—Il est midi. Il est minuit.	*It is noon. It is midnight.*
—Il est trois heures vingt-cinq.	*It is twenty-five minutes past three.*
—Il est quatre heures moins dix.	*It is ten minutes to four.*

(1) To express the quarter-hours, you say **et quart** (*quarter past*), **et demie** (*half past*), **moins le quart** (*quarter to*).

(2) To express minutes between the hour and the half hour following (*e.g.,* *4:00–4:30*), you say **quatre heures cinq** *(4:05);* **quatre heures dix** *(4:10);* **quatre heures vingt-cinq** *(4:25).*

But to express minutes between the half hour and the following hour (*e.g., 4:30–5:00*), you measure back from the next hour. Thus, *4:35* is **cinq heures moins vingt-cinq;** *4:50* is **cinq heures moins dix.**

(3) To express A.M., you say **du matin;** for P.M., you say **de l'après-midi** (*in the afternoon*) or **du soir** (*in the evening*). EXAMPLE: **neuf heures du matin** *(9:00 A.M.);* **trois heures de l'après-midi** *(3:00 P.M.);* **onze heures du soir** *(11:00 P.M.)*

B. Official time (twenty-four hour system)

une heure trente (1 h. 30)	1:30 A.M.
treize heures trente (13 h. 30)	1:30 P.M.

six heures cinquante (6 h. 50)	6:50 A.M.	
dix-huit heures cinquante (18 h. 50)	6:50 P.M.	
zéro heure vingt (0 h. 20)	12:20 A.M.	
douze heures vingt (12 h. 20)	12:20 P.M.	

(1) The twenty-four hour system is used in all official announcements: railroads, banks, stores, theatres, offices, army, navy, etc.

(2) In this system, fractions of an hour are always expressed in terms of minutes after the hour.

I Exercice sur les nombres

1. *Comptez par dix de dix à cent.*
2. *Comptez par cinq de cinquante à cent.*
3. *Dites en français:* 21, 31, 41, 51, 61, 71, 81, 91, 101.
4. *Dites en français:* 1, 11; 2, 12, 22; 3, 13, 30; 4, 14, 40, 44; 5, 15, 50, 55; 6, 16, 60, 66, 76; 7, 17, 77; 8, 18, 80, 88, 98; 9, 19, 90, 99; 20, 24, 80, 84, 40, 24.

II Substitutions

Répétez les phrases suivantes en substituant les mots indiqués:

1. Mon petit frère a **dix** ans.
   neuf / huit / sept / six
2. Ma sœur a **quinze** ans.
   dix-sept / vingt et un / dix-huit / vingt-deux
3. Ce plan de Paris coûte **six francs.**
   5 fr 50 (cinq francs cinquante) / 5 fr 60 / 5 fr 75 / 5 fr 80
4. Ces tomates coûtent **deux francs** le kilo.
   2 fr 50 / 2 fr 75 / 3 fr 50 / 3 fr 75
5. Cette auto coûte **neuf mille** francs.
   huit mille / dix mille / douze mille cinq cents / quinze mille
6. **Lundi** est le **premier** jour de la semaine.
   mardi . . . deuxième / mercredi . . . troisième / jeudi . . .
   quatrième / vendredi . . . cinquième

III Répondez en français par une phrase complète à chacune des questions suivantes:

1. Combien de jours y a-t-il en avril?
2. Combien de jours y a-t-il en février?
3. Combien de jours y a-t-il en décembre?
4. Combien de jours y a-t-il dans une année?
5. Quel est le premier jour de la semaine?
6. Quel est le troisième jour de la semaine?
7. Quel est le troisième mois de l'année?
8. Quel âge avez-vous?

IV *Lisez (Read) en français les heures suivantes d'après le système officiel:*

1. 1 h. 10, 2 h. 27, 4 h. 55.
2. 5 h. 33, 6 h. 05, 8 h. 31.
3. 9 h. 37, 10 h. 45, 12 h. 10.

4. 13 h. 08, 14 h. 22, 16 h. 50.
5. 17 h. 50, 18 h. 55, 20 h. 39.
6. 21 h. 39, 22 h. 13, 23 h. 14, 0 h. 45.

V *Répétez après moi:*

1. le 9 mai, le 13 mai, le 21 mai.
2. le 5 juin, le 5 août, le 5 juillet.
3. le 31 décembre, le 31 mars, le 31 janvier.

4. le 1er avril, le 1er mars, le 1er août.
5. le 1er février, le 11 février, le 21 février.

VI *Exercice sur les nombres*

1. *Comptez en français:* onze cents, douze cents, etc. jusqu'à dix-neuf cents.
2. *Lisez les dates suivantes en français: (a)* 1900, 1940, 1945, 1845, 1745. *(b)* 1515, 1615, 1715. *(c)* 1815, 1915, 1950, 1960, 1962, 1972, 1982. *(d)* 2000, 2001, 2010.

VII *Petite causerie improvisée*

1. Dites votre âge et puis l'âge de votre père, de votre mère, et de votre grand-père.
2. Dites en quelle année vous êtes né(e) et puis en quelle année sont nés vos parents.

Questions sur l'histoire de France

LA STATUE DE LOUIS XIV, LA PLACE BELLECŒUR

Marie Bonnier, Roger's fiancée, is playfully checking up on John's knowledge of French history.

MARIE ¹Connaissez-vous* l'histoire de France?

JEAN ²Certainement, je connais Jeanne d'Arc° et Napoléon.°

MARIE ³Qu'est-ce que vous savez* de Jeanne d'Arc?

JEAN ⁴Pas grand-chose. ⁵Je ne sais pas quand elle est née, ⁶mais je sais qu'elle est morte à Rouen.

MARIE ⁷Savez-vous où est né Napoléon?°

JEAN ⁸Il est né en Corse au dix-huitième siècle.

MARIE Do you know the history of France?

JOHN Certainly. I know about Joan of Arc and Napoleon.

MARIE What do you know about Joan of Arc?

JOHN Nothing much. I don't know when she was born, but I know she died in Rouen.

MARIE Do you know where Napoléon was born?

JOHN He was born in Corsica in the eighteenth century.

NAPOLÉON

* **Connaître** and **savoir** mean to have knowledge of; but they are not interchangeable. **Connaître** is used only with a noun or pronoun object, and usually refers to persons, places, books, works of art, etc. **Savoir** is used (1) with clauses introduced by **que, quand, où, combien, si, ce que**, etc.; (2) with infinitives—to express the meaning to know how: Je **sais** jouer de la guitare; and (3) with a noun or pronoun object referring primarily to dates, time, names, age, etc.

MARIE   ⁹Et Louis XIV,° en quelle année est-il mort?

JEAN   ¹⁰En dix-sept cent quinze, si j'ai bonne mémoire. ¹¹Mais vous me posez beaucoup de questions.

MARIE   ¹²Encore une. ¹³Vous connaissez le quatorze juillet, n'est-ce pas?

JEAN   ¹⁴Bien sûr. C'est le jour de la fête nationale en France.

MARIE   ¹⁵Savez-vous pourquoi?

JEAN   ¹⁶Parce que c'est le jour de la prise de la Bastille,° en 1789. ¹⁷Vous voyez que je suis bien renseigné.

MARIE   ¹⁸Évidemment. ¹⁹Je ne vais plus vous poser de questions. ²⁰Vous savez tout—ou presque.

MARIE   And Louis 14th? In what year did he die?

JOHN   In 1715, if I remember correctly. But you are asking me a lot of questions.

MARIE   One more. You know about July 14th, don't you?

JOHN   Sure. It's the day of the French national holiday.

MARIE   Do you know why?

JOHN   Because it's the day of the Fall (Capture) of the Bastille, in 1789. You see I'm well informed.

MARIE   Obviously. I'm not going to ask you any more questions. You know everything—or almost everything.

Cultural Notes

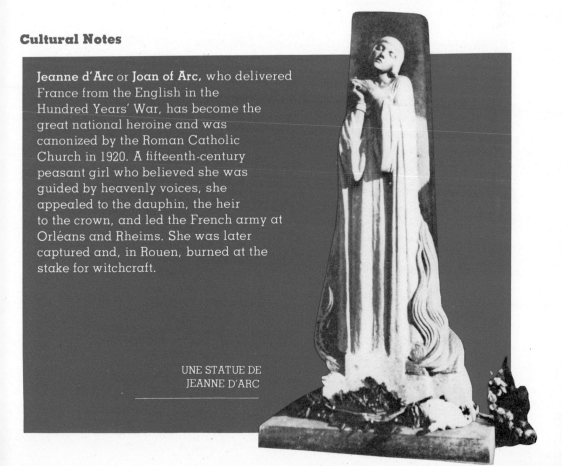

Jeanne d'Arc or **Joan of Arc,** who delivered France from the English in the Hundred Years' War, has become the great national heroine and was canonized by the Roman Catholic Church in 1920. A fifteenth-century peasant girl who believed she was guided by heavenly voices, she appealed to the dauphin, the heir to the crown, and led the French army at Orléans and Rheims. She was later captured and, in Rouen, burned at the stake for witchcraft.

UNE STATUE DE
JEANNE D'ARC

71

As a result of a meteoric military career, general **Napoléon Bonaparte** became First Consul and then in 1804 crowned himself Emperor of France, patterning his coronation after Charlemagne's. Napoleon ruled until 1814 when he was defeated by the alliance of England and Prussia and exiled to Elba. He returned to rule for 100 days, was again defeated, at Waterloo, and was taken to the island of Saint Helena in the South Atlantic to spend his last days.

Louis XIV, called **Louis le Grand** and **Le Roi Soleil,** characterized his long reign as king of France (1643–1715) by declaring « L'État, c'est moi. » This period is remembered most for its great artists including the writers Molière and Racine, the painter Le Brun, and the architect Mansart, who directed the building of Versailles. The king's constant wars, though sometimes glorious, exhausted the country.

La Bastille, a former fortification and prison, was taken over by the people on July 14, 1789 (now a national holiday). It was eventually torn down and the place on which it had stood was made into a public square called **La Place de la Bastille.**

I Exercice de mise en train

A. *Répondez tous ensemble:*

1. Demandez-moi à quelle heure je vais déjeuner.
2. Demandez-moi à quelle heure je vais dîner.
3. Demandez-moi si j'ai l'habitude de lire le journal tous les jours.
4. Dites-moi que vous allez dîner à six heures comme d'habitude.

B. *Répondez individuellement:*

1. À quelle heure allez-vous à votre premier cours?
2. À quelle heure allez-vous déjeuner?
3. À quelle heure allez-vous au labo?
4. Avez-vous l'habitude de lire le journal?
5. En quelle année êtes-vous né(e)?

II Substitutions

Répétez les phrases suivantes en substituant les mots indiqués:

1. Connaissez-vous **l'histoire de France?**
   Le Figaro / le château de Chantilly / le 14 juillet / la musique de Debussy
2. (a) **Savoir** followed by a noun:
   Je sais **l'adresse de Jean Hughes.**
   sa profession / sa nationalité / son âge / un tas de choses *(lots)*

(b) **Savoir** followed by que:

> Je sais que **Jeanne d'Arc est morte à Rouen.**

Napoléon est né en Corse / Louis XIV est mort en 1715 / Jean Hughes est ingénieur-chimiste / le 14 juillet est le jour de la fête nationale en France

(c) **Savoir** followed by an infinitive:

> Elle sait **chanter.**

jouer de la guitare / jouer au tennis / danser / faire la cuisine *(to cook)*

3. Vous voyez que **je connais l'histoire de France—plus ou moins.**

je sais tout—ou presque / je ne sais pas grand-chose / je sais un tas de choses *(lots)* / je sais quelques dates

III *Répondez, d'après le texte, aux questions suivantes:*

1. Connaissez-vous l'histoire de France?
2. Savez-vous où est née Jeanne d'Arc? (Non, je ne sais pas où est née Jeanne d'Arc.)
3. Savez-vous où elle est morte?
4. En quelle année est mort Louis XIV?
5. Connaissez-vous le 14 juillet?
6. Quelle est la date de la prise de la Bastille?

IV *Répondez en français aux questions personnelles suivantes:*

1. En quelle année sommes-nous?
2. En quelle année êtes-vous né(e)?
3. Quel jour sommes-nous aujourd'hui?
4. Quel jour de la semaine sommes-nous?
5. Quel âge avez-vous?
6. Quel âge a votre père?
7. Savez-vous la date de la Déclaration de l'Indépendance américaine?
8. Quand Christophe Colomb a-t-il découvert l'Amérique?

V *Lisez les dates suivantes:*

(a)
1. Le 29 septembre 1975
2. Le 1ᵉʳ juin 1939
3. Le 27 avril 1889
4. Le 14 juillet 1789
5. Le 3 août 1698
6. Le 4 juillet 1776
7. Le 14 octobre 1492
8. Le 4 septembre 1870

(b)
1. En 1980
2. En 1850
3. En 1790
4. En 1776
5. En 1066
6. En 1914
7. En 1860
8. En l'an 2000

(c)
1. Au 20ᵉᵐᵉ siècle
2. Au 19ᵉᵐᵉ siècle
3. Au 18ᵉᵐᵉ siècle
4. Au 17ᵉᵐᵉ siècle
5. Au 11ᵉᵐᵉ siècle
6. Au 2ᵉᵐᵉ siècle av. J.-C. (Au deuxième siècle avant Jésus-Christ [ʒezykʀi])

VI *Mini-dialogues*

1. **A.** Demandez à votre voisin(e) s'il (si elle) sait quand est né Washington.
   B. Répondez qu'il est né en 1732.
   A. Demandez où est né Washington.
   B. Répondez qu'il est né en Virginie.
   A. Demandez quand il est mort.
   B. Répondez qu'il est mort en 1799.

2. **A.** Demandez à votre voisin(e) s'il (si elle) connaît le 4 juillet.
   B. Répondez que c'est le jour de la fête nationale américaine.
   A. Demandez s'il (si elle) sait pourquoi.
   B. Répondez que le 4 juillet 1776 est le jour de la Déclaration de l'Indépendance américaine.

VII *Dictée d'après la Conversation 8, pp. 59–60*

Fiançailles d'une amie

Louise Bedel annonce ses fiançailles.

MARIE [1]Connaissez-vous Louise Bedel?

JEAN [2]Non, je ne la connais pas.

MARIE [3]Mais si.* [4]Vous avez fait sa connaissance chez Suzanne samedi dernier.

MARIE Do you know Louise Bedel?

JOHN No, I don't know her.

MARIE Yes you do. You met her at Suzanne's last Saturday.

* **si** meaning **yes** is used only to contradict a negative statement.

75

JEAN [5]Est-ce* une petite jeune fille brune?

MARIE [6]Pas du tout. C'est une grande blonde.

JEAN [7]Oh, vous parlez de la jeune fille [8]qui a joué de la guitare et qui chante si bien?

MARIE [9]Oui. Avec les cheveux longs, le teint clair et de grands yeux bleus.

JEAN [10]Eh bien? Qu'est-ce qui lui arrive?

MARIE [11]Elle vient d'annoncer ses fiançailles.

JEAN [12]Avec qui?

MARIE [13]Avec Charles Dupont.

JEAN [14]Je connais très bien Charles.

MARIE [15]Qu'est-ce qu'il fait?

JEAN [16]Il est* ingénieur-électricien. [17]Je pense que Charles a de la chance. [18]Il est gentil, riche, sympathique, et [19]sa future femme a beaucoup de talent.

JOHN Is she a small brunette?

MARIE No, no. She's a tall blonde.

JOHN Oh, you are talking about the girl who played the guitar and who sings so well?

MARIE Yes. With long hair, a light complexion, and big blue eyes.

JOHN Well, what about her (What is happening to her)?

MARIE She has just announced her engagement.

JOHN To whom?

MARIE To Charles Dupont.

JOHN I know Charles very well.

MARIE What does he do?

JOHN He's an electrical engineer. I think Charles is lucky. He is friendly, rich, likeable, and his future wife is very talented.

I Exercice de mise en train

Répondez tous ensemble:

1. Demandez-moi quel jour nous sommes.
2. Demandez-moi quelle heure il est.
3. Demandez-moi quand est né Napoléon.
4. Demandez-moi où il est né.
5. Demandez-moi si je connais l'histoire de France.
6. Dites-moi que Louis XIV est mort en 1715.

II Substitutions

Répétez les phrases suivantes en substituant les mots indiqués:

1. Vous avez fait sa connaissance **chez Suzanne** samedi dernier.
   chez ma sœur / chez Roger / au labo / au musée
2. (a) C'est une **petite** jeune fille brune.
      grande / gentille / jolie petite / ravissante *(fantastic)*
   (b) Elle est **grande**.
      belle / blonde / très gentille / très sympathique (sympa)

---

* Note that *He is* or *She is* is expressed by **C'est** when **est** is directly followed by the article **le, la, un** or **une**. Note that *He is, She is* is usually expressed in French by **Il est, Elle est** when **est** is directly followed by an adjective standing alone or by an unmodified noun.

3. Elle a **les cheveux longs.**
    le teint clair / les cheveux blonds / les cheveux courts *(short)* / de grands yeux bleus
4. Elle vient **d'annoncer ses fiançailles.**
    d'acheter le journal / d'aller à Reims / de faire des courses / de dîner avec Roger
5. Elle est **ingénieur-électricienne.**
    agent de police / hôtelière / Américaine / Française

III *Répondez en français aux questions suivantes, d'après le texte:*

1. Connaissez-vous Louise Bedel?
2. Où avez-vous fait sa connaissance?
3. Est-ce une petite jeune fille brune?
4. A-t-elle joué de la guitare?
5. Est-ce qu'elle chante bien?
6. A-t-elle le teint clair?
7. Est-elle brune ou blonde?
8. Quand va-t-elle se marier?
9. Avec qui va-t-elle se marier?
10. Quelle est la profession de Charles Dupont?
11. Que pensez-vous de Charles?
12. Comment s'appelle sa future femme?
13. A-t-elle beaucoup de talent?

IV Dites en français en employant l'expression convenable:

A. Il est, Elle est

1. _____ ingénieur.
2. _____ hôtelière.
3. _____ agent de police.
4. _____ grand.
5. _____ grande.
6. _____ gentille.

7. _____ concierge.
8. _____ musicienne.
9. _____ Français.
10. _____ Française.
11. _____ Américaine.
12. _____ très gentille.

B. C'est un, C'est une

1. _____ grand jeune homme blond.
2. _____ petite jeune fille blonde.
3. _____ bon hôtel.
4. _____ bon déjeuner.
5. _____ petit jeune homme brun.

6. _____ bon journal.
7. _____ bonne pomme.
8. _____ bonne poire.
9. _____ grand restaurant.
10. _____ bon petit restaurant.

C. *Il est, Elle est, ou C'est un, C'est une*

1. _____ petite jeune fille brune.
2. _____ très gentille.
3. _____ ingénieur *(two ways)*.
   _____ ingénieur.
4. _____ très bon ingénieur.
5. _____ bon journal.
6. _____ musicienne.
7. _____ Américain.
8. _____ étudiant.
9. _____ Américaine.
10. _____ étudiante.
11. _____ jeune Américain.
12. _____ jeune Américaine.

V *Répondez aux questions personnelles suivantes:*

1. Avez-vous l'habitude de déjeuner au restaurant?
2. Où déjeunez-vous d'habitude?
3. Avez-vous l'habitude de regarder la télévision?
4. Quand la regardez-vous d'habitude?
5. Avez-vous l'habitude d'aller au cinéma le dimanche?
6. Quand allez-vous d'habitude au cinéma?

VI *Mini-dialogues*

1. A. Demandez à un(e) autre étudiant(e) s'il (si elle) connaît Louise Bedel.
   B. Répondez négativement.
   A. Dites qu'il (qu'elle) a fait sa connaissance samedi dernier.
   B. Demandez si c'est une petite jeune fille brune.
   A. Dites qu'elle est grande et blonde.
   B. Demandez si elle a joué de la guitare.
   B. Répondez affirmativement.

2. A. Demandez à un(e) autre étudiant(e) quand Louise Bedel va se marier.
   B. Répondez qu'elle va se marier l'été prochain.
   A. Demandez avec qui elle va se marier.
   B. Répondez à sa question.
   A. Demandez si Charles Dupont est ingénieur-chimiste.
   B. Répondez, s'il vous plaît.

VII *Causerie*

Décrivez un ami ou une amie.

VIII *Dictée d'après la Conversation 9, pp. 70–71*

La Cuisine française

Roger et Jean dînent ensemble dans un des grands restaurants de la capitale. Leur table est près d'une fenêtre, d'où ils ont une belle vue sur la Seine. Malgré la nuit qui tombe, on voit fort bien les tours de Notre-Dame.

—Pensez-y un peu, dit Roger, cette cathédrale a été commencée il y a plus de huit cents ans. Malgré tout, elle est encore debout.

—Ce que j'admire le plus, répond Jean, c'est moins son âge que ses proportions. Comment les gens qui l'ont construite ont-ils pu bâtir un tel édifice avec leurs moyens limités?

—C'est le résultat d'un enthousiasme énorme et d'un travail qui a duré plus d'un siècle. Voilà pourquoi Notre-Dame existe.

À ce moment-là, le garçon apporte la carte avec tout le sérieux d'un diplomate. Jean examine le menu avec curiosité.

—Je suis toujours surpris du talent des Français dans la présentation des plats, dit-il à son ami. Aux États-Unis, les noms des plats sont d'habitude purement descriptifs, sans aucun ornement. Ici, ils font venir l'eau à la bouche. Voici par exemple, dans la liste des plats de poisson, l'indication « Filets de sole Tante-Marie. » Quelle différence entre « Filets de sole Tante-Marie » et simplement *Fillet of Sole!* Un appel au sentiment familial, une allusion à la chère tante Marie, de son vivant si bonne cuisinière, et les filets de sole deviennent quelque chose de rare, d'unique. Les gens qui inventent de telles appellations sont certes d'excellents psychologues.

—Puisque tu parles de l'art de présenter les plats, répond Roger, regarde dans « Spécialités recommandées. » Il y a là un soufflé avec la description suivante: « Mariage forcé de la glace et du feu. Plat délicieux spécialement recommandé. (Commander vingt minutes à l'avance) » . . . Ce « mariage forcé de la glace et du feu » est une jolie invention. Cela fait penser aux quatre éléments, à l'hostilité traditionnelle de l'eau et du feu, aux volcans couverts de neige de l'Islande. Le plaisir qu'on a à manger ce soufflé est à la fois d'ordre corporel et d'ordre spirituel!*

Le repas terminé, Jean et Roger quittent le restaurant, très satisfaits spirituellement et corporellement. Ils s'arrêtent un instant devant un kiosque à journaux. Jean remarque qu'il y a là des journaux et des revues de tous les grands pays du monde, journaux américains, anglais, allemands, russes, italiens. Plusieurs sont dans une langue qu'il ne peut pas même identifier. Après tout, pense-t-il, Paris est une ville si cosmopolite qu'il y a des gens pour les acheter, et pour les lire.

* of both a physical and spiritual nature

QUESTIONS

1. Où Jean et Roger dînent-ils ensemble?
2. Où est leur table?
3. Qu'est-ce qu'on voit de leur table?
4. Qu'est-ce que Jean admire le plus?
5. Qu'est-ce que le garçon apporte à Jean et à Roger?

6. Quel plat de poisson y a-t-il sur la carte?
7. Quelle description la carte donne-t-elle du soufflé?
8. Quand Jean et Roger quittent-ils le restaurant?
9. Sont-ils satisfaits de leur dîner?
10. Où s'arrêtent-ils un instant?
11. Qu'est-ce que Jean remarque quand il est devant le kiosque à journaux?
12. Est-ce qu'il peut identifier tous les journaux?
13. Quels journaux peut-il identifier?
14. Est-ce que Paris est une ville très cosmopolite?

VOCABULAIRE: LA CUISINE

faire la cuisine *to cook*
avoir faim *to be hungry*
avoir soif *to be thirsty*
le repas *meal*
le dîner *dinner; to dine*
le déjeuner *lunch; to lunch*
le petit déjeuner *breakfast*
manger *to eat*
boire *to drink*
la table *table*
le couteau *knife*
la fourchette *fork*
le verre *glass, lens*
le pain *bread*
le beurre *butter*
le sel *salt*
le poivre *pepper*
la viande *meat*
le bœuf *beef*
le biftek *minute steak*
le rosbif *roast beef*
le jambon *ham*
le poulet *chicken*
le gigot *leg of lamb*
le poisson *fish*
l' œuf *m egg*
le légume *vegetable*

le potage *soup*
la soupe *soup*
la salade *salad; lettuce, etc.*
le fromage *cheese*
le fruit *fruit*
les frites *f pl French fried potatoes*
la pomme *apple*
la tarte aux pommes *apple pie*
la pomme de terre *potato*
le gâteau *cake, pastry*
le dessert *dessert*
le chocolat *chocolate*
la crème *cream, custard*
la crème glacée *ice cream*
le café *coffee, cafe*
noir *black*
le sucre *sugar*
l' eau *f water*
le lait *milk*
le vin *wine*
rouge *red*
blanc, blanche *white*
l' addition *f bill, check*
le billet *ticket, banknote, bill*

plus *more*
moins *less*
tout de suite *right away*
premier, première *first*
dernier, dernière *last*
petit(e) *small, little*
grand(e) *tall, large, great*
gros(se) *big*
prochain, prochaine *next*
utile *useful*
beaucoup *much, very much*
peu *little;* un peu *a little*
cher, chère *expensive*
satisfait(e) *satisfied, pleased*
parfait(e) *perfect*
fermer *to close*
quelque chose *something*
aimer *to like, love*
détester *to dislike, detest*

82

Word order in asking questions

19 Questions by inversion and with *Est-ce que?*

A. When the subject of the verb is a personal pronoun

—**Êtes-vous** libre
    dimanche?
—**Est-ce que vous êtes** libre
    dimanche?
} **Are you** *free Sunday?*

—**Connaissez-vous** Louise
    Bedel?
—**Est-ce que vous connaissez**
    Louise Bedel?
} **Do you know** *Louise Bedel?*

When the subject of the verb is a *personal pronoun,* you ask a question
either by inverting the order of subject and verb *or* by using the expression
est-ce que? and normal order of subject and verb. Both patterns are
commonly used in French.

Both patterns are used after an interrogative word or expression such as
où? *(where),* **quand?** *(when),* **combien?** *(how much),* **à quelle heure?** *(at
what time),* etc.

—**Où allez-vous?**
—**Où est-ce que vous allez?**
} **Where are you going?**

—**À quelle heure voulez-vous** déjeuner?
—**À quelle heure est-ce que vous voulez**
    déjeuner?
} **At what time do you want** *to
have lunch?*

B. When the subject of the verb is a noun

—Le déjeuner **est-il** prêt?
—**Est-ce que** le déjeuner **est** prêt?
} **Is** *lunch ready?*

—Le train **arrive-t-il** à cinq heures?
—**Est-ce que** le train **arrive** à cinq
    heures?
} **Does** *the train* **arrive**
at five o'clock?

83

When the subject of the verb is a *noun*, you *either* express the noun-subject, the corresponding pronoun-subject and the verb in the following order: noun-subject, verb, pronoun-subject, or use **est-ce que?** and normal word order.

If you use an interrogative word or expression, such as **où?**, **quand?**, **combien?**, **à quelle heure?**, the interrogative word or expression comes first and is followed by either of the patterns described above.

—Où vos parents **demeurent-ils?**   } **Where do** *your parents* **live?**
—Où est-ce que vos parents **demeurent?**

—À quelle heure le train **arrive-t-il?**   } **At what time does** *the train* **arrive?**
—À quelle heure est-ce que le train arrive?

Note also that in questions introduced by an interrogative word or expression, you can ask a question simply by inverting the order of the noun-subject and the verb, *if the noun-subject is the final word in the question.*

—Où **demeurent vos parents?**   *Where* **do your parents live?**
—À quelle heure **arrive l'avion?**   *At what time* **does the plane arrive?**

If the noun-subject would not be final, only the two patterns described above are possible.

—Où **votre père achète-t-il** son journal?
—Où **est-ce votre père achète** son journal?

—Quand **votre père va-t-il** en France?
—Quand **est-ce que votre père va** en France?

20 Questions with *n'est-ce pas?* and by intonation

A. *N'est-ce pas?*

—Vou connaissez Louise Bedel, **n'est-ce pas?**   *You know Louise Bedel,* **don't you?**

—Oui, je la connais.   *Yes, I know her.*

—Vous ne connaissez pas sa sœur, **n'est-ce pas?** ·   *You don't know her sister,* **do you?**

—Non, je ne la connais pas.   *No, I don't know her.*

You often ask a question by simply adding **n'est-ce pas** to a declarative statement—especially if you expect an answer that agrees with what you have said. **N'est-ce pas?** corresponds to a number of expressions in English, such as: *don't you think so?, don't I?, don't you?, won't you?, wouldn't you?, didn't you?, didn't she?, aren't we?,* etc.

B. By intonation

As in English, one often asks questions by making a declarative statement with an interrogatory intonation.

—C'est tout?   That's all?
—C'est près d'ici?   It's near here?
—Le train est à l'heure?   That train is on time?
—Le déjeuner est prêt?   Lunch is ready?

This way of asking questions may imply surprise on the part of the speaker:

—Il est à Paris?   Is he in Paris? *or*
                                            Is he really in Paris?
—L'avion est parti?   The plane has left?

PLACE DE LA CONCORDE

21 Negative questions

—N'avez-vous **pas** faim?   **Aren't** *you hungry?*
—**Est-ce que** vous n'avez **pas** faim?
—**Si,** j'ai faim.   *Yes, (on the contrary), I* **am**
                                            hungry.

—**Ne** voulez-vous **pas** de café?   **Don't** *you want any coffee?*
—**Est-ce que** vous **ne** voulez **pas** de
café?
—**Si,** donnez-moi du café.   *Yes (on the contrary),* **give** *me*
                                            some coffee.

85

You ask a negative question by putting **ne** before the inverted verb form and **pas** after it.

—Avez-vous?   —N'avez-vous **pas**?   —A-t-il?   —N'a-t-il **pas**?

In answering a negative question, you say **Si** instead of **Oui**.

—N'avez-vous **pas** faim?   —**Si**, j'ai faim.

I Substitutions

Répétez les phrases suivantes en substituant les mots indiqués:

1. L'avion est-il **à l'heure**?
   parti / arrivé / en retard / en avance
2. À quelle heure **l'avion** part-il?
   le train / l'autobus / l'autocar *(tourist bus)* / l'express de Paris
3. Où votre père achète-t-il **son journal**?
   ses revues / ses cigares / son essence *(gasoline)* / ses billets
4. Ne voulez-vous **pas de hors-d'œuvre**? Si, donnez-moi **des hors-d'œuvre**.
   pas de vin . . . du vin / pas de poire . . . une poire / pas de viande . . . de la viande / pas de crème . . . de la crème
5. N'y a-t-il **pas de restaurant** près d'ici? Si, il y a **un restaurant** là-bas.
   pas d'hôtel . . . un hôtel / pas de garage . . . un garage / pas de taxi . . . un taxi / pas de station-service . . . une station-service
6. De quelle couleur **sont ses cheveux**?
   est sa robe / est† son auto / est son pull-over *(sweater)* / sont ses yeux

II Mettez chacune des phrases suivantes à la forme interrogative par inversion:

EXEMPLE Il va à l'aéroport. → **Va-t-il à l'aéroport?**

(a) 1. Vous êtes en France.
2. Vous allez à la gare.
3. Ils sont à Paris.
4. Elles sont à Paris.
5. Elles ont des frères.
6. Il y a un restaurant près d'ici.
7. C'est une grande jeune fille blonde.
8. Elle va se marier.
9. Elle va au théâtre.

(b) 1. Le bureau de poste est sur la place.
2. L'hôtel est près d'ici.
3. Louise Bedel est à Paris.
4. Charles Dupont a de la chance.
5. Louise a beaucoup de talent.
6. Charles est ingénieur-chimiste.
7. Louise chante bien.
8. Charles va se marier l'été prochain.

III *Demandez en français, en employant la forme interrogative par inversion:*

1. si l'hôtel Continental est sur la place.
2. si c'est loin d'ici.
3. si c'est un bon hôtel.
4. si c'est un grand hôtel.
5. s'il y a un autre hôtel près de la gare.
6. s'il y a d'autres hôtels sur la place.
7. si Jean est à Paris.
8. si son père est ici.
9. si Jean et Roger sont au laboratoire.
10. si Louise Bedel a joué de la guitare.
11. si Charles a les cheveux longs.

IV *Posez la question à laquelle répond chacune des phrases suivantes, en commençant par* **où?, quand?, combien?, quel?, comment?,** *etc.* (Ask the question to which each of the following sentences is the answer—beginning with **où?, quand?,** etc.):

EXEMPLE   Je demeure à Paris. → **Où demeurez-vous?**

1. Mes parents demeurent à Paris.
2. Napoléon est mort en 1821.
3. *Le Figaro* coûte 1 fr. 50.
4. Il est trois heures.
5. Le train arrive à six heures.
6. C'est aujourd'hui jeudi.
7. Mercredi est le troisième jour de la semaine.
8. Je vais très bien.
9. Le train part à huit heures.
10. Elle va se marier jeudi prochain.
11. Louis XIV est mort en 1715.
12. François Premier est mort en 1547.

V *Posez les questions suivantes par l'inversion du nom sujet:*

EXEMPLE   Quand votre père est-il né? → **Quand est né votre père?**

1. Où Jean Hughes est-il né?
2. Dans quelle ville Jean Hughes est-il né?
3. Où son père demeure-t-il?
4. Quel âge Charles Dupont a-t-il?
5. À quelle heure l'avion part-il?
6. Comment votre mère va-t-elle?
7. En quelle année Jean Hughes est-il né?
8. Quand Napoléon est-il né?

87

VI *Mettez les questions suivantes à la forme négative:*

EXEMPLE   Voulez-vous du vin? → **Ne voulez-vous pas de vin?**

1. Voulez-vous du café?
2. Voulez-vous des hors-d'œuvre?
3. Avez-vous des journaux américains?
4. Aimez-vous les revues américaines?
5. Y a-t-il un hôtel dans la rue de la Paix?
6. Y a-t-il des hôtels sur la place?
7. Y a-t-il de bons restaurants près du château?
8. Demeurez-vous à Paris?
9. Roger demeure-t-il à Paris?
10. Savez-vous quand Jeanne d'Arc est morte?
11. Savez-vous quel jour nous sommes aujourd'hui?
12. Savez-vous à quelle heure on dîne à Paris?

VII *Révision*

A. *Demandez à quelqu'un:*

1. quelle heure il est.
2. à quelle heure part le train.
3. ce que fait Charles Dupont.
4. combien coûte *Le Figaro*.
5. combien coûtent les journaux.
6. le prix de la pension.
7. la date.
8. quel jour nous sommes.
9. en quelle année il (elle) est né.
10. quel âge il (elle) a.

B. *Dites en français à quelqu'un:*

1. qu'il (qu'elle) a de la chance.
2. qu'il (qu'elle) n'a pas de chance.
3. que nous avons de la chance.
4. que nous n'avons pas de chance.
5. que c'est entendu.
6. que vous ne connaissez pas Louise Bedel.
7. que vous avez fait sa connaissance samedi dernier.
8. que vous avez de la monnaie.
9. que vous n'avez pas de monnaie.
10. que vous n'êtes pas libre la semaine prochaine.

Une Promenade

Jean et Marie font une promenade qui finit assez mal.

Chez Marie	*At Marie's house (apartment, place, etc.)*

JEAN ¹Voulez-vous faire* une promenade?

JOHN Do you want to take a walk?

MARIE ²Je veux bien. Quel temps fait-il?

MARIE I'd be glad to. How's the weather?

JEAN ³Il fait beau. Mais il fait du vent.

JOHN The weather is fine. But it's windy.

MARIE ⁴Est-ce qu'il fait froid?

MARIE Is it cold?

---

* **Faire,** like the English word *do, is used in many expressions and with a great variety of meanings, such as:* **Faire une promenade, Quel temps fait-il?, Il fait beau, Il fait froid,** *etc.* Cf. *English: What does he do? He is doing well. He is doing time(!). It will not do. He is done. He was done in(!).*

JEAN   ⁵Non, pas du tout. ⁶Il ne fait ni trop chaud ni trop froid.

MARIE   ⁷Faut-il prendre un imperméable, ou un parapluie?

JEAN   ⁸Ce n'est pas la peine. ⁹Il ne va pas pleuvoir.

MARIE   ¹⁰J'ai peur de la pluie. ¹¹Vous êtes sûr qu'il ne va pas pleuvoir?

JEAN   ¹²Bien sûr. ¹³Regardez le ciel bleu. Pas un nuage. ¹⁴C'est un temps formidable.

MARIE   ¹⁵Bon. Je vous crois. ¹⁶Comme toujours, j'ai confiance en vous.

Une heure plus tard

MARIE   ¹⁷Il pleut, il pleut à seaux.° ¹⁸Je suis trempée jusqu'aux os. ¹⁹C'est votre faute.

JEAN   ²⁰Ma faute? Comment cela?

MARIE   ²¹Vous savez bien. Je n'ai plus confiance en vous.

JOHN   No, not at all. It is neither too hot nor too cold.

MARIE   Is is necessary to take a raincoat or an umbrella?

JOHN   It isn't worth the trouble. It isn't going to rain.

MARIE   I'm afraid it's going to rain. Are you sure it isn't going to rain?

JOHN   Absolutely. Look at the blue sky. Not a cloud. The weather is great.

MARIE   Good. I believe you. As always, I have confidence in you.

One hour later

MARIE   It's raining. It's raining cats and dogs (*lit.*, buckets)! I'm soaked to the skin (*lit.*, to the bones). It's your fault.

JOHN   My fault? How (can you say) that?

MARIE   You know very well. I no longer have confidence in you.

Cultural Note

As in England and Scotland, there are frequent showers in France: but thunderstorms are very rare. In **la belle saison** (May and June), the weather in Paris is usually fine. Thanks to the Gulf Stream, which brings warm water and air from the Gulf of Mexico to the west coast of Europe, the climate of France is much milder than that of America at the same latitude.

I   *Exercice de mise en train*

Répondez tous ensemble:

1. Demandez-moi si je connais Louise Bedel.
2. Demandez-moi si c'est une petite jeune fille brune.
3. Demandez-moi où j'ai fait sa connaissance.
4. Demandez-moi si je sais son adresse.
5. Demandez-moi quand elle va se marier.
6. Demandez-moi si elle chante bien.
7. Dites qu'elle joue bien de la guitare.
8. Demandez-moi ce que fait son fiancé.

II *Substitutions*

Répétez les phrases suivantes en substituant les mots indiqués:

1. (a) Il fait **beau**.
   froid / chaud / du vent / très beau / très froid / très chaud / trop
   froid / trop chaud / trop de vent
   (b) Il ne fait **pas froid**.
   pas très froid / pas trop froid / pas de vent / pas beaucoup de vent /
   pas trop de vent
2. J'ai **froid**.
   chaud / peur / faim / soif *(thirst)*
3. Êtes-vous sûr qu'il ne va pas **pleuvoir**?
   faire froid / faire chaud / faire du vent / faire trop de vent
4. Faut-il prendre **un imperméable**?
   un parapluie / un pull-over / un pardessus *(top coat)*
5. Ce n'est pas la peine de prendre **un imperméable**.
   un parapluie / un pull-over / un pardessus / un manteau *(winter
   coat)*

III *Demandez à quelqu'un:*

1. s'il (si elle) veut faire une promenade.
2. quel temps il fait.
3. s'il fait froid.
4. s'il fait trop froid.
5. s'il fait trop chaud.
6. s'il fait du vent.
7. si Marie a peur de la pluie.
8. s'il faut prendre un imperméable.

IV *Répondez en français, d'après le texte, à chacune des questions suivantes:*

1. Voulez-vous faire une promenade?
2. Quel temps fait-il?
3. Est-ce qu'il fait froid?
4. Fait-il chaud?
5. Marie a-t-elle peur de la pluie?
6. Faut-il prendre un imperméable?
7. Est-ce la peine de prendre un imperméable?
8. Ne va-t-il pas pleuvoir?
9. De quelle couleur est le ciel?
10. Êtes-vous sûr(e) qu'il ne va pas pleuvoir?
11. Avez-vous confiance en moi?
12. *(Une heure plus tard)* Est-ce qu'il pleut maintenant *(now)*?
13. Êtes-vous trempé(e)?
14. Est-ce ma faute?

V *Répondez en français à chacune des questions suivantes:*

1. Quel temps fait-il aujourd'hui?
2. Est-ce qu'il fait du vent?
3. Est-ce qu'il pleut?
4. Est-ce qu'il va pleuvoir?
5. Avez-vous peur de la pluie?
6. Quel temps fait-il au mois de décembre?
7. Fait-il du vent au mois de mars?
8. Fait-il très froid ici au mois de janvier?

91

VI *Mettez les phrases suivantes à la forme négative en employant* **ne . . . pas,** *puis* **ne . . . plus.**

EXEMPLE J'ai confiance en vous. → **Je n'ai pas confiance en vous.**
Je n'ai plus confiance en vous.
Nous avons des fruits. → **Nous n'avons pas de fruits. Nous n'avons plus de fruits.**

1. J'ai faim.
2. Nous avons des revues américaines.
3. Il pleut.
4. Il fait du vent.
5. Il fait froid.

6. Elle est étudiante.
7. Elle a de la monnaie.
8. C'est un bon hôtel.
9. Il y a un restaurant dans le musée.
10. Je déjeune à la maison.

VII Combinez deux phrases en une seule, en employant ne . . . ni . . . ni.*

EXEMPLE   Il ne fait pas chaud. Il ne fait pas froid. → **Il ne fait ni chaud ni froid.**

1. Il ne fait pas trop chaud. Il ne fait pas trop froid.
2. Elle n'est pas petite. Elle n'est pas grande.
3. Elle n'est pas brune. Elle n'est pas blonde.
4. Je ne parle pas français. Je ne parle pas anglais.
5. Je n'ai pas de frères.* Je n'ai pas de sœurs.
6. Nous n'avons pas de vin rouge. Nous n'avons pas de vin blanc.
7. Nous n'avons pas de pommes. Nous n'avons pas de poires.
8. Je n'ai pas faim. Je n'ai pas soif.

VIII Mini-dialogues

1. A. Demandez à un autre étudiant (à une autre étudiante) quel temps il fait.
   B. Répondez qu'il fait beau.
   A. Demandez-lui s'il (si elle) veut faire une promenade.
   B. Répondez que vous avez peur de la pluie.
   A. Dites-lui qu'il ne va pas pleuvoir.
   B. Répondez: Parfait. C'est entendu.

2. A. Demandez à un autre étudiant (à une autre étudiante) s'il (si elle) veut faire une promenade cet après-midi.
   B. Répondez que vous n'êtes pas libre.
   A. Demandez-lui ce qu'il (qu'elle) va faire.
   B. Répondez que vous allez à la préfecture de police.
   A. Demandez-lui pourquoi.
   B. Répondez que vous allez chercher (to get) votre carte de séjour.

IX Dictée d'après la Conversation 10, pp. 75–76

---

* With **ne . . . ni . . . ni,** nouns are used without a definite article and without the preposition **de.** EXEMPLE: **Elle n'a ni frères ni sœurs.**

Les Saisons

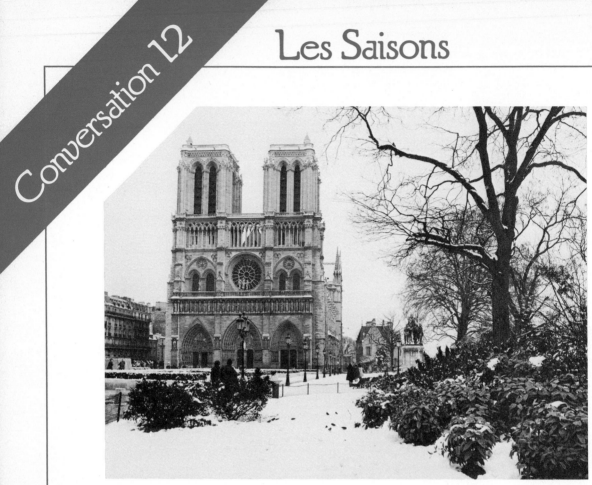

NOTRE-DAME EN HIVER

Marie cause avec son amie Suzanne. On est au mois de décembre, et il se met (is beginning) *à neiger—ce qui est assez rare à Paris.*

MARIE [1]Regarde la neige!	MARIE Look at the snow!
SUZANNE [2]Tiens! C'est la première fois qu'il neige* cette année.	SUZANNE Well! It's the first time it has snowed this year.
MARIE [3]Je n'aime pas du tout l'hiver.	MARIE I don't like winter at all.
SUZANNE [4]Pourquoi pas? [5]L'hiver a ses plaisirs, comme les autres saisons. [6]On peut patiner,° faire du ski, aller au théâtre, ou bien écouter des disques, regarder la télé° . . .	SUZANNE Why not? Winter has its pleasures, like the other seasons. You can skate, go skiing, go to the theatre, or else listen to records, look at TV . . .

---

* Note that in French, the present tense is used in this phrase while in English we normally use the present perfect *(has snowed)* to express the same idea.

MARIE   ⁷Oui, mais l'hiver dure trop longtemps.

SUZANNE   ⁸Quelle saison préfères-tu, alors?

MARIE   ⁹Je crois que je préfère l'été. ¹⁰J'aime nager, prendre des bains de soleil, faire du vélo, aller à la campagne.

SUZANNE   ¹¹Mais la campagne est aussi agréable en automne qu'en été. ¹²Surtout, il fait moins chaud.

MARIE   ¹³Oui, l'automne commence bien, ¹⁴mais il finit mal. ¹⁵Moi, j'aime mieux le printemps.

SUZANNE   ¹⁶Tu as raison. ¹⁷Tout le monde est heureux de voir venir le printemps.

MARIE   Yes, but winter lasts too long.

SUZANNE   Well, what season do you prefer?

MARIE   I think I prefer summer. I like to swim, take sunbaths, go bicycling, go to the country.

SUZANNE   But the country is as pleasant in autumn as in summer. Above all, it isn't so hot.

MARIE   Yes, autumn begins well, but it ends badly. As for me, I prefer spring.

SUZANNE   You are right. Everybody is happy to see spring arrive.

Cultural Notes

Of all the sports, the most popular in France is « **le football** »—Rugby in the South and Association Football (soccer) in the North. Many French cities have teams and, during the season, the games are extremely popular.

For winter sports, many French people go to the Alps, particularly to **Chamonix** (pronounced **Chamoni**) where there is a National School for Skiing and for Mountain Climbing. Chamonix is located at the foot of Mont Blanc and is connected by tunnel with Italy.

In French, as in other languages, common words are often shortened: **le labo** (le laboratoire), **la télé** (la télévision), **une moto** (une motocyclette), **sympa** (sympathique), **sensas** (sensationnelle), **impec** (impeccable), **d'ac** (d'accord), **météo** (météorologie), **imper** (imperméable).

95

I Exercice de mise en train

Répondez tous ensemble:

1. Demandez-moi quel temps il fait aujourd'hui.
2. Demandez-moi si je veux faire une promenade.
3. Demandez-moi s'il faut prendre un imperméable.
4. Demandez-moi si j'ai peur de la pluie.
5. Dites que c'est un temps formidable.
6. Dites que c'est un temps magnifique.
7. Dites-moi qu'il pleut à seaux.
8. Dites que c'est ma faute.
9. Dites que vous n'avez plus confiance en moi.

II Substitutions

Répétez les phrases suivantes en substituant les mots indiqués:

1. Je n'aime pas du tout **l'hiver.**
   la neige / le vent / le froid / la pluie
2. Aimez-vous **faire du ski?**
   patiner / jouer aux cartes *(play cards)* / écouter des disques / regarder la télévision
3. Je préfère l'été, parce que j'aime **nager.**
   prendre des bains de soleil / faire du vélo *(go bicycling)* / faire de la voile *(go sailing)* / aller à la campagne
4. Il se met **à neiger.**
   à faire du vent / à pleuvoir / à faire froid / à faire chaud
5. **L'automne** commence bien, mais il finit mal.
   Le mois de septembre / Le mois d'octobre / Le mois de novembre / L'été
6. (a) Savez-vous jouer **de la guitare?**
   du piano / du violon / de la clarinette / du cor *(French horn)*
   (b) Savez-vous jouer **au tennis?**
   aux cartes / au football *(soccer)* / au golf / au basketball

III Répondez d'après le texte aux questions suivantes:

1. Quel temps fait-il?
2. Est-ce la première fois qu'il neige cette année?
3. Est-ce que Marie aime l'hiver?
4. Qu'est-ce qu'on peut faire en hiver?
5. Est-ce que l'hiver dure longtemps ici?
6. Quelle saison préférez-vous?
7. En quelle saison peut-on prendre des bains de soleil?
8. En quelle saison peut-on faire de la voile?
9. Va-t-on d'habitude à la campagne en hiver?
10. Est-ce que la campagne est belle en automne?

IV *Demandez à quelqu'un:*

1. quel temps il fait.
2. s'il pleut.
3. s'il neige.
4. si c'est la première fois qu'il neige cette année.
5. si Marie aime l'hiver.
6. ce qu'on peut faire (*what one can do*) en hiver.
7. si l'hiver dure trop longtemps ici.
8. pourquoi Marie préfère l'été.

V *Répondez en français aux questions personnelles suivantes:*

1. Quelle saison préférez-vous?
2. Aimez-vous patiner?
3. Savez-vous faire du ski?
4. Allez-vous souvent au théâtre?
5. Est-ce que vous regardez la télé tous les soirs?
6. Aimez-vous prendre des bains de soleil en été?
7. Avez-vous jamais fait un long voyage à bicyclette?
8. Aimez-vous la musique?
9. Savez-vous jouer du piano (du violon, de la clarinette, du cor)?
10. Aimez-vous les sports d'hiver?

VI *Mini-dialogues*

1. **A.** Demandez à un autre étudiant (une autre étudiante) s'il (si elle) aime l'hiver.
   B. Répondez.
   A. Demandez en quelle saison on peut faire du ski.
   B. Répondez.
   A. Demandez-lui quelle saison il (elle) préfère.
   B. Répondez.

2. **A.** Demandez à un autre étudiant (une autre étudiante) ce qu'on peut faire en été.
   B. Répondez.
   A. Demandez-lui s'il (si elle) aime prendre des bains de soleil.
   B. Répondez.
   A. Demandez-lui s'il (si elle) aime écouter des disques.
   B. Répondez, s'il vous plaît.

VII *Dictée d'après la Conversation 11, pp. 89–90*

Interrogative, demonstrative, and possessive adjectives

22 Interrogative adjectives

—**Quel** âge avez-vous? How old are (**what** age have) you?
—**Quelle** heure est-il? **What** time is it?
—**Quelle** est votre adresse? **What** is your address?
—À **quelle** heure arrive le train? At **what** time does the train come?
—**Quels** sont les mois de l'année? **What** are the months of the year?

A. Forms

The forms of the interrogative adjective are:

	SINGULAR	PLURAL
MASCULINE:	quel?	quels?
FEMININE:	quelle?	quelles?

B. Agreement

Like all adjectives, they agree in gender and number with the noun they modify.

C. Use

Do not confuse **Quel? Quelle?** etc. *(What?)* with **Que? Qu'est-ce que?** *(What?)*. As **quel? quelle?** etc. are forms of the interrogative *adjective*, they are used only to modify nouns. The noun modified may stand next to the adjective (**Quel âge . . . ? Quelle heure . . . ?**) or it may be separated from it by a form of the verb être (**Quelle est votre adresse?**). But **Que?** (**Qu'est-ce que?**) is a *pronoun* and cannot be used to modify a noun. EXEMPLE: **Que** pensez-vous de Charles? or **Qu'est-ce que** vous pensez de Charles?

23 Demonstrative adjectives

—Quel temps fait-il **ce** matin? How is the weather **this** morning?
—Êtes-vous libre **cet** après-midi? Are you free **this** afternoon?

—C'est la première fois qu'il neige **cette** année.	*It is the first time it has snowed* **this** *year.*
—Je n'aime pas **ces** pommes.	*I don't like* **these** *apples.*

A. Forms

The forms of the demonstrative adjective are:

	SINGULAR	PLURAL
MASCULINE:	ce (cet)	ces
FEMININE:	cette	ces

B. Use

Ce is used before masculine singular nouns or adjectives that begin with a consonant other than a mute **h. Cet** is used before those beginning with a vowel or mute **h.** EXEMPLE: **Ce** matin. **Ce** soir. BUT: **Cet** après-midi. **Cet** hôtel.

The suffix –**là** is often added to the noun following a demonstrative adjective—especially with expressions of time. The difference between **ce matin** and **ce matin-là** is *this* morning and *that* morning. Compare **cet été** and **cet été-là, cette année** and **cette année-là.**

The suffix –**ci** is seldom used with demonstrative adjectives except in expressions of time. EXEMPLE: **Ces** jours-ci (*these* days, some time soon).

24   Possessive adjectives

—Où habitent **vos** parents?	*Where do* **your** *parents live?*
—**Ma** mère habite à Paris.	**My** *mother lives in Paris.*
—Voulez-vous **mon** imperméable?	*Do you want* **my** *raincoat?*

A. Forms

The forms of the possessive adjectives are:

SINGULAR		PLURAL	
MASCULINE	FEMININE	MASCULINE AND FEMININE	
mon	ma (mon)	mes	*my*
ton	ta (ton)	tes	*your*
son	sa (son)	ses	*his, her, its*
notre	notre	nos	*our*
votre	votre	vos	*your*
leur	leur	leurs	*their*

B. Agreement and use

Possessive adjectives agree in gender and number with the noun they modify.

—Roger parle de **son** père et de **sa** mère.   *Roger speaks of **his** father and mother.*

—Marie parle de **son** père et de **sa** mère.   *Marie speaks of **her** father and mother.*

Note especially the difference between the possessive adjective of the third person singular (**son, sa, ses**) and that of the third person plural (**leur, leurs**):
(1) In referring to one person (as the *possessor*), you use the third person singular forms.

—Où demeure **son** père?   *Where does **his** (**her**) father live?*

—Où demeure **sa** mère?   *Where does **his** (**her**) mother live?*

—Où demeurent **ses** parents?   *Where do **his** (**her**) parents live?*

(2) In referring to two or more persons, you use the third person plural forms.

—Où demeure **leur** père?   *Where does **their** father live?*

—Où demeure **leur** mère?   *Where does **their** mother live?*

—Où demeurent **leurs** parents?   *Where do **their** parents live?*

(3) The forms **ma, ta, sa,** are used before feminine singular nouns or adjectives beginning with a consonant, the **mon, ton, son** forms before those beginning with a vowel or mute **h.**

ma sœur, **ma** petite sœur   *BUT:* **mon** autre sœur
ma petite auto   *BUT:* **mon** auto
ma nouvelle adresse   *BUT:* **mon** adresse

I *Substitutions*

Répétez les phrases suivantes en substituant les mots indiqués:

1. Roger aime bien **son père** *(his father).*
    sa mère / son petit frère / sa petite sœur / son cousin / sa cousine
2. Marie aime bien **son père** *(her father).*
    sa mère / son petit frère / sa petite sœur / son cousin / sa cousine
3. Je vais au labo **ce matin.**
    cet après-midi / ce soir / à cette heure-ci / ces jours-ci
4. L'employée a demandé à Jean **son âge.**
    sa profession / sa nationalité / son adresse / sa nouvelle adresse
5. L'employée a demandé à Marie **son âge.**
    sa profession / sa nationalité / son adresse / sa nouvelle adresse

LE QUAI DE L'HÔTEL DE VILLE

1. quelle heure il est.
2. quel temps il fait.
3. quel âge il (elle) a.
4. quel jour nous sommes.
5. quelle saison il (elle) préfère.
6. à quelle heure il (elle) va déjeuner.
7. à quelle heure le train arrive.
8. à quelle gare le train arrive.
9. à quel restaurant il (elle) déjeune d'habitude.
10. en quelle saison on peut patiner et faire du ski.
11. en quel mois nous sommes.
12. en quelle année il (elle) est né(e).
13. quelle est son adresse.
14. sa nationalité.

101

III *Exercices d'application*

A. *Répétez chacun des mots suivants, en employant un adjectif démonstratif:*

EXEMPLE   le matin → **ce matin**

1. le soir, le journal, les journaux, le château, le cheval, les chevaux, le jardin
2. l'été, l'hôtel, les hôtels, l'hôpital, les hôpitaux, l'arbre *(tree)*, l'après-midi, l'hiver, l'automne
3. la fleur *(flower)*, la rue, la jeune fille, les jeunes filles, l'adresse, la semaine, l'année

EXEMPLE   ce matin *(this morning)* → **ce matin-là** *(that morning)*

1. ce soir
2. cet après-midi
3. cette nuit
4. cette semaine
5. cette année
6. cet hiver
7. cet été
8. aujourd'hui *(Réponse:* ce jour-là)

B. *Répétez les phrases suivantes, en employant l'adjectif possessif:*

EXEMPLE   le frère de Marie → **son frère**
          le frère de Jean → **son frère**

1. le père de Marie
2. le père de Roger
3. la mère de Roger
4. la mère de Marie
5. la sœur de Jean
6. la sœur de Marie
7. l'adresse de Marie
8. l'adresse de Roger
9. les parents de Jean
10. les parents de Marie
11. la fiancée de Charles
12. les yeux de Louise
13. les yeux de Charles
14. les cheveux de Louise
15. les parents de Roger et de Marie
16. les cousines de Roger et de Marie
17. la nationalité de Roger et de Marie
18. la profession de Jean et de Roger
19. les promenades de Roger et de Marie
20. les heures de laboratoire de Jean et de Roger

C. *Dites au pluriel:*

EXEMPLE   votre frère → **vos frères**

1. mon cousin, ma cousine, mon journal
2. votre cousin, votre cousine, votre journal
3. notre cousin, notre cousine, notre journal

IV *En commençant votre question par* **Qu'est-ce que?** *demandez en français à quelqu'un:*

EXEMPLE   ce qu'il a comme dessert → Qu'est-ce que vous avez comme
dessert?

1. ce qu'il (qu'elle) veut comme
    dessert
2. ce qu'il (qu'elle) veut comme
    plat de viande
3. ce qu'il (qu'elle) veut comme
    vin
4. ce qu'il (qu'elle) a comme
    hors-d'œuvre
5. ce qu'il (qu'elle) a comme
    fruits
6. ce qu'il (qu'elle) pense de
    Charles
7. ce qu'il (qu'elle) pense de
    Marie
8. ce qu'il (qu'elle) sait de Jeanne
    d'Arc
9. ce qu'il (qu'elle) sait du 14
    juillet
10. ce qu'on peut faire en hiver
11. ce qu'on peut faire au
    printemps
12. ce qu'on peut faire quand il
    neige

V *Dites en français à quelqu'un:*

EXEMPLE   de vous donner son adresse → Donnez-moi votre adresse.

1. de vous donner son
    imperméable
2. d'apporter son imperméable
3. de vous donner son parapluie
4. de vous donner son adresse à
    Paris
5. de vous donner l'adresse de ses
    parents
6. de vous parler de ses projets

VI *Révision*

A. *Demandez à quelqu'un:*

1. quand Charles va se marier.
2. s'il (si elle) a de la monnaie.
3. s'il (si elle) a la monnaie de
    cent francs.
4. ce qu'il (qu'elle) veut comme
    dessert.
5. s'il (si elle) veut du café.
6. s'il (si elle) ne veut pas de café.
7. si c'est la première fois qu'il
    neige cette année.
8. la date de la fête nationale en
    France.

103

B. *Dites en français à quelqu'un:*

1. qu'il (qu'elle) a raison.
2. qu'il (qu'elle) a de la chance.
3. que l'hiver dure trop longtemps.
4. que vous n'aimez pas du tout l'hiver.
5. que vous allez à Bordeaux au mois de décembre.
6. que le déjeuner n'est pas encore prêt.
7. que vous allez prendre du vin rouge comme d'habitude.
8. que vous n'avez pas de chance.

C. *Répondez aux questions suivantes en commençant par* « **Je ne sais pas**»:

EXEMPLE   Quand Jean est-il né? → **Je ne sais pas quand Jean est né.**

1. Quand Napoléon est-il mort?
2. Comment Jeanne d'Arc est-elle morte?
3. Pourquoi Jean veut-il faire une promenade?
4. Où a-t-il fait la connaissance de Marie?
5. À quelle heure veut-il aller à la gare?

Jean fait des courses

Jean veut acheter des provisions, mais il ne sait pas trop où aller.
Marie le renseigne.

JEAN   ¹J'ai des courses à faire. ²Je veux d'abord acheter du pain.° ³O vend du pain à l'épicerie, n'est-ce pas?

JOHN   I have some errands to do. First I want to buy some bread. They sell bread at the grocery store, don't they?

MARIE   ⁴Non. Il faut aller à la boulangerie.
JEAN   ⁵Ensuite, je veux acheter de la viande.

MARIE   No. You have to go to the bakery.
JOHN   Then I want to buy some meat.

105

MARIE   ⁶Quelle espèce de viande?
JEAN   ⁷Du bœuf et du porc.
MARIE   ⁸Pour le bœuf, allez à la boucherie. ⁹Pour le porc, allez à la charcuterie.°
JEAN   ¹⁰Faut-il aller à deux magasins différents?
MARIE   ¹¹Oui. En France, les charcutiers vendent du porc. ¹²Les bouchers vendent les autres espèces de viande.
JEAN   ¹³J'ai besoin aussi de papier à lettres. ¹⁴On vend du papier à lettres à la pharmacie, n'est-ce pas?
MARIE   ¹⁵Non. En principe, les pharmaciens ne vendent que des médicaments.
JEAN   ¹⁶Où faut-il aller, alors?

MARIE   What sort of meat?
JOHN   Beef and pork.
MARIE   For beef, go to the butcher's. For pork, go to the pork butcher's.

JOHN   Is it necessary to go to two different stores?
MARIE   Yes. In France, pork butchers sell pork. Butchers sell the other kinds of meat.

JOHN   I also need some stationery. They sell stationery at the drug store, don't they?
MARIE   No. As a rule, pharmacists sell only medicines.

JOHN   Where must one go, then?

MARIE ¹⁷Allez à la papeterie ou au bureau de tabac.

MARIE Go to the stationery store or the tobacco shop.

JEAN ¹⁸Ainsi, les bouchers ne vendent pas de porc, les pharmaciens ne vendent que des médicaments, et on vend du papier à lettres dans les bureaux de tabac!

JOHN So, the butchers don't sell pork, the pharmacists sell only medicines, and they sell stationery in the tobacco shop!

MARIE ¹⁹Vous pouvez aller au supermarché, si vous voulez.

MARIE You can go to the supermarket, if you want to.

JEAN ²⁰Oh non! J'aime bien causer avec les marchands.

JOHN Oh no! I like to chat with the shopkeepers.

Cultural Notes

French bread (baked in long thin loaves called **baguettes**) is so crusty and good that one is likely to eat a good deal of it. To express the idea that something is really good the French say « bon comme le pain. » To express the same idea in English, we say "good as gold." The typical breakfast in France is **café au lait** (very strong coffee and lots of hot milk) and a **croissant** (a crescent-shaped roll). For a **café complet**, sweet butter, jam, and a second roll are added.

The pork butcher does not simply sell pork but also prepares sausages of various kinds, pâtés, and other delicacies.

I *Exercice de mise en train*

Répondez tous ensemble:

1. Demandez-moi quelle saison je préfère.
2. Dites-moi que vous préférez l'été.
3. Demandez-moi ce qu'on peut faire en hiver.
4. Demandez-moi ce qu'on peut faire en été.
5. Dites-moi que vous aimez patiner.
6. Dites-moi que vous ne savez pas jouer de la guitare.
7. Dites-moi que vous aimez regarder la télévision.
8. Demandez-moi si je vais jouer au tennis cet après-midi.

II *Substitutions*

Répétez les phrases suivantes, en substituant les mots indiqués:

1. Où faut-il aller pour acheter **du pain?**
   du bœuf / du porc / des médicaments / des livres
2. (a) Il faut aller **à la boulangerie.**
   à la boucherie / à la charcuterie / à la pharmacie / à la librairie *(bookstore)*
   (b) Il faut aller **chez le boulanger** *(to the baker's).*
   chez le boucher / chez le charcutier / chez le pharmacien / chez le libraire *(book dealer)*
3. J'aime bien **causer avec les marchands.**
   causer avec mes amis (amies) / faire des courses / parler du temps qu'il fait / parler de la pluie et du beau temps *(small talk)*
4. Pour acheter **du bœuf,** allez **à la boucherie.**
   des livres . . . à la librairie / du beurre et du fromage . . . à la crémerie / du sel et du poivre *(salt and pepper)* . . . à l'épicerie / des couteaux et des fourchettes *(knives and forks)* . . . à la quincaillerie *(hardware store)*
5. Je veux acheter **du papier à lettres.**
   du pain / des fruits / du café / de la viande
6. J'ai besoin *(I need)* **de papier à lettres.**
   de pain / de fruits / de café / de viande / d'essence

III *Demandez à quelqu'un:*

1. s'il (si elle) a des courses à faire.
2. où on vend du pain.
3. si on vend du pain à l'épicerie.
4. quelle espèce de viande il (elle) veut acheter.
5. où il faut aller pour acheter du bœuf.
6. où il faut aller pour acheter du porc.
7. si le charcutier vend du bœuf.
8. si le boucher vend du porc.

IV *Répondez en français, d'après le texte, à chacune des questions suivantes:*

1. Avez-vous des courses à faire?
2. Que voulez-vous acheter d'abord?
3. Est-ce qu'on vend du pain à l'épicerie?
4. Où faut-il aller pour acheter du pain?
5. Qu'est-ce que vous voulez acheter ensuite?
6. Quelle espèce de viande voulez-vous acheter?
7. Où faut-il aller pour acheter du bœuf?
8. Où est-ce qu'il faut aller pour acheter du porc?
9. Est-ce que les charcutiers vendent du bœuf?
10. Est-ce que les bouchers vendent du porc?

V *Répondez aux questions personnelles suivantes:*

1. Avez-vous des courses à faire cet après-midi?
2. Aimez-vous faire des courses?
3. Où allez-vous pour acheter des provisions?
4. Aimez-vous causer avec les marchands?
5. Allez-vous à l'épicerie pour acheter du pain?
6. Est-ce qu'on vend du pain français dans votre boulangerie?
7. Déjeunez-vous d'habitude à la pharmacie?
8. Aimez-vous mieux le bœuf ou le jambon?
9. Allez-vous au supermarché tous les jours?
10. Y allez-vous tous les huit jours (weekly)?

UNE PHARMACIE

VI *Répétez les phrases suivantes en employant*
ne . . . que . . . (only, nothing but):

EXEMPLE   Les pharmaciens vendent des médicaments. →
Les pharmaciens ne vendent que des médicaments.

1. Les charcutiers vendent du porc.
2. Les bouchers vendent de la viande.
3. Mme Cochet a des revues françaises.
4. Jean aime les revues américaines.
5. Jean a un billet de cent francs.
6. Il y a un restaurant sur la place.
7. J'ai des frères.
8. J'ai une sœur.

VII *Dictée d'après la Conversation 12, pp. 94–95*

VIII *Petits dialogues improvisés*

1. Vous voulez acheter un journal, du papier à lettres et de l'aspirine. Vous demandez à quelqu'on où on vend ces différents articles.
2. Vous voulez faire un pique-nique. Vous demandez à quelqu'un où on vend les provisions que vous voulez acheter.

Descriptive adjectives

25 Forms and agreement of adjectives

un **petit** garçon	*a* **little** *boy*
une **petite** fille	*a* **little** *girl*
deux **petits** garçons	*two* **little** *boys*
deux **petites** filles	*two* **little** *girls*

A. Agreement

Adjectives agree in gender and number with the noun modified.

B. Forms

When the masculine singular form of an adjective ends in a consonant, you can often find the feminine by adding an **e** to the masculine singular. In these adjectives, the final consonant, which is normally silent in the masculine, is pronounced in the feminine forms.

MASCULINE	FEMININE
content	content**e**
grand	grand**e**
français	français**e**
vert	vert**e** *(green)*
brun	brun**e** *(brown)*
gris	gris**e** *(gray)*

When the masculine singular form of an adjective ends in an **e**, the masculine and feminine forms are identical:

jeune *(young)*	**pâle** *(pale)*
jaune *(yellow)*	**russe** *(Russian)*
rouge *(red)*	**maigre** *(thin, too thin)*
mince *(thin)*	

You obtain the plural form of most descriptive adjectives by adding an **s** to the singular. EXEMPLE: petit—petits *(m.)*, petite—petites, *(f.)*. This **s** is pronounced only in linking. EXEMPLE: **les petits‿enfants.**

111

A few adjectives have slightly irregular forms.

SINGULAR		PLURAL	
MASCULINE	**FEMININE**	**MASCULINE**	**FEMININE**
actif	active	actifs	actives *(active)*
neuf	neuve	neufs	neuves *(new)*
heureux	heureuse	heureux	heureuses *(happy)*
sérieux	sérieuse	sérieux	sérieuses *(serious)*
doux	douce	doux	douces *(gentle)*
gras	grasse	gras	grasses *(fat)*
blanc	blanche	blancs	blanches *(white)*
italien	italienne	italiens	italiennes *(Italian)*

26 In English, adjectives precede the nouns they modify. In French, only a few adjectives normally precede.

A.   Adjectives that precede

—Est-ce que c'est un **bon** hôtel?   *Is it a **good** hotel?*
—C'est un **grand jeune** homme.   *He's a **tall** young man.*
—C'est une **petite** fille.   *She's a **small** girl.*
—C'est un **vieux** monsieur.   *He's an **old** gentleman.*
—Ce sont de **jolis** dessins.   *They are **pretty** drawings.*

The following adjectives normally precede the noun they modify:
(1) Regular: **grand** *(tall)*, **petit** *(small)*, **mauvais** *(bad)*, **joli** *(pretty)*, **jeune** *(young)*.

(2) Irregular:

beau (bel)	belle	beaux	belles *(beautiful)*
bon	bonne	bons	bonnes *(good)*
gros	grosse	gros	grosses *(large, bulky)*
long	longue	longs	longues *(long)*
vieux (vieil)	vieille	vieux	vieilles *(old)*
nouveau (nouvel)	nouvelle	nouveaux	nouvelles *(new)*

The masculine forms **bel, vieil,** and **nouvel** are used only before masculine words that begin with a vowel or mute **h: Un bel arbre** *(tree),* **un vieil employé, un nouvel hôtel.**

B.   Adjectives that normally follow the noun modified

—Elle a les yeux **bleus.**   *She has **blue** eyes.*
—L'hôtel du Cheval **blanc.**   *The **White** Horse Hotel.*
—Il a les cheveux **blonds.**   *He has **blond** hair.*

—C'est un ingénieur **français**.   *He is a **French** engineer.*

—Ce sont des gens **heureux**.   *They are **lucky (happy)** people*

—C'est un garçon **maigre** *(thin)*, **adroit** *(skillful)*, **maladroit**
(awkward), **sérieux** *(serious)*, **poli** *(polite)*.

—Elle porte une robe **bleue, verte** *(green)*, **noire, rouge**.

—C'est une jeune fille **mince** *(slender)*, **heureuse, sérieuse, douce, active**.

—Son père est d'origine **allemande** *(German)*, **russe, espagnole**
(Spanish), **italienne** *(Italian)*.

Note: (1) Adjectives of nationality always follow and those of color practically
always do.

(2) Most descriptive adjectives normally follow the noun modified.

(3) Sometimes adjectives that normally follow are placed before the noun for
stylistic effect, for special emphasis, or for a special meaning; but it is
scarcely useful to try to distinguish between « C'est une jeune fille
charmante » and « C'est une charmante jeune fille » or between « C'est un
dîner excellent » and « C'est un excellent dîner ».

27   Comparative of adjectives: regular

A.   Superiority is expressed by *plus . . . que**

—Paris est **plus grand que**
Marseille.   *Paris is **larger** than Marseille.*

—New York est **plus grand que**
Paris.   *New York is **larger** than Paris.*

B.   Equality is expressed by *aussi . . . que*

—Paris n'est pas **aussi grand que**
New York.   *Paris is not **as large as** New York.*

—La campagne est **aussi belle** en
automne **qu'**en printemps.   *The country is **as beautiful** in fall
as in spring.*

C.   Inferiority is expressed by *moins . . . que*

—Paris est **moins grand que** New
York.   *Paris is **smaller (less large)** than
New York.*

—En automne, il fait **moins chaud**
qu'en été.   *In fall, it is **cooler (less hot)** than in
summer.*

---

* It is necessary to distinguish between **plus . . . que,** which is used in comparisons,
and **plus de** which is an expression of quantity. EXEMPLE: Marie a **plus de dix** cousins. Marie
has *more than ten* cousins. Elle a **plus** de cousins **que** Jean.

28 Superlative of adjectives: regular

A. *le plus (la plus, les plus)*

—Paris est **la plus grande** ville de
France.

*Paris is **the largest** city in France.*

—Marseille est **le plus grand** port
de France.

*Marseille is **the largest** port in
France.*

—Ce sont les villes **les plus
intéressantes**.

*They are **the most interesting**
cities.*

B. *le moins (la moins, les moins)*

—L'hiver est **la moins belle** saison
de l'année.

*Winter is **the least beautiful**
season of the year.*

—C'est aussi **la moins agréable**.

*It is also **the least agreeable**.*

(1) To form the superlative of adjectives, you insert the appropriate definite
article before the comparative form. For example, the comparative and
superlative of the adjective **grand** *(tall, large)* have the following forms:

COMPARATIVE	SUPERLATIVE
plus (moins) grand *taller (less tall)*	le plus (moins) grand *the tallest (the least tall)*
plus grande	la plus grande
plus grands	les plus grands
plus grandes	les plus grandes

(2) Superlative forms of adjectives normally stand in the same position in
relation to the noun modified as their positive forms.

(a) ADJECTIVES THAT PRECEDE THE NOUN:

le **petit** garçon

le **plus petit** garçon

la **grande** jeune fille

la **plus grande** jeune fille

(b) ADJECTIVES THAT FOLLOW THE NOUN:

l'étudiant **intelligent**

l'étudiant **le plus intelligent**

la chambre **agréable**

la chambre **la plus agréable**

Note that when the superlative form of an adjective which follows the noun
modified is used, the definite article is used twice—once before the noun and
once as a part of the superlative form of the adjective.

29 Irregular comparative and superlative of adjective *bon* and adverb *bien*

A. Adjective *bon*

—L'hôtel Continental est un **bon** hôtel.

The Continental is a **good** hotel.

—L'hôtel du Cheval blanc est **meilleur**.

The White Horse Hotel is **better**.

—C'est **le meilleur** hôtel de la ville.

It is **the best** hotel in town.

The forms are:

bon *(good)* meilleur *(better)* le meilleur *(best)*
bonne meilleure la meilleure
bons meilleurs les meilleurs
bonnes meilleures les meilleures

B. Adverb *bien*

—Louise joue **bien** du piano.

Louise plays the piano **well**.

—Elle joue **mieux** que moi.

She plays **better** than I do.

—Elle joue **le mieux** du monde.

She plays **superlatively well**.

—Je vais **bien**.

I am **well**.

—Je vais **mieux**.

I am **better**.

—Je vais **le mieux** du monde.

I couldn't **possibly be better**.

The forms are: **bien** *(well)*, **mieux** *(better)*, **le mieux** *(best)*.

Note that in English the comparative and superlative of the adjective *good* and the adverb *well* are identical. We say *good*, *better*, *best*, and *well*, *better*, *best*; consequently we do not have to know whether *best* is an adjective or an adverb in such sentences as: *Spring is the best season*, and *It is the season I like best*. But in French you have to know whether the adjective or the adverb is called for in order to choose the correct form.

—Le printemps est **la meilleure** saison *(adj.)*.
—C'est la saison que j'aime **le mieux** *(adv.)*

I Substitutions

Répétez les phrases suivantes, en substituant les mots indiqués:

1. Marie a une nouvelle robe **blanche**.
   rouge / noire / bleue / rose / jaune
2. C'est un jeune homme **maigre**.
   poli / sérieux / adroit / maladroit / gras *(fat)*
3. C'est une petite jeune fille **brune**.
   sérieuse / grasse / mince / aimable / douce

4. Il fait **plus beau** aujourd'hui qu'hier.
plus chaud / plus mauvais / plus froid / plus de vent / moins chaud / moins froid / moins de vent

5. Marie est plus **grande** que sa cousine.
jeune / active / intelligente / gentille / agréable

6. Charles est moins **grand** que sa cousine.
doux / gentil / intelligent / actif

7. C'est une vieille légende **bretonne** *(from Brittany)*.
irlandaise / allemande / norvégienne / suédoise

II *Exercices d'application*

A. *Employez la forme convenable de l'adjectif indiqué avec chacun des mots suivants:*

1. **Beau, bel, belle**

EXEMPLE un château → **C'est un beau château.**

une jeune fille / un arbre / un hôtel / une maison / un printemps / un été / un garçon

2. **Vieux, vieil, vieille**

EXEMPLE une église → **C'est une vieille église.**

un restaurant / un arbre / un hôtel / une maison / une rue / un ami

3. **Bon petit, bonne petite**

EXEMPLE un restaurant → **C'est un bon petit restaurant.**

un garçon / une fille / une jeune fille / un vin blanc / un hôtel / une librairie

4. **Actif, active**

EXEMPLE un homme → **C'est un homme actif.**

un garçon/une jeune fille/une femme/un jeune homme/une personne

5. **Heureux, heureuse**

EXEMPLE un garçon → **C'est un garçon heureux.**

un homme / une femme / une jeune fille / un enfant / une personne

B. *Mettez au pluriel:*

EXEMPLE C'est un joli château. → **Ce sont de jolis châteaux.**

1. C'est une grande jeune fille.
2. C'est un vieil ami.
3. C'est un bel enfant.
4. C'est une longue histoire.
5. C'est un mauvais restaurant.
6. C'est une histoire intéressante.
7. C'est une femme charmante.
8. C'est une voiture *(car)* neuve.
9. C'est un enfant heureux.
10. C'est une personne charmante.

C. *Répétez, en employant le superlatif de l'adjective et* **de la ville:**

C'est un bon hôtel / C'est une bonne boulangerie / C'est une belle place / C'est une longue rue / C'est un joli jardin

D. *Répétez les phrases suivantes en substituant les mots indiqués:*

1. Aujourd'hui, je vais **bien.**
   mal / très mal / mieux qu'hier *(yesterday)* / moins bien qu'hier / le mieux du monde

2. Ici, on mange **bien.**
   mieux qu'à l'autre hôtel / beaucoup mieux qu'à l'autre hôtel / moins bien qu'à l'autre hôtel / beaucoup moins bien qu'à l'autre hôtel

3. Ici, les repas sont **bons.**
   meilleurs qu'à l'autre hôtel / beaucoup meilleurs qu'à l'autre hôtel / moins bons qu'à l'autre hôtel / beaucoup moins bons qu'à l'autre hôtel

4. J'aime mieux **les pommes** que **les bananes.**
   le printemps . . . l'hiver / les arbres . . . les fleurs / les blonds . . . les bruns / le vin blanc . . . le vin rouge / les revues américaines . . . les revues françaises

III *Répondez en français à chacune des questions suivantes:*

1. De quelle couleur est le ciel quand il fait beau?
2. De quelle couleur est le ciel quand il pleut?
3. De quelle couleur est la campagne quand il neige?
4. Est-ce que la campagne est aussi agréable en automne qu'en été?
5. Est-ce qu'il fait plus froid aujourd'hui qu'hier?
6. Est-ce qu'il fait plus chaud aujourd'hui qu'hier?
7. Quel est le mois le plus chaud de l'année?
8. Quelle est la plus belle saison de l'année?
9. Quelle est la plus mauvaise saison?
10. Quelle est la meilleure saison pour faire du ski?

IV *Causeries*

1. Description d'une personne que vous aimez.
2. Description d'une personne que vous n'aimez pas trop.

117

Une invitation

Jean a retrouvé un vieil ami de son père.

JEAN ¹Je suis invité chez les Brown. Tu les connais?

ROGER ²Non, je ne les connais pas. ³Est-ce qu'ils sont Américains?

JEAN ⁴M. Brown est Américain, mais sa femme est Française.

ROGER ⁵Quand ce M. Brown est-il venu en France?

JEAN ⁶Je ne sais pas au juste. ⁷Je crois qu'il est venu en France il y a cinq ou six ans. ⁸Il a passé deux ou trois ans en Angleterre.

ROGER ⁹Qu'est-ce qu'il est venu faire en France?

JEAN ¹⁰Il est banquier. ¹¹Sa banque se trouve près de l'Opéra.° ¹²Il habite près du Bois de Boulogne.°

ROGER ¹³Est-ce qu'il parle français?

JOHN I'm invited to the Browns'. Do you know them?

ROGER No, I don't know them. Are they Americans?

JOHN Mr. Brown is an American, but his wife is French.

ROGER When did this Mr. Brown come to France?

JOHN I don't know precisely. I think he came to France five or six years ago. He spent two or three years in England.

ROGER What did he come to France to do?

JOHN He's a banker. His bank is near the Opera House. He lives near the Bois de Boulogne.

ROGER Does he speak French?

118

JEAN   ¹⁴Très couramment, mais, hélas, avec un fort accent américain.
ROGER   ¹⁵Tu le connais depuis longtemps?
JEAN   ¹⁶C'est un vieil ami de mon père. ¹⁷Je l'ai vu bien souvent chez nous à Philadelphie. ¹⁸Sa femme et lui ont toujours été très gentils pour moi.

JOHN   Very fluently, but, alas, with a strong American accent.
ROGER   Have you known him long?

JOHN   He's an old friend of my father. I saw him very often at our home in Philadelphia. His wife and he have always been very nice to me.

Cultural Notes

There are branches of many American firms in Paris, including IBM—which is located on the very elegant **Place Vendôme.**

The **Paris Opera House,** built between 1861 and 1875, dominates the **Place de l'Opéra,** the **Grands Boulevards,** and the **Avenue de l'Opéra** and is one of the landmarks of Paris.

L'OPÉRA

The **Bois de Boulogne** is a large and beautiful park (2,100 acres) west of Paris.

119

I *Exercice de mise en train*

Répondez tous ensemble:

1. Demandez-moi ce qu'on vend à la boulangerie.
2. Dites-moi qu'on vend du porc à la charcuterie.
3. Demandez-moi où il faut aller pour acheter du bœuf.
4. Dites-moi que pour acheter du papier à lettres, il faut aller à la librairie ou à la papeterie.
5. Demandez-moi ce que vendent les pharmaciens.
6. Dites-moi que les pharmaciens ne vendent que des médicaments.
7. Demandez-moi ce qu'on vend au bureau de tabac.
8. Dites-moi que vous aimez causer avec les marchands.

II *Substitutions*

Répétez les phrases suivantes, en substituant les mots indiqués:

1. Je crois qu'il est venu en France il y a **cinq ou six ans.**
   deux ou trois ans / deux ou trois mois / deux ou trois semaines / quelques années
2. Il a passé **deux ou trois ans** en Angleterre.
   un ou deux ans / un an / six mois / quelque temps
3. Il est **banquier.**
   agent de change (*investment broker*) / avocat (*lawyer*) / négociant en vins (*wholesale wine merchant*) / fonctionnaire (*government employee*) / agriculteur (*farmer*)
4. Où se trouve **sa banque?**
   sa maison / le Bois de Boulogne / l'Opéra / l'avenue de l'Observatoire
5. C'est un **vieil** ami de mon père.
   bon / grand / ancien / nouvel
6. **Où** avez-vous fait sa connaissance?
   Quand / Comment / Chez qui / À quelle époque
7. Sa femme et lui ont toujours été très gentils **pour moi.**
   pour nous / pour eux / pour Jean / pour nos amis

III *Demandez à quelqu'un:*

1. chez qui Jean est invité.
2. si Roger connaît les Brown.
3. si ce M. Brown est Américain.
4. quand M. Brown est venu en France.
5. s'il parle français couramment.
6. où demeurent les Brown.
7. ce que fait M. Brown.
8. où se trouve sa banque.
9. où Jean a fait sa connaissance.
10. si Jean le connaît depuis longtemps.

IV *Répondez en français:*

1. Chez qui Jean est-il invité?
2. Est-ce que Roger connaît les Brown?
3. Est-ce que ce M. Brown est Américain?
4. Est-ce que sa femme est Américaine?
5. M. Brown parle-t-il français avec un accent américain?
6. Quand M. Brown est-il venu en France?
7. Est-ce que Jean le connaît depuis longtemps?
8. Où se trouve la banque de M. Brown?
9. Où demeurent les Brown?
10. Où Jean a-t-il fait la connaissance de M. Brown?

V *Répondez aux questions personnelles suivantes:*

1. Êtes-vous aussi grand(e) que votre père (mère)?
2. Quel âge a votre mère?
3. Quel âge a votre père?
4. Votre mère est-elle grande ou petite? (blonde ou brune?)
5. Votre père est-il grand ou petit (blond ou brun)?
6. Savez-vous jouer du piano?
7. Jouez-vous bien?
8. Savez-vous jouer au bridge? (aux échecs [*chess*], au tennis?)
9. Êtes-vous toujours à l'heure?
10. Avez-vous une auto?
11. De quelle couleur est-elle?

VI *Dictée d'après la Conversation 13, pp. 105–107*

VII *Causeries*

1. Faites la description d'un ami de votre père. (Il est grand, mince, gentil, etc. Il a plusieurs enfants. Il aime jouer au golf. Il a une grosse auto, etc.)
2. Faites la description d'une amie de votre mère.

The *passé composé*

30 Meaning and formation of the *passé composé*

The **passé composé** (compound past) tense is used to indicate that the action or condition described by the verb took place in the past. It corresponds both to the English present perfect *(He has gone home)* and the simple past *(He went home)*.

This tense is a combination of the past participle of a verb and the present indicative of an auxiliary verb. While in English the compound tenses of all verbs use the auxiliary verb *to have*, in French some verbs are conjugated with **avoir** and some with **être**. The first group is much more numerous than the second.

31 *Passé composé of verbs conjugated with auxiliary avoir*

A. *Passé composé of être (to be): irregular*

—**Avez-vous été** récemment* chez les Brown?	**Have you been** *to the Browns' recently?*
—Oui, **ils ont été** très gentils pour moi.	*Yes,* **they have been** *very nice to me.*

(1) The forms of the **passé composé** of **être** are:

j'ai été *(I was, I have been)*	nous avons été
tu as été	vous avez été
il (elle) a été	ils (elles) ont été

(2) This tense is composed of the present indicative of **avoir** and the past participle of **être**, i.e., **été**.

(3) For the negative of the **passé composé** of **être**, you use the negative form of the present indicative of **avoir** with the past participle of **été**. EXEMPLE: **Je n'ai pas été.**

(4) For the interrogative of this tense, you use the interrogative of the auxiliary with the past participle **été**. EXEMPLE: **Avez-vous été?**

---

* Adverbs are often formed by adding –**ment** to the feminine form of adjectives: **heureuse**ment, **vive**ment, **douce**ment; but some adverbs do not follow this pattern: **evidemment, couramment, récemment.**

B. *Passé composé* of *avoir* (to have): irregular

(1) The forms of the **passé composé** of **avoir** are:

j'ai eu *(I had, I have had)*	nous avons eu
tu as eu	vous avez eu
il (elle) a eu	ils (elles) ont eu

(2) This tense is composed of the present indicative of the auxiliary verb **avoir** and the past participle of **avoir**, i.e., **eu**.

(3) For the negative and interrogative forms, you use the negative and interrogative forms of the auxiliary verb. EXEMPLE: **Je n'ai pas eu. Avez-vous eu?**

C. *Passé composé* of *déjeuner* (to lunch, to eat lunch, to have lunch, to eat [midday]): first conjugation

—**Avez-vous déjeuné** de bonne heure?	*Did you eat early?*
—Non, **j'ai déjeuné** à midi et demi.	*No.* **I lunched** *at half past twelve.*
—À quelle heure vos parents **ont-ils dîné?**	*What time* **did** *your parents* **have dinner?**
—Ils **ont dîné** à sept heures et quart.	**They had dinner** *at 7:15.*
—**Avez-vous acheté** un journal?	**Did you buy** *a paper?*
—Non, **je n'ai pas acheté** de journal aujourd'hui.	*No,* **I didn't buy** *a paper today.*

(1) The forms of the **passé composé** of **déjeuner** are:

j'ai déjeuné *(I had lunch, I ate, I have had lunch, I ate lunch, I have eaten lunch)*	nous avons déjeuné
	vous avez déjeuné
	ils (elles) ont déjeuné
tu as déjeuné	
il (elle) a déjeuné	

(2) This tense is composed of the present tense of the auxiliary verb **avoir** and the past participle of **déjeuner**, i.e., **déjeuné**.

(3) You can always find the past participle of regular verbs of the first conjugation by substituting –é for the –er ending of the infinitive.

(4) For the negative and interrogative forms, you use the negative and interrogative of the auxiliary. EXEMPLE: **Je n'ai pas déjeuné. Avez-vous déjeuné?**

123

The following regular verbs with which you are familiar will be used in the exercises: **dîner**, *to have dinner;* **acheter**, *to buy;* **parler**, *to speak;* **habiter, demeurer**, *to live in;* **apporter**, *to bring;* **commencer**, *to begin;* **donner**, *to give;* **jouer**, *to play;* **écouter**, *to listen to;* **regarder**, *to look at.*

32 *Passé composé* of verbs conjugated with auxiliary *être*

—Quand **êtes-vous arrivé** à Paris?	*When **did you get** to Paris?*
—Je **suis arrivé** hier.	*I **arrived** yesterday.*
—Quand **M. Brown est-il venu** en France?	*When **did Mr. Brown come** to France?*
—Il **est venu** en France il y a deux ou trois ans.	*He **came** to France two or three years ago.*
—**Êtes-vous** déjà **allé** chez les Brown?	*Have you been (gone) to the Browns' before?*
—Oui, **je suis allé** chez eux plusieurs fois.	*Yes, **I have been** to their house several times.*

Aside from the reflexive verbs (which will be studied in Grammar Unit 9), the following verbs are the only common ones that are conjugated with **être**:

INFINITIVE	PAST PARTICIPLE	INFINITIVE	PAST PARTICIPLE
aller *(to go)*	allé	**monter** *(to go up)*	monté
venir *(to come)*	venu	**descendre** *(to go down)*	descendu
		tomber *(to fall)*	tombé
entrer *(to go in)*	entré		
sortir *(to go out)*	sorti	**naître** *(to be born)*	né
		devenir *(to become)*	devenu
		mourir *(to die)*	mort
partir (to leave)	parti		
arriver *(to arrive)*	arrivé		
rester *(to stay)*	resté		
retourner *(to return)*	retourné		

(1) In compound tenses of the verbs listed above, the past participle agrees in gender and number with the subject of the verb.

(a) If the subject of the verb is masculine, the forms of the **passé composé** of **aller** are:

je suis allé	nous sommes allés
tu es allé	vous êtes allé(s)
il est allé	ils sont allés

(b) If the subject if feminine, the forms are:

je suis allée	nous sommes allées
tu es allée	vous êtes allées
elle est allée	elles sont allées

(2) The verbs **revenir,** *to come back*, **rentrer,** *to go back (in)*, and other compounds of the verbs listed above are also conjugated with **être.**

elle est revenue
il est rentré

33 Agreement of the past participle in compound tenses

The agreement of the past participle is purely a matter of spelling in most cases and is therefore of comparatively little importance in spoken French.

A. Verbs conjugated with *avoir*

—J'ai **planté** des fleurs dans mon jardin.
—Les fleurs que j'ai **plantées** n'ont pas **poussé.**

*I have **planted** flowers in my garden.*
*The flowers I **planted** did not **grow.***

For verbs conjugated with **avoir,** the participle agrees in gender and number with a PRECEDING direct object. If the direct object follows the participle, or if the verb has no direct object, there is of course no agreement and the masculine singular form of the participle is used.

Thus, in **J'ai planté des fleurs,** there is no agreement because the direct object follows the participle.

In **Les fleurs que j'ai plantées n'ont pas poussé,** the participle **plantées** is feminine plural because the direct object **que,** which precedes the verb, refers to **les fleurs,** which is feminine plural. In the same sentence, **poussé** has no direct object and therefore cannot agree.

B. Verbs conjugated with *être* (not including reflexives)

—**Jean** est **allé** en ville.
—**Marie** est **allée** en ville.
—**Ils** sont **arrivés** à dix heures.
—**Elles** sont **arrivées** à neuf heures.

*John **went** downtown.*
*Marie **went** downtown.*
*They (masc.) **arrived** at ten o'clock.*
*They (fem.) **arrived** at nine o'clock.*

Except for reflexive verbs, when a verb is conjugated with **être,** the past participle agrees in gender and number with the subject of the verb. **Vous** may of course be masculine or feminine, singular or plural. EXAMPLE: **Marie, êtes-vous allée** au cinéma? **Henri, êtes-vous allé** au cinéma? **Êtes-vous allés** au cinéma ensemble?

125

I Substitutions

Répétez les phrases suivantes, en employant les formes du verbe indiquées:

EXEMPLE J'ai été chez les Brown. → **Il a été chez les Brown.**

1. **J'ai** acheté un journal.
    Tu . . . / Il . . . / Nous . . . / Vous . . .
2. **Il n'a pas** encore déjeuné.
    Nous . . . / Elle . . . / Je . . . / Vous . . .
3. **Je suis** allé chez eux plusieurs fois.
    Il . . . / Tu . . . / Nous . . . / Vous . . .
4. **Êtes-vous** resté(e)(s) à la maison hier soir?
    . . . il / . . . elle / . . . tu / . . . ils
5. J'ai eu **de la chance.**
    beaucoup de chance / du succès / beaucoup de succès / un succès fou *(a terrific success)*

II Exercices d'application

A. *Mettez les phrases suivantes à la forme négative:*

EXEMPLE J'ai dîné. → **Je n'ai pas dîné.**

1. J'ai déjeuné à midi.
2. Le garçon a apporté la carte.
3. Il a parlé à Roger.
4. Nous avons déjeuné.
5. Nous avons parlé français.
6. Nous avons habité à Paris.
7. Nous avons été malades.
8. Ils ont commencé à parler français.
9. Ils ont passé trois ans en Angleterre.
10. J'ai regardé la télévision.
11. Il a apporté son imperméable.
12. Je suis allé à la gare.
13. Il a écouté.
14. Elle est arrivée hier.
15. Nous sommes arrivés hier.
16. Il est venu chez nous.

B. *Mettez les phrases suivantes à la forme interrogative:*

EXEMPLE Roger a dîné. → **Roger a-t-il dîné?**

1. Roger a déjeuné à midi.
2. Roger a acheté un journal.
3. Le garçon a apporté la carte.
4. Le garçon a donné l'addition.
5. Jean a parlé à la concierge.
6. Jean et Roger ont dîné au restaurant.
7. Jean est allé à la préfecture de police.
8. Jean est déjà allé chez les Brown.
9. M. Brown est venu des États-Unis.
10. Jean est né à Philadelphie.

C. *Mettez les phrases suivantes au passé composé:*

EXEMPLE   Le train part à six heures. → **Le train est parti à six heures.**

1. J'achète le journal.
2. Tu dînes à sept heures, n'est-ce pas?
3. Le garçon apporte la carte.
4. Jean demande l'addition.
5. Jean et Roger déjeunent à midi.
6. Jean va chez les Brown.
7. Nous allons à la banque.
8. Nos amis arrivent aujourd'hui.
9. Nous écoutons des disques.
10. Jean et Roger rentrent à cinq heures.

III   *Répondez en français à chacune des questions suivantes:*

1. À quelle heure avez-vous déjeuné?
2. À quelle heure êtes-vous venu(e) à l'université?
3. À quelle heure avez-vous dîné hier?
4. À quelle heure êtes-vous entré(e) dans la classe de français?
5. À quelle heure les autres étudiants sont-ils entrés dans la classe de français?
6. Avez-vous acheté un journal aujourd'hui?
7. Avez-vous commencé à parler français?
8. Avez-vous regardé la télévision hier soir?
9. Êtes-vous allé(e) à New York l'été dernier?

IV   *Répondez négativement:*

1. Avez-vous acheté un journal ce matin?
2. Avez-vous passé deux ans en Angleterre?
3. Avez-vous été chez les Brown la semaine dernière?
4. Êtes-vous allé(e) au laboratoire hier après-midi?
5. Roger a-t-il regardé la télévision hier soir?
6. Avez-vous apporté votre imperméable?
7. Marie a-t-elle apporté son parapluie?
8. Vos parents sont-ils allés en France?
9. Êtes-vous sorti(e) hier soir?
10. Êtes-vous rentré(e) à dix heures?

V   *Demandez à quelqu'un:*

A. *en employant la forme* **vous:**

1. s'il (si elle) a acheté un journal aujourd'hui.
2. s'il (si elle) est né(e) à Chicago.
3. s'il (si elle) a donné son adresse à la concierge.
4. si son père est allé à Paris.

5. où il (elle) est né(e).
6. où son père est né.
7. à quelle heure il (elle) a dîné hier soir.

8. à quelle heure il (elle) a déjeuné aujourd'hui.
9. à quelle heure il (elle) déjeune d'habitude.

B. *en employant la forme* **tu:**

1. s'il (si elle) a acheté un journal aujourd'hui.
2. s'il (si elle) est né(e) à Chicago.
3. quand il (elle) est venu(e) à Paris.
4. à quelle heure il (elle) déjeune d'habitude.

5. à quelle heure il (elle) a déjeuné hier.
6. s'il (si elle) connaît les Brown.
7. s'il (si elle) a de la monnaie.
8. s'il (si elle) a écouté des disques hier soir.

Une robe sensationnelle

Marie a acheté une robe et un pantalon qui lui plaisent beaucoup.

JEAN   ¹Où êtes-vous allée cet après-midi?

MARIE   ²Je suis allée en ville.

JEAN   ³Qu'est-ce que vous avez fait?

MARIE   ⁴J'ai fait des courses.

JEAN   ⁵Qu'est-ce que vous avez acheté de beau?

MARIE   ⁶Pas mal de choses. Je suis d'abord allée au Prisunic.

JEAN   ⁷Un Prisunic? Qu'est-ce que c'est que ça?

MARIE   ⁸C'est un magasin où on vend de tout à bon marché.

JOHN   Where did you go this afternoon?

MARIE   I went downtown.

JOHN   What did you do?

MARIE   I did some errands.

JOHN   What did you buy that was interesting (*lit.:* beautiful)?

MARIE   Lots of things. First I went to the Prisunic.

JOHN   A Prisunic? What's that?

MARIE   It's a store where they sell all sorts of things at low prices.

129

JEAN   [9]Avez-vous fait de bonnes affaires?

MARIE   [10]Et comment! J'ai découvert une robe sensationnelle. Et aussi ce pantalon, pas cher du tout. [11]Comment le trouvez-vous?

JEAN   [12]Il vous va à ravir.

MARIE   [13]J'ai marché tout l'après-midi. Je suis un peu fatiguée.

JEAN   [14]Vous êtes allée en ville à pied?

MARIE   [15]Oui, j'ai voulu profiter du beau temps. [16]En tout cas, cette promenade m'a fait beaucoup de bien. [17]Surtout, j'ai trouvé une robe qui me plaît—exactement ce que je voulais.

JOHN   Did you get any bargains?

MARIE   And how! I came across a fantastic dress. And this pair of pants too—not at all expensive. How do you like them?

JOHN   They're extremely becoming.

MARIE   I walked all afternoon. I'm a little tired.

JOHN   You walked downtown?

MARIE   Yes, I wanted to take advantage of the fine weather. In any case, that walk did me a lot of good. Above all, I found a dress that pleases me—exactly what I wanted.

I *Exercice de mise en train*

Répondez tous ensemble:

1. À quelle heure avez-vous déjeuné hier?
2. À quelle heure déjeunez-vous d'habitude?
3. Roger connaît-il les Brown?
4. Jean a-t-il été récemment chez les Brown?
5. Quand M. Brown est-il venu en France? (Il y a cinq ou six ans.)
6. Combien de temps a-t-il passé en Angleterre? (Deux ou trois ans.)

II *Substitutions*

Répétez les phrases suivantes en substituant les mots indiqués:

1. Cet après-midi, j'ai fait **des courses.**
   de bonnes affaires / une promenade / peu de choses / pas mal de choses
2. Je suis d'abord allé(e) **au Prisunic.**
   chez la couturière *(dressmaker)* / chez le tailleur *(tailor)* / chez le cordonnier *(shoemaker)* / chez l'antiquaire *(antique dealer)*
3. J'ai découvert une robe **sensationnelle.**
   extraordinaire / ravissante / très chic / très originale *(new and different)*
4. J'ai voulu **profiter du beau temps.**
   acheter un pull-over / faire des courses / faire une longue promenade / aller en ville
5. En tous cas, **cette promenade** m'a fait beaucoup de bien.
   le beau temps / le soleil / cet après-midi en ville / cette promenade au Bois de Boulogne
6. Comment trouvez-vous **ma robe?**
   mon pantalon / ma coiffure *(hairdo)* / mon pull-over / ce que j'ai acheté
7. Cette robe vous va **à ravir.**
   très bien / à merveille / parfaitement / on ne peut mieux *(very well indeed; lit.: one cannot do better)*

III *Répondez d'après le texte aux questions suivantes:*

1. Où Marie est-elle allée cet après-midi?
2. Qu'est-ce qu'elle a fait?
3. À quel magasin est-elle allée d'abord?
4. Qu'est-ce que c'est qu'un Prisunic?
5. A-t-elle fait de bonnes affaires au Prisunic?
6. Qu'est-ce qu'elle a découvert au Prisunic?
7. Comment Jean trouve-t-il le pantalon qu'elle a acheté?
8. Pourquoi Marie est-elle un peu fatiguée?
9. Comment est-elle allée en ville?
10. Pourquoi est-elle allée en ville à pied?
11. Qu'est-ce qu'elle pense de cette promenade?

IV *Demandez à un(e) camarade:*

A. *en employant la forme* **vous:**

1. où il (elle) est allé(e) cet après-midi.
2. ce qu'il (qu'elle) a fait en ville.
3. s'il (si elle) a fait de bonnes affaires.
4. ce qu'il (qu'elle) a acheté.
5. ce qu'il (qu'elle) a découvert au Prisunic.
6. comment il (elle) trouve la nouvelle robe.

B. *Même exercice en employant* **le tutoiement.**

131

V *Répondez aux questions personnelles suivantes:*

1. Êtes-vous allé(e) au match samedi dernier?
2. Comment y êtes-vous allé(e)?
3. Est-ce que notre équipe *(team)* a eu du succès?
4. A-t-elle eu de la chance?
5. Est-ce que la musique *(band)* de l'école a bien joué?
6. Combien de musiciens y a-t-il dans la musique de notre école?
7. Quelles sont les couleurs de notre équipe?
8. Est-ce que nous avons une bonne équipe cette année?
9. Avez-vous eu froid pendant le match?
10. Aimez-vous mieux aller aux matchs ou regarder la télé?

VI *Répétez les phrases suivantes en ajoutant* **et je suis un peu fatigué(e):**

1. Je suis allé(e) en ville à pied.
2. J'ai marché tout l'après-midi.
3. J'ai passé tout l'après-midi en ville.
4. Je suis allé(e) à plusieurs magasins différents.
5. J'ai passé des heures à faire des courses.
6. J'ai passé des heures à chercher exactement ce que je voulais.

VII *Dictée d'après la Conversation 14, pp. 118–119*

VIII *Causerie*

Vous racontez *(tell)* comment vous avez passé l'après-midi. Expliquez *(explain)* que vous êtes allé(e) en ville faire des courses.

Scènes parisiennes

Marie et Jean marchent ensemble dans le Jardin du Luxembourg. C'est un beau jardin près de l'Université, qui a été dessiné au dix-septième siècle et qui maintenant est très fréquenté par les étudiants.

Nous sommes à la fin de septembre. C'est le moment où l'été finit et l'automne commence. Les feuilles des arbres sont déjà jaunes et la terre est couverte de feuilles mortes. Il y a un de ces légers brouillards si fréquents à Paris en automne, et l'humidité est assez pénétrante. Cependant l'automne parisien est d'ordinaire une saison charmante, juste assez triste pour être poétique.

Jean demande à Marie s'il fait froid à Paris pendant l'hiver.

—Pas particulièrement, répond Marie. La température ne descend pas souvent au-dessous de zéro degré centigrade et il neige rarement. Mais le ciel est souvent couvert et les pluies sont fréquentes, de sorte que l'hiver à Paris paraît plus froid qu'il ne l'est véritablement. Par contre, le printemps est une très jolie saison. Beaucoup des avenues parisiennes sont plantées de marronniers, et lorsqu'au printemps ces marronniers sont couverts de fleurs blanches et roses, c'est un spectacle magnifique.

Quittant le Jardin du Luxembourg, Jean et Marie descendent vers Saint-Germain-des-Prés. Tout à coup, derrière une grille, ils voient de vieux murs noircis par le temps.

—Qu'est-ce que c'est que ça? demande Jean.

—Ça, mon cher ami, ce sont les Thermes (bains publics), bâtis par les Romains. Vous savez que ces gens-là ont occupé autrefois la Gaule, et vous connaissez Jules César. Or, les Romains ont aimé construire des aqueducs et des bains publics dans les villes, et ils ont été d'admirables constructeurs. Admirez l'épaisseur et la solidité de ces murs. Ils sont là pour l'éternité.

Passé les Thermes, Jean s'arrête un instant à la vitrine d'un libraire pour regarder les livres nouveaux.

—La plupart de ces livres ont une apparence bien austère, dit-il à Marie. Sur la couverture en papier jaune ou gris, il n'y a guère que le nom de l'auteur et le titre du livre. Aux États-Unis, il y a presque toujours sur la couverture de nos livres une image destinée à attirer l'attention.

—On achète un livre pour le lire et non pas pour la jolie femme sur la couverture, répond Marie. Les illustrations, même sur la couverture, sont réservées d'ordinaire aux livres de voyages et aux livres sur l'art, pour lesquels ces illustrations ont une espèce de valeur documentaire. Mais à quoi bon avoir une image sur la couverture d'un roman?

—Comme simple élément de publicité qui attire des lecteurs. La figure ou la silhouette d'une jolie femme est toujours agréable à contempler, répond Jean.

DES BOUQUINISTES

AU JARDIN DU
LUXEMBOURG

QUESTIONS

1. Où se trouve le Jardin du Luxembourg?
2. Quand a-t-il été dessiné?
3. Par qui est-il fréquenté?

4. Quand commence l'automne?
5. Quel temps fait-il ce jour-là?
6. Est-ce qu'il neige souvent à Paris pendant l'hiver?
7. En quelle saison les marronniers sont-ils en fleurs?
8. De quelle couleur sont les fleurs des marronniers?
9. Où vont Jean et Marie lorsqu'ils quittent le Jardin du Luxembourg?
10. Qu'est-ce qu'ils voient tout à coup derrière une grille?
11. Qui a construit les premiers bains publics à Paris?
12. Pourquoi Jean s'arrête-t-il un instant à la vitrine d'un libraire?
13. Pourquoi dit-il que les livres français ont une apparence bien austère?
14. Qu'est-ce qu'il y a souvent sur la couverture des livres aux États-Unis?

VOCABULAIRE: EN PLEIN AIR

Quel temps fait-il? *What kind of weather is there?*
Il fait beau. *The weather is nice.*
*__Il fait mauvais.__ *The weather is bad.*
Il fait chaud. *The weather is hot.*
Il fait froid. *The weather is cold.*
*__Il fait frais.__ *The weather is cool.*
Il fait du vent. *It's windy.*
*la **chaleur** *heat*
faire un voyage *to take a trip*
faire une promenade *to take a walk*
faire du vélo *to take a bike ride*
faire du ski *to go skiing*
pleuvoir *to rain*
*la **pluie** *rain*
Il pleut à seaux. *It's raining buckets.*
l' **imperméable** m *raincoat*
le **pardessus** *overcoat, topcoat*
le **parapluie** *umbrella*
le **ciel** *sky*
le **nuage** *cloud*
la **terre** *earth, ground*

le **brouillard** *mist*
neiger *to snow*
l' **hiver** m *winter*
le **printemps** *spring*
l' **automne** m *fall, autumn*
l' **été** m *summer*
jouer *to play*
*le **jeu** *game*
actif, active *active*
patiner *to skate*
le **football** *soccer*
l' **équipe** f *team*
le **match** *game*
adroit *skilful*
maladroit *clumsy, awkward*
*le **pays** *country*
la **campagne** *country, countryside*
l' **arbre** m *tree*
le **bois** *wood, woods*
la **fleur** *flower*
*l' **herbe** f *grass*
*le **jardin** *garden*

avoir des courses à faire *to have errands to do*
*__ou__ *or*
Où? *Where? In which? When?*
Combien? *How much, how many?*

Combien de temps? *How long?*
Quand? *When?*
À quelle heure? *At what time, at what hour?*
c'est entendu *agreed, all right, O.K.*
trop *too much, too many*
tout à coup *suddenly*
regarder *to look, look at*
a **couleur** *color*
formidable *terrific*
bien adv. *well, indeed*
mieux *better*
meilleur, meilleure, meilleurs, meilleures *better*
le meilleur, la meilleure, les meilleurs, les meilleures *the best*
durer *to last*
préférer *to prefer*
trouver *to find, think*
se trouver *to be, be located*
assez *enough, rather, fairly*
encore *yet, still, again*
*__surtout__ *above all*
aussi *also, so, as*
aussi . . . que *as . . . as*

135

Present indicative and *passé composé* second and third conjugations, and reflexive verbs

34 Present indicative of *finir* (to finish); second conjugation, regular

—À quelle heure **finissez-vous** votre travail?

At what time **do you finish** *your work?*

—**Je finis** d'habitude vers cinq heures.

I usually **finish** *around five o'clock.*

—**J'obéis** à la loi.

I obey *the law.*

(1) The affirmative forms of the present indicative of **finir** are: **Je finis,** *I finish, I am finishing,* **tu finis, il (elle) finit, nous finissons, vous finissez, ils (elles) finissent.**

(2) The negative and interrogative forms follow the usual pattern. EXEMPLE: **Il ne finit pas. Finit-il?**

(3) Relatively few common verbs belong to the second conjugation. **Choisir,** *to choose,* and **obéir (à),** *to obey,* which are conjugated like **finir,** will be used in the oral practice exercises.

35 *Passé composé of finir*

—À quelle heure **avez-vous fini** votre travail hier soir?

At what time **did you finish** *your work last night?*

—**J'ai fini** mon travail vers onze heures.

I finished *my work at about eleven o'clock.*

(1) The forms of the **passé composé** of finir are: **J'ai fini,** *I finished, I have finished,* **tu as fini, il (elle) a fini, nous avons fini, vous avez fini, ils (elles) ont fini.**

(2) For the negative and interrogative forms, you use the negative and interrogative of the auxiliary verb. EXEMPLE: —**Avez-vous fini? —Non, je n'ai pas fini.**

(3) The past participle of **finir** and other regular verbs of the second conjugation is found by substituting the ending –i for the infinitive ending –ir.

36 Present indicative of *répondre* (to answer): third conjugation, regular

—**Répondez-vous** toujours aux coups de téléphone?
—Oui, **je réponds** toujours aux coups de téléphone.

Do you *always* **answer** *the telephone?*
Yes, I *always* **answer** *the telephone.*

(1) The affirmative forms of the present indicative of **répondre** are: **je réponds,** *I answer, I am answering,* **tu réponds, il (elle) répond, nous répondons, vous répondez, ils (elles) répondent.**

(2) The negative and interrogative forms follow the usual pattern. Note, however, that in **répond-il?** the **d** is linked and pronounced **t**.

(3) Few very common verbs belong to the third conjugation. **Vendre,** *to sell,* **entendre,** *to hear,* **attendre,** *to wait for,* and **perdre,** *to lose,* which are conjugated like **répondre,** will be used in the oral practice exercises.

37 *Passé composé* of *répondre*

—**Avez-vous répondu** à la demande de M. Duval?
—Oui, **j'ai répondu** à sa demande.

Have you answered *Mr. Duval's request?*
Yes, **I answered** *his request.*

(1) The forms of the **passé composé** of **répondre** are: **J'ai répondu,** *I answered, I have answered,* **tu as répondu, il (elle) a répondu, nous avons répondu, vous avez répondu, ils (elles) ont répondu.**

(2) The past participle of regular verbs of the third conjugation is found by substituting the ending **–u** for the infinitive ending **–re**.

38 Present indicative of *se dépêcher* (to hurry): reflexive first conjugation, regular

—**Vous dépêchez-vous** pour déjeuner à midi?
—Beaucoup de gens **se dépêchent,** mais **je ne me dépêche pas.**

Do you hurry *to eat lunch at noon?*
Many people **hurry,** *but* **I do not hurry.**

(1) A reflexive verb always has a pronoun object that refers to the subject of the verb. We have a few reflexive verbs in English (I hurt myself, you hurt yourself, etc.), but in French they are very common.

137

(2) The forms of the present indicative of **se dépêcher** are:

AFFIRMATIVE	NEGATIVE
Je me dépêche (*I hurry*)	Je ne me dépêche pas
Tu te dépêches	Tu ne te dépêches pas
Il (Elle) se dépêche	Il (Elle) ne se dépêche pas
Nous nous dépêchons	Nous ne nous dépêchons pas
Vous vous dépêchez	Vous ne vous dépêchez pas
Ils (Elles) se dépêchent	Ils (Elles) ne se dépêchent pas

INTERROGATIVE

Est-ce que je me dépêche?
Te dépêches-tu?
Se dépêche-t-il (elle)?
Nous dépêchons-nous?
Vous dépêchez-vous?
Se dépêchent-ils (elles)?

Note that in the affirmative both the pronoun subject (**il, elle**) and the pronoun object (**se**) precede the verb. In the negative forms, **ne** follows the subject (**il, elle**) and **pas** follows the verb—as you would expect. In the interrogative forms, the pronoun object (**se**) precedes the verb and the pronoun subject (**il, elle**) follows it.

(3) When the subject of a reflexive verb is a noun, it of course takes the place of the pronoun subject (**il, elle, on**); but the pronoun object (**se**) must always be expressed. EXEMPLE: **Charles ne se dépêche pas. Charles se dépêche-t-il?**

(4) There are reflexive verbs in all conjugations, but in the oral practice exercises only the following ones will be used: **se coucher,** *to lie down, to go to bed;* **se lever,** *to get up, to rise;* **se réveiller,** *to wake up;* **se promener,** *to take a walk,* and **s'appeler,** *to be named.*

39 *Passé composé of se dépêcher*

—**Vous êtes-vous dépêché** pour finir votre travail?
—Oui, **je me suis dépêché.**

Did you hurry *to finish your work?*

Yes, I hurried.

All reflexive verbs are conjugated with **être.** The easiest way to get the forms of the **passé composé** clearly in mind is to think of the auxiliary verb **être** as a reflexive verb (**je me suis**) and place the past participle (**dépêché**) after it.

(1) The forms of the **passé composé** of **se dépêcher** for a MASCULINE (or a FEMININE) subject are:

AFFIRMATIVE	INTERROGATIVE

Je me suis dépêché(e) *(I hurried)*   Est-ce que je me suis dépêché(e)?
Tu t'es dépêché(e)   T'es-tu dépêché(e)?
Il (Elle) s'est dépêché(e)   S'est-il (-elle) dépêché(e)?
Nous nous sommes dépêché(e)s   Nous sommes-nous dépêché(e)s?
Vous vous êtes dépêché(e)(s)   Vous êtes-vous dépêché(e)(s)?
Ils (Elles) se sont dépêché(e)s   Se sont-il (-elles) dépêché(e)s?

NEGATIVE

Je ne me suis pas dépêché(e)
Tu ne t'es pas dépêché(e)
etc.

(2) If the subject is a noun, you follow the same order as for the present tense (see paragraph 38). Of course the past participle comes at the end. EXEMPLE: **Charles s'est dépêché. Charles ne s'est pas dépêché. Charles s'est-il dépêché?**

I   Substitutions

Répétez les phrases suivantes en substituant les mots indiqués:

1. J'ai fini **mon travail** hier soir.
   mon rapport / cet exercice / ce livre / mes examens
2. Il a répondu **au coup de téléphone.**
   à cette demande / à ce télégramme / à cette lettre / à ces questions
3. Je me suis dépêché(e) **pour arriver à l'heure.**
   pour être à l'heure / pour finir à l'heure / pour arriver plus tôt / pour ne pas être en retard
4. Il s'est cassé **le bras.** *(He broke his arm.)*
   le bras gauche / la jambe *(leg)* / une côte *(a rib)* / plusieurs côtes

II   Exercices d'application

A. *Répondez au singulier, puis au pluriel:*

EXEMPLE   Finissez-vous? → **Je finis. Nous finissons.**

1. Choisissez-vous?   4. Choisit-elle?
2. Obéissez-vous?   5. Obéit-il?
3. Finit-il?

B. *Répétez, puis dites négativement:*

EXEMPLE   Je finis. → **Je finis. Je ne finis pas.**

1. Tu finis.
2. Tu choisis.
3. Tu obéis.
4. Elle finit.
5. Il choisit.
6. Il obéit.
7. Nous finissons.
8. Nous choisissons.
9. Nous obéissons.
10. Vous finissez.
11. Vous choisissez.
12. Vous obéissez.

C. *Répondez au singulier, puis au pluriel:*

1. Répondez-vous?
2. Vendez-vous?
3. Entendez-vous?
4. Attendez-vous?
5. Répond-il?
6. Vend-il?
7. Entend-elle?
8. Perdez-vous votre temps?
9. Choisit-il?
10. Finit-il?

D. *Répétez, puis dites négativement:*

1. Je réponds.
2. Je vends.
3. J'entends.
4. J'attends.
5. Tu entends.
6. Tu attends.
7. On vend.
8. On entend.
9. Nous répondons.
10. Nous entendons.
11. Vous répondez.
12. Vous vendez.
13. Vous entendez.
14. Elles répondent.
15. Ils entendent.
16. Elles vendent.

E. *Mettez les phrases suivantes au* **passé composé:**

1. Je finis à cinq heures.
2. J'obéis à la loi.
3. Je choisis du papier à lettres.
4. Nous obéissons à la loi.
5. Nous répondons aux lettres.
6. Je réponds au téléphone.
7. Tu réponds au téléphone.
8. Il répond à sa demande.
9. Elle vend son auto.
10. Entendez-vous le téléphone?
11. Répondez-vous au téléphone?
12. Réponds-tu au téléphone?
13. Je ne vends pas de journaux.
14. Ils n'obéissent pas.
15. Je perds mon temps.
16. J'attends l'avion.

III   *Répondez en français à chacune des questions suivantes:*

(a) **1.** À quelle heure vous levez-vous le* dimanche?   **2.** À quelle heure vous couchez-vous d'habitude?   **3.** À quelle heure finissez-vous d'habitude votre travail?   **4.** Est-ce que vous obéissez à la loi?   **5.** Répondez-vous aux lettres de vos amis?   **6.** Est-ce qu'en France les pharmaciens vendent des journaux?

* **Le dimanche** means on *Sunday* or on *Sundays*.

(b) 1. À quelle heure vous êtes-vous couché(e) hier soir? **2.** À quelle heure vous êtes-vous levé(e) ce matin? **3.** À quelle heure vous êtes-vous réveillé(e) ce matin? **4.** À quelle heure avez-vous fini votre travail hier soir? **5.** À quelle heure êtes-vous venu(e) à l'université? **6.** Vous êtes-vous dépêché(e) pour arriver à l'heure à l'université? **7.** Vous êtes-vous jamais cassé le bras? **8.** Vous êtes-vous jamais cassé la jambe?

IV *Demandez à quelqu'un:*

A. *en employant la forme* **vous:**

1. comment il (elle) s'appelle.
2. à quelle heure il (elle) se couche d'habitude.
3. s'il (si elle) se promène le dimanche.
4. à quelle heure il (elle) se lève le dimanche.
5. à quelle heure il (elle) se lève les autres jours de la semaine.
6. comment s'appelle sa sœur.

B. *Même exercice en employant la forme* **tu.**

141

Jean loue un appartement

Jean et Roger ont décidé de louer un appartement. Jean va au numéro huit, rue du Docteur Roux, dans le quinzième arrondissement.°

JEAN ¹Bonjour, madame. Vous avez un appartement meublé à louer, n'est-ce pas?

MME DUVAL ²Mais oui, monsieur. J'en ai un au premier.°

JEAN ³Est-ce que je peux le voir?

MME DUVAL ⁴Certainement, monsieur. Je vais vous le montrer. Par ici, s'il vous plaît. ⁵C'est la première porte à droite, en *haut de l'escalier. ⁶Voulez-vous bien monter?

JEAN ⁷Volontiers.

MME DUVAL *(ouvrant la porte)* ⁸Voici l'appartement. Comment le trouvez-vous?

JEAN ⁹Je le trouve vraiment très agréable.

MME DUVAL ¹⁰Et il est très tranquille, monsieur. ¹¹Il n'y a jamais de bruit dans le quartier.

JEAN ¹²Tant mieux.

MME DUVAL ¹³Voici la salle de bains. Nous avons le chauffage central, bien entendu, et l'eau chaude toute la journée.

JEAN ¹⁴Quel est le loyer, s'il vous plaît?

MME DUVAL ¹⁵Quinze cents francs par mois, monsieur.

JEAN ¹⁶Je crois que cet appartement nous conviendra tout à fait. ¹⁷Mon ami viendra le voir demain. ¹⁸Est-ce que demain matin vous convient?

MME DUVAL ¹⁹Mais oui, monsieur, parfaitement. Je vous attendrai.

JOHN Good morning (madam). You have a furnished apartment to rent, don't you?

MRS. DUVAL Yes, sir. I have one on the second floor.

JOHN May I see it?

MRS. DUVAL Certainly, sir. I'll show it to you. This way, please. It's the first door on the right at the top of the stairs. Would you like to (Will you please) go up?

JOHN I'd be glad to.

MRS. DUVAL *(opening the door)* Here's the apartment. How do you like it?

JOHN I think it is really very nice.

MRS. DUVAL And it is very quiet, sir. There is never any noise in this part of town.

JOHN So much the better.

MRS. DUVAL Here's the bathroom. We have central heating, of course, and hot water all day long.

JOHN What is the rent, please?

MRS. DUVAL Fifteen hundred francs per month, sir.

JOHN I think this apartment will suit us perfectly. My friend will come to see it tomorrow. Is tomorrow morning all right with you?

MRS. DUVAL Yes, perfectly. I'll expect you.

---

* The **h** of the word **haut** is aspirate; therefore the **n** is not linked in **en haut** (see note on linking, page 372).

PROPOSE

• UN STUDIO tout équipé dans le MARAIS
(poutres, S. de bains, WC)

en échange d'un :

• 2 PIÈCES dans les 6ers arrondissement
(11e, 12e éventuellement)

écrire à : Mr. DRIOT
22 Rue des Rosiers
PARIS 4e.

• Étudiante licenciée en allemand terminant l'E.S.I.T. (École sup d'Interprétation et de Traduction) effectuerait toutes traductions Allemand / Français Anglais / Français

Tel 727.12.99
Demander Valérie.

Cultural Notes

Le quinzième arrondissement is one of twenty administrative sections within Paris, each of which has an appointed mayor and a justice of the peace. The arrondissements that make up the city combine with seven Départements to make up the "region of Paris."

Le premier (étage) is one flight up from the ground floor. The rez-de-chaussée is the street level or the ground floor.

I *Exercice de mise en train*

Répondez tous ensemble:

1. Aimez-vous faire des courses?
2. Qu'est-ce que c'est qu'un Prisunic?
3. Qu'est-ce que Marie a acheté au Prisunic?
4. Comment est-elle allée en ville?
5. Pourquoi est-elle un peu fatiguée? (Parce qu'elle a marché tout l'après-midi.)
6. Pourquoi est-elle allée en ville à pied? (Parce qu'elle voulait profiter du beau temps.)

II *Substitutions*

Répétez les phrases suivantes en substituant les mots indiqués:

1. Vous avez **un appartement meublé** à louer, n'est-ce pas?
   des chambres / une maison / une chambre meublée / un piano
2. Vous avez **une maison** à vendre, n'est-ce pas?
   une auto / un vélo / un cheval / un chien
3. J'en ai un **au premier.**
   au deuxième / au rez-de-chaussée *(street level)* / à l'entresol *(mezzanine)* / au sous-sol *(below the street level)*
4. Voulez-vous bien **monter?**
   entrer / vous asseoir / voir la salle de bains / descendre
5. Je crois que **cet appartement** nous conviendra tout à fait.
   cette maison / ce quartier / cette bicyclette / cette auto
6. *(a)* **Besoin** followed by an infinitive:
   J'ai besoin **de travailler le soir.**
   d'aller en ville / de faire des courses / d'acheter une nouvelle voiture *(car)* / d'aller chez le dentiste
   (b) **Besoin** followed by a noun:
   J'ai besoin **de nouveaux gants.**
   d'un nouvel imperméable / d'un parapluie / d'un appartement meublé / d'une nouvelle voiture

III *Répétez les phrases suivantes, en remplaçant le nom par* **le, la, les:**

EXEMPLE Comment trouvez-vous l'appartement? → **Comment le trouvez-vous?**

1. Comment trouvez-vous la maison?
2. Comment trouvez-vous la chambre?
3. Comment trouvez-vous les fruits?
4. Comment trouvez-vous cette omelette?
5. Comment trouvez-vous ce vin rouge?
6. Comment trouvez-vous les hors-d'œuvre?
7. Comment trouvez-vous cette poire?

IV *Demandez à quelqu'un:*

1. s'il (si elle) a un appartement à louer.
2. si vous pouvez voir l'appartement.
3. si l'appartement est au premier.
4. si l'appartement est tranquille.
5. s'il y a du bruit dans le quartier.
6. si demain matin lui convient.

V *Répondez d'après le texte aux questions suivantes:*

1. Avez-vous un appartement à louer?
2. Est-ce que je peux le voir?
3. Comment trouvez-vous l'appartement?
4. Est-ce que l'appartement est tranquille?
5. Y a-t-il du bruit dans le quartier?
6. Y a-t-il une salle de bains?
7. Y a-t-il le chauffage central?
8. Quel est le loyer?

VI *Répétez les phrases suivantes en remplaçant* **ne . . . pas** *par* **ne . . . jamais:**

EXEMPLE Je n'ai pas d'argent. → **Je n'ai jamais d'argent.**

1. Il n'y a pas de bruit dans le quartier.
2. Ma tante n'est pas à l'heure.
3. Ils ne sont pas à la maison.
4. Je ne réponds pas aux lettres.
5. Je ne travaille pas le soir.
6. Je ne finis pas mon travail avant cinq heures.
7. Je ne vends pas mes livres.
8. Je ne vais pas à la campagne.
9. Elle ne répond pas au téléphone.
10. Il ne vient pas me voir.
11. Je ne me dépêche pas.
12. Je ne me couche pas avant minuit.

VII *Répondez aux questions personnelles suivantes:*

1. Est-ce que votre chambre est agréable?
2. Est-elle tranquille?
3. Avez-vous besoin de travailler le soir?
4. Aimez-vous faire des courses?
5. Allez-vous souvent au supermarché?
6. Y a-t-il une bonne boulangerie près de votre maison?
7. Est-ce que votre boulanger sait faire du pain français?
8. Achetez-vous quelquefois du pain français?

Unstressed forms of personal pronouns

40 Remark about the forms of personal pronouns

French personal pronouns have two sets of forms : the unstressed forms, which are used only in conjunction with verbs (i.e., as subjects or objects of verbs), and the stressed forms. The unstressed forms are sometimes called "conjunctive" pronouns and the stressed forms "disjunctive" pronouns. In this unit, we will study only the unstressed forms.

41 Unstressed forms of personal pronouns used as subjects of a verb

—**Je** vais à l'hôtel.
—**Il** est Américain.
—Qu'est-ce que **vous** voulez?

I am going to the hotel.
He is an American.
What do **you** want?

The subject forms, which you know, are: **je, tu, il (elle, on), nous, vous, ils (elles)**.

42 Unstressed personal pronouns used as direct objects of a verb

—Quand allez-vous venir **me** voir?

When are you going to come to see **me?**

—Je vais venir **vous** voir dimanche.

I am going to come to see **you** Sunday.

—Voici la chambre. Comment **la** trouvez-vous?

Here is the room. How do you like **it?**

—Je **la** trouve très agréable.
—Aimez-vous les pommes?
—Oui, je **les** aime assez.

I think **it** is very nice.
Do you like apples?
Yes, I like **them** all right.

A. Forms

The direct object forms are: **me, te, le (la), nous, vous, les**.

B. Use and position

(1) **Le, la,** and **les** refer either to persons or things. EXEMPLE: Comment trouvez-vous **la chambre?** —Je **la** trouve très agréable. Comment trouvez-vous **Marie?** —Je **la** trouve très gentille.

UN ESCALIER ROULANT DU MUSÉE BEAUBOURG

(2) The direct object pronoun precedes the verb.* In compound tenses it precedes the auxiliary verb. EXEMPLE: —Je **les** ai trouvés très agréables.

43 Unstressed personal pronouns used as indirect objects of a verb—referring only to persons

—Avez-vous donné votre adresse à la concierge?	*Did you give your address to the concierge?*
—Oui, je **lui** ai donné mon adresse.	*Yes, I have given **her** my address.*
—Avez-vous téléphoné à vos parents?	*Did you telephone (to) your parents?*
—Oui, je **leur** ai téléphoné hier.	*Yes, I telephoned **(to) them** yesterday.*

Note that in « Je lui ai donné mon adresse », **lui** is the indirect object of **J'ai donné**, *I gave (it) to her*; in « Je leur ai téléphoné », **leur** is the indirect object of **J'ai téléphoné**, *I telephoned (to) them*.

---

* The only exception, that of affirmative imperative, will be studied in paragraph 53 of Grammar Unit 12.

147

A. Forms

The indirect object forms used to refer to persons are: **me, te, lui, nous, vous, leur.**

Note that **lui** and **leur** are used to refer to either a masculine or a feminine noun. Thus: « Je **lui** ai donné mon adresse » answers both the question « Avez-vous donné votre adresse **à Charles?** » and the question « Avez-vous donné votre adresse **à Marie?** »

B. Position

The personal pronoun object precedes the verb.* If you have both a direct and an indirect object pronoun, they stand in the following order before the verb:

(1) Indirect object (**me, te, nous, vous**) precedes direct object (**le, la, les**).

—Roger me montre le journal.	Il **me le** montre.
—Il me montre la revue.	Il **me la** montre.
—Il me montre les romans.	Il **me les** montre.

(2) Direct object (**le, la, les**) precedes indirect object (**lui, leur**).

—Roger donne le journal à Jean (Marie).	Roger **le lui** donne.
—Il donne la revue à Jean (Marie).	Il **la lui** donne.
—Il donne les livres à Jean (Marie).	Il **les lui** donne.

44 Personal pronoun *y* used as indirect object of a verb—referring only to things

—Avez-vous répondu à la question?	*Did you answer the question?*
—Oui, j'**y** ai répondu.	*Yes, I answered (replied to)* **it.**
—Avez-vous répondu aux questions?	*Did you answer the questions?*
—Oui, j'**y** ai répondu.	*Yes, I answered (replied to)* **them.**

45 Use of *en* as a partitive pronoun

A. To replace nouns in a partitive sense

En is used here** as a pronoun object to replace nouns that are used in a partitive sense (**du pain, de la viande, des pommes**):

---

* Except in the affirmative imperative.
** **En** used to replace a noun object of the preposition **de** will be studied in paragraph 52 of Grammar Unit 12.

—Avez-vous du pain? Have you any bread?
—Oui, j'**en** ai. Yes, I have **some** (of it).
—Avez-vous acheté de la viande? Have you bought any meat?
—Oui, j'**en** ai acheté. Yes, I bought **some** (of it).
—Voici des pommes. **En** voulez- Here are some apples. Do you want
vous? **some?**

B. With expressions of quantity

If you use expressions of quantity (**beaucoup, un peu, pas,** etc.) or numbers
in such phrases, **en** must still be expressed:

—Avez-vous une chambre à louer? Have you a room for rent?
—Oui, j'**en** ai **une.** Yes, I have **one** (of them).
—Non, je n'**en** ai **pas.** No, I haven't **any.**
—Avez-vous des cousins? Have you any cousins?
—Oui, j'**en** ai **beaucoup.** Yes, I have **a lot** (of them).
—Voici des pommes. Here are some apples.
—**En** voulez-vous **une?** Do you want **one** (of them)?

C. Position

When there is another personal pronoun object of a verb, the pronoun **en**
always comes last. EXEMPLE: —Est-ce qu'il vous a donné **des poires?** —Oui, il
m'en a donné. —Est-ce que vous avez donné **des pommes à Charles?** —Oui,
je **lui en** ai donné.

I Substitutions

Répétez les phrases suivantes en substituant les mots indiqués:

1. (le journal) Il **me** l'a donné.
   nous / te / vous
2. (les hors-d'œuvre) Il **nous** les a apportés.
   me / te / vous
3. (des fruits) Il **vous** en a donné beaucoup.
   m(e) / t(e) / nous / lui
4. (une pomme) Elle **me** l'a montrée.
   nous / te / vous
5. (du vin) Mon père **m'en** a envoyé.
   vous / lui / nous / leur

UN BÂTIMENT MODERNE

II *Exercices d'application*

Répétez en remplaçant les mots en italique (in italics) par un pronom personnel:

A. le, la, les

1. Je trouve *la chambre* très agréable.
2. J'aime bien *les revues françaises.*
3. Je n'aime pas *les bananes.*
4. Jean trouve *la nouvelle robe de Marie* très jolie.
5. Il connaît *Louise Bedel.*
6. Il connaît très bien *les Brown.*
7. Roger ne connaît pas *les Brown.*
8. Comment avez-vous trouvé *la chambre?*
9. J'ai trouvé *la chambre* agréable.
10. Comment Jean et Roger ont-ils trouvé *le dîner?*
11. Ils ont trouvé *le dîner* très bon.
12. Le garçon apporte *la carte.*

B. en

1. J'ai *des fruits.*
2. Je n'ai pas *de fruits.*
3. Roger n'a pas *de frères.*
4. Mme Cochet n'a pas *de revues américaines.*
5. Elle a *des journaux français.*
6. Jean n'a pas acheté *de romans policiers.*
7. Avez-vous *des cousins?*
8. A-t-il *des cousins?*
9. Combien *de cousins* a-t-il?
10. Il n'y a pas *de hors-d'œuvre.*

C. en . . . un, une; en . . . un peu; en . . . plusieurs, etc.

1. J'ai *une chambre* au premier.
2. J'ai acheté *un journal.*
3. J'ai acheté *deux journaux.*
4. J'ai acheté beaucoup *de fruits.*
5. Je n'ai pas acheté beaucoup *de papier à lettres.*
6. Il y a *une table* là-bas.
7. Il y a *deux tables* par ici.
8. Jean a mangé un peu *de viande.*
9. Il a mangé un peu *de salade.*
10. Il a mangé plusieurs *olives.*
11. Roger a plusieurs *frères.*
12. Marie a plusieurs *cousines.*

D. lui, leur

1. J'ai parlé *à la concierge.*
2. J'ai parlé *à Jean.*
3. Il n'obéit pas toujours *à sa femme.*
4. Elle n'obéit pas toujours *à son mari (husband).*
5. Jean a dit bonjour *à la concierge.*
6. Il a dit au revoir *à Roger.*
7. Il a dit au revoir *à ses cousins.*
8. J'ai répondu *au professeur.*

E. *y*

1. J'ai répondu *à la lettre.*
2. Je n'ai pas répondu *à la lettre.*
3. Je n'ai pas répondu *aux questions.*
4. Je vais *à la gare.*
5. Je suis allé(e) *à la gare.*
6. À quelle heure allez-vous *à la gare?*
7. Quand allez-vous répondre *à cette lettre?* (y répondre).
8. Je vais répondre *à cette lettre* demain matin.

III *Exercices d'application:* compléments directs et indirects

Répétez les phrases suivantes en substituant les mots indiqués et puis en remplaçant les noms par des pronoms personnels:

EXEMPLE   Il m'a donné le paquet. → **Il me l'a donné.**

1. Il m'a donné **le journal.**
   la carte / les fleurs / des fleurs / ma monnaie
2. Il nous a donné **le journal.**
   la carte / les fleurs / des fleurs / notre monnaie
3. Vous a-t-il apporté **le journal?**
   la carte / les fleurs / des fleurs / votre monnaie
4. Il nous a apporté **le dessert.**
   la carte / le plat de viande / les fruits / des fruits

IV *Répondez en français en remplaçant les noms par les pronoms convenables:*

1. Connaissez-vous Louise Bedel?
2. Connaissez-vous M. Brown?
3. Connaissez-vous les Brown?
4. Avez-vous apporté votre imperméable?
5. Avez-vous des frères?
6. Combien de frères avez-vous?
7. Avez-vous acheté des journaux aujourd'hui?
8. Avez-vous des parents en France?
9. Est-ce que Jean a parlé au pharmacien?
10. Est-ce que vous avez répondu à la concierge?
11. Avez-vous répondu au télégramme?
12. Allez-vous au cinéma ce soir?
12. Êtes-vous allé(e) au cinéma hier soir?
14. Avez-vous donné votre adresse à l'agent de police?
15. Avez-vous montré votre carte de travail à l'agent de police?
16. Est-ce que votre père vous a donné de l'argent?

Marie va en ville

Jean rencontre Marie. Il lui demande ce qu'elle va faire au cours de l'après-midi.

JEAN [1]Où irez-vous cet après-midi?

MARIE [2]J'irai en ville.

JEAN [3]Qu'est-ce que vous ferez?

MARIE [4]Je ferai des courses. [5]J'achèterai quelque chose pour Roger—un pull-over ou autre chose. [6]C'est demain son anniversaire.

JEAN [7]Comment irez-vous en ville?

MARIE [8]J'irai à pied, s'il fait beau.

JEAN [9]Vous serez bientôt fatiguée. [10]Pourquoi ne prenez-vous pas le métro?°

JOHN Where are you going this afternoon?

MARIE I am going downtown.

JOHN What are you going to do?

MARIE I'll run some errands. I'll buy something for Roger—a sweater or something else. Tomorrow is his birthday.

JOHN How will you go downtown?

MARIE I'll walk, if the weather is nice.

JOHN You'll soon be tired out. Why don't you take the subway?

MARIE   ¹¹Je n'aime pas prendre le métro. ¹²Aux heures de pointe, il y a trop de monde.
JEAN   ¹³Qu'est-ce que vous ferez s'il pleut?
MARIE   ¹⁴S'il pleut, je prendrai un taxi. ¹⁵Je rentrerai de bonne heure.
JEAN   ¹⁶N'oubliez pas que nous allons tous les trois au cinéma ce soir.
MARIE   ¹⁷Ne vous en faites pas. Je n'oublierai pas.
JEAN   ¹⁸À quelle heure Roger viendra-t-il vous chercher?
MARIE   ¹⁹Il viendra me chercher à huit heures précises, dit-il. ²⁰Venez donc vers huit heures.
JEAN   ²¹Entendu. À ce soir.

MARIE   I don't like to take the subway. During rush hour, there are too many people.
JOHN   What will you do if it rains?

MARIE   If it rains, I'll take a taxi. I'll get back early.
JOHN   Don't forget that the three of us are going to the movies this evening.
MARIE   Don't worry. I won't forget.

JOHN   What time will Roger come for you?
MARIE   He'll come for me at eight o' clock sharp, he says. So come around eight o'clock.
JOHN   Okay. See you this evening.

153

Cultural Note

Le Métro is the Paris subway. The first part to be built was opened in 1900. It is fast, efficient, and, thanks to the suspension system and the fact that some of the trains have rubber tires, remarkably quiet as compared to other subway systems.

I *Exercice de mise en train*

Répondez tous ensemble ou individuellement:

1. Est-ce que votre chambre est agréable?
2. Est-elle tranquille?
3. Est-elle au premier?
4. Avez-vous besoin de travailler le soir?
5. À quelle heure vous couchez-vous d'habitude?
6. À quelle heure vous levez-vous le dimanche?
7. À quelle heure vous êtes-vous levé(e) ce matin?
8. À quelle heure vous êtes-vous couché(e) hier soir?

Substitutions

Répétez les phrases suivantes en substituant les mots indiqués:

1. Où irez-vous **cet après-midi?**
   ce soir / demain / la semaine prochaine / l'année prochaine
2. J'irai **en ville.**
   au cinéma / chez Marie / à la bibliothèque (library) / au théâtre
3. Je rentrerai **de bonne heure.**
   avant cinq heures / vers six heures / vers minuit / à minuit
4. Il viendra me chercher **à huit heures précises.**
   à sept heures précises / à onze heures / vers sept heures / avant
   huit heures
5. S'il pleut, **je prendrai un taxi.**
   je prendrai l'autobus / je prendrai le métro / j'irai au cinéma / je
   rentrerai tout de suite
6. J'irai chercher **Marie.**
   Roger / les Brown / ma cousine / Louise Bedel

III *Répétez en remplaçant les noms par les pronoms convenables:*

EXEMPLE   Je viendrai chercher Jean. → **Je viendrai le chercher.**

1. Je viendrai chercher **Roger.**
   Marie / Jean et Roger / Marie et Louise / les Brown
2. J'irai chercher **les Brown.**
   Louise Bedel / Charles Dupont / ma mère / mes cousines / mon
   imperméable

IV *Demandez à quelqu'un:*

1. où il (elle) ira cet après-midi.
2. ce qu'il (qu'elle) fera en ville.
3. ce qu'il (qu'elle) achètera.
4. comment il (elle) ira en ville.
5. ce qu'il (qu'elle) fera, s'il pleut.
6. pourquoi il (elle) ne prend pas le métro.

V *Répondez d'après le texte aux questions suivantes:*

1. Où irez-vous cet après-midi?
2. Qu'est-ce que vous ferez en ville?
3. Qu'est-ce que vous achèterez?
4. Comment irez-vous en ville?
5. Pourquoi ne prenez-vous pas le métro?
6. Qu'est-ce que vous ferez s'il pleut?
7. À quelle heure rentrerez-vous?
8. À quelle heure Roger viendra-t-il chercher Marie?
9. Où vont-ils ensemble ce soir?
10. Pourquoi Marie achètera-t-elle quelque chose pour Roger?

VI *Exercices d'application:* Verbes pronominaux *(Reflexive verbs)*

A. *Répétez les phrases suivantes en substituant les mots indiqués:*

1. Je vais **me coucher.**
   me lever / m'habiller / me dépêcher / me promener
2. Il va **se coucher.**
   se lever / s'habiller / se dépêcher / se promener
3. Nous allons **nous coucher.**
   nous lever / nous habiller / nous dépêcher / nous promener

B. *Demandez en français à quelqu'un:*

1. comment il (elle) s'appelle.
2. à quelle heure il (elle) s'est couché(e) hier soir.
3. à quelle heure il (elle) se couche d'habitude.
4. à quelle heure il (elle) se lève d'habitude.
5. à quelle heure il (elle) s'est levé(e) ce matin.
6. à quelle heure il (elle) s'habille le dimanche.
7. à quelle heure il (elle) s'est habillé(e) ce matin.
8. s'il (si elle) se dépêche le dimanche matin.

VII *Répondez aux questions personnelles suivantes:*

1. Comment vous appelez-vous?
2. À quelle heure vous êtes-vous couché(e) hier soir?
3. À quelle heure vous couchez-vous d'habitude?
4. Vous êtes-vous jamais cassé le bras?
5. Vous êtes-vous jamais cassé la jambe?
6. Allez-vous souvent vous promener?
7. Aimez-vous vous promener le soir?
8. À quelle heure vous réveillez-vous le matin?
9. Quand vous levez-vous d'habitude le dimanche?
10. Allez-vous vous lever de bonne heure demain matin?

VIII *Révision:* Pronoms personnels

Répétez en remplaçant les noms par les pronoms convenables:

EXEMPLE   La concierge m'a donné la lettre. → **Elle me l'a donnée.**

1. J'ai acheté le journal.
2. Je l'ai donné à Jean.
3. J'ai acheté les journaux.
4. J'ai acheté des journaux.

5. J'ai acheté deux journaux.
6. J'ai acheté un journal.
7. Le marchand *(merchant)* m'a donné le journal.
8. Le marchand vous a donné le journal.
9. La concierge m'a donné la lettre.
10. Elle vous a donné la lettre.
11. Elle vous a donné les lettres.
12. Elle vous a donné des lettres.

IX *Dictée d'après la Conversation 16, p. 142*

X *Dialogue*

Un rendez-vous pour samedi soir.

Future tense and imperative

46   Formation of the future of regular verbs

—Déjeunerez-vous en ville?	Will you have lunch *in town?*
—Oui, **je déjeunerai** à l'Hôtel du Cheval blanc.	*Yes,* I shall have lunch *at the White Horse Hotel.*
—Quand **finirez-vous** votre travail?	*When* will you finish (get through) *your work?*
—Je finirai de bonne heure.	I shall finish *early.*
—Je finirai avant minuit.	I'll finish *before midnight.*
—Répondrez-vous à sa lettre?	Will you answer *his (her) letter?*
—Vous dépêcherez-vous de finir votre travail?	Will you hurry *to finish your work?*
—Oui, je me dépêcherai.	*Yes,* I shall hurry.

The forms of the future tense of regular verbs are:

FIRST CONJUGATION	**SECOND CONJUGATION**	**THIRD CONJUGATION**
je déjeunerai	je finirai	je répondrai
I shall have lunch	*I shall finish*	*I shall answer*
tu déjeuneras	tu finiras	tu répondras
il (elle) déjeunera	il (elle) finira	il (elle) répondra
nous déjeunerons	nous finirons	nous répondrons
vous déjeunerez	vous finirez	vous répondrez
ils (elles) déjeuneront	ils (elles) finiront	ils (elles) répondront

(1) The future tense of regular verbs may be found by adding the future endings –ai, –as, –a, –ons, –ez, –ont to the infinitive, except that in the case of verbs of the third conjugation (ending in –re) the final e of the infinitive is omitted.

(2) Reflexive verbs follow the usual pattern. EXEMPLE: **Je me dépêcherai, tu te dépêcheras, il se dépêchera,** etc.

47 Future tense of *être* and *avoir*

—Vos parents **seront** contents de
vous voir.

Your parents **will be** *glad to see
you.*

—Je **serai** content aussi de les voir.

I'll **be glad** *to see them, too.*

—Est-ce que **j'aurai** le temps de
déjeuner?

Will I have *time to have lunch?*

The forms of **être** and **avoir** are:

ÊTRE	AVOIR
je serai *(I shall be)*	j'aurai *(I shall have)*
tu seras	tu auras
il (elle) sera	il (elle) aura
nous serons	nous aurons
vous serez	vous aurez
ils (elles) seront	ils (elles) auront

48 Use of the future tense

—Je **ferai** des courses demain.

I shall do some errands tomorrow.

—S'il pleut, **je prendrai** un taxi.

If it rains, **I'll take** *a taxi.*

(1) Generally speaking, the future tense is used as in English. Note particularly that it is used in the result clause of conditional sentences which express what will happen if a given condition is fulfilled. EXEMPLE: **Je prendrai un taxi** *(the result),* **s'il pleut** *(the condition).*

(2) As in English, *(a) the present tense is frequently used for the future.* EXEMPLE: **Il part pour l'Europe la semaine prochaine.** *(b) The present tense of* **aller** *with an infinitive is often used for the future.* EXEMPLE: **Il va faire des courses demain matin.**

(3) Contrary to English usage, however, the future tense is always used in temporal clauses introduced by **quand,** *when;* **lorsque,** *when,* etc., if the future time is implied. EXEMPLE: Je déjeunerai **quand je rentrerai.** I shall have lunch *when I get home.* **Lorsqu'il neigera,** je ferai du ski. *When it snows,* I shall go skiing.

(4) Although the distinction between *shall* and *will* in English is not always clear, the future tense in French simply denotes futurity. **Irez-vous** and **Voulez-vous aller** . . . are quite different in meaning; the former indicates futurity and the latter indicates willingness.

159

49 **Formation and use of the imperative**

A. Imperative of regular verbs

—**Regardez** la neige!   Look at *the snow!*
—**Répondez,** s'il vous plaît   Please answer.
  (R.S.V.P.)
—**Allons** déjeuner.   Let's go *have lunch.*
—Voici un restaurant. **Entrons.**   *Here's a restaurant.* Let's go in.
—**Donnez-moi** la carte, s'il vous   Give me *the menu, please.*
  plaît.

(1) Forms of the imperative of regular verbs:

FIRST CONJUGATION		SECOND CONJUGATION	
regarde(s)*	*look* (**tu** form)	finis	*finish* (**tu** form)
regardons	*let's look*	finissons	*let's finish*
regardez	*look* (**vous** form)	finissez	*finish* (**vous** form)

THIRD CONJUGATION	
réponds	*answer* (**tu** form)
répondons	*let's answer*
répondez	*answer* (**vous** form)

(2) The imperative of regular verbs is the same as the second person singular* and the first and second person plural of the present indicative—without the subject pronoun.

(3) The negative imperative is found by placing **ne** before the forms and **pas** after them: **ne** regarde **pas, ne** regardons **pas, ne** regardez **pas.**

B. Imperative of reflexive verbs

—**Dépêchez-vous!**   Hurry!
—**Asseyez-vous**   Sit down.
—**Asseyons-nous.**   Let's sit down.

(1) Forms of the imperative of reflexive verbs:

AFFIRMATIVE		NEGATIVE	
dépêche-toi	*hurry* (**tu** form)	ne te dépêche pas	*don't hurry*
dépêchons-nous	*let's hurry*	ne nous dépêchons pas	*let's not hurry*
dépêchez-vous	*hurry* (**vous** form)	ne vous dépêchez pas	*don't hurry*

---

* The **tu** form of the imperative of the first conjugation has an **s** only when it is followed by **y** or **en.**

(2) The reflexive object must always be expressed. With the affirmative imperative, the object follows (dépêchez-**vous**); with the negative imperative, the object precedes the verb (ne **vous** dépêchez pas).

C. Imperative of *être* and *avoir*

(1) Forms of the imperative of **être** and **avoir**:

sois	*be* (**tu** form)	aie	*have* (**tu** form)
soyons	*let's be*	ayons	*let's have*
soyez	*be* (**vous** form)	ayez	*have* (**vous** form)

(2) The imperative of **être** and **avoir** is used primarily in set expressions such as:

—Sois sage.	Behave yourself (to a child).
—Soyez tranquille.	Don't worry.
—N'ayez pas peur.	Don't be afraid.

I Substitutions

Répétez les phrases suivantes en substituant les mots indiqués:

1. Je finirai **de bonne heure.**
   tard / avant minuit / après minuit / vers minuit
2. Quand je serai à la campagne, **je me lèverai tard.**
   je jouerai aux cartes / je jouerai du piano / j'écouterai des disques / je prendrai des bains de soleil
3. Si tu es libre demain, **nous irons au cinéma.**
   nous irons à la campagne / nous déjeunerons ensemble / je viendrai te voir / nous étudierons ensemble
4. Roger sera content **quand vous arriverez.**
   quand le printemps viendra / quand il fera chaud / quand vous serez ici / quand Marie rentrera

II Exercices d'application

A. *Mettez les formes suivantes au pluriel:*

EXEMPLE   Je déjeunerai. → **Nous déjeunerons.**

1.	Je parlerai.	7.	Je répondrai.
2.	Je rentrerai.	8.	Je vendrai.
3.	Je me coucherai.	9.	J'entendrai.
4.	Je finirai.	10.	J'attendrai.
5.	J'obéirai.	11.	J'irai.
6.	Je choisirai.	12.	Je ferai.

B. *Mettez au pluriel:*

EXEMPLE Il parlera. → **Ils parleront.**

1. Il dînera.	7. Il donnera.
2. Il rentrera.	8. Il partira.
3. Il se couchera.	9. Il arrivera.
4. Il se promènera.	10. Il prendra.
5. Il finira.	11. Il aura.
6. Il achètera.	12. Il sera.

C. *Mettez au singulier:*

1. Nous irons.	7. Vous serez.
2. Vous rentrerez.	8. Ils finiront.
3. Ils vendront.	9. Vous finirez.
4. Ils viendront.	10. Vous aurez.
5. Vous partirez.	11. Nous prendrons.
6. Ils feront.	12. Nous rentrerons.

D. *Mettez chacune des phrases suivantes au futur:*

1. Je prends un taxi.	10. Je déjeune à la maison.
2. Il fait beau.	11. Il y a de la neige en hiver.
3. Il fait des courses.	12. Y a-t-il beaucoup de monde?
4. Il a vingt et un ans.	13. Avez-vous le temps d'aller au
5. Elle vend son auto.	bureau de poste?
6. Il est ici.	14. A-t-il besoin de son auto?
7. Nous avons faim.	15. Est-elle contente de vous voir?
8. Il va en ville.	16. Il a faim.
9. Le train part à cinq heures.	17. Elle a peur.
	18. Il n'a pas le temps.

E. *Dites en français à quelqu'un:*

A. *en employant la forme* **vous:**

1. d'entrer.	9. de s'asseoir.
2. de parler français.	10. de ne pas entrer.
3. de regarder.	11. d'être tranquille.
4. de rentrer de bonne heure.	12. de ne pas oublier votre rendez-
5. d'aller à la charcuterie.	vous.
6. de finir son travail.	13. de ne pas se dépêcher.
7. de se dépêcher.	14. de ne pas vendre son auto.
8. de regarder la neige.	

B. *en employant la forme* **tu:**

1. de se lever.	6. de s'en aller (Va-t-en!)
2. de se coucher.	7. de ne pas oublier notre rendez-
3. de se dépêcher.	vous.
4. de s'asseoir.	8. de ne pas se dépêcher.
5. d'y aller. (Vas-y.)	

III *Répondez en français à chacune des questions suivantes:*

(a) **1.** Qu'est-ce que Marie fera cet après-midi? **2.** Où ira-t-elle? **3.** Qu'est-ce qu'elle achètera? **4.** Comment ira-t-elle en ville? **5.** Qu'est-ce qu'elle fera s'il pleut? **6.** À quelle heure rentrera-t-elle? **7.** Qu'est-ce que Roger fera cet après-midi? **8.** À quelle heure finira-t-il son travail?

(b) **1.** Qu'est-ce que Marie fera s'il pleut? **2.** Qu'est-ce qu'elle fera si elle ne trouve pas de taxi? **3.** Qu'est-ce qu'elle fera quand elle rentrera? **4.** Qu'est-ce que vous ferez quand vous rentrerez ce soir? **5.** Où irez-vous cet après-midi s'il fait beau? **6.** Qu'est-ce que vous ferez cet hiver quand il neigera?

IV *Répétez chacune des phrases suivantes en remplaçant* **quand** *par* **lorsque:**

1. Quand il neigera, je ferai du ski.
2. Quand j'irai en ville, je ferai des courses.
3. Je serai content quand l'été arrivera.
4. Soyez prêt(e) quand je viendrai vous chercher.
5. Je serai prêt(e) quand vous viendrez me chercher.

V *Répétez en remplaçant* **si** *et le présent par* **quand** *et le futur:*

EXEMPLE   Si je suis . . . → Quand je serai . . .

1. S'il fait beau, je ferai une promenade.
2. Si nous avons le temps, nous irons au cinéma.
3. Si je suis libre, je viendrai vous voir.
4. Si Jean vient me voir, je serai content.
5. S'il y a de la neige, je ferai du ski.
6. J'irai en France si j'ai de l'argent.
7. Parlerez-vous français si vous allez en France?
8. Il finira son travail s'il a le temps.

VI *Révision de quelques expressions de temps*

1. Je reviendrai **tout à l'heure.**
   de bonne heure / bientôt / tard / très tard
2. J'ai travaillé **toute la journée.***
   toute la matinée / toute la soirée / tout l'après-midi / toute la semaine
3. Nous sommes ici depuis **longtemps.**
   très longtemps / trop longtemps / peu de temps / deux heures
4. Je vais **quelquefois** au cinéma.
   souvent / rarement / une fois par semaine / de temps en temps

---

* **La journée,** all day; **la matinée,** the morning hours, all morning; **la soirée,** the evening hours, all evening; **l'année,** the year (duration).

VII Thème d'imitation

John Hughes is a young American chemical engineer. He lives in Paris. He has rented a room near the Observatory, in the Latin Quarter, in the house of (chez) an old lady, Mrs. Duval. She is seventy years old, she has white hair, and she is very nice to John, because she likes Americans. John is happy. He likes (Il aime bien) his room, and autumn in Paris is one of the most beautiful seasons of the year. The trees of the Avenue of the Observatory are very beautiful in the month of October. The month of November is usually less pleasant, because it is cold and it rains often. But John forgets the bad weather and he thinks he is lucky to be (d'être) in Paris.

NOTE ON THE Thèmes d'imitation

The Thèmes d'imitation, which will be found in Grammar Units from now on, are little themes that are based upon one or more of the dialogues you have already studied. Their purpose is to give you additional practice in using authentic French word patterns. They are scarcely more difficult than the dialogues you have been doing orally, but they call for more conscious effort because they call into play a greater variety of expressions and make use of longer sentences.

The best way to turn out a good, correct, and idiomatic French thème is to work through it orally, sentence by sentence, before putting pen to paper. When you cannot recall the right word or phrase, it is better to try to find it in a dialogue than in the vocabulary; for if an expression is used in a dialogue, you know precisely what it means and how it is used. When you do refer to the vocabulary, look for ways to express what you are trying to say. You cannot possibly produce a good thème by merely "looking up" all the words and copying them down. YOU HAVE TO THINK THE THING THROUGH IN FRENCH.

When you have worked on a sentence orally until it sounds right to you, write it down, taking care to spell words correctly, to use the proper forms, etc. Then after you have written each sentence, reread it to be sure that it expresses the idea you set out to express.

Une Promenade
le long de la Seine

Par une belle matinée d'été, Roger et Jean font ensemble une promenade le long de la Seine. On est au mois de juillet et il commence à faire chaud. Heureusement, les arbres le long des quais donnent de l'ombre, ce qui rend la chaleur fort supportable.

Les deux amis s'arrêtent un instant devant un étalage de bouquiniste.

—Regardez cette magnifique paire de pistolets, dit Roger. Est-ce qu'ils ne vous donnent pas envie de vous battre en duel?

—Pas particulièrement, répond Jean. Je reconnais toutefois qu'ils sont fort beaux.

—Au siècle dernier—il y a environ cent cinquante ans—on ne pensait* pas ainsi. On pensait que se battre en duel avait quelque chose de noble, de

---

* The use of the imperfect tense, to express habitual actions in the past, will be explained in Grammar Unit 13.

distingué. C'était là un héritage de quinze ou vingt ans de guerres napoléoniennes, je suppose. Les gens étaient habitués à la violence. En tout cas, beaucoup de jeunes gens perdaient ainsi la vie ou en étaient quittes pour une bonne blessure . . . . Mais ne voulez-vous pas descendre jusqu'au bord de la Seine? Elle n'est pas limpide, elle est très urbanisée, il n'y a plus de poissons, et par conséquent plus de pêcheurs.

 —Quand est-ce que les uns et les autres ont disparu?

 —Il y a trente ou quarante ans, je suppose. À côté de Notre-Dame, il y avait encore des pêcheurs. On les voyait arriver le matin, portant leur gaule, leurs vers et leur pliant. Puis ils s'installaient confortablement sur ce pliant, mettaient un ver au bout de leur ligne et pêchaient toute la journée.

 —Est-ce qu'ils attrapaient quelque chose?

 —Ils rentraient le soir chez eux, parfaitement satisfaits s'ils avaient attrapé deux ou trois petits poissons. Hélas, maintenant, ces pauvres petits poissons ont disparu.

 —On dit qu'à Londres, qui souffrait du même mal, on a essayé de remettre des poissons dans la Tamise. J'en ai même vu un, de taille respectable. Mais combien y en-a-t-il? C'est là la question.

QUESTIONS

1. Où Jean et Roger font-ils une promenade ensemble?
2. En quel mois de l'année sommes-nous?

3. Quel temps fait-il?
4. Où les deux amis s'arrêtent-ils?
5. Qu'est-ce qu'ils voient à l'étalage d'un bouquiniste?
6. Qu'est-ce que Jean pense de ces pistolets?
7. Qu'est-ce qu'on pensait autrefois de se battre en duel?
8. Est-ce qu'il y a encore des pêcheurs le long de la Seine?
9. Quand ont-ils disparu?
10. A quel moment de la journée arrivaient-ils?
11. Qu'est-ce qu'ils apportaient avec eux?
12. Est-ce qu'ils attrapaient quelque chose?
13. Qu'est-ce qu'on a essayé de remettre dans la Tamise à Londres?
14. Quelle question Roger posait-il à la fin?

VOCABULAIRE: LES AFFAIRES

*le **commerce** *commerce, trade*
l' **épicerie** f *grocery store*
la **boulangerie** *bakery*
la **charcuterie** *pork butcher shop*
la **boucherie** *butcher's shop*
la **crémerie** *dairy store*
le **marchand** *merchant, shopkeeper*
vendre *to sell*
*le **vendeur, la vendeuse** *salesman, saleswoman*
*le **magasin** *store*
la **provision** *supply*
le **super-marché** *supermarket*
*faire le ménage *to do housekeeping*
le **Prisunic** *ten-cent store*
à bon marché *cheap*
les **bonnes affaires** f *bargains*
profiter de *to take advantage of*
la **monnaie** *change*
l' **argent** m *money, silver*
la **papeterie** *stationery store*

le **papier à lettres** *stationery*
la **librarie** *bookstore*
la **bibliothèque** *library*
le **livre** *book*
la **revue** *revue, magazine*
le **journal** *newspaper*
la **pharmacie** *drugstore*
le **médicament** *medicine, drug*
*le **médecin** *physician*
le **dentiste** *dentist*
l' **avocat** m *lawyer*
*juger *to judge*
coûter *to cost*
acheter *to buy*
l' **agent de change** m *stockbroker*
le **fonctionnaire** *government employee*
le **banquier** *banker*
*le **cultivateur** *farmer*
le **pêcheur** *fisherman*
la **quincaillerie** *hardware store*
*le **soldat** *soldier*

avoir peur *to be afraid*
avoir raison *to be right*
*avoir tort *to be wrong*
avoir besoin de *to need*

*avoir lieu *to take place*
coup de téléphone *telephone call, ring*
finir *to finish*
sortir *to go out*
partir *to leave*
*repartir *to leave again, go out again*
tant mieux *so much the better*
*le pire *the worst*
*tant pis *too bad, so much the worse*
l' **étalage** m *display*
le **haut** *top, upper part*
en haut de *at the top of*
le **sous-sol** *basement*
l' **entresol** m *mezzanine*
le **rez-de-chaussée** *ground floor*
volontiers *willingly, gladly*
couramment *fluently*
récemment *recently*
de temps en temps *from time to time*
vraiment *truly, really*
au juste *precisely*
tout à fait *quite, perfectly*
environ *about*
ainsi *so, thus*

167

À la gare de l'Est

Jean va à Reims° voir la cathédrale.

Au guichet, à la gare de l'Est	*At the ticket window of the Eastern Railway Station*

JEAN ¹Je voudrais un billet aller et retour pour Reims.

JOHN I'd like a round-trip ticket to Rheims.

L'EMPLOYÉ ²Quelle classe, monsieur?

THE EMPLOYEE Which class, sir?

JEAN ³Seconde, s'il vous plaît. ⁴Combien de temps ce billet est-il bon?

JOHN Second, please. How long is this ticket good?

L'EMPLOYÉ ⁵Quinze jours,° monsieur.

THE EMPLOYEE Two weeks, sir.

JEAN ⁶Est-ce que je dois changer de train en route?

JOHN Do I have to change trains on the way?

L'EMPLOYÉ ⁷Oui, vous devez changer à Épernay.

THE EMPLOYEE Yes, you have to change trains at Epernay.

JEAN [8]Combien de temps faut-il attendre la correspondance?

JOHN How long do you have to wait for the connection?

L'EMPLOYÉ [9]Vous aurez à peu près une demi-heure à Épernay.

THE EMPLOYEE You will have about half an hour at Epernay.

Sur le quai, à Épernay

On the platform at Epernay

JEAN [10]Le train de Reims est-il à l'heure?

JOHN Is the Rheims train on time?

L'EMPLOYÉ [11]Oui, monsieur. En France, les trains ne sont jamais en retard.°

THE EMPLOYEE Yes, sir. In France, trains are never late.

JEAN [12]Oh, vraiment? En ce cas-là, est-ce que j'aurai le temps d'aller au buffet?

JOHN Oh really? In that case, will I have time to go to the lunchroom?

L'EMPLOYÉ [13]Vous pouvez essayer, mais dépêchez-vous. [14]Le train s'arrête seulement trois minutes. [15]Si vous manquez ce train, vous serez obligé de passer la nuit à Épernay.

THE EMPLOYEE You can try, but hurry. The train stops just three minutes. If you miss this train, you will have to spend the night at Epernay.

LA PORTE DE MARS, REIMS

Cultural Notes

Rheims is located in Northeast France in the region of Champagne. It has many notable historical monuments, including a Roman arch and the admirable Gothic cathedral. The cathedral, which was very seriously damaged in World War I, was restored with the help of John D. Rockefeller. It was there that Jeanne d'Arc had Charles VII crowned in 1429. Rheims is also known for its industries, in particular the champagne industry.

The French say **quinze jours** (15 days) for two weeks and **huit jours** for a week. Cf. English: An eight-day clock is one that must be wound once a week.

French trains are indeed always on time. They are also very fast. Owned in large part by the government, they are well run.

I Exercice de mise en train

Répondez tous ensemble:

1. Demandez-moi où j'irai cet après-midi.
2. Demandez-moi si j'ai des courses à faire.
3. Demandez-moi ce que j'achèterai.
4. Demandez-moi ce que je ferai s'il pleut.
5. Dites-moi que vous ferez des courses.
6. Dites-moi que vous n'aimez pas prendre le métro.
7. Pourquoi n'aimez-vous pas prendre le métro?
8. Dites-moi que s'il pleut vous prendrez un taxi.

II Substitutions

Répétez les phrases suivantes en substituant les mots indiqués:

1. Je voudrais un billet aller et retour pour **Reims.**
   Lyon / Marseille / Bruxelles / Rome
2. (a) Est-ce que je dois *(Must I)* changer **de train?**
   de gare / de chambre / d'hôtel / de chemise *(shirt)*

   d'aéroport / d'hôtel / de robe / de souliers *(shoes)*
3. Le train est **à l'heure.**
   juste à l'heure / en retard / en avance / en avance d'une ou deux minutes
4. Est-ce que j'aurai le temps **d'aller au buffet?**
   de déjeuner / de dîner / de téléphoner à Marie / d'acheter des cartes postales

III Demandez à quelqu'un:

1. un billet aller et retour pour Reims.
2. combien de temps votre billet est bon.
3. si vous devez changer de train en route.
4. où vous devez changer de train.
5. combien de temps il faut attendre la correspondance.
6. combien de temps ce billet est bon.
7. si le train est à l'heure.
8. si le train est en retard.

IV *Répondez en français, d'après le texte, à chacune des questions suivantes:*

1. Où va Jean?
2. Quelle espèce de billet veut-il?
3. Quelle classe?
4. Combien de temps son billet est-il bon?
5. Est-ce qu'il doit changer de train en route?
6. Combien de temps faut-il attendre la correspondance?
7. Le train est-il en retard?
8. Est-ce que Jean aura le temps d'aller au buffet?
9. Qu'est-ce qu'il sera obligé de faire s'il manque la correspondance?
10. Combien de temps le train s'arrête-t-il?

V *Répondez aux questions personnelles suivantes:*

1. Comment voyagez-vous d'habitude?
2. Est-ce que vous prenez souvent le train?
3. Êtes-vous jamais allé(e) dans l'ouest des États-Unis?
4. Combien de temps votre voyage a-t-il duré?
5. Où êtes-vous allé(e)?
6. Aimez-vous voyager en avion?
7. Avez-vous jamais pris un hélicoptère?
8. Avez-vous peur d'aller en avion?

VI Exercices d'application

A. *Posez la question à laquelle répond chacune des phrases suivantes, en commençant par* **combien de temps:**

EXEMPLE   Il faut attendre vingt minutes. → **Combien de temps faut-il attendre?**

1. Il faut travailler deux heures.
2. Monsieur Brown a passé deux ans en Angleterre.
3. Ce billet est bon quinze jours.
4. Je serai ici deux jours.
5. L'hiver dure longtemps.
6. Il faut une demi-heure pour aller en ville.

B. *Répétez en remplaçant* **à** (at) *par* **vers** (at about):

1. Il arrive à cinq heures.
2. Je déjeune à midi.
3. Je me couche à onze heures.
4. Je vais rentrer à six heures.

C. *Répétez en employant* **à peu près** (about) *devant le nombre indiqué:*

1. Vous aurez vingt minutes à Épernay.
2. Il a passé dix ans en Angleterre.
3. Il faut une heure pour dîner.
4. Il est venu en France il y a cinq ans.

D. *Remplacez l'impératif par* **vous devez** (you must) *et l'infinitif:*

EXEMPLE   Parlez français. → **Vous devez parler français.**

1. Allez à la boulangerie.
2. Finissez votre travail.
3. Couchez-vous de bonne heure.
4. Dépêchez-vous.
5. Soyez à l'heure.
6. Allez voir ce film.
7. Commencez tout de suite.
8. Travaillez davantage.

VII Dictée d'après la Conversation 17, pp. 152–153

VIII Dialogue

Vous demandez des renseignements *(information)* au guichet d'une gare.

Au musée du Jeu de Paume°

Jean et Marie se promènent dans le Jardin des Tuileries.° Ils arrivent sur la Place de la Concorde.°

MARIE ¹Voulez-vous jeter un coup d'œil sur le Musée du Jeu de Paume?

JEAN ²Qu'est-ce que c'est que ça?

MARIE ³C'est le musée des Impressionnistes: Manet, Monet, Renoir, et beaucoup d'autres.

JEAN ⁴Pourquoi appelle-t-on ces gens-là des Impressionnistes?

MARIE Do you want to take a look at the Jeu de Paume?

JOHN What's that?

MARIE It's the museum of the Impressionists: Manet, Monet, Renoir, and lots of others.

JOHN Why do they call those people Impressionists?

LE DÉJEUNER SUR L'HERBE DE CLAUDE MONET—UN TABLEAU IMPRESSIONNISTE

173

MARIE   5A cause d'un tableau de Monet intitulé *Impression*. 6Il représente le lever du soleil au bord de la mer. 7Un critique qui n'aimait pas les nouveaux peintres leur a donné le nom d'impressionnistes, 8et le nom est resté.

À la sortie du musée

MARIE   9On vend ici des reproductions de tableaux. 10Est-ce que cela vous intéresse?

JEAN   11Mais oui. Voici justement un tableau de Manet qui me plaît beaucoup. *(Il regarde le titre.)* 12*Le Déjeuner sur l'herbe. (À la vendeuse.)* 13C'est combien?

LA VENDEUSE   14Soixante-quinze francs, monsieur.

JEAN   15Bon, donnez-le-moi. *(À Marie.)* 16Je vais le mettre sur le mur de ma chambre.

MARIE   Because of a painting by Monet entitled *Impression*. It represents sunrise beside the sea. A critic who didn't like the new painters referred to them as Impressionists and the name stuck.

As they leave the museum (lit.: at the exit)

MARIE   They sell reproductions of paintings here. Are you interested?

JEAN   Yes indeed. As it happens, here is a Manet painting that I like very much. *(He looks at the title.)* « *Le Déjeuner sur l'herbe* »—"Lunch on the Lawn." *(To the salesgirl.)* How much is it?

THE SALESGIRL   Seventy-five francs, sir.

JOHN   O.K. I'll take it. *(To Marie.)* I'm going to put it up (on the wall) in my room.

Cultural Notes

Le Jeu de Paume Museum occupies the old indoor tennis court that was built in a corner of the Tuileries Garden in 1851. When the game **(le jeu)** of tennis was first played (in the Middle Ages), the ball was struck with the palm **(la paume)** of the hand. Both the game and the place where it was played were called **Le Jeu de Paume.** The museum contains many famous paintings of the Impressionist period: Manet, Monet, Renoir, Sisley, and others.

Le Jardin des Tuileries, the **Place de la Concorde,** and the **Avenue des Champs Elysées** together form a vast and handsome ensemble in the center of the city. **Le Jardin des Tuileries** was once the garden of a palace and is now a public park. Palace and garden were designed in the sixteenth century; later the palace was the residence of Napoleon. When the Palace of the Tuileries was destroyed by fire after the Franco-Prussian War (1871), the space it had occupied was added to the gardens so that they now extend all the way from the **Louvre** to the **Place de la Concorde.** They have been decorated with many statues, including several by the twentieth-century sculptor **Aristide Maillol.** There is also a monument to **Charles Perrault,** the author of the **Contes de ma mère l'Oie (Mother Goose Stories)** (1697), thanks to whose influence the gardens were opened to the public.

LE JARDIN DE TUILERIES—LE CARROUSEL SYMBOLISE LES VICTOIRES
DE NAPOLÉON EN 1805

The vast **Place de la Concorde,** in the center of which is an Egyptian
obelisk, is surrounded by statues or monuments that symbolize the
principal cities of France. It was given its name to help erase the memory
of the execution of Louis XVI, which took place on that spot in 1793.

175

I *Exercice de mise en train*

Répondez tous ensemble:

1. Dites-moi que vous voudriez un billet aller et retour pour Reims.
2. Demandez-moi combien de temps ce billet est bon.
3. Demandez-moi si vous devez changer de train en route.
4. Dites-moi que je dois changer à Épernay.
5. Demandez-moi si le train est à l'heure.
6. Dites-moi qu'en France les trains sont toujours à l'heure.
7. Demandez-moi si vous aurez le temps d'aller au buffet.
8. Dites-moi que le train s'arrête seulement trois minutes.

II *Substitutions*

Répétez les phrases suivantes en substituant les mots indiqués:

1. **L'exécution de Louis XVI** a eu lieu **en 1793.**
   La bataille de Waterloo . . . en 1815 / La prise de la Bastille . . . en 1789 / La conquête de l'Angleterre . . . en 1066 (mille soixante-six) / L'achat de la Louisiane . . . en 1803
2. À cause **d'un tableau . . .**
   d'une peinture / d'un peintre / d'un critique / d'un journaliste
3. Voulez-vous jeter un coup d'œil sur **le musée?**
   les tableaux / les Impressionnistes / ce tableau de Renoir / cette peinture de Renoir
4. **À la sortie** du musée . . .
   En sortant / À l'entrée / Tout près / À côté
5. Donnez-**le-moi.**
   la-moi / les-moi / le-nous / les-nous

III *Répondez en français, d'après le texte, aux questions suivantes:*

1. Où Jean et Marie se promènent-ils?
2. Sur quelle place arrivent-ils?
3. Quand a eu lieu l'exécution de Louis XVI?
4. Qu'est-ce qu'il y a au milieu de la Place de la Concorde?
5. Où l'exécution de Louis XVI a-t-elle eu lieu?
6. Qu'est-ce que c'est que le musée du Jeu de Paume?
7. Quel est le titre du tableau de Monet?
8. Comment un critique a-t-il appelé les nouveaux peintres?
9. Qu'est-ce qu'on vend à la sortie du musée?
10. Pourquoi Jean choisit-il un tableau de Manet?
11. Où mettra-t-il ce tableau?
12. Combien coûte ce tableau?

IV *Demandez à quelqu'un:*

1. où se promènent Jean et Marie.
2. sur quelle place ils arrivent.
3. pourquoi on appelle cette place la Place de la Concorde.
4. ce que c'est que le musée du Jeu de Paume.
5. s'il (si elle) connaît quelques Impressionnistes.
6. quel est le titre du tableau de Manet.

V *Dites en français à quelqu'un:*

1. d'entrer.
2. de vous donner son adresse.
3. de vous la donner.
4. de vous envoyer la facture *(the bill)*.
5. de vous l'envoyer.
6. d'attendre une minute.
7. de s'asseoir.
8. de ne pas avoir peur.
9. de se dépêcher.

VI *Répétez en remplaçant le nom par le pronom convenable:*

EXEMPLE   Avez-vous d'autres chambres? → **En avez-vous d'autres?***

1. J'ai une chambre au premier.
2. J'ai une autre chambre à louer.
3. Voici un pull-over qui me plaît beaucoup.
4. Avez-vous d'autres pull-overs?
5. Nous avons des pull-overs de toutes les couleurs.
6. Nous avons des reproductions.
7. Nous avons une reproduction de Renoir.
8. Nous avons plusieurs reproductions.

VII *Répétez les phrases suivantes en remplaçant l'adjectif numéral par le nom et la préposition* **de:**

EXEMPLE   Il y a dix personnes dans le restaurant. → **Il y a une dizaine****
    de personnes dans le restaurant.

1. J'ai passé quinze jours à la campagne.
2. Il y a vingt étudiants dans la classe.
3. Il y a trente personnes dans l'autobus.
4. Cette reproduction m'a coûté cinquante francs.
5. Il y a cent personnes dans cet avion.
6. J'ai acheté douze tulipes.

---

* Note that with adjectives that precede the noun, you normally say **de** (Avez-vous **d'**autres gants? En avez-vous **d'**autres? Nous en avons **de** très jolis.); but with adjectives that follow the noun, you say **du, de la,** or **des** (Avez-vous **des** gants jaunes? En avez-vous **des** jaunes?).

** Note that the suffix –**aine** added to certain numbers gives them the meaning *approximately*—except **douzaine** and **demi-douzaine**, which mean *twelve* and *six*.

LA LOUVRE ET LE JARDIN DE TUILERIES

VIII *Répondez aux questions personnelles suivantes:*

1. Allez-vous souvent aux musées?
2. Aimez-vous mieux les musées des beaux-arts ou les musées d'histoire naturelle?
3. Quand vous serez à Paris, irez-vous au Jeu de Paume?
4. Comment trouvez-vous les peintres impressionnistes?
5. Quels Impressionnistes connaissez-vous?
6. Y a-t-il de beaux musées dans la ville où vous habitez?
7. Connaissez-vous l'origine du nom Impressionnistes?
8. Avez-vous visité la Galerie Nationale à Washington?
9. Avez-vous vu *Le Déjeuner sur l'herbe* de Manet?
10. Connaissez-vous *Le Penseur de Rodin*?

IX *Dictée d'après la Conversation 18, pp. 168–169*

X *Dialogue improvisé*

Vous achetez une douzaine d'oranges. Discutez le prix et la qualité des fruits.

Stressed forms of personal pronouns

50 Distinction between stressed forms and unstressed forms of personal pronouns

The stressed forms of personal pronouns differ from the unstressed forms in both form and usage. You have learned that the unstressed forms are ordinarily used as subjects, direct objects, and indirect objects of verbs. The stressed forms are primarily used after prepositions and, in certain circumstances, with verbs.

51 Stressed forms of personal pronouns

—Dites-**moi** bonjour.	*Tell* **me** *good morning.*
—Je vais **chez moi.**	*I am going* **home.**
—Allez-vous chez M. Brown?	*Are you going to Mr. Brown's?*
—Oui, je vais **chez lui.**	*Yes, I am going* **to his house.**
—Êtes-vous déjà allé(e) chez les Brown?	*Have you been to the Browns' before?*
—Oui, je suis déjà allé(e) **chez eux.**	*Yes, I have already been* **to their house.**
—Êtes-vous allé(e) au match avec Marie?	*Did you go to the game with Mary?*
—Oui, j'y suis allé(e) **avec elle.**	*Yes, I went there* **with her.**

The stressed forms of personal pronouns are: **moi, toi, lui (elle), nous, vous, eux (elles).**

The third person of *stressed* forms has different forms for masculine and feminine (**lui** and **elle, eux** and **elles**), whereas the third person of *unstressed* forms has only one form (**lui**) for the singular and one form (**leur**) for the plural.

52 Use of the stressed forms of personal pronouns

A.

—Voulez-vous venir **avec moi?**	*Do you want to go along* **with me?**
—Si Marie ne rentre pas, je déjeunerai **sans elle.**	*If Mary does not come back, I will have lunch* **without her.**
—Connaissez-vous ses cousines?	*Do you know his (or her) cousins?*
—Oui, je suis allé(e) **chez elles** plusieurs fois.	*Yes, I have gone* **to their house** *several times.*
—Avez-vous peur de votre père?	*Are you afraid of your father?*
—Non, je n'ai pas peur **de lui.**	*No, I am not afraid* **of him.**

179

The stressed forms are generally used only to refer to persons:

—Parlez-vous de **Charles**? —Oui, nous parlons de **lui**.
—Parlez-vous de **Marie**? —Oui, nous parlons d'**elle**.
—Avez-vous besoin de **moi**? —Non, je n'ai pas besoin de **vous**.

When speaking of things, instead of the preposition **de**, with a stressed form of the personal pronoun, you use the pronoun **en** (of it, of them).

—Parlez-vous **de votre voyage**? —Oui, nous **en** parlons.
—Avez-vous besoin **de gants**? —Oui, **j'en** ai besoin.
—Avez-vous peur **des examens**? —Non, je **n'en** ai pas peur.

B. After *c'est, ce sont* (whether expressed or understood)

—Qui est là? —C'est **moi**. (or **Moi**.) *Who is there? It's* **I** *or It's* **me** *(or* **Me**.*)*

—Qui a écrit cette lettre? *Who wrote that letter?*
—C'est **elle**. (or **Elle**.) *It was* **she**. *(or* **She** *did.)*
—Qui sont ces jeunes filles? Est-ce que ce sont vos cousines? *Who are those girls? Are they your cousins?*
—Oui, ce sont **elles**. *Yes, it is* **they**. *(or* **Yes**, *they are.)*

C. To specify the persons indicated by a plural form of a personal pronoun

—**Elle et moi**, nous sommes allé(e)s au cinéma ensemble. **She and I (We)** *went to the movies together.*
—**Lui et elle** sont allés au stade. **He and she** *went to the stadium.*

D. In addition to, or instead of, an unstressed form of personal pronouns for emphasis

—**Moi**, je ne sais pas. *I don't know.*
—**Moi**, je suis Américain. *I am an American.*
—**Lui** aussi est Américain. **He** *too is an American.*
—**Elle** aussi est Américaine. **She** *too is an American.*

E. When combined with the word *même*, the stressed forms are even more emphatic

—Je l'ai fait **moi-même**. *I did it* **myself**.
—Il est venu **lui-même**. *He came* **in person**.
—Faites-le **vous-même**. *Do it* **yourself**.

180

53 Use of personal pronouns with the imperative

A. With the affirmative imperative

Personal pronoun objects follow the affirmative imperative:

—Mettez-**le** dans un carton. (dir. obj.)	*Put **it** in a box.*
—Donnez-**en** aussi à Roger. (dir. obj. partitive)	*Give **some** to Roger also.*
—Donnez-**moi** des hors-d'œuvre. (indir. obj.)	*Give **me** some hors-d'œuvre.*

(1) For direct objects you use the forms **le, la, les; en.** For indirect objects the forms are: **moi (m'), toi (t'), lui, nous, vous, leur.**
(2) When you have both a direct and an indirect object pronoun, the indirect object comes last except when **en** is used.

(a)	—Montrez-moi le journal.	—Montrez-**le-moi.**
	—Montrez-moi la reproduction.	—Montrez-**la-moi.**
	—Apportez-moi les hors-d'œuvre.	—Apportez-**les-moi.**
	—Donnez-lui le journal.	—Donnez-**le-lui.**
	—Donnez-nous le journal.	—Donnez-**le-nous.**
	—Donnez-leur le journal.	—Donnez-**le-leur.**
(b)	—Donnez-moi du café.	—Donnez-**m'en.**
	—Donnez-moi de la crème.	—Donnez-**m'en.**
	—Passez-moi le journal.	—Passez-**le-moi.**

B. With the negative imperative

With negative imperatives, the unstressed forms of personal pronouns are used and stand in the order of pronoun objects that is normal in declarative sentences (paragraph 43, Grammar Unit 10).

PRESENT INDICATIVE	NEGATIVE IMPERATIVE
Vous me donnez votre adresse.	
Vous me la donnez.	—**Ne me la** donnez pas.
Vous **ne me la** donnez pas.	
Vous me donnez du café.	
Vous m'en donnez.	—**Ne m'en** donnez pas.
Vous **ne m'en** donnez pas.	

I Substitutions

Répétez les phrases suivantes en substituant les mots indiqués:

1. Il a passé la soirée chez **moi.**
    toi / lui / elle / eux / elles
2. Nous avons parlé d(e) **vous.**
    toi / lui / elle / eux
3. **Elle et moi** nous avons écouté des disques.
    Lui et moi / Toi et moi / Vous et moi / Elles et moi
4. Je n'ai plus confiance **en vous.**
    en toi / en lui / en elle / en eux

II Exercices d'application

A. *Répétez les phrases suivantes en remplaçant les noms par les pronoms convenables:*

EXEMPLE Je suis allé(e) chez les Brown. → **Je suis allé(e) chez eux.**

1. Nous avons parlé de nos amis.
2. J'ai passé la soirée chez mes parents.
3. Jean est allé à la sauterie (au bal) avec Marie.
4. Nous y sommes allé(e)s avec nos cousines.
5. Je suis parti(e) sans mon père.
6. J'ai acheté quelque chose pour mon petit frère.

B. *Répétez les phrases suivantes en remplaçant les noms par* **en** *ou* **y:**

1. Nous avons parlé de nos voyages.
2. J'ai passé la soirée au cinéma.
3. Avez-vous répondu à cette lettre?
4. Avez-vous répondu à toutes les questions?
5. Je n'ai pas peur des examens.
6. Nous n'avons pas peur de la pluie.

C. *Répétez les phrases suivantes en ajoutant le pronom convenable:*

EXEMPLE Je suis allé(e) la chercher. → **Je suis allé(e) la chercher moi-même.**

1. Il a lavé son auto.
2. Elle s'est occupée de sa bicyclette.
3. Mon père est allé chercher le journal.
4. Nous ferons des courses.
5. Ils vont au super-marché.

III *Répondez affirmativement en français à chacune des questions suivantes, en remplaçant les noms par les pronoms convenables:*

1. Êtes-vous déjà allé(e) chez M. Brown?
2. Êtes-vous allé(e) au cinéma avec Marie?
3. Êtes-vous déjà allé(e) chez Marie et chez Alice?
4. Est-ce que vous avez déjeuné avec Roger?
5. Avez-vous déjeuné avec votre ami?
6. Êtes-vous allé(e) au bal samedi soir avec Marie?

IV *Répondez négativement, en employant le pronom convenable:*

1. Avez-vous besoin de moi?
2. Avez-vous besoin de mon frère?
3. Avez-vous besoin de mon auto?
4. Est-ce que vous avez parlé de l'examen?
5. Avez-vous parlé de votre travail?
6. Avez-vous parlé de Jean et de Roger?
7. Avez-vous peur de votre père?
8. Avez-vous peur de vos parents?
9. Avez-vous peur des avions?
10. Avez-vous peur des agents de police?

V *Exercices d'application:* L'impératif

A. *Répétez en remplaçant les noms par les pronoms convenables:*

EXEMPLE   Apportez-moi les fruits. → **Apportez-les-moi.**

1. Apportez-moi l'addition.
2. Apportez-moi les hors-d'œuvre.
3. Apportez-nous le plat de viande.
4. Apportez-nous du raisin.
5. Apportez-moi de la crème.
6. Apportez-nous des fruits.

B. *Mettez les phrases suivantes à la forme négative:*

EXEMPLE   Donnez-moi la carte. → **Ne me donnez pas la carte.**

1. Donnez-lui l'addition.
2. Envoyez-lui la facture *(the bill).*
3. Envoyez-lui de l'argent.
4. Apportez-nous du café.
5. Donnez-moi du café.

183

VI *Dites à quelqu'un:*

EXEMPLE —de vous montrer une paire de gants *(gloves).* →
Montrez-moi une paire de gants.
—de vous en donner une paire. → **Donnez-m'en une paire.**

1. de vous donner une douzaine de cartes postales.
2. de vous en donner une douzaine.
3. de vous apporter une pêche.
4. de vous en apporter une.
5. de vous en apporter une demi-douzaine.
6. de vous donner un peu de café.
7. de vous en donner un peu.
8. de ne pas vous en donner beaucoup.

VII *Thème d'imitation*

Friday afternoon, John and Roger did some errands. They went into[1] a drugstore and John said to the pharmacist: "I would like some writing paper *(papier à lettres)* and some post cards." The pharmacist said to him: "If you need writing paper and post cards, sir, go to the stationer's or the tobacco shop. They do not sell medicines in tobacco shops, and pharmacists sell neither[2] writing paper nor post cards." Roger thought[3] the incident[4] very funny,[5] but John found it less amusing.[6]

---

[1] entrer dans. [2] Cf. **Il ne fait ni trop froid ni trop chaud.** [3] **a trouvé.** [4] **l'incident** *(m).* [5] **drôle.** [6] **amusant.**

À l'arrêt de l'autobus

*Marie attend l'autobus Boulevard Pasteur° lorsque Roger
s'approche d'elle.*

ROGER   [1]Tiens, bonjour, Marie.
Qu'est-ce que tu fais ici?

MARIE   [2]Tu vois bien, j'attends
l'autobus. [3]Il y a bien un quart
d'heure que je l'attends.

ROGER   [4]Vraiment?

MARIE   [5]Un autobus est passé il y a
dix minutes. [6]Je n'ai pas pu monter.
[7]Pas de place. [8]Complet.

ROGER   [9]En voici un autre qui arrive.

MARIE   [10]Je vois des gens debout.

ROGER   [11]Ça ne fait rien. Montons tout
de même.

ROGER   Well! Hi, Marie. What
are you doing here?

MARIE   You (can) see very well; I'm
waiting for the bus. I've been waiting
(for it) for at least a quarter of an hour.

ROGER   Really?

MARIE   A bus came by ten minutes
ago. I couldn't get on. No room. It was
(marked) "Full."

ROGER   Here comes another one.

MARIE   I see people standing.

ROGER   That makes no difference. Let's
get on anyway.

Dans l'autobus

On the bus

MARIE   [12]On est un peu serré, beaucoup même.

ROGER   [13]Il y aura peut-être de la place plus loin, quand les gens commenceront à descendre.

MARIE   [14]Espérons-le.

ROGER   [15]Où descends-tu?

MARIE   [16]À l'arrêt de la rue de Rivoli. [17]Je vais faire des achats.

ROGER   [18]Et moi, je vais chez le coiffeur, rue du quatre septembre.° [19]Si tu veux, je ferai un petit bout de chemin avec toi.

MARIE: [20]D'ac. Ce sera gentil de ta part.

MARIE   It's a little crowded, in fact, very.

ROGER   There will perhaps be room further on, when people begin to get off.

MARIE   Let's hope so.

ROGER   Where do you get off?

MARIE   At the bus stop on the rue de Rivoli. I'm going to buy some things.

ROGER   I'm going to the barber shop on the rue du quatre Septembre. I'll walk part of the way with you, if you like.

MARIE   Fine. That'll be very nice (of you).

Cultural Notes

Paris streets are often named for famous people (**Pasteur, Marie Curie**), places (**États-Unis, New York, Japon**), or even dates. **La rue du quatre septembre** honors the date of the proclamation of the Third Republic (1870). **La rue du vingt-neuf juillet** commemorates the date when the mob captured the **Palais des Tuileries** (1840). **La place du dix-huit juin** honors De Gaulle's proclamation of the ''**Résistance à l'occupation allemande**'' (1940). There are about forty squares and streets in Paris that were named in honor of doctors (Cf. **la rue du Docteur Roux**, p. 142). There are also dozens of streets that bear the names of saints—including some little known ones such as **Saint-Bon, Saint-Hyacinthe, Saint-Roch, Saint-Rustique**, etc.

RUE DES BONS ENFANTS

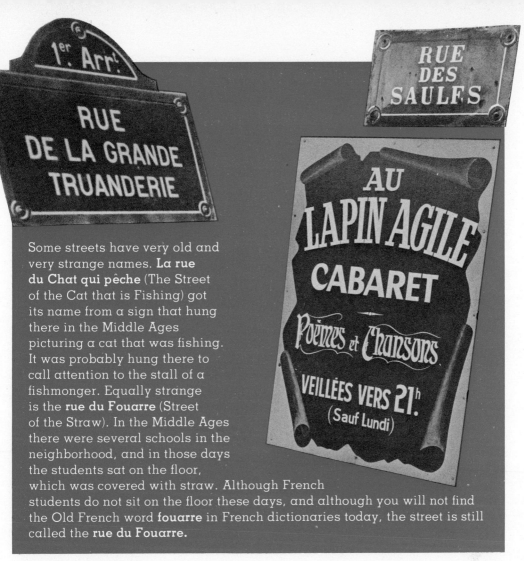

Some streets have very old and very strange names. **La rue du Chat qui pêche** (The Street of the Cat that is Fishing) got its name from a sign that hung there in the Middle Ages picturing a cat that was fishing. It was probably hung there to call attention to the stall of a fishmonger. Equally strange is the **rue du Fouarre** (Street of the Straw). In the Middle Ages there were several schools in the neighborhood, and in those days the students sat on the floor, which was covered with straw. Although French students do not sit on the floor these days, and although you will not find the Old French word **fouarre** in French dictionaries today, the street is still called the **rue du Fouarre.**

I *Substitutions*

Répétez les phrases suivantes en substituant les mots indiqués:

1. Voilà bien un quart d'heure que **je l'attends.**
   je suis ici / il pleut / je vous attends / je t'attends
2. Il n'est pas passé d'autobus depuis **un quart d'heure?**
   dix minutes / vingt minutes / une demi-heure / quelque temps
3. Si. Il en est passé **un.**
   deux ou trois / un ou deux / quelques-uns / plusieurs
4. Je n'ai pas pu **monter.**
   trouver un taxi / trouver une place / aller au buffet / entrer
5. **Pas** de place.
   Plus / Pas encore / Pas assez / Pas beaucoup
6. Je descends **à l'arrêt de la rue de Rivoli.**
   à l'arrêt de la rue Montaigne / à l'arrêt de la rue Saint-Honoré / au quai Voltaire / à la place du 18 juin 1940

II *Demandez à quelqu'un:*

1. ce qu'il (qu'elle) fait ici.
2. s'il (si elle) attend l'autobus depuis longtemps.
3. s'il n'est pas passé d'autobus depuis un quart d'heure.
4. pourquoi il (elle) ne l'a pas pris.
5. quand il y aura de la place.
6. où il (elle) descend.

III *Répondez d'après le texte:*

1. Que fait Marie quand Roger s'approche d'elle?
2. Est-ce qu'elle attend l'autobus depuis longtemps?
3. Depuis combien de temps l'attend-elle?
4. N'est-il pas passé d'autobus depuis un quart d'heure?
5. Pourquoi Marie ne l'a-t-elle pas pris?
6. Que voit-elle dans l'autobus qui arrive?
7. Quand y aura-t-il de la place?
8. Où Marie descend-elle?
9. Qu'est-ce qu'elle va faire?
10. Où va Roger?

IV *Répétez chacune des phrases suivantes:*

(a) *en ajoutant* **depuis longtemps:**

EXEMPLE   Je n'ai pas vu d'autobus. → **Je n'ai pas vu d'autobus depuis longtemps.**

1. Je n'ai pas vu mon père.
2. Je ne suis pas allé(e) au cinéma.
3. Jean n'est pas allé chez les Brown.
4. Je n'ai pas pris l'autobus.
5. Je n'ai pas fait de longue promenade.
6. Nous n'avons pas écrit de lettres.
7. Nous ne sommes pas sorti(e)s.
8. Je ne suis pas allé(e) chez le coiffeur.

(b) *même exercice en commençant par* **Il y a quelque temps que** . . .

V *Complétez chacune des phrases suivantes en employant* **temps, heure,** *ou* **fois** *selon le cas:*

1. Quelle _____ est-il?
2. Quel _____ fait-il?
3. Il fait mauvais _____ .
4. J'ai passé quelque _____ à Québec.
5. Je ne sais pas quelle _____ il est.
6. Il est dix _____ .
7. J'ai visité ce musée plusieurs _____ .
8. Je n'ai pas le _____ d'y aller aujourd'hui.
9. J'y suis allé(e) deux ou trois _____ .
10. Deux _____ cinq font dix.
11. Combien de _____ l'hiver dure-t-il?
12. Combien de _____ y a-t-il que vous m'attendez?

VI *Révision*

*Répondez en français à chacune des questions suivantes, en remplaçant les mots en italique par l'adverbe **y** (there):*

EXEMPLE   Allez-vous *à la gare?* → **Oui, j'y vais.**

1. Allez-vous *chez le coiffeur?*
2. Allez-vous *au bureau de tabac?*
3. Allez-vous *à la banque* ce matin?
4. Allez-vous *au cinéma* demain soir?
5. Roger va-t-il *chez le coiffeur?*
6. Marie va-t-elle *en ville?*
7. Avez-vous besoin d'aller *chez le coiffeur?*
8. Avez-vous besoin d'aller *à la banque?*
9. Roger et Marie sont-ils montés *dans l'autobus?*
10. Jean et Roger sont-ils allés *en ville* ensemble?
11. Irez-vous *au cinéma* ce soir? (ANSWER: Oui, j'irai. **Y** is omitted before the future of **aller**.)

VII *Répondez aux questions personnelles suivantes:*

1. Est-ce que vous allez à l'école en autobus tous les jours?
2. Combien de temps attendez-vous d'habitude l'autobus?
3. Combien de temps l'avez-vous attendu ce matin?
4. Avez-vous une bicyclette?
5. Aimez-vous faire des excursions en vélo?
6. Est-il dangereux de faire du vélo la nuit?

VIII *Dictée d'après la Conversation 19, pp. 173–174*

IX *Causerie*

Ce que j'ai vu en attendant l'autobus. J'ai vu des gens très pressés, des gens qui marchaient très vite, des taxis qui passaient à toute vitesse, des femmes qui promenaient leurs enfants, etc.

Voyage à Reims

Jean et Roger ont décidé de profiter des derniers beaux jours de l'automne pour faire un petit voyage en province. Ils n'ont pas l'intention d'aller très loin, car ils ne disposent que de deux ou trois jours. Finalement, leur choix s'arrête sur Reims. Jean n'a jamais vu la cathédrale de Reims, et Reims est juste à la distance convenable.

Roger consulte l'horaire des chemins de fer.

—Tout s'arrange admirablement, dit-il à Jean. Nous n'aurons pas besoin d'aller à Épernay et d'y attendre la correspondance. La ligne Mézières-Charleville passe par Reims. Si nous prenons l'express qui quitte Paris à 8h. 30, nous arriverons à notre destination à 10h. Et l'horaire du retour est tout aussi commode. En quittant Reims à 21h. 7, nous serons à Paris à 22h. 38, assez tôt pour avoir une bonne nuit de sommeil et être frais et dispos pour le travail de lundi.

Le lendemain matin, nos deux amis prennent le train à la gare de l'Est. Le compartiment où ils s'installent est très confortable. L'express roule à toute vitesse. Au delà des maisons grises de la capitale, il traverse la banlieue parisienne, avec ses jardins potagers et ses jolies maisons de pierre blanche, chacune d'elles entourée de murs.

—Pourquoi ces gens construisent-ils des murs tout autour de leur propriété? demande Jean. Ce n'est pas amusant pour le propriétaire de ne voir que des murs autour de lui.

—C'est sans doute un reste de méfiance de la part du propriétaire. Je suis sûr que beaucoup de ces gens-là ne connaissent pas leurs voisins, ou que, s'ils les connaissent, leurs rapports avec eux restent quelque peu distants.

Du train, Jean regarde l'agréable et paisible campagne de l'Île-de-France, avec ses champs fertiles, ses arbres verts et ses petits villages aux toits rouges groupés autour de leur vieux clocher. Dans le voisinage de Reims, les vignes couvrent le flanc des collines.

C'est la saison des vendanges, et partout dans les vignobles, hommes et femmes sont en train de cueillir les lourdes grappes de raisin.

—Sais-tu que le vin de champagne est en grande partie fabriqué avec du raisin rouge? dit Roger. Pour avoir un vin blanc, il suffit de laisser fermenter le jus du raisin sans la peau. C'est elle qui contient les pigments.

Tout de suite après leur arrivée à Reims, Jean et Roger vont voir la cathédrale. Jean est très impressionné. Malheureusement, une partie de la façade est cachée par des échafaudages.

—Je n'ai jamais encore vu une seule cathédrale sans échafaudages, remarque Roger. On est toujours en train de travailler quelque part, de réparer quelque chose, et ici encore plus qu'ailleurs. À la fin de la première guerre

LA BASILIQUE ST-RÉMY À REIMS

LA RECOLTE DU RAISIN POUR LA
FABRICATION DU VIN

mondiale, la pauvre cathédrale de Reims, brûlée, mutilée, était presque en ruines. À travers d'énormes trous dans la voûte, on pouvait voir le ciel. Même maintenant, bien des statues, bien des sculptures portent encore des traces de ces mauvais jours. Et malgré tout, la vieille cathédrale où l'on couronnait les rois de France est toujours debout.

Le lendemain, les deux jeunes gens visitent les vastes caves souterraines d'une des maisons de champagne. Un guide leur explique comment on prépare le vin de champagne, comment les bouteilles sont laissées un certain temps dans une certaine position, puis placées dans une autre. Jean ne savait pas que la préparation du champagne était une opération si longue et si compliquée.

Leur visite terminée, Jean et Roger dînent dans un des bons restaurants de la ville. Puis ils vont prendre le train qui les ramènera à Paris.

QUESTIONS

1. Pourquoi Jean et Roger n'ont-ils pas l'intention de faire un long voyage?
2. Comment iront-ils à Reims?
3. À quelle heure quitteront-ils Paris?
4. À quelle gare vont-ils le lendemain?
5. Qu'est-ce qu'il y a dans la banlieue parisienne?

6. Pourquoi les propriétaires construisent-ils des murs tout autour de leur propriété?
7. Connaissent-ils très bien leurs voisins?
8. Où se trouvent les vignes de Champagne?
9. Pourquoi y a-t-il beaucoup d'hommes et de femmes au milieu des vignes?
10. Est-ce que le vin de champagne est toujours fabriqué avec des raisins blancs?
11. Qu'est-ce qu'il y a sur la façade de la cathédrale de Reims?
12. Pourquoi y a-t-il souvent des échafaudages sur les cathédrales?
13. Est-ce que la cathédrale de Reims a beaucoup souffert de la première guerre mondiale?
14. Est-ce que la préparation du vin de champagne est une opération simple?

VOCABULAIRE: EN VOYAGE

faire un voyage *take a trip*
*le départ *departure*
revenir *to return*
retourner *to go back*
*la route *road*
*les bagages m pl *luggage*
le chemin *road*
le chemin de fer *railroad*
un petit bout de chemin *a bit of the way*
la mer *sea*
au bord de la mer *at the seashore*
*le bateau *boat*
*la plage *beach*
nager *to swim*
le soleil *sun*
le bain de soleil *sunbath*
le lever du soleil *sunrise*
À quelle distance? *How far?*
le billet aller et retour *round-trip ticket*
le guichet *ticket window*
*mener *to lead*
rouler *to roll along*
attendre *to wait, wait for, expect*
*s'attendre à *to expect*

l' horaire m *timetable*
l' express m *fast train*
la vitesse *speed*
manquer *to miss*
descendre *to go down, get off*
la correspondance *connection*
le renseignement *information*
la carte-postale *post card*
écrire *to write*
envoyer *to send*
*recevoir *to receive*
la montagne *mountain*
la vendange *grape gathering*
le vignoble *vineyard*

jamais *never*
toujours *always*
à peu près *about*
tout près *very close, near*
à travers *through*
le côté *side*
à côté de *near, beside*
de l'autre côté *on the other side*
au-delà *beyond*
en retard *late*

à l'heure *on time*
de bonne heure *early*
en avance *early*
les heures de pointe f pl *rush hour(s)*
*à l'heure actuelle *at the present time*
entrer *to enter, go in*
rester *to stay; to be left, remain*
se dépêcher *to hurry*
Est-ce qu'il faut? *Must one?*
Est-ce que je dois? *Must I?*
*jeter un coup d'œil *to glance*
voici *here is*
seulement *only, but*
serré *crowded*
complet, complète *complete, full*
la matinée *morning*
la journée *all day*
la soirée *evening*
l' année *year*
huit jours *a week*
quinze jours *two weeks*
le mois *month*
la semaine *week*

193

Quand j'avais douze ans

Roger parle à Jean de ses années de collège.°

JEAN ¹À quelle école allais-tu quand tu avais douze ans?
ROGER ²J'allais au collège, c'est-à-dire à l'école secondaire.
JEAN ³Où habitais-tu à ce moment-là?
ROGER ⁴J'habitais une petite ville des Alpes.
JEAN ⁵Y es-tu jamais retourné?
ROGER ⁶Oui, j'y suis retourné il y a quelques années. ⁷On y a construit une usine de produits chimiques.° ⁸À part ça, la ville a peu changé. ⁹Elle est encore à peu près telle que je la connaissais.

JOHN What school did you go to when you were twelve years old?
ROGER I went to "collège," that is to say, to secondary school.
JOHN Where did you live at that time?
ROGER I was living in a little town in the Alps.
JOHN Have you ever gone back there?
ROGER Yes, I went back a few years ago. They have built a chemical factory there. Except for that, the city has not changed very much. It's still about the same as I knew it.

194

JEAN ^{10}Qu'est-ce que tu faisais à l'école?

JOHN   What did you do at school?

ROGER ^{11}Je travaillais huit heures par jour. ^{12}Le pire, c'était l'hiver quand il faisait très froid et qu'il y avait beaucoup de neige.

ROGER   I worked eight hours per day. The worst of all was in winter, when it was very cold and there was lots of snow.

JEAN ^{13}Étiez-vous nombreux dans cette école?

JOHN   Were there many of you in that school?

ROGER ^{14}Non, il n'y avait guère plus d'une centaine d'élèves.

ROGER   No, there were hardly more than one hundred students.

JEAN ^{15}Je crois qu'on travaillait trop dans ton école.

JOHN   I think that they worked too hard in your school.

ROGER ^{16}Malgré tout, cette école m'a fait beaucoup de bien.

ROGER   In spite of everything, that school did me a great deal of good.

Cultural Notes

The curriculum of a **collège** or French secondary school corresponds roughly to that of a U.S. high school plus the first two years of college. There are two types of secondary schools in France. A **lycée** *(m.)* is operated by the government; a **collège** *(m.)* is run by a municipality or a church.

The production of chemicals is one of France's leading industries. Other major industries include metals, textiles, food, wine, and tourism. Some of the important industrial cities, apart from Paris, are Metz, Strasbourg, Lyons, Reims, Grenoble, Marseille and Nîmes. France has, of course, long been a member of the Common Market.

L'USINE DE LYON—SAINT-FONS—UNE USINE OÙ ON FABRIQUE DES PRODUITS CHIMIQUES

I Substitutions

Répétez les phrases suivantes en substituant les mots indiqués:

1. À quelle école allais-tu quand tu avais **12 ans?**
    10 ans / 15 ans / 8 ans / 16 ans
2. Où habitais-tu **à ce moment-là?**
    l'année dernière / il y a deux ans / quand tu avais cinq ans / quand
    tu avais trois ans
3. J'y suis retourné **il y a quelques années.**
    l'année dernière / l'an dernier / il y a deux ans / il y a deux ou trois
    ans
4. On y a construit **une usine de produits chimiques.**
    de grandes usines / une usine d'autos / d'immenses usines
    / quelques petites usines
5. Le pire, c'était l'hiver, **quand il faisait froid et qu'il y avait de la neige.**
    quand il neigeait tout le temps / quand il faisait froid / quand il
    pleuvait / quand il fallait sortir

II Répétez les phrases suivantes en remplaçant le complément par **y:**

EXEMPLE J'allais à l'école tous les matins. → **J'y allais tous les matins.**

1. J'allais à l'école tous les jours.
2. J'allais à la pharmacie tous les soirs.
3. J'allais à la campagne tous les ans.
4. J'allais au cinéma tous les samedis.
5. J'allais en ville tous les huit jours.
6. J'allais chez le coiffeur tous les quinze jours.

III Demandez à quelqu'un:

1. à quelle école il (elle) allait quand il (elle) avait douze ans.
2. où il (elle) habitait à ce moment-là.
3. à quelle heure il (elle) allait à l'école.
4. à quelle heure il (elle) y allait.
5. s'il (si elle) allait à l'école à pied.
6. s'il y avait beaucoup d'élèves dans cette école.
7. si on a construit une usine dans cette petite ville.
8. si la ville a beaucoup changé.

IV Répondez d'après le texte:

1. À quelle école allais-tu quand tu avais douze ans?
2. Où habitais-tu à ce moment-là?
3. Est-ce que Roger est jamais retourné à cette ville?
4. La ville a-t-elle beaucoup changé?

5. Quelle usine a-t-on construite dans cette ville?
6. Combien d'heures par jour Roger travaillait-il?
7. Quel était le pire moment de l'année?
8. Est-ce que les élèves étaient nombreux dans cette école?
9. Combien d'élèves y avait-il?
10. Qu'est-ce que Roger pense de cette école?

V *Répondez en français à chacune des questions personnelles suivantes:*

1. À quelle école alliez-vous quand vous aviez quatorze ans?
2. Comment s'appelait cette école?
3. Combien d'élèves y avait-il dans cette école?
4. Est-ce que vous aimiez bien cette école?
5. Est-ce que vous aviez beaucoup de travail dans cette école?
6. Est-ce que l'école était loin de chez vous (*your house*)?
7. À quelle heure en sortiez-vous?
8. Alliez-vous à l'école à pied?
9. Alliez-vous à l'école en autobus?

VI *Substitutions*

A. *Durée*

Il a travaillé **toute la journée** (*all day long*).
toute la matinée / tout l'après-midi / toute la soirée / toute l'année

B. *Moment précis*

Il est parti **ce matin.**
hier soir / cette nuit / samedi dernier / vendredi matin

VII *Dictée d'après la Conversation 20, pp. 185–186*

VIII *Causerie*

Ce que je faisais quand j'avais douze ans.

1. J'aimais beaucoup les sports. Je jouais au tennis en été, en hiver je faisais du ski, etc.
2. J'aimais beaucoup la musique. Je jouais du piano, du violon, de la guitare, de la clarinette, etc.

The imperfect tense

54   About the imperfect tense

Generally speaking, the French imperfect tense expresses habitual actions in the past **À quelle école allais-tu . . .**) or a state of affairs in the past (**quand tu avais douze ans.**).

In order to distinguish clearly between the use of the imperfect and the **passé composé,** you could say that the **passé composé** expresses WHAT HAPPENED and that the imperfect describes the CIRCUMSTANCES or STATE OF AFFAIRS at the time.

Examples:

Dimanche dernier, j'ai fait une promenade *(what happened)*. Il faisait beau *(state of the weather)* et j'avais l'intention *(state of mind)* de faire le tour du lac. Mais j'ai rencontré Marie *(what happened)* qui m'a dit *(what happened)* qu'il y avait un excellent film *(state of affairs at the local movie house)* au Rivoli . . . Nous y sommes allés ensemble *(what happened)*. Le film était en effet très amusant *(state of affairs as to the particular film)*. Nous avons passé un excellent après-midi *(what happened)*.

Many grammar books declare that the imperfect is used to express duration, but this is somewhat misleading. The **passé composé** is used to tell what happened, even if "what happened" lasted a hundred years. EXEMPLE: **L'empire romain a duré plusieurs siècles. La guerre de Cent ans a duré cent ans. Louis XIV a régné pendant 73 ans. J'ai passé six ans à l'école secondaire. J'ai travaillé tout l'après-midi.**

55 Imperfect of regular verbs:

—Où **déjeuniez-vous** quand **vous étiez** à Paris?

—À quelle heure **finissiez-vous** d'habitude votre travail?

—Je **finissais** vers six heures.

—Jean est entré pendant que **je répondais** à sa lettre.

—**Nous nous dépêchions** tous les matins pour prendre l'autobus de sept heures.

Where **did you used to have lunch** *when* **you were** *in Paris?*

What **time did you** *usually* **finish** *your work?*

I used to finish *around six.*

John came in as **I was answering** *his letter.*

We used to hurry *every morning in order to catch the seven-o'clock bus.*

A. The forms of the imperfect tense are:

FIRST CONJUGATION

je déjeunais
  I was having lunch,
  used to have lunch,
    etc.
tu déjeunais
il (elle) déjeunait
nous déjeunions
vous déjeuniez
ils (elles) déjeunaient

SECOND CONJUGATION

je finissais
  I was finishing,
  I used to finish,
    etc.
tu finissais
il (elle) finissait
nous finissions
vous finissiez
ils (elles) finissaient

THIRD CONJUGATION

je répondais
  I was answering,
  I used to answer,
    etc.
tu répondais
il (elle) répondait
nous répondions
vous répondiez
ils (elles) répondaient

199

B. The imperfect tense is formed as follows:

(1) The stem of the imperfect tense is the same as that of the first person plural of the present indicative.

EXAMPLES: déjeunons, déjeun-; finissons, finiss-; répondons, répond-.

(2) The endings are: **–ais, –ais, –ait, –ions, –iez, –aient.** Thus, if you know the present indicative, you can always figure out the imperfect of regular verbs. For example:

PRESENT: Nous déjeunons, nous finissons, nous répondons.
IMPERFECT: Nous déjeunions, nous finissions, nous répondions.

Note that the three persons of the singular and the third person plural of the imperfect are pronounced alike, except in linking.

C. Reflexive verbs follow the usual pattern:

EXAMPLES: Je me dépêchais, tu te dépêchais, etc.

56 Imperfect of *être* and *avoir*

The forms of the imperfect of **être** and **avoir** are:

ÊTRE		AVOIR	
j'étais *I was*	nous étions	j'avais *I had. I used to have, etc.*	nous avions
tu étais	vous étiez	tu avais	vous aviez
il (elle) était	ils (elles) étaient	il (elle) avait	ils (elles) avaient

57 The commonest uses of the imperfect

A. To describe a habitual action in the past (English=used to)

—**J'allais** à l'école à huit heures du matin.
—**Je me levais** à six heures.

I used to go *to school at eight o'clock in the morning.*
I used to get up *at six o'clock.*

B. To describe what was going on when an action took place (English progressive past)

—**J'allais** en ville quand je l'ai rencontré.

I was going *downtown when I met him.*

—Il **pleuvait** quand j'ai quitté la
maison.

It **was raining** when I left home.

—Il **faisait beau** quand je suis
rentré(e).

It **was fine weather** when I got
home.

Note that in these examples, **je l'ai rencontré, j'ai quitté la maison** and **je
suis rentré(e)** are simple past actions, which are expressed by the **passé
composé**. **J'allais en ville, il pleuvait** and **il faisait beau** describe what was
going on when the specific action took place.

C. To describe a situation that existed in the past

—L'école **n'était pas** loin de la
maison.

The school **was not** far from my
house.

—Il **n'y avait pas** beaucoup
d'élèves dans cette école.

There were not many pupils in that
school.

—Franklin **vivait** au dix-huitième
siècle.

Franklin **lived** in the eighteenth
century.

—Il **faisait froid** et il y **avait de la**
neige.

It **was cold** and **snowy**.

D. To describe one's impression, feeling or appearance in the
past, especially with the verbs *croire*, to believe, to think;
penser, to think; *espérer*, to hope, and with many expressions
containing *être* or *avoir* (*être content, avoir froid*, etc.).

—**Je croyais** que **vous étiez** au bord
de la mer.

I **thought** that **you were** at the
seashore.

—**J'espérais** vous voir au bal
samedi soir.

I **was hoping** to see you at the
dance Saturday evening.

—Il **avait** l'air fatigué.

He looked tired.

E. With *depuis* and an expression of time, to report an action
that had been going on for a specified period when another
action took place

—Marie **attendait** l'autobus **depuis
un quart d'heure** quand Roger est
arrivé.

Marie **had been waiting** for the bus
for a quarter of an hour when
Roger arrived.

—Il **neigeait depuis une demi-
heure** quand je me suis levé(e).

It **had been snowing** for a half
hour when I got up.

I Substitutions

Répétez les phrases suivantes en substituant les mots indiqués:

1. Quand j'ai quitté la maison ce matin, **il faisait beau.**
    il pleuvait / il faisait froid / il faisait chaud / il neigeait
2. Marie attendait l'autobus depuis **un quart d'heure** quand Roger est
    arrivé.
    dix minutes / quelque temps / longtemps / peu de temps
3. Je croyais que vous étiez **au bord de la mer.**
    à la campagne / en Europe / au laboratoire / à la bibliothèque
4. Je comptais passer la soirée **à la maison.**
    à écouter des disques / à regarder la télévision / à finir mon
    rapport / à lire un bon roman

II Exercices d'application

A. *Répondez au singulier, puis au pluriel:*

EXEMPLE   Déjeuniez-vous? → **Je déjeunais. Nous déjeunions.**

1. Parliez-vous?   7. Étiez-vous?
2. Habitiez-vous?   8. Aviez-vous?
3. Finissiez-vous?   9. Vous couchiez-vous?
4. Obéissiez-vous?   10. Vous leviez-vous?
5. Répondiez-vous?   11. Vous dépêchiez-vous?
6. Attendiez-vous?

B. *Répondez au singulier, puis au pluriel:*

EXEMPLE   Parlait-il? → **Il parlait. Ils parlaient.**

1. Dînait-il?   6. Attendait-elle?
2. Habitait-il?   7. Se couchait-il?
3. Allait-il?   8. S'habillait-il?
4. Obéissait-elle?   9. Avait-il?
5. Entrait-elle?   10. Était-elle?

C. *Mettez les phrases suivantes à l'imparfait en ajoutant les mots* **à ce
moment-là:**

EXEMPLE   Je parle au téléphone. → **Je parlais au téléphone à ce moment-
            là.**

1. Je demeure aux États-Unis.   7. Nous attendons l'autobus
2. Je me lève à huit heures.   depuis longtemps.
3. Quel âge as-tu?   8. Qu'est-ce que vous faites?
4. À quelle heure finis-tu ton   9. À quelle heure allez-vous à
    travail?   l'école?
5. Il n'est pas de mon avis.   10. Ils étudient tous les soirs.
6. Il attend l'autobus.

III *Répondez en français aux questions personnelles suivantes:*

1. À quelle heure avez-vous quitté la maison ce matin?
2. Est-ce qu'il pleuvait quand vous avez quitté la maison?
3. Est-ce qu'il faisait beau quand vous vous êtes levé(e)?
4. Quel temps faisait-il quand vous êtes arrivé(e) au laboratoire?
5. Est-ce qu'il a neigé hier?
6. Est-ce qu'il neigeait quand vous êtes rentré(e) hier soir?
7. Êtes-vous allé(e) au cinéma hier?
8. Est-ce que le film était bon?
9. Y avait-il beaucoup de monde au cinéma?
10. Aviez-vous faim quand vous êtes rentré(e)?
11. À quelle heure vous êtes-vous couché(e) hier soir?
12. Étiez-vous fatigué(e) quand vous vous êtes couché(e)?

IV *Demandez à quelqu'un:*

1. s'il (si elle) connaît l'histoire des États-Unis.
2. s'il (si elle) sait quand vivait Franklin.
3. où demeurait Franklin.
4. ce que faisait Franklin.
5. si Franklin est allé en France.
6. si Franklin parlait français.
7. combien de temps Franklin est resté en France.
8. où Franklin est allé quand il était en France.

V *Mettez le paragraphe suivant au passé en remplaçant le présent de l'indicatif par le **passé composé** ou **l'imparfait**, selon le cas:*

Ce matin, comme d'habitude, Henri quitte la maison à huit heures pour aller à l'école. Comme il pleut à ce moment-là, sa mère lui dit de prendre son imperméable et de se dépêcher, car il est presque huit heures. Comme l'école n'est pas loin de la maison, Henri décide qu'il n'a pas besoin de se dépêcher. En passant devant une boulangerie, il remarque de beaux croissants et s'arrête. Il cherche dans sa poche et trouve qu'il a juste assez d'argent pour en acheter un. Il l'achète, le mange tranquillement et arrive à l'école en retard de quelques minutes.

VI *Thème d'imitation*

Last week, John and Roger took a trip[1] to Rheims. They took the train at the Eastern Railroad Station, and arrived at Rheims two hours later. John was hungry, and they went to the lunchroom of the station. After lunch they went through[2] the cathedral.[3] Then they saw the cellars[4] where champagne was made.[5] There were many bottles,[6] thousands[7] of bottles. They returned to Paris, very happy about[8] their trip.

---

[1]**faire un voyage.** [2]*to go through,* **visiter.** [3]*the cathedral,* **la cathédrale.** [4]*the cellar,* **la cave.** [5]*Lit.* one made the wine of Champagne. [6]*the bottle,* **la bouteille.** [7]**des milliers de.** [8]*happy about,* **content de.**

Un Rhume

Jean demande à Marie pourquoi elle n'était pas chez les Bedel samedi dernier.

JEAN ¹Bonjour, Marie. Je ne vous ai pas vue chez les Bedel samedi soir. ²J'espérais pourtant vous y voir.

MARIE ³Je suis restée à la maison ce soir-là. ⁴Je ne me sentais pas très bien, et je me suis couchée de bonne heure.

JEAN ⁵J'espère que cela n'était rien.

MARIE ⁶Je l'espérais aussi. ⁷Mais le lendemain, je toussais, j'avais un peu de fièvre et j'avais mal à la gorge.

JOHN Hi! Marie. I didn't see you at the Bedel's last Saturday night. I was hoping to see you there.

MARIE I stayed at home that evening. I wasn't feeling very well, and I went to bed early.

JOHN: I hope it wasn't anything serious.

MARIE I hoped so too. But the next day, I was coughing. I had a little fever, and I had a sore throat.

JEAN [8]Avez-vous fait venir le médecin?

JOHN Did you send for the doctor?

MARIE [9]Faire venir le médecin! Vous plaisantez. [10]Maintenant, il faut aller le voir vous-même. [11]Non, je lui ai parlé au téléphone. [12]C'était tout simplement un rhume. [13]Il m'a conseillé de boire du jus d'orange et de prendre de l'aspirine.

MARIE Send for the doctor! You're kidding. These days you have to go to see him yourself. No. I spoke to him on the phone. It was just a cold. He advised me to drink orange juice and take aspirin.

JEAN [14]*(riant)* Le remède universel, celui qui guérit tout—ou presque!

JOHN *(laughing)* The cure-all that cures everything—or almost everything!

MARIE [15]Je suis restée à la maison deux jours, à lire au coin du feu. [16]Maintenant, je vais beaucoup mieux.

MARIE I stayed at home for two days, reading by the fire. Now I'm much better.

JEAN [17]Mais comment avez-vous attrapé ça?

JOHN But how did you catch it?

MARIE [18]Je n'en sais rien du tout.

MARIE I have no idea whatsoever.

JEAN [19]En tout cas, vous ferez bien de vous reposer. [20]Soignez-vous bien.

JOHN In any case, you will do well to take it easy. Take good care of yourself.

MARIE [21]Oh! je n'en mourrai pas!

MARIE Oh! I won't die of it.

I *Substitutions*

Répétez les phrases suivantes en substituant les mots indiqués:

1. Je ne me sentais pas très bien, et **je me suis couchée de bonne heure.**
   je suis restée à la maison / j'ai téléphoné au médecin / j'ai pris de l'aspirine / j'ai bu beaucoup de jus d'orange
2. J'espère que cela n'était **rien.**
   pas grave / pas très grave / pas douloureux / pas très douloureux
3. (a) Mais le lendemain, **je toussais.**
   j'avais mal à la gorge / j'avais mal à la tête / j'étais fort enrhumé(e)/ j'avais un peu de fièvre
   (b) Mais le lendemain, j'avais **la grippe.**
   la rougeole *(measles)* / les oreillons *(mumps)* / une bronchite / une pneumonie
4. Il m'a conseillé **de prendre de l'aspirine.**
   de rester au lit / de ne pas me lever / de me reposer / de boire du jus d'orange
5. Vous ferez bien **de vous reposer.**
   de rester au coin du feu / de ne pas quitter la maison / de téléphoner au médecin / de lui dire que vous avez un gros rhume

II *Demandez en français:*

1. si Jean a vu Marie chez les Bedel samedi dernier.
2. s'il espérait l'y voir.
3. ce qu'a fait Marie ce soir-là.
4. pourquoi elle s'est couchée de bonne heure.
5. si elle toussait le lendemain.
6. si elle est allée voir le médecin.
7. ce que le médecin lui a conseillé de prendre.
8. combien de temps elle est restée à la maison.

III *Répondez en français aux questions suivantes:*

1. Marie est-elle allée chez les Bedel samedi dernier?
2. Qu'est-ce qu'elle a fait ce soir-là?
3. Pourquoi n'est-elle pas allée à cette soirée?
4. À quelle heure s'est-elle couchée?
5. A-t-elle fait venir le médecin?
6. Pourquoi n'a-t-elle pas fait venir le médecin?
7. Comment allait-elle le lendemain?
8. Qu'est-ce que le médecin lui a conseillé de faire?
9. Qu'est-ce qu'elle a fait pendant deux jours?

IV *Mettez les phrases suivantes à* **l'imparfait:**

1. Je ne me sens pas très bien.
2. J'ai froid.
3. J'ai mal à la gorge.
4. Je tousse beaucoup.
5. J'espère que ce n'est rien.
6. Je n'en sais rien du tout.
7. Avez-vous un peu de fièvre?
8. Est-ce que vous avez mal à la tête?
9. Êtes-vous trempé(e) jusqu'aux os?
10. J'ai soif, mais je n'ai pas faim.
11. C'est un rhume.
12. Je n'ai pas peur d'en mourir.

V *Répondez aux questions personnelles suivantes:*

1. Comment allez-vous aujourd'hui?
2. Avez-vous mal à la tête?
3. Avez-vous mal à la gorge?
4. Avez-vous souvent un rhume?
5. Êtes-vous souvent enrhumé(e)?
6. Avez-vous jamais eu la grippe? (la rougeole, l'appendicite, une bronchite)

VI *Mettez le paragraphe suivant au passé en remplaçant le présent de l'indicatif par le* **passé composé** *ou* **l'imparfait,** *selon le cas:*

Un jour Roger et Marie font une longue promenade. Ils marchent dans la neige jusqu'à la nuit. Quand Marie rentre chez elle, elle a froid et elle ne se sent pas très bien. Elle décide que ce n'est rien. Mais comme il fait froid, elle reste à la maison et se couche de bonne heure. Le lendemain, elle

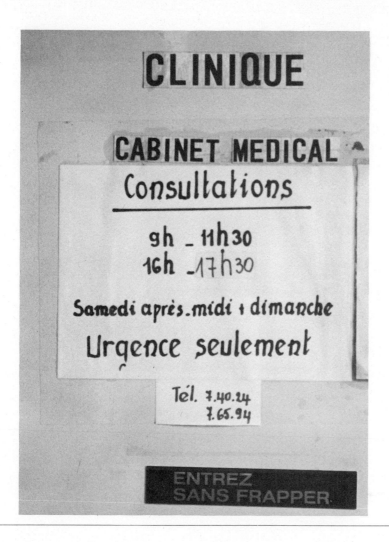

tousse et elle a mal à la gorge. Elle téléphone au médecin qui lui dit de rester au lit et lui recommande de boire beaucoup d'eau.

Quelques jours plus tard, elle rencontre Jean qui lui demande comment elle va. « Mal, répond Marie, mais pourtant mieux que la semaine dernière. »

VII *Dictée d'après la Conversation 21, pp. 194–195*

VIII *Causerie*

Vous racontez une visite à un jardin zoologique. Vous avez vu des singes *(monkeys)*, des ours [uʀs] *(bears)*, des lions, des hippopotames, des serpents, des oiseaux de toutes les couleurs, etc.

207

Où est
mon écharpe rouge?

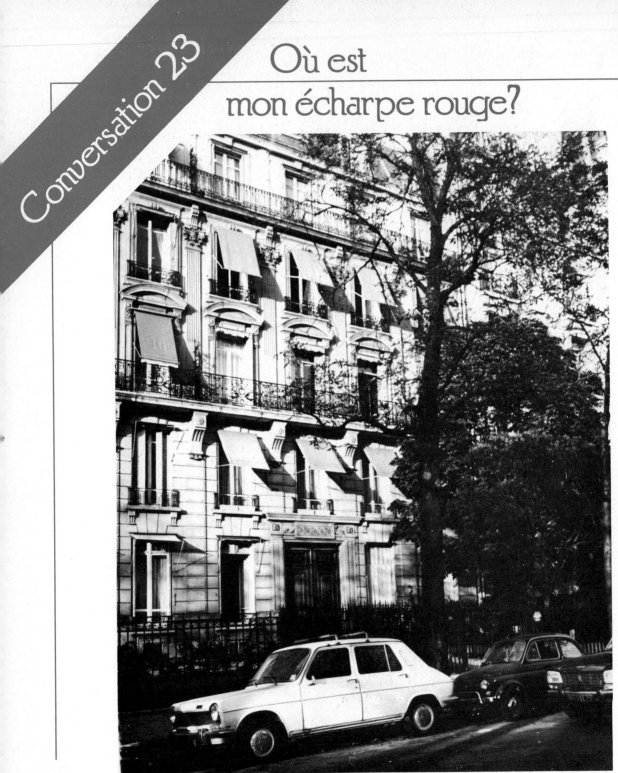

Jean et Roger ont invité Marie et sa mère à dîner. Elles sont presque prêtes à partir.

MARIE ¹Seras-tu bientôt prête, maman? ²Nous sommes invitées pour sept heures et demie, tu sais. ³Il est presque l'heure de partir.

MARIE Will you be ready soon, mother? We are invited for 7:30, you know. It's almost time to leave.

MME BONNIER ⁴Oui, tout à l'heure. ⁵Je cherche mon écharpe rouge. ⁶J'ai cherché partout. ⁷Je ne sais pas où je l'ai mise.

MME BONNIER Yes, in a moment. I'm looking for my red scarf. I've looked everywhere. I don't know where I put it.

MARIE ⁸Je peux te prêter une des miennes, si tu veux. ⁹J'en ai une qui ressemble à la tienne. La voilà.

MARIE I can lend you one of mine if you wish. I have one that is somewhat like yours. Here it is.

MME BONNIER ¹⁰Merci infiniment. Elle fera l'affaire, je crois. *(Mettant l'écharpe.)* ¹¹À quelle heure Roger vient-il nous chercher?

MME BONNIER Thanks a lot. I think it will do. *(Putting on the scarf.)* What time is Roger coming for us?

MARIE ¹²À sept heures et quart. ¹³Il vient nous chercher dans sa nouvelle voiture.

MARIE At 7:15. He's coming to pick us up in his new car.

MME BONNIER *(Regardant par la fenêtre.)* ¹⁴Voilà une auto qui s'arrête devant la porte. ¹⁵De quelle couleur est la sienne?

MME BONNIER *(Looking out the window.)* There's a car stopping at the door. What color is his?

MARIE ¹⁶C'est une voiture grise.

MARIE It's a gray car.

MME BONNIER ¹⁷C'est sans doute lui. ¹⁸Maintenant, où est mon sac?

MME BONNIER It's no doubt he. Now where is my handbag?

MARIE *(riant)* ¹⁹Je peux te prêter le mien, si tu veux.

MARIE *(laughing)* I can lend you mine, if you wish.

MME BONNIER ²⁰Ah! Voilà le mien. ²¹Merci pourtant de m'offrir le tien. ²²Voilà ce qui s'appelle être une fille dévouée.

MME BONNIER Ah! Here's mine. But thank you for offering me yours. That's what you call being a devoted daughter.

I Substitutions

Répétez les phrases suivantes en substituant les mots indiqués:

1. Je ne sais pas **où je l'ai mise.**
   où elle est / où elle se trouve / où elle peut se trouver / où j'ai pu la mettre

2. J'en ai une qui **ressemble** à la tienne.
   ressemble beaucoup / ressemble un peu / ressemble plus ou moins /

3. Je peux te prêter une des miennes, **si tu veux**.
   si elle te va / si elle te convient / si elle fera l'affaire / si elle te plaît
4. Voilà une auto qui s'arrête **devant la porte**.
   en face / devant l'immeuble *(apartment building)* / de l'autre côté de
   la rue / devant la boulangerie
5. C'est sans doute **lui**.
   elle / l'auto de Roger / sa voiture / la sienne

II *Demandez à quelqu'un en employant la forme* **tu:**

1. s'il (si elle) sera bientôt prêt(e).
2. ce qu'il (elle) cherche.
3. où il (elle) l'a mise.
4. s'il (si elle) a une écharpe rouge.
5. comment il (elle) trouve l'écharpe de Mme Bonnier.
6. s'il (si elle) aime les écharpes rouges.

III *Répondez en français aux questions suivantes:*

1. Pour quelle heure Marie et sa mère sont-elles invitées?
2. Que cherche Mme Bonnier?
3. Où a-t-elle regardé?
4. Pourquoi Mme Bonnier n'est-elle pas prête à partir?
5. Marie a-t-elle une écharpe rouge?
6. À quelle heure Roger vient-il les chercher?
7. Où s'arrête l'auto qui arrive?
8. De quelle couleur est la voiture qui s'arrête devant la porte?

IV *Répondez en français aux questions personnelles suivantes:*

1. Aimez-vous les écharpes rouges?
2. En avez-vous une?
3. Quelle est votre couleur préférée?
4. Peut-on porter une écharpe rouge avec un pull-over rose?
5. Est-ce que vous portez une écharpe en laine *(wool)* en été?
6. Quand portez-vous des écharpes en laine?

V *Répétez les phrases suivantes en remplaçant* **beaucoup** *par* **trop:**

1. J'ai vu beaucoup de nouveaux films.
2. Nous avons commandé beaucoup de fruits.
3. Je n'ai pas beaucoup d'argent.
4. Il ne s'est pas beaucoup amusé.

5. Elle a lu beaucoup de romans policiers *(detective novels)*.
6. Il y a beaucoup de voitures dans la rue.
7. Il n'a pas beaucoup d'amis.
8. Il a bu beaucoup de vin.
9. Il y a beaucoup de gens dans les grandes villes.
10. Il y a beaucoup de bruit dans ce quartier.

VI Dictée d'après la Conversation 22, pp. 204 –205

VII Dialogue

Vous demandez à un (une) camarade de vous prêter son imperméable. Il (Elle) en a besoin et il (elle) offre de vous prêter son parapluie. Vous le (la) remerciez, et vous lui dites que son parapluie fera l'affaire.

Possessive pronouns

58 Remark on possessive adjectives and possessive pronouns

Possessive adjectives and possessive pronouns differ both in form and use. You have learned that possessive adjectives (**mon, ton, son,** etc.) are used TO MODIFY NOUNS. These words correspond to English forms *my, your, her,* etc.

Possessive pronouns are used AS EQUIVALENTS OF NOUNS MODIFIED BY A POSSESSIVE ADJECTIVE. They correspond to the English forms *mine, yours, his, hers,* etc. EXAMPLE: **My** *(adj.)* father is a doctor. **Mine** *(pron.)* is an engineer.

59 Forms and use of possessive pronouns

—Voici mon adresse.	*Here is my address.*
—Donnez-moi **la vôtre.**	*Give me* **yours.**
—J'ai mes gants. Où sont les **vôtres?**	*I have my gloves. Where are* **yours?**
—**Les miens** sont dans ma poche.	**Mine** *are in my pocket.*
—Est-ce que Marie a **les siens?**	*Does Marie have* **hers?**
—Roger a apporté son imperméable.	*Roger brought his raincoat.*
—Marie a laissé **le sien** à la maison.	*Marie left* **hers** *at home.*

The forms of the possessive pronouns are:

SINGULAR		PLURAL		
MASCULINE	**FEMININE**	**MASCULINE**	**FEMININE**	
le mien	la mienne	les miens	les miennes	*(mine)*
le tien	la tienne	les tiens	les tiennes	*(yours)*
le sien	la sienne	les siens	les siennes	*(his, hers, its)*
le nôtre	la nôtre	les nôtres	les nôtres	*(ours)*
le vôtre	la vôtre	les vôtres	les vôtres	*(yours)*
le leur	la leur	les leurs	les leurs	*(theirs)*

They agree in gender and number with the THINGS POSSESSED. EXAMPLE: In answer to the question:—Avez-vous **vos gants?**, either Jean or Marie could answer:—Oui, j'ai **les miens.**

60 Possessive pronouns with preposition *à* or *de*

—J'ai écrit à mes parents.	*I have written to my parents.*
—Avez-vous écrit **aux vôtres?**	*Have you written to* **yours?**
—J'ai besoin de ma voiture et mon père a besoin **de la sienne.**	*I need my car, and my father needs* **his.**

When used with the preposition **à** or **de** the forms are:

au mien	du mien
à la mienne	de la mienne
aux miens	des miens
aux miennes	des miennes
etc.	etc.

61 Use of *être à* (to belong to) to express possession

—Ces gants **ne sont pas à moi.**   *These gloves* **are not mine** (*lit.: to me*).

—**Sont-ils à vous?**   **Are they yours** (*lit.: to you?*)

—Non, je crois **qu'ils sont à Charles.**   *No, I think* **they are Charles's** (*lit.: to Charles*).

Note (1) that *mine, yours, his*, etc., are rendered in French by the possessive pronouns when they are used as subject or object of a verb or when they are the object of a preposition other than **à** in the expression **être à.** EXAMPLE: **Les miens** sont dans ma poche. Où avez-vous acheté **les vôtres?** Avez-vous besoin **des vôtres?**

(2) After the verb **être**, *mine, yours, his*, etc., are normally rendered by the preposition **à** followed by the forms **moi, toi, lui, elle,** etc., or a noun. EXEMPLE: Ces gants sont **à moi.** Cette auto est **à mon père.**

I *Substitutions*

Répétez les phrases suivantes en substituant les mots indiqués:

1. (a) Ces gants sont-ils **à vous?**
   à lui / à elle / à toi / à eux
   (b) Est-ce que ce sont **les vôtres?**
   les siens *(his)* / les siens *(hers)* / les tiens / les leurs
2. C'est un de **mes** amis.
   tes / nos / ses / leurs
3. (a) (une auto) Voilà **la mienne.**
   la tienne / la sienne / la nôtre / la leur
   (b) (un imperméable) Voilà **le mien.**
   le tien / le sien / les vôtres / le vôtre
4. (des photos) J'aime mieux les miennes que **les vôtres.**
   les tiennes / les siennes *(his)* / les siennes *(hers)* / les leurs

213

II *Exercices d'application*

Répétez les phrases suivantes en remplaçant le nom par le pronom possessif:

EXEMPLE   J'ai mon stylo à bille. → **J'ai le mien.**

(a) **1.** J'ai mon portefeuille.   **2.** J'ai ma bicyclette.   **3.** J'ai mes gants.   **4.** Il a son imperméable.   **5.** Elle a son imperméable.   **6.** Il a sa voiture.   **7.** Elle a sa voiture.   **8.** Nous avons nos gants.   **9.** Avez-vous vos affaires *(things)*?

(b) **1.** Je peux vous prêter mon stylo à bille.   **2.** Je peux vous prêter un de mes stylos à bille.   **3.** Je peux vous prêter ma voiture.   **4.** Je peux vous prêter une de mes voitures.   **5.** Je peux vous prêter mes gants.   **6.** Je peux vous prêter une de mes cravates.

(c) **1.** Où avez-vous acheté votre journal?   **2.** Où avez-vous acheté votre bicyclette?   **3.** Où avez-vous acheté vos gants?   **4.** Où avez-vous trouvé votre pull-over?

(d) **1.** J'ai besoin de mes gants.   **2.** Roger a besoin de ses gants.   **3.** Marie a besoin de ses gants.   **4.** Nous avons besoin de notre voiture.   **5.** Nous avons besoin de nos voitures.

III *Répondez aux questions suivantes, en remplaçant le nom par le pronom possessif:*

EXEMPLE   Roger a-t-il son imperméable? → **Oui, il a le sien.**

1. Marie a-t-elle son imperméable?
2. Marie a-t-elle ses gants?
3. Avez-vous vos gants?
4. Avez-vous besoin de vos gants?
5. Roger a-t-il besoin de ses gants?
6. Jean et Roger ont-ils besoin de leurs gants?
7. Où avez-vous acheté votre journal?
8. Où Jean et Roger ont-ils acheté leurs journaux?
9. Où avez-vous acheté votre plan de Paris?
10. Aimez-vous mieux votre pull-over que le mien?
11. Est-ce que votre chambre vous plaît?
12. Est-ce que l'appartement de Jean lui plaît?

IV *Thème d'imitation*

Yesterday John did not feel very well. He took a long walk, and he was cold and (he was) wet when he got home. Roger said to him: "Go to bed.[1] I am going to telephone the doctor. It is probably[2] not very serious, but you never can tell"[3] . . . Roger telephoned the doctor, who told him to take some aspirin, to drink lots of orange juice, and to stay in bed. Roger took John's temperature and gave him some aspirin. He had a little fever[4] and he had a sore throat. Roger told him to stay in bed and rest. He said: "You will not die of it, but you'll do well to take it easy."[5]

Today, John is much better. He is going to get up tomorrow morning and go to his laboratory as usual.

---

[1] **Allez vous coucher.**   [2] **sans doute**   [3] **on ne sait jamais**   [4] **un peu de fièvre**   [5] **de vous reposer**

Retour de vacances

Marie est allée en Bretagne passer les vacances de Noël.

JEAN [1]Tiens, bonsoir, Marie! Vous êtes de retour? [2]Je suis content de vous revoir. [3]Avez-vous passé de bonnes vacances de Noël en Bretagne?°

MARIE [4]Oui, excellentes, merci; mais trop courtes, comme toutes les vacances.

JEAN [5]Quand êtes-vous revenue?

MARIE [6]Hier soir à vingt-trois heures.

JEAN [7]Avez-vous fait bon voyage?

MARIE [8]Oh! ne m'en parlez pas! [9]À Rennes, l'express de Paris était bondé. [10]J'ai à peine pu trouver une place. [11]Et puis, les gens fumaient, [12]et il faisait horriblement chaud dans le compartiment.

JOHN Well, good evening, Marie! Are you back? I am glad to see you again. Did you have a good Christmas vacation in Brittany?

MARIE Yes, excellent, thank you; but too short, like all vacations.

JOHN When did you get back?

MARIE Last night at 11 o'clock.

JOHN Did you have a good trip?

MARIE Oh! Don't even mention it! At Rennes the Paris express was crowded. I could scarcely find a seat. And then, people were smoking, and it was terribly hot in the compartment.

JEAN   ¹³Vous n'avez pas de chance!
MARIE   ¹⁴J'ai dîné au wagon-restaurant. ¹⁵C'est une façon de passer une demi-heure.
JEAN   ¹⁶Qu'est-ce que vous avez fait le jour de Noël?
MARIE   ¹⁷Ce qu'on fait partout ce jour-là. ¹⁸Nous sommes allés à la messe de minuit. ¹⁹Nous avons fait le réveillon° chez les Kerguélen. ²⁰Je me suis bien amusée.

JOHN   Tough luck!
MARIE   I had dinner in the dining-car. It's a way of spending half an hour.

JOHN   What did you do on Christmas Day?
MARIE   What one does everywhere on that day. We went to Midnight Mass. We had a réveillon at the Kerguélens'. I had a good time.

Cultural Notes

ÎLE DE SEIN, BRETAGNE

The mainly agricultural region of **Brittany** is a large peninsula in northwest France. Settled in the sixth century by Britons and later ruled by nobility from Normandy and Anjou, Brittany's history has included many struggles for possession and has produced a strong sense of cultural independence. Many of the traditions of Brittany are Celtic rather than Gallic and the ancient Breton language is similar to Welsh rather than to French.

Le réveillon is a meal taken in the middle of the night, especially on Christmas Eve. The main dish is usually a goose (**oie,** f.), a turkey (**dinde,** f.), or a ham (**jambon,** m.).

I Substitutions

Répétez les phrases suivantes en substituant les mots indiqués:

1. Je suis revenu(e) **hier soir à vingt-trois heures.**
   hier soir à huit heures et demie / hier matin / hier après-midi / avant-hier *(day before yesterday)* / la semaine dernière

2. Je suis de retour depuis **hier soir à vingt-trois heures.**
   hier soir à huit heures et demie / hier matin / hier après-midi / avant-hier / la semaine dernière

3. J'ai à peine pu **trouver une place.**
   trouver un taxi / monter dans l'autobus / aller en ville / marcher

4. Je me suis bien amusé(e) **le jour de Noël.**
   la veille de *(the day before)* Noël / le lendemain de Noël / le jour de l'An *(New Year's Day)* / pendant les vacances

5. C'est une façon **de passer une demi-heure.**
   de passer la soirée / de passer le temps / de tuer le temps *(to kill time)* / de se distraire *(to relax and have a good time)*

II Demandez à quelqu'un:

1. si Marie a passé de bonnes vacances.
2. où Marie a passé les vacances de Noël.
3. quand Marie est revenue.
4. si elle a trouvé les vacances trop courtes.
5. si elle a fait bon voyage.
6. s'il y avait beaucoup de monde dans l'express de Paris.
7. si elle a pu facilement trouver une place.
8. s'il faisait chaud dans le compartiment.
9. si les gens fumaient.
10. où Marie a dîné.
11. ce qu'elle a fait le jour de Noël.

III Répondez en français, d'après le texte, à chacune des questions suivantes:

1. Où Marie a-t-elle passé les vacances de Noël?
2. A-t-elle passé de bonnes vacances?
3. Est-ce qu'elle a trouvé les vacances trop courtes?
4. Quand est-elle revenue?
5. A-t-elle fait bon voyage?

218

LE PORT DE HONFLEUR,
NORMANDIE

6. Y avait-il beaucoup de monde dans l'express de Paris?
7. A-t-elle pu facilement (easily) trouver une place?
8. Est-ce qu'il faisait chaud dans le compartiment?
9. Est-ce que les gens fumaient?
10. Pourquoi Marie aime-t-elle dîner au wagon-restaurant?
11. Qu'est-ce qu'elle a fait le jour de Noël?
12. À quelle heure est-elle allée à la messe?
13. Chez qui est-elle allée faire le réveillon?
14. Est-ce que Marie s'est bien amusée le jour de Noël?

IV *Répétez en remplaçant le passé composé par le passé composé de* **pouvoir** *et l'infinitif:*

EXEMPLE Il n'a pas déjeuné ce matin. → **Il n'a pas pu déjeuner ce matin.**

1. Il n'a pas fait ses courses.
2. Elle n'a pas travaillé hier soir.
3. Il n'a pas été à l'heure.
4. Elle n'a pas trouvé de place.
5. Il ne s'est pas levé de bonne heure.
6. Il ne s'est pas couché avant minuit.

219

V *Répondez affirmativement aux questions suivantes en remplaçant les noms par les pronoms convenables:*

1. Avez-vous téléphoné à votre père hier soir?
2. Êtes-vous allé(e) au cinéma samedi dernier?
3. Avez-vous parlé du film à votre frère?
4. Est-ce que Roger vous a parlé du film?
5. Est-ce que Marie vous a parlé de ses vacances?
6. Est-ce qu'elle a pu trouver une place dans le train?
7. Êtes-vous allé(e) au cinéma avec Roger?
8. Êtes-vous allé(e) au cinéma avec Roger et Jean?
9. Êtes-vous allé(e) au cinéma avec Marie?
10. Avez-vous parlé de Charles?

VI *Répondez en français aux questions personnelles suivantes:*

1. Avez-vous passé de bonnes vacances de Noël?
2. Où êtes-vous allé(e)?
3. Avez-vous passé vos vacances en famille?
4. Combien de temps êtes-vous resté(e) chez vos parents?
5. Qu'est-ce que vous avez fait le jour de Noël?
6. Quand êtes-vous revenu(e) de vos vacances?
7. Vous êtes-vous bien amusé(e)?
8. Avez-vous reçu beaucoup de cadeaux de Noël?

VII *Dictée d'après la Conversation 23, p. 209*

VIII *Causerie*

Ce que vous avez fait pendant les vacances.

Si j'étais riche

Marie et Jean parlent d'un avenir encore incertain.

MARIE ¹Qu'est-ce que tu ferais si tu étais riche, Jean?

JEAN ²Je ne sais pas au juste. ³Je voudrais sans doute visiter plusieurs pays étrangers.

MARIE ⁴Où irais-tu?

JEAN ⁵J'irais en Italie, visiter Florence et Rome, ⁶en Égypte voir le Nil et les Pyramides, ⁷en Chine et au Japon voir ce qui se passe là-bas.

MARIE ⁸Est-ce que c'est tout?

JEAN ⁹Non. J'achèterais une voiture et j'irais m'amuser au bord de la mer.

MARIE ¹⁰Tu serais vite fatigué de tout cela.

JEAN ¹¹Peut-être. ¹²En tout cas, si j'étais riche, je serais philanthrope. ¹³Je viendrais à l'aide des malheureux, des déshérités.

MARIE What would you do if you were rich, John?

JOHN I don't know exactly. I'd probably like to visit several foreign countries.

MARIE Where would you go?

JOHN I'd go to Italy to visit Florence and Rome, to Egypt to see the Nile and the Pyramids, to China and Japan to see what's going on there.

MARIE Is that all?

JOHN No. I'd buy a car and go have a good time at the seashore.

MARIE You'd soon be tired of all that.

JOHN Perhaps. In any case, if I were rich, I would be a philanthropist. I would come to the aid of the unfortunate, of the disadvantaged.

UNE MANIFESTATION À PARIS

MARIE   ¹⁴Qu'est-ce que tu ferais, par exemple?

JEAN   ¹⁵Je m'occuperais des problèmes de l'heure actuelle, ¹⁶de la surpopulation, de la pollution de l'air, de l'usage des drogues, du chômage, etc.

MARIE   ¹⁷N'oublies pas cependant que la vie était bien plus pénible autrefois qu'aujourd'hui.

JEAN   ¹⁸C'est possible. Je suppose que chaque génération a ses propres problèmes.

MARIE   What would you do, for instance?

JOHN   I would concern myself with the problems of the moment, overpopulation, air pollution, use of drugs, unemployment, and so on.

MARIE   But don't forget that life was much harder in the past than it is today.

JOHN   That's possible. I suppose each generation has its own problems.

I   Substitutions

Répétez les phrases suivantes en substituant les mots indiqués:

1. Qu'est-ce que tu ferais **si tu étais riche?**
   si tu étais millionnaire / si tu n'avais pas d'argent / si tu avais mal à la gorge / si tu avais un rhume

2. Tu serais vite fatigué **de tout cela.**
   de voyager / des voyages / des avions / des aéroports

3. Je m'occuperais **des problèmes de l'heure actuelle.**
    de la surpopulation / de la pollution de l'air / de l'usage des
    drogues / de l'encombrement des rues
4. (a) **Je voudrais savoir** ce qui se passe au Japon et en Chine.
    Je ne sais pas / Voudriez-vous savoir / Ne voudriez-vous pas savoir/
    Je voudrais bien savoir
    (b) Qu'est-ce qui **se passe?**
    s'est passé / est arrivé / lui est arrivé / leur est arrivé
5. Je voudrais aller **en Italie et en Suisse.**
    en Angleterre et en Écosse *(Scotland)* / en Grèce et en Turquie / à
    Florence et à Rome / à Pékin et à Tokyo

II *Demandez à quelqu'un:*

1. ce qu'il (qu'elle) ferait s'il (si elle) était millionnaire.
2. s'il (si elle) ne voudrait pas voyager.
3. s'il (si elle) voudrait visiter des pays étrangers.
4. où il (elle) irait.
5. quelles villes il (elle) voudrait visiter en Italie.
6. pourquoi il (elle) voudrait aller en Chine et au Japon.
7. s'il (si elle) achèterait une grosse automobile.
8. où il (elle) irait s'amuser.

III *Répondez en français aux questions suivantes:*

1. Que feriez-vous si vous étiez riche?
2. Ne voudriez-vous pas voyager?
3. Quel pays voudriez-vous visiter?
4. Quelles villes italiennes aimeriez-vous visiter?
5. Pourquoi voudriez-vous aller en Égypte?
6. Achèteriez-vous une grosse voiture?
7. Où iriez-vous vous amuser?
8. Ne seriez-vous pas philanthrope?
9. De qui viendriez-vous à l'aide?
10. De quoi vous occuperiez-vous?
11. Quels sont les problèmes de l'heure actuelle?
12. Est-ce que la vie était plus pénible autrefois qu'aujourd'hui?

IV Révision

A. *Répétez les phrases suivantes en remplaçant* **appartenir** (to belong to)
par l'expression **être à:**

EXEMPLE   Ce livre m'appartient. → **Ce livre est à moi.**

1. Ces gants m'appartiennent.
2. Ces gants ne m'appartiennent pas.
3. Ces gants vous appartiennent-ils?
4. Ces gants ne vous appartiennent-ils pas?
5. Ils appartiennent à Charles.
6. Ils ne lui appartiennent pas.

B. *Répétez les phrases suivantes en remplaçant l'adjectif possessif et le nom par le pronom possessif:*

EXEMPLE   Ma voiture est au garage. → **La mienne est au garage.**

1. Mes gants sont à la maison.
2. Ce sont mes gants.
3. J'ai perdu mon parapluie.
4. J'ai laissé mon parapluie à la maison.
5. Marie a étudié sa leçon.
6. Charles n'a pas étudié sa leçon.
7. J'ai écrit à mes parents; avez-vous écrit à vos parents?
8. Quand avez-vous reçu un chèque de vos parents?

V Répondez en français aux questions personnelles suivantes:

1. Avez-vous jamais fait un long voyage?
2. Où êtes-vous allé(e)?
3. Avec qui y êtes-vous allé(e)?
4. Qu'est-ce que vous avez fait pendant votre voyage?
5. Combien de temps votre voyage a-t-il duré?
6. Avez-vous été heureux (heureuse) de rentrer à la maison?
7. Avez-vous envie de faire un autre voyage?
8. Où voudriez-vous aller?

VI Dictée d'après la Conversation 24, pp. 216–217

VII Causerie

Votre idée d'une vie heureuse (six à huit phrases).

Le Système métrique

—J'ai lu récemment un article qui parlait de l'adoption du système métrique aux États-Unis, dit Marie. J'ai même vu, dans un magazine américain, une photo, prise dans l'est du pays, qui indiquait une distance en kilomètres. Que pensez-vous de cette idée-là?

—Ce que j'en pense? répond Jean. Je pense qu'adopter le système métrique ne sera pas facile dans un pays aussi développé que le nôtre. Il va falloir tout changer, toutes les balances *(scales)*, tous les compteurs *(meters—such as gas meters)*, sans parler des habitudes. Vous rendez-vous compte de ce que tout cela implique?

—Néanmoins, pratiquement tous les pays—je parle bien entendu des pays développés—ont adopté le système métrique. L'Allemagne l'a adopté il y a longtemps. Il ne reste plus guère que l'Angleterre et les États-Unis, qui restent encore attachés à leurs anciennes habitudes. Et encore, l'Angleterre est en train de changer. On dit que les jeunes Anglais connaissent très bien le système, auquel leurs parents ont encore bien du mal à s'habituer. Toujours le conflit entre les générations.

—Mais quelle est exactement l'origine du système métrique?

—C'est une invention de la Révolution française. Il a remplacé les anciennes mesures qui, même si elles avaient parfois le même nom, n'étaient pas les mêmes d'une région à l'autre. J'ai entendu de vieux paysans parler encore des anciennes mesures, tout en connaissant parfaitement bien les nouvelles mesures métriques, qui sont d'ailleurs les seules légales.

—Oui, mais au temps de la Révolution française, il s'agissait de changer les habitudes plutôt que les machines, qui n'existaient guère. Maintenant, il faut changer les deux—et Dieu sait s'il y en a, des machines!

—Comme votre pays l'a maintes fois prouvé, il est possible de se tirer d'affaires avec votre système. Mais enfin, le système métrique est infiniment plus commode. Son avantage, c'est son extrême simplicité. Pensez un peu au commerce international.

—Je reconnais qu'il est plus simple que le nôtre, tout au moins pour le commerce international.

—On est parti de quelques unités, une unité de longueur, le mètre—lequel correspond à peu près à quarante «inches»; une unité de poids, le gramme; une unité de mesure, le litre. Puis on les a multipliées par dix, par cent et par mille. Pour les longueurs, on obtient ainsi le décamètre (dix mètres), l'hectomètre (cent mètres), et le kilomètre (mille mètres) qui est en gros deux tiers de «mile».

—Ces dix, cent et mille sont admirables. Il suffit de s'y habituer . . .

—Et mêmes opérations en sens inverse. C'est ainsi qu'on a le décimètre (un dixième de mètre), le centimètre (un centième de mètre), le millimètre (un millième de mètre). Mêmes divisions avec les mesures de poids *(weight)*. Quand je commande un kilo de pommes de terre, cela veut dire mille grammes, c'est-à-dire deux livres françaises, un peu plus de deux « American pounds ».

—Cela est la simplicité même.

—Et mêmes mesures avec les carrés et les cubes. On a ainsi le mètre carré (m²) et le mètre cube (m³). Élémentaire, mon cher ami.

—Si je vous comprends bien, un kilomètre cube *(a cubic kilometer)* est donc un cube d'un kilomètre de côté. Voilà en vérité une mesure imposante *(staggering)*!

—Évidemment, toutes ces mesures ne sont pas d'un emploi courant. Je vous accorde qu'un kilomètre cube ne s'emploie pas tous les jours. Mais si quelqu'un en a jamais besoin, il est là, présent, comme un brave soldat—mais qui ne fait pas souvent l'exercice *(drill)*. La Révolution, laquelle aimait parler ainsi, a déclaré que le système métrique convenait « à tous les temps, à tous les peuples ». Elle ne croyait pas si bien dire.

QUESTIONS

1. Qu'est-ce que Marie a lu récemment?
2. Qu'est-ce qu'elle a vu dans un magazine américain?
3. Pourquoi est-il difficile d'adopter le système métrique aux États-Unis?
4. Quand l'Allemagne l'a-t-elle adopté?
5. Les jeunes Anglais connaissent-ils le système métrique?
6. Qui a inventé le système métrique?
7. Pourquoi les anciennes mesures étaient-elles peu pratiques?
8. Est-ce qu'elles sont encore employées?
9. Quel est l'avantage du système métrique?
10. Quelle est l'unité de longueur?
11. Qu'est-ce que c'est qu'un hectomètre?
12. Un kilomètre?
13. Combien de grammes y a-t-il dans un kilogramme?
14. Est-ce que le kilomètre cube est d'un emploi courant?
15. Qu'a dit la Révolution au sujet du système métrique?

VOCABULAIRE: LES MALADIES

se sentir *to feel*
*sentir *to smell*
se coucher *to lie down, go to bed*
*se lever *to get up, rise*
se soigner *to take care of oneself*
*le soin *care*
*sain et sauf *safe and sound*
tousser *to cough*
*le corps *body*
le mal *pain*
la maladie *sickness*
malheureux *unhappy*
tomber malade *to fall ill*
le mal de tête *headache*
avoir mal à la tête *to have a headache*
la gorge *throat*
la jambe *leg*
le bras *arm*
la côte *rib*
*la main *hand*
l' œil m; yeux pl *eye*
*l' oreille f *ear*
*le nez *nose*
casser *to break*
douloureux *painful*
*la santé *health, happiness*

la grippe *grippe, flu*
la rougeole *measles*
les oreillons m pl *mumps*
le rhume *cold*
la bronchite *bronchitis*
la pneumonie *pneumonia*
l' appendicite f *appendicitis*
la fièvre *fever*
guérir *to cure*
*souffrir *to suffer*
pénible *painful*
l' hôpital m *hospital*
le remède *remedy*
*blesser *to wound*
conseiller *to advise*
la drogue *narcotic*
*l' opération f *operation*

*tirer *to pull*
se tirer d'affaires *to get along*
commode *convenient*
tuer le temps *to kill time*
se distraire *to relax and have a good time*
en tout cas *at any rate*
tout au moins *at the very least*

maintes fois *many times*
ailleurs *elsewhere*
d'ailleurs *moreover, besides, anyway*
hier *yesterday*
s'agir de *to be a question of*
pourtant *however*
partout *everywhere*
à part cela *aside from that*
être à *to belong to*
la chance *luck*
l' avantage m *advantage*
content *glad*
sans doute *without doubt*
peut-être *perhaps*
en vérité *in truth, truthfully*
malgré *in spite of*
depuis longtemps *for a long time*
croire *to believe*
penser *to think*
espérer *to hope*
rien du tout *nothing at all*

The conditional and the pluperfect

62   Conditional of regular verbs

—**Je déjeunerais** à la maison, si
j'avais le temps de rentrer.
—**Je finirais** plus tôt, si je
commençais plus tôt.
—**Je répondrais** à sa lettre, si j'avais
son adresse.
—**Je me dépêcherais,** si j'étais à
votre place.

I would eat lunch *at home,*
if I had time to go home.
I would finish *sooner, if I began*
sooner.
I would answer *his letter, if I had*
his address.
I would hurry, *if I were in your*
place.

The forms of the conditional of regular verbs are:

FIRST CONJUGATION	SECOND CONJUGATION	THIRD CONJUGATION
je déjeunerais *I would (should*) lunch*	je finirais *I would (should*)* *finish*	je répondrais *I would (should*)* *answer*
tu déjeunerais	tu finirais	tu répondrais
il (elle) déjeunerait	il (elle) finirait	il (elle) répondrait
nous déjeunerions	nous finirions	nous répondrions
vous déjeuneriez	vous finiriez	vous répondriez
ils (elles) déjeuneraient	ils (elles) finiraient	ils (elles) répondraient

The forms of the conditional of regular verbs may be found by adding the
endings **–ais, –ais, –ait, –ions, –iez, –aient** to the infinitive, except that in
verbs of the third conjugation (ending in **–re**) the final **e** of the infinitive is
omitted. As the endings are the same as those of the imperfect indicative, you
should be able to learn the forms of the conditional at a glance.

Note that the three forms of the singular and the third person plural are
all pronounced alike except for linking.

The conditional of reflexive verbs follows the usual pattern: **Je me
dépêcherais, tu te dépêcherais,** etc.

---

*Very careful speakers are likely to say *I should, you would, he would* etc., although
most people say *I would, you would,* etc. Whatever pattern you happen to follow in
English, you say **je finirais, tu finirais,** etc., in French. There is no alternative.

63 Conditional of *être* and *avoir*

—**Vous seriez** malheureux, si vous
étiez riche.

You would **be** *unhappy, if you were rich.*

—**J'aurais** le temps, si je me levais
de bonne heure.

I would **have time** *if I got up early.*

The forms of the conditional of **être** and **avoir** are:

ÊTRE	AVOIR
je serais	j'aurais
I would (should) be	*I would (should) have*
tu serais	tu aurais
il (elle) serait	il (elle) aurait
nous serions	nous aurions
vous seriez	vous auriez
ils (elles) seraient	ils (elles) auraient

64 Most common uses of the conditional

A. The conditional is used in the result clause of certain conditional sentences

—**Je répondrais** à sa lettre, si j'avais
son adresse.

I would **answer** *his (her) letter, if I had his (her) address.*

—**Je travaillerais** davantage, si
j'étais à votre place.

I would **work** *more, if I were in your place.*

In conditional sentences that describe *what would happen* if a certain condition were fulfilled, the conditional is used in the result clause (**Je répondrais à sa lettre**) and the imperfect is used in the if-clause (**si j'avais son adresse**).

Note the difference between this conditional sentence and those you have seen (see paragraph 48, Grammar Unit 11), which describe *what will* happen if a certain condition is fulfilled. EXAMPLE: **Je prendrai un taxi** *(fut.)* **s'il pleut** *(present).*

B. The conditional is often used even though the if-clause is omitted

—**À** votre place, **je travaillerais**
davantage.

(If I were) In your place, I would
work *harder.*

—**Tu serais** vite fatigué de tout cela.

You would *soon* be *tired of all that.*

C. To express future action in indirect discourse which depends upon a verb in a past tense

—Il a dit qu'**il irait** en Italie.
—Elle a dit qu'**elle ferait** des courses.

He said **he would go** *to Italy.*
She said **she would do** *some errands.*

Note that this use of the conditional parallels English usage. If someone said: *I shall go to Italy*, you could report it by a direct quotation (direct discourse), or by an indirect quotation (indirect discourse). For example:

DIRECT: He said, *"I shall go to Italy."* Il a dit: « **J'irai** en Italie. »
INDIRECT: He said *he would go* to Italy. Il a dit qu'**il irait** en Italie.

65 **About English** *should* **and** *would*

While it is generally bad practice to think of French words and phrases in terms of their supposed English equivalents, it is particularly dangerous in the case of *should* and *would*. These words are indeed used to form a conditional in English, but they have other very common meanings that have nothing whatever to do with the conditional.

A. *Should* denoting obligation (meaning "ought to")

To express in French "I should go to the library" (i.e., I ought to go to the library), you use a form of the verb **devoir** (Je **devrais**). This verb will be studied later. Meanwhile, remember that the conditional forms themselves carry no suggestion of obligation in French.

B. *Would* denoting habitual action (meaning "used to")

You have seen in paragraph 57 (Grammar Unit 13) that habitual action in the past is expressed in French by the imperfect indicative.

—**Il allait** au cinéma tous les soirs après le dîner.

He would go *(used to go) to the movies every evening after diner.*

66 **Pluperfect** *(plus-que-parfait)* **of regular verbs and of** *avoir* **and** *être*

—**J'avais** déjà **accepté** l'invitation de Robert quand j'ai reçu la vôtre.

I had *already* accepted *Robert's invitation when I received yours.*

—La chaussée était très glissante, car **il avait plu**.
—**Il était** déjà **parti** quand je suis arrivé.

The surface of the street was very slippery, for **it had been raining.**
He had *already* **left,** *when I arrived.*

231

The forms of the pluperfect indicative are:

J'avais donné, etc.	I had given, etc.
J'avais fini, etc.	I had finished, etc.
J'avais répondu, etc.	I had answered, etc.
J'avais été, etc.	I had been, etc.
J'avais eu, etc.	I had had, etc.
J'étais arrivé(e), etc.	I had arrived, etc.
Je m'étais levé(e), etc.	I had got up, etc.

(1) The pluperfect is formed like the **passé composé** except that the imperfect of the auxiliary is used.

(2) As in English, the pluperfect tense expresses an action that had already taken place when another past action took place. When the first action *immediately* precedes the second, the pluperfect is usually replaced by the imperfect of **venir** followed by **de** and an infinitive. EXEMPLE: Je **venais d'**accepter l'invitation de Robert, quand j'ai reçu la vôtre. (*I had just accepted Robert's invitation when I received yours*).

I Substitutions

Répétez les phrases suivantes en substituant les mots indiqués:

1. Je répondrais à sa lettre **si j'avais son adresse.**
   si j'avais le temps / si j'avais du papier à lettres / si j'avais un stylo / si je savais taper à la machine (*to type*)

2. (a) Il m'a dit: « J'irai en Italie. »
   Je visiterai Florence / J'achèterai une grosse automobile / Je serai philanthrope / Je m'occuperai des malheureux
   (b) Il m'a dit **qu'il irait en Italie.**
   qu'il voudrait visiter Florence / qu'il achèterait une grosse automobile / qu'il serait philanthrope / qu'il s'occuperait des malheureux

3. Si j'étais en retard, **j'irais plus vite.**
   je me dépêcherais / je prendrais le métro / je chercherais un taxi / je me dirais: « Tant pis (*too bad*) si je suis en retard. »

4. S'il commençait à pleuvoir, **je rentrerais tout de suite.**
   j'irais au cinéma / je mettrais mon imperméable / je prendrais mon parapluie / je prendrais le métro

II Exercices d'application

A. *Répétez, en remplaçant le futur par le conditionnel:*

1. Je lui parlerai.
2. J'irai en ville.
3. Je n'aurai pas le temps.
4. Achèterez-vous ces gants?
5. Déjeuneras-tu en ville?
6. Lui répondrez-vous?

7. Il se dépêchera.
8. Vous dépêcherez-vous?
9. Ils commenceront tout de suite.

10. À quelle heure finiront-ils?
11. Y aura-t-il de la place?
12. Qu'est-ce que tu achèteras?

B. *Répétez, en remplaçant le présent par le conditionnel:*

1. J'achète le journal.
2. Je me lève de bonne heure.
3. Il obéit à la loi.
4. Il est à l'heure.
5. Tu as le temps.

6. Vous avez le temps.
7. Nous n'avons pas le temps.
8. Ils vont en Italie.
9. Ils font du ski.
10. Que fais-tu?

C. *Répétez les phrases suivantes, en remplaçant le présent et le futur par l'imparfait et le conditionnel:*

EXEMPLE Si je commence plus tôt, je finirai plus tôt. → **Si je commençais plus tôt, je finirais plus tôt.**

1. Si j'ai le temps de rentrer, je déjeunerai à la maison.
2. S'il fait beau, j'irai en ville.
3. Si mon père m'envoie un chèque, j'achèterai un manteau.
4. Nous monterons s'il y a de la place.
5. S'il neige, je prendrai un taxi.
6. Si je me couche de bonne heure, je me lèverai de bonne heure.

D. *Mettez les phrases suivantes au conditionnel en remplaçant* **quand** *par* **si.**

EXEMPLE Quand j'aurai le temps, j'irai voir ce film. → **Si j'avais le temps, j'irais voir ce film.**

1. Quand Marie aura de l'argent, elle achètera un pull-over.
2. Il y aura de la place quand les gens descendront.
3. Roger me téléphonera quand il sera de retour.
4. Quand il fera beau, nous ferons une promenade ensemble.
5. Quand mon père m'enverra un chèque, je vous inviterai à dîner.
6. Je passerai quelque temps à Venise quand je serai en Italie.

E. *Mettez les phrases suivantes à la forme indirecte:*

EXEMPLE Il a dit: J'irai en Italie. → **Il a dit qu'il irait en Italie.**

1. Il a dit: Je rentrerai à midi.
2. Je lui ai dit: Je ferai des courses cet après-midi.
3. Je lui ai dit: Je me coucherai de bonne heure.
4. Il m'a dit: Je me dépêcherai.
5. Ils nous ont dit: Nous serons à l'heure.

233

F. *Indiquez le temps de chacune des formes suivantes:*

EXEMPLE   Il arrivera: **futur.** Il arrive: **présent.** Ils arriveraient: **conditionnel.**

1. Il entrerait.
2. Il finirait.
3. Il se lèvera.
4. Il répondrait.
5. Il répond.
6. Il répondra.
7. Il achèterait.
8. Ils achètent.
9. Ils achèteraient.
10. Ils choisissent.
11. Ils choisiraient.
12. Ils entrèraient.
13. Ils entreront.
14. Il aurait.
15. Il vendrait.
16. Ils finiraient.
17. Ils seraient.
18. Ils auront.
19. Ils auraient.
20. Il ne serait pas.

G. *Mettez les phrases suivantes au* **plus-que-parfait:**

EXEMPLE   Il a plu. → **Il avait plu.**

1. J'ai répondu à sa lettre.
2. Il a fini son dîner.
3. Nous avons fait nos courses.
4. Le train est déjà parti.
5. Nous sommes allé(e)s en ville.
6. Je me suis couché(e) de bonne heure.
7. Ils sont arrivés en retard.
8. J'ai toujours obéi à la loi.
9. J'ai acheté une auto.
10. A-t-il neigé?

III *Demandez à quelqu'un:*

1. s'il (si elle) déjeunerait à la maison s'il (si elle) avait le temps de rentrer.
2. s'il (si elle) achèterait une grosse automobile s'il (si elle) était riche.
3. ce qu'il (qu'elle) ferait s'il commençait à pleuvoir.
4. ce qu'il (qu'elle) ferait s'il (si elle) avait faim.
5. ce qu'il (qu'elle) ferait s'il (si elle) avait mal à la gorge.

IV *Répondez aux questions personnelles suivantes:*

1. Irez-vous faire du ski s'il neige aujourd'hui?
2. Feriez-vous du ski s'il neigeait aujourd'hui?
3. Seriez-vous content(e) s'il neigeait ce soir?
4. Étiez-vous content(e) quand il a neigé la semaine dernière?
5. Que feriez-vous si vous aviez un rhume?
6. Si vous finissez votre travail ce matin que ferez-vous ce soir?
7. Si vous finissiez votre travail ce matin que feriez-vous ce soir?
8. Si vous étiez en France où iriez-vous acheter votre journal?

V Thème d'imitation

Today is Christmas Day. After Midnight Mass, John and Roger went to the Christmas Eve party[1] at the Browns. On the table there was a beautiful turkey. John likes turkey very much. He thought that turkey (was) delicious.[2] There was lots of wine, red and white,[3] and plenty of champagne.

John and Roger got home at four o'clock in the morning! When John woke up, at noon, he said to Roger: "Santa Claus[4] brought me a good headache.[5] But that doesn't make any difference. I had a very good time. The Browns are very nice and their turkey was excellent, wasn't it?"

---

[1] to go to the Christmas Eve party, **aller faire le réveillon** [2] **Il a trouvé cette dinde délicieuse** [3] **du rouge et du blanc** [4] Santa Claus, **le Père Noël** [5] **un bon mal de tête**

À Versailles

Jean et Roger ont décidé d'aller à Versailles,° où ils arrivent une demi-heure après leur départ de Paris.

JEAN ¹Je ne croyais pas Versailles si grand. ²Tout est majestueux: les vastes salles du palais, les longues allées du parc, les jardins, les fontaines.

ROGER ³C'est Louis XIV qui, comme tu le sais, a fait construire Versailles. ⁴Il a fait travailler ici cinquante ans, plus au moins.

JEAN ⁵Qu'est-ce que c'est que cette pièce d'eau là-bas, dans le lointain?

ROGER ⁶On l'appelle la pièce d'eau des Suisses. ⁷Au temps du Grand Roi, il y avait là toute une flotte. ⁸Les soirs d'été, il venait quelquefois s'y

JOHN I did not think Versailles was so large. Everything is majestic: the enormous rooms of the palace, the long walks of the park, the gardens, the fountains.

ROGER It was Louis XIV who, as you know, had Versailles built. The work went on for fifty years, more or less.

JOHN What is that body of water over there in the distance?

ROGER It is called the Lake of the Swiss. At the time of the Great King, there was a whole fleet there. On summer evenings he sometimes went

LE CHÂTEAU DE VERSAILLES

promener en bateau à la lumière des torches, avec des musiciens, et naturellement la foule de ses courtisans.

boating there by torchlight, with musicians, and naturally a crowd of courtiers.

JEAN ⁹Tout cela est bien fini.

JOHN All that's a thing of the past.

ROGER ¹⁰Hélas, oui. ¹¹Mais faut-il le regretter? ¹²Il y avait tant de misère dans son royaume . . .

ROGER Alas, yes. But must we regret it? There was so much misery in his kingdom . . .

JEAN ¹³Regarde cette magnifique vue sur le parc, avec ses grands arbres. ¹⁴Il a l'air de continuer le palais.

JOHN Look at that magnificent view of the park, with its tall trees. It seems to continue the palace.

ROGER ¹⁵Il le continue en effet. ¹⁶L'accord est parfait entre le palais, les jardins et le parc.

ROGER It does actually continue it. The balance is perfect between palace, gardens, and park.

JEAN ¹⁷C'est une vue inoubliable. ¹⁸Après avoir entendu parler si souvent de Versailles, je suis vraiment très heureux d'être venu ici.

JOHN It is an unforgettable view. After having heard so often about Versailles, I am really very happy to have come here.

Cultural Note

After the French Revolution **Versailles** was never again used as the royal residence. In the nineteenth century it was declared a national monument and a museum. It was there that the most important treaty ending World War I and establishing the League of Nations was signed in 1919.

LE SALON DE LA GUERRE, LE MÉDAILLON REPRÉSENTE LOUIS XIV

237

I Substitutions

Répétez les phrases suivantes en substituant les mots indiqués:

1. Je ne croyais pas **Versailles si grand.**
   les jardins si beaux / les salles si vastes / les allées si longues / les fontaines si nombreuses
2. Louis XIV a fait **construire Versailles.**
   construire le palais / dessiner les jardins / aménager *(lay out)* le parc / travailler ici cinquante ans
3. Il a fait travailler ici **cinquante ans, plus ou moins.**
   à peu près cinquante ans / environ cinquante ans / une cinquantaine d'années / pendant tout son règne
4. Le roi venait **quelquefois** s'y promener en bateau.
   parfois / le soir / les soirs d'été / de temps en temps
5. Il y avait tant de misère **dans son royaume.**
   en France / à Paris / dans toutes les villes / presque partout

II Demandez en français:

1. si Jean croyait Versailles si grand.
2. qui a fait construire Versailles.
3. combien de temps le roi a fait travailler à Versailles.
4. ce qu'il y avait sur la pièce d'eau des Suisses au temps du Grand Roi.
5. quand le Grand Roi venait s'y promener.

III Répondez en français par une phrase complète à chacune des questions suivantes:

1. De quel château parlent Jean et Roger?
2. Qu'est-ce qu'on trouve dans le palais?
3. Qu'est-ce qu'il y a dans le parc?
4. Qui a fait construire Versailles?
5. Comment appelait-on Louis XIV?
6. Comment appelle-t-on la grande pièce d'eau dans le lointain?
7. Que faisait le roi quelquefois les soirs d'été?
8. Qui venait s'y promener avec lui?

IV Répondez affirmativement, en remplaçant le nom par le pronom convenable:

EXEMPLE *(Persons)* Avez-vous entendu parler de Louis XIV? → **Oui, j'ai entendu parler de lui.**

(Things) Avez-vous entendu parler de Versailles? → **Oui, j'en ai entendu parler.**

LES JARDINS DE
VERSAILLES

1. Avez-vous entendu parler des rois de France?
2. Avez-vous entendu parler de leur palais?
3. Avez-vous entendu parler de Napoléon?
4. Avez-vous entendu parler de Jeanne d'Arc?
5. Avez-vous entendu parler du parc de Versailles?
6. Avez-vous jamais entendu parler de la pièce d'eau des Suisses?

V *Révision:* Verbes pronominaux

Demandez à quelqu'un:

1. comment il (elle) s'appelle.
2. s'il (si elle) se lève tard pendant les vacances.
3. à quelle heure il (elle) se lève pendant les vacances.
4. à quelle heure il (elle) s'est levé(e) ce matin.
5. à quelle heure il (elle) s'est couché(e) hier soir.

VI *Répondez en français aux questions personnelles suivantes:*

1. Avez-vous beaucoup voyagé aux États-Unis?
2. Quelle ville des États-Unis préférez-vous?
3. Êtes-vous jamais allé(e) en Californie (en Floride, en Louisiane, etc.)?
4. Comment y êtes-vous allé(e)?
5. Combien de temps y êtes-vous resté(e)?
6. Voudriez-vous voyager en Europe?
7. Quels pays voudriez-vous voir?
8. Combien de temps voudriez-vous passer en Europe?

VII *Dictée d'après la Conversation 25, pp. 221–222*

VIII *Causerie*

Une visite à Versailles.

239

Le mariage
d'une cousine

Marie vient de recevoir une lettre de sa tante, lui annonçant le prochain mariage° d'une de ses cousines.

ROGER ¹Qu'est-ce que tu as, Marie?

MARIE ²Je n'ai rien du tout, je t'assure.

ROGER ³Mais si, tu as quelque chose. ⁴Tu as l'air triste. ⁵À quoi penses-tu?

MARIE ⁶Je pense à Jeanne.

ROGER ⁷Qui est-ce?

MARIE ⁸C'est une de mes cousines.

ROGER ⁹Tu as tant de cousines! ¹⁰Laquelle de tes cousines est-ce?

MARIE ¹¹Celle qui demeure à Reims.

ROGER ¹²Oh oui! Tu m'as déjà parlé d'elle.

MARIE ¹³J'ai reçu hier une lettre de ma tante Ernestine. ¹⁴Elle m'écrit que Jeanne va se marier jeudi prochain.

ROGER ¹⁵Quoi? Est-ce que cette nouvelle te rend triste? Tu es jalouse?

MARIE ¹⁶Non, je ne suis ni triste ni jalouse.

ROGER ¹⁷Qu'est-ce qui t'ennuie, alors?

MARIE ¹⁸C'est que je ne pourrai pas aller à son mariage.

ROGER ¹⁹C'est dommage, en effet. ²⁰Avec qui ta cousine se marie-t-elle?

MARIE ²¹Avec un jeune architecte que je connaissais quand il avait dix ans. ²²Comme le temps passe!

ROGER What's the matter (with you), Marie?

MARIE Nothing is the matter, really.

ROGER Yes there is. Something is wrong. You look sad. What are you thinking about?

MARIE I am thinking of Jeanne.

ROGER Who is she?

MARIE She's a cousin of mine.

ROGER You have so many cousins! Which of your cousins is she?

MARIE The one who lives in Rheims.

ROGER Oh yes! You have already spoken to me about her.

MARIE I had a letter from my aunt Ernestine yesterday. She writes (me) that Jeanne is going to get (be) married next Thursday.

ROGER What? Does that news make you sad? Are you jealous?

MARIE No. I am neither sad nor jealous.

ROGER What is bothering you then?

MARIE It's that I can't go to her wedding.

ROGER It's really too bad. Who is your cousin marrying? (*lit.:* With whom is your cousin marrying?)

MARIE To a young architect I knew when he was ten years old. How time flies!

Cultural Note

In France, a marriage must take place before the mayor of the city or town. If there is also a religious ceremony, the civil ceremony must precede it.

I Substitutions

Répétez les phrases suivantes en substituant les mots indiqués:

1. Tu as l'air **triste.**
   fatigué / malheureux / heureux / ennuyé *(bothered)*
2. Il a l'air d'avoir **chaud.**
   faim / soif *(thirst)* / quelque chose / très chaud

241

3. Est-ce que cette nouvelle **te rend triste?**
   te rend malheureuse / t'ennuie / te rend jalouse / te fait plaisir
4. Qu'est-ce qui **te rend triste?**
   le / la / les / vous
5. Qu'est-ce qui t'ennuie alors?
   l' (le) / l' (la) / les / vous

II Répondez affirmativement, puis négativement à chacune des questions suivantes:

EXEMPLE   Avez-vous acheté quelque chose? →
Oui, j'ai acheté quelque chose.
Non, je n'ai rien acheté.

1. Avez-vous reçu quelque chose?
2. Avez-vous trouvé quelque chose?
3. Avez-vous entendu quelque chose?
4. Avez-vous envoyé quelque chose?
5. Avez-vous fait quelque chose?
6. Avez-vous quelque chose à faire?
7. Avez-vous quelque chose?

III Remplacez le nom par le pronom convenable dans les phrases suivantes:

A. penser à*

EXEMPLE   Je pense à Jean. → **Je pense à lui.** Je pense à mes examens. → **J'y pense.**

1. Je pense à mes parents.
2. Je pense à mon examen.
3. Roger pense à son père.
4. Il pense à son travail.
5. Nous pensions à nos amis.
6. Nous pensons à votre demande.
7. Pensez-vous à cette lettre?
8. Pensez-vous à votre mère?
9. Il faut penser à vos examens.

---

* While both **penser à** and **penser de** are translated "to think of" in English, **penser à** means *to think of* a person or a thing, and **penser de** means *to think something about* a person or a thing, i.e., to hold an opinion.
Penser à. When the object of **penser à** is a personal pronoun that refers to a person or persons, the stressed form of the personal pronoun is used: Pensez-vous **à Marie?** Oui, je pense **à elle.** When the object of **penser à** is a pronoun referring to things, the form **y** is used: Pensez-vous **à vos examens?** Oui, j'**y** pense.

B. penser de*

EXEMPLE Que pensez-vous de Jean? → **Que pensez-vous de lui?**
Que pensez-vous de ce journal? → **Qu'en pensez-vous?**

1. Que pensez-vous de Louis XIV?
2. Que pensez-vous de Versailles?
3. Qu'est-ce que Jean pense de Versailles?
4. Que pense-t-il de son auto?
5. Que pensez-vous de ce film?
6. Que pensez-vous de mes cousins?
7. Que pensez-vous de cette robe?
8. Que pensez-vous des Brown?

IV *Demandez à quelqu'un en employant le* **tutoiement:**

1. ce qu'il (qu'elle) a.
2. s'il (si elle) a quelque chose.
3. pourquoi il (elle) a l'air triste.
4. à quoi il (elle) pense.
5. s'il (si elle) a des cousines.
6. de qui il (elle) parle.
7. de quoi il (elle) parle.
8. s'il (si elle) a reçu une lettre ce matin.

V *Répondez en français à chacune des questions suivantes:*

1. Qu'est-ce qu'a Marie?
2. A-t-elle l'air triste?
3. À quoi pense-t-elle?
4. Est-ce que Roger connaît Jeanne?
5. Qui est Jeanne?
6. Est-ce que Marie a déjà parlé d'elle à Roger?
7. De qui Marie a-t-elle reçu une lettre hier?
8. Qu'est-ce que sa tante Ernestine lui dit dans sa lettre?
9. Est-ce que cette nouvelle la rend triste?
10. Est-ce que Marie est jalouse?

VI *Répétez les phrases suivantes et posez la question qui correspond à chacune d'elles:*

EXEMPLE Tu as l'air triste. → **Tu as l'air triste. Qu'est-ce que tu as?**

1. Vous avez l'air triste.
2. Il a l'air triste.
3. Elle a l'air triste.
4. Ils ont l'air triste.
5. Ils avaient l'air fâché *(angry).*
6. Il avait l'air fâché.

---

* **Penser de.** When the object of **penser de** is a personal pronoun that refers to a person or persons, the stressed form of the personal pronoun is used: Qu'est-ce que vous pensez **d'elle?** Je pense beaucoup de bien **d'elle.** When the object of **penser de** is a personal pronoun referring to things, the form **en** is used: Qu'est-ce que vous pensez **de ce livre?** Qu'est-ce que vous **en** pensez?

VII *Répondez en français aux questions personnelles suivantes:*

1. Êtes-vous jamais allé(e) à un mariage?
2. Où le mariage a-t-il eu lieu?
3. À quel moment de l'année le mariage a-t-il eu lieu?
4. En quel mois de l'année les gens se marient-ils surtout?
5. De quelle couleur est d'habitude la robe de la jeune mariée?
6. Voudriez-vous vous marier dans une église ou à la maison?
7. En France, est-ce l'habitude de jeter du riz sur les nouveaux mariés? (Répondez négativement.)
8. Avez-vous jamais fait cela en Amérique?

VIII *Dictée d'après la Conversation 26, pp. 236–237*

IX *Causeries*

Vous avez reçu une invitation à un mariage. Vous y êtes allé(e). Indiquez la date du mariage, où le mariage a eu lieu, s'il y avait beaucoup de monde. Dites qui a célébré le mariage, et ajoutez que vous avez trouvé le jeune couple charmant.

Interrogative pronouns

67   Interrogative pronouns referring to persons

A.   Subject forms: *qui?* or *qui est-ce qui?* (who?)

—**Qui** a dit cela?   **Who** *said that?*
      OR
—**Qui est-ce qui** a dit cela?

B.   Object forms: *qui?* and *qui est-ce que?* (whom?)

—**Qui** avez-vous vu?   **Whom** *did you see?*
      OR
—**Qui est-ce que** vous avez vu?

—**À qui** avez-vous parlé?   **To whom** *did you speak?*
      OR
—**À qui est-ce que** vous avez parlé?

—**Avec qui** ta cousine se marie-t-elle?   **To whom** *is your cousin getting*
      OR   *married?*
—**Avec qui est-ce que** ta cousine se marie?

—**De qui** parlez-vous?   **About whom** *are you talking?*
      OR
—**De qui est-ce que** vous parlez?

Note that when **Qui?** is used as object of a verb or preposition, you invert the order of subject and verb. With **Qui est-ce qui?** or **Qui est-ce que?** you use normal word order.

C.   *à qui?* (whose?)

—**À qui** est cette voiture?   **Whose** *car is that?*
—**À qui** sont ces revues?   **Whose** *magazines are those?*

Note that **à qui?** is the interrogative form corresponding to **à moi, à vous,** etc., which you have seen in paragraph 61 (Grammar Unit 14).

68   Interrogative pronouns referring to things, etc. (i.e., not persons)

A.   Subject form: *qu'est-ce qui?* (What?)

—**Qu'est-ce qui** se passe?   **What** *is happening?*
—**Qu'est-ce qui** lui est arrivé?   **What** *happened to him (or to her)?*

The short form **que?** is also used as subject in such phrases as **Que** se passe-t-il? and **Qu'**arrive-t-il?

245

B. Direct object form: *que?* and *qu'est-ce que?* (what?)

{ —**Que** vous a-t-il dit?   **What** *did he say to you?*
    OR
 —**Qu'est-ce qu'**il vous a dit?

{ —**Que** lui avez-vous répondu?   **What** *did you reply to him?*
    OR
 —**Qu'est-ce que** vous lui avez répondu?

{ —**Qu'**avez-vous?   **What** *is the matter with you?*
    OR
 —**Qu'est-ce que** vous avez?

C. Object of a preposition: *quoi?* (what?)

{ —**À quoi** pensez-vous?*   **What** *are you thinking of?*
    OR
 —**À quoi est-ce que** vous pensez?

{ —**De quoi** parlez-vous?   **What** *are you talking about?*
    OR
 —**De quoi est-ce que** vous parlez?

{ —**De quoi** avez-vous besoin?   **What** *do you need?*
    OR
 —**De quoi est-ce que** vous avez besoin?

69 *Qu'est-ce que c'est que . . . ?* **(What is . . .?)**

—**Qu'est-ce que c'est qu'**un   **What is** *a "Prisunic"?*
  Prisunic?
—**Qu'est-ce que c'est que** cela?   **What is** *that?*

You use **Qu'est-ce que c'est que . . . ?** to ask for a description or a definition.

70 **Interrogative pronoun** *lequel? laquelle? lesquels? lesquelles?* **(which? which one? which ones?) (persons or things)**

A. Subject or object

—**Laquelle** de tes cousines va se   **Which one** *of your cousins is*
  marier?   *getting married?*
—Voici des livres. **Lesquels** voulez-   *Here are some books.* **Which ones**
  vous?   *do you want?*

---

* Since the verb **penser à** means *to think of*, you naturally say: **À quoi pensez-vous?**
(Cf. note on p. 242.)

(1) **Lequel? laquelle?**, etc., are used to distinguish between two or more persons or things within a group. EXAMPLE: *Who* are those people? **Qui** sont ces gens? BUT: *Which one* is Mr. Duval? **Lequel** est M. Duval?

(2) These forms agree in gender and number with the nouns to which they refer.

B. With prepositions *à* or *de*

—Voici deux livres. **Duquel** avez-vous besoin?

Here are two books. **Which one** *do you need?*

—**À laquelle** de tes cousines as-tu écrit?

To which one *of your cousins did you write?*

In combination with prepositions **à** and **de** the forms of **lequel?**, etc., are:

auquel?	duquel?
à laquelle?	de laquelle?
auxquels?	desquels?
auxquelles?	desquelles?

Note also that **de** is often used with the adverb **où**:

—**D'où** venez-vous?

Where *have you been? (lit.:* **Where** *do you come* **from?**)

—Je viens **de** Paris.

I have been in Paris. (lit.: I come **from** *Paris.)*

I *Substitutions*

Répétez les phrases suivantes en substituant les mots indiqués:

1. Qui est **ce monsieur?**
   cette dame / ce jeune homme / cette jeune fille / ce garçon
2. Qu'est-ce qui **arrive?**
   lui arrive / t'arrive / vous arrive / leur arrive
3. D'où **venez-vous?**
   vient-il / vient-elle / viennent-ils / viennent-elles
4. Qu'est-ce qu'**il a fait?**
   tu as / elle a / vous avez / ils ont
5. À qui avez-vous **parlé?**
   De . . . parlé / Chez . . . dîné / Avec . . . déjeuné / Pour . . . acheté ça

247

II *Exercices d'application*

A. *Posez la question à laquelle répond chacune des phrases suivantes en remplaçant le sujet par* **Qui?** *puis par* **Qui est-ce qui?**

EXEMPLE   Mon père a dit cela. → **Qui a dit cela? Qui est-ce qui a dit cela?**

1. Roger est allé au laboratoire.
2. Jean est rentré à la maison.
3. Louis XIV a fait construire ce château.
4. Jean a acheté ce journal.
5. Jean est allé chez les Brown.
6. Marie veut du café.
7. Elle sait la date de la prise de la Bastille.

B. *Posez la question à laquelle répond chacune des phrases suivantes en remplaçant le complément par* **Qui?** *puis par* **Qui est-ce que?**

EXEMPLE   J'ai vu Marie. → **Qui avez-vous vu? Qui est-ce que vous avez vu?**

1. J'ai rencontré Marie.
2. J'ai parlé à Marie.
3. Je suis sorti(e) avec elle.
4. Jean a écrit à M. Brown.
5. Roger a acheté des fleurs pour Marie.
6. Il est allé au bal avec elle.

C. *Posez la question à laquelle répond chacune des phrases suivantes en employant* **À qui . . . ?**

EXEMPLE   Ces gants sont à moi. → **À qui sont ces gants?**

1. Cette motocyclette est à Charles.
2. Ces photos sont à moi.
3. Cette auto est à mon père.
4. Cet imperméable est à mon frère.
5. Ce pull-over est à ma sœur.

D. *Posez la question à laquelle répond chacune des phrases suivantes en remplaçant le sujet par* **Qu'est-ce qui?**

EXEMPLE   Le vent fait ce bruit. → **Qu'est-ce qui fait ce bruit?**

1. Mon auto fait ce bruit.
2. Cette nouvelle me rend triste.
3. Cette nouvelle m'ennuie.
4. Rien ne m'ennuie.
5. Rien ne se passe.
6. Quelque chose de terrible est arrivé.

E. *Posez la question à laquelle répond chacune des phrases suivantes en remplaçant le complément par* **Qu'est-ce que?**, *puis par* **Que?**

1. J'ai acheté des bonbons.
2. Il a dit bonjour.
3. Il a apporté des hors-d'œuvre.
4. Elle n'a rien dit.
5. Je n'ai rien du tout.
6. Nous avons fait une promenade.

F. *Posez la question à laquelle répond chacune des phrases suivantes en remplaçant le complément par* **quoi?**

EXEMPLE   Je pense à l'examen. → **À quoi pensez-vous?**

1. Je pense aux vacances.
2. J'ai besoin de papier à lettres.
3. Nous parlons de notre voyage.
4. Nous commencerons par des hors-d'œuvre.
5. Je finirai par des fruits.

G. *Posez la question à laquelle répond chacune des phrases suivantes en remplaçant le nom par* **Lequel? Laquelle?,** *etc.*

EXEMPLE   Voilà plusieurs jeunes filles. Jeanne est la plus grande. → **Laquelle est la plus grande?**

1. Marie est la plus jolie.
2. Je préfère Marie.
3. Suzanne est la plus intelligente.
4. Hélène et Marguerite sont blondes.
5. Je pense à Suzanne.

H. *Posez la question à laquelle répond chacune des phrases suivantes en employant* **où?** *ou* **d'où?** *ou* **par où?**

EXEMPLE   Je vais en ville. → **Où allez-vous?**

1. Je vais au cinéma cet après-midi.
2. Roger vient des Alpes.
3. Jean vient de Philadelphie.
4. Ils viennent du labo.
5. Jean revient d'Italie.

III   *Demandez à quelqu'un:*

1. qui a construit le château de Versailles.
2. pour qui le château a été construit.
3. ce que c'est qu'un château.
4. laquelle des villes de France est la plus grande.
5. de qui Marie a reçu une lettre hier.
6. à qui pense Marie.
7. ce qui ennuie Marie.
8. ce que la tante de Marie a dit dans sa lettre.

IV   *Thème d'imitation*

Louis XIV is doubtless the most famous[1] of the kings of France. He was born in 1638 and he died in 1715. He had an enormous château built at Versailles. For[2] more than forty years the best artists[3] of the seventeenth century worked at Versailles. The magnificent rooms of the château, the long walks of the park, the beautiful gardens, everything gives an impression of splendor. It is at Versailles that one understands why they called Louis XIV the Sun-King[4].

---

[1] célèbre   [2] pendant   [3] artistes   [4] le Roi-Soleil

Au commissariat de police

Jean donne des renseignements au sujet d'un accident dont il a été témoin.

LE COMMISSAIRE DE POLICE ¹Vous êtes bien M. Jean Hughes, ingénieur-chimiste, ²demeurant huit, rue du Docteur Roux?

JEAN ³Oui, monsieur le commissaire.

LE COMMISSAIRE DE POLICE ⁴Hier après-midi, vous avez été témoin de l'accident ⁵au cours duquel le docteur Lambert a été blessé?

JEAN ⁶Oui, monsieur le commissaire.

THE POLICE COMMISSIONER You are (indeed) Mr. John Hughes, a chemical engineer, who lives at 8 rue du Dr. Roux?

JOHN Yes, sir.

THE POLICE COMMISSIONER Yesterday afternoon you witnessed the accident in the course of which Dr. Lambert was hurt?

JOHN Yes, sir.

LE COMMISSAIRE DE POLICE ⁷Où étiez-vous au moment de l'accident?

JEAN ⁸J'étais devant l'Institut Pasteur.°

LE COMMISSAIRE DE POLICE ⁹Comment l'accident a-t-il eu lieu?

JEAN ¹⁰La chaussée était très glissante, car il avait plu. ¹¹Le docteur Lambert, dont l'auto allait très vite, ¹²n'a pas pu s'arrêter à temps.

LE COMMISSAIRE DE POLICE ¹³À quelle vitesse le camion allait-il ¹⁴quand l'accident a eu lieu?

JEAN ¹⁵À environ 30 kilomètres à l'heure.

LE COMMISSAIRE DE POLICE ¹⁶Je vous remercie, monsieur. ¹⁷Ce que vous venez de dire ¹⁸est d'accord avec les renseignements que nous avons déjà.

THE POLICE COMMISSIONER Where were you at the time of the accident?

JOHN I was in front of the Pasteur Institute.

THE POLICE COMMISSIONER How did the accident occur?

JOHN The street was very slippery, for it had been raining. Dr. Lambert, whose car was going very fast, couldn't stop in time.

THE POLICE COMMISSIONER How fast was the truck going when the accident occurred?

JOHN About 30 kilometers per hour.

THE POLICE COMMISSIONER I thank you, sir. What you have just said agrees with the information we already have.

Cultural Note

The **Institut Pasteur,** founded by the great Louis Pasteur, consists of a hospital, a museum, and a research institute for biological chemistry.

I Substitutions

Répétez les phrases suivantes en substituant les mots indiqués:

1. (a) **Le docteur Lambert** a été blessé.
   Un passant / Un médecin / Un agent de police / Un vieux monsieur
   (b) . . . l'accident au cours duquel **le docteur Lambert** a été blessé.
   un passant / un médecin / un agent de police / un vieux monsieur
2. Le docteur Lambert, dont l'auto allait **très vite,** n'a pas pu s'arrêter à temps.
   assez vite / trop vite / beaucoup trop vite / à trente kilomètres à l'heure
3. Où étiez-vous au moment où **l'accident** a eu lieu?
   la collision / l'incident / la querelle / l'altercation
4. Où étiez-vous au moment de **l'accident?**
   la collision / l'incident / la querelle / l'altercation

251

II *Demandez à quelqu'un:*

1. à qui parle Jean Hughes.
2. pourquoi le commissaire a fait venir Jean Hughes.
3. l'adresse de Jean.
4. sa profession.
5. de quoi il a été témoin.
6. où l'accident a eu lieu.
7. quand l'accident a eu lieu.
8. pourquoi l'accident a eu lieu.
9. comment l'accident a eu lieu.
10. s'il avait plu avant l'accident.

III *Répondez en français à chacune des questions suivantes:*

1. À qui Jean parle-t-il?
2. Où la conversation a-t-elle lieu?
3. Que fait Jean Hughes?
4. Où demeure-t-il?
5. De quoi a-t-il été témoin?
6. Quand l'accident a-t-il eu lieu?
7. Qui a été blessé au cours de l'accident?
8. D'où venait le camion?
9. Où était Jean au moment de l'accident?
10. Pourquoi la chaussée était-elle glissante?
11. Pourquoi le docteur Lambert n'a-t-il pas pu s'arrêter à temps?

IV *Répétez, en remplaçant le passé composé par* Je viens de (I have just) *avec l'infinitif:*

EXEMPLE   J'ai déjeuné. → **Je viens de déjeuner.**

1. J'ai acheté un journal.
2. J'ai trouvé mon écharpe.
3. J'ai fini ma lettre.
4. Je suis allé(e) à la pharmacie.
5. Je me suis levé(e).
6. Je me suis habillé(e).
7. J'ai été témoin de l'accident.

V *Révision:* Avoir quelque chose (to be the matter), arriver à (to happen to someone), se passer (to happen), ennuyer (to bother, to worry someone)

Répétez les phrases suivantes en substituant les mots indiqués:

(a) 1. Qu'est-ce que **tu as?** *(What's the matter?)*
       il a / elle a / vous avez / ils ont / il y a
   2. Qu'est-ce que **tu avais?**
       il avait / elle avait / vous aviez / ils avaient / il y avait
   3. Je ne sais pas ce que **j'avais.**
       il avait / elle avait / ils avaient / elles avaient

252

(b) 1. Qu'est-ce qui **lui** arrive? *(What's happening to him [her]?)*
t(e) / nous / vous / leur

2. Qu'est-ce qui **lui** est arrivé?
t(e) / nous / vous / leur

3. Qu'est-ce qui **t'**ennuie?
l(e) / l(a) / les *m.* / les *f.*

(c) 1. Je ne sais pas ce qui **se passe.**
s'est passé / se passait / se passera / se passerait

VI *Répondez aux questions personnelles suivantes:*

1. Avez-vous jamais été témoin d'un accident d'auto?
2. Y a-t-il beaucoup d'accidents d'auto aux États-Unis?
3. Serait-il possible d'éviter *(avoid)* la plupart de ces accidents?
4. Y a-t-il beaucoup de personnes tuées dans ces accidents?
5. Quelle est souvent la cause des accidents d'autos? (L'ivresse [*intoxication*] du conducteur ou l'excès de vitesse.)
6. Croyez-vous que la limite de vitesse diminue le nombre des accidents?
7. Quelle est cette limite actuellement?
8. Est-ce que la plupart des gens l'observent?

VII *Dictée d'après la Conversation 27, p. 240*

VIII *Causerie*

Vous parlez d'un accident dont vous avez été témoin.

Chez l'horloger°

Ne laissez pas tomber votre montre.

L'HORLOGER° ¹Vous désirez, mademoiselle?

MARIE ²Je voudrais faire réparer cette montre. ³Je l'ai laissée tomber hier, ⁴et elle ne marche plus.

L'HORLOGER *(examinant la montre)* ⁵Où avez-vous acheté cette montre-là?

MARIE ⁶C'est un cadeau de ma mère. Elle l'a achetée aux États-Unis.

L'HORLOGER ⁷Je m'en doutais. ⁸C'est la première fois que je vois une montre de cette marque.

MARIE ⁹De quoi s'agit-il?

L'HORLOGER ¹⁰Il s'agit d'une réparation simple. ¹¹Mais je serai obligé de faire venir un ressort.

MARIE ¹²Pouvez-vous me dire quand ma montre sera prête?

L'HORLOGER ¹³Voyons . . . Je vais commander aujourd'hui le ressort dont j'ai besoin. ¹⁴Je le recevrai sans doute vers le milieu de la semaine prochaine.

MARIE ¹⁵Je voudrais bien avoir ma montre le plus tôt possible.

L'HORLOGER ¹⁶Revenez de mardi en huit.

MARIE ¹⁷Bon. J'attendrai jusque-là.

THE JEWELER What can I do for you, miss?

MARIE I'd like to have this watch repaired. I dropped it yesterday, and now it won't run.

THE JEWELER *(examining the watch)* Where did you buy that watch?

MARIE It's a present from my mother. She bought it in the United States.

THE JEWELER I rather thought so. This is the first time I have seen a watch of that make.

MARIE What's wrong with it? (*lit.:* Of what is it a question?)

THE JEWELER It is a question of a simple repair job. But I'll have to send for a spring.

MARIE Can you tell me when my watch will be ready?

THE JEWELER Let's see . . . Today I'll order the spring I need. I'll probably get it toward the middle of next week.

MARIE I'd certainly like to have my watch as soon as possible.

THE JEWELER Come back a week from Tuesday.

MARIE Okay. I'll wait till then.

Cultural Note

Un horloger is a person who makes, repairs, and sells all types of clocks and watches.

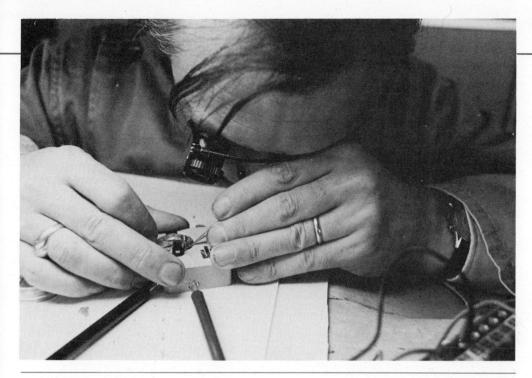

I Substitutions

Répétez les phrases suivantes en substituant les mots indiqués:

1. Je voudrais faire réparer **cette montre.**
    cette auto / cette pendule / ces lunettes *(glasses)* / cette bicyclette
2. **S'agir** followed by a noun or pronoun:
    (a) Il s'agit **d'une réparation simple.**
    d'une vieille maison / d'un vieux livre / d'une montre qui ne marche
    plus / d'une auto qui ne marche plus
    (b) Il s'agissait *(It was a question of)* **d'une réparation difficile.**
    d'une montre américaine / d'un ressort cassé / d'un ami de mon
    père / tout simplement d'un rhume
    (c) **De quoi** s'agit-il?
    De quelle réparation / De quelle espèce de réparation / De quelle
    cousine de Marie / De qui
3. **S'agir** followed by an infinitive:
    Il s'agit **de réparer cette montre.**
    de construire une maison / de faire des courses / de trouver mon
    écharpe rouge / de s'arrêter à temps
4. J'attendrai **jusque-là.**
    jusqu'à mardi prochain / jusqu'à la semaine prochaine / jusqu'à son
    retour / jusqu'à midi

II *Répondez en français, d'après le texte, à chacune des questions suivantes:*

1. Pourquoi Marie va-t-elle chez l'horloger?
2. Qu'est-ce que c'est qu'un horloger?
3. Est-ce que la montre de Marie marche toujours *(still)*?
4. Pourquoi ne marche-t-elle plus?
5. Où la mère de Marie a-t-elle acheté cette montre?
6. Est-ce que l'horloger a déjà vu une montre de cette marque?
7. De quoi s'agit-il?
8. Qu'est-ce que l'horloger sera obligé de faire venir?
9. Pourquoi sera-t-il obligé de faire venir un ressort?
10. Est-ce que l'horloger peut dire à Marie quand sa montre sera prête?
11. Quand va-t-il commander le ressort dont il a besoin?
12. Quand pense-t-il le recevoir?
13. Quand dit-il à Marie de revenir?

III *Demandez en français à quelqu'un:*

1. s'il (si elle) a jamais laissé tomber sa montre.
2. si sa montre s'est arrêtée.
3. si une montre peut marcher sans ressort.
4. ce qui fait marcher une montre.
5. ce qui se passe quand le ressort d'une montre est cassé.
6. de quoi il s'agit.
7. s'il s'agit d'une réparation difficile.
8. ce que l'horloger va commander.

IV *Répondez en français:*

1. Avez-vous fait réparer votre montre?
2. Avez-vous fait réparer votre auto?
3. Marie a-t-elle fait venir le médecin?
4. L'horloger a-t-il fait venir un ressort?
5. Allez-vous faire venir un taxi?
6. Allez-vous faire construire une maison?
7. Qui a fait construire Versailles?
8. Où Marie fera-t-elle réparer sa montre?

V *Répondez aux questions personnelles suivantes:*

1. Avez-vous jamais laissé tomber votre montre?
2. A-t-elle continué à marcher?
3. De quelle marque est-elle?
4. Est-ce que vous l'avez depuis longtemps?
5. Quand elle ne marche pas bien, qu'est-ce que vous faites?
6. Est-ce que vous la faites nettoyer tous les ans?
7. Avez-vous aussi un réveille-matin *(alarm clock)*?
8. Est-ce qu'il vous réveille tous les matins?

256

VI Mettez le passage suivant au passé en employant **l'imparfait, le passé composé, le plus-que-parfait** ou **le conditionnel,** selon le cas:

Un jour Marie laisse tomber sa montre. Elle est très inquiète, car c'est une bonne petite montre que sa mère lui a donnée pour son anniversaire. Quand elle la ramasse, la montre ne marche plus. De plus en plus inquiète, elle va chez l'horloger et lui explique ce qui s'est passé. L'horloger ouvre la montre, prend sa loupe (*magnifying glass*), et regarde l'intérieur. Il trouve que le ressort est cassé. Il demande à Marie où elle a acheté sa montre, car il n'a jamais vu une montre de cette marque. Marie dit que c'est une montre américaine et lui demande s'il pourra la réparer tout de même. L'horloger dit qu'il commandera aujourd'hui même le ressort dont il a besoin, qu'il le recevra dans quelques jours et que Marie pourra revenir de mardi en huit.

VII Dictée d'après la Conversation 28, pp. 250–251

VIII Causerie

Vous avez cassé vos lunettes. Vous avez besoin de nouveaux verres. Vous désirez faire réparer vos lunettes le plus tôt possible car vous ne pouvez rien voir sans elles, etc. L'oculiste répond qu'il est très occupé, qu'il a beaucoup de clients, mais que vous pouvez revenir samedi après-midi à cinq heures.

257

Relative pronouns

71   The relative pronoun *qui*

The relative pronoun **qui** *(who, which, that)* is used as the *subject of a* verb and may refer to persons or things. (Cf. the interrogative form **Qui?**, which refers only to persons.)

—C'est ma cousine **qui** demeure à Reims.

*She's my cousin **who** lives in Rheims.*

—Voici un autre autobus **qui** arrive.

Here comes another bus.

The relative pronoun **qui** is also used as *object of prepositions,* but in this case it may refer only to persons.

—Le docteur Lambert, **à qui** j'ai parlé, est un bon médecin.

*Dr. Lambert, **to whom** I spoke, is a good doctor.*

—La dame **chez qui** je demeure a des chambres à louer.

*The lady **at whose house** I live has rooms to rent.*

72   The relative pronoun que

The relative pronoun **que** *(whom, which)* is used as the *direct object* of a verb and may refer to either persons or things:

—C'est un jeune homme **que** je connaissais quand j'avais dix ans.

*He's a young man (**whom**) I used to know when I was ten.*

—Voici la boutique **que** je cherchais.

*Here's the store (**that**) I was looking for.*

In English the object form of the relative pronoun is practically always omitted: we say *He's a boy I used to know,* rather than *He's a boy whom I used to know;* but in French the relative pronoun must always be expressed in relative clauses.

73   The relative pronoun *dont*

Dont *(whose, of whom, of which, about whom, etc.)* is equivalent to a relative pronoun preceded by the preposition **de**. It may refer to persons or things and is used only after an expressed antecedent.

—Le docteur Lambert, **dont** l'auto allait très vite, n'a pas pu s'arrêter à temps.

*Dr. Lambert, **whose** car was going very fast, could not stop in time.*

—Je vais commander aujourd'hui le ressort **dont** j'ai besoin.

*I am going to order today the spring **which** I need (**of which** I have need).*

—Voilà la montre **dont** il s'agit.

*Here is the watch I am talking about (lit., **of which** it is a question).*

74 Relative pronouns *lequel, laquelle, lesquels, lesquelles* (which)

To refer to *things*, **lequel**, etc., is the relative pronoun you use after prepositions such as: **à, avec, dans, pour, sans,** etc. When used with the prepositions **à** and **de**, the forms are **auquel, duquel,** etc.

—L'auto **dans laquelle** il était est entrée en collision avec un camion.

*The car **in which** he was collided with a truck.*

—La lettre, **à laquelle** j'ai déjà répondu, est sur mon bureau.

*The letter, **to which** I have already replied, is on my desk.*

—Les vacances **auxquelles** je pense seront, hélas, trop courtes.

The vacation I am thinking about will, alas, be too short.

(1) The forms **duquel, de laquelle,** etc., are rarely used since **dont** is the equivalent of a relative pronoun with preposition **de**. However, with the prepositional expressions **à côté (de), près (de), autour (de), au cours (de), au-dessus (de),** etc., the forms **duquel,** etc., must be used. **Dont** cannot be used with these expressions. EXEMPLE: l'accident **au cours duquel . . .**; la maison **près de laquelle . . .**

(2) Note that in clauses indicating time or place, **où** is ordinarily used instead of **auquel, dans lequel,** etc. Thus it corresponds to English *when* as well as *where*. EXEMPLE: La ville **où** je suis né(e). *The city in which (where) I was born.* L'année **où** je suis né(e). *The year in which (when) I was born.*

75 Use of *ce qui, ce que* (what, that which)

A. Subject form *ce qui*

—J'irais en Afrique voir **ce qui** se passe là-bas.

*I'd go to Africa to see **what** is going on there.*

—Savez-vous **ce qui** se passe en Afrique?

*Do you know **what** is going on in Africa?*

259

Ce qui is the relative pronoun which corresponds to the interrogative pronoun **Qu'est-ce qui?** EXEMPLE: **Qu'est-ce qui** se passe en Afrique? *(interrogative)*—Je ne sais pas **ce qui** se passe en Afrique. *(relative)*

Note that the entire clause **ce qui se passe en Afrique** is the direct object of **voir** and of **Savez-vous. Ce qui** is the subject of **se passe.**

B. Object form *ce que*

—**Ce que** vous venez de me dire est très vrai.	**What** *you have just told me is quite true.*
—**Ce qu'**il dit est absurde.	**What** *he says is absurd.*

Ce que is the relative pronoun which corresponds to the interrogative form **Qu'est-ce que?** EXEMPLE: —**Qu'est-ce que** vous avez dit? *(interrogative)*—Je n'ai pas entendu **ce que** vous avez dit. *(relative)* Note that in the examples above, the clause **Ce qu'il dit** is the subject of **est;** but that **ce qu'** is the object of **dit.**

I Substitutions

Répétez les phrases suivantes en substituant les mots indiqués:

1. Voilà ma cousine **qui demeure à Reims.**
   que vous connaissez / dont nous avons parlé hier / à qui je vous ai présenté / pour qui j'ai acheté cela
2. Voici les gants **dont je vous ai parlé.**
   qui sont en solde *(on sale)* / que je vais acheter / dont il s'agit / qui m'intéressent
3. Je ne me rappelle pas **ce qu'il a dit.**
   ce qu'il a fait / ce qui lui est arrivé / ce dont* il a parlé / ce qui s'est passé

II Exercices d'application

A. *Répétez les phrases suivantes en employant* **Voilà . . . qui . . . :**

EXEMPLE   Un autobus arrive → **Voilà un autobus qui arrive.**

1. Ma cousine demeure à Reims.
2. Mon ami va se marier.
3. Un taxi s'arrête.
4. Un avion passe.
5. Le printemps arrive.
6. Les feuilles tombent *(The leaves are falling).*
7. Le vent se lève.
8. Les enfants s'amusent.

---

* Since you say **parler de,** you use **ce dont** here instead of **ce que,** which is the direct object form.

B. *Répétez les phrases suivantes en employant* **Voilà le (la, les) . . . que . . . :**

EXEMPLE J'ai acheté des croissants. → **Voilà les croissants que j'ai achetés.**

1. J'ai acheté des livres.
2. J'ai planté des fleurs.
3. J'ai reçu une lettre.
4. Je cherchais ma cravate.
5. Nous avons trouvé de l'argent.

6. Nous avons commandé un ressort.
7. Il a fait réparer cette montre.
8. Il m'a donné cette adresse.

C. *Répétez les phrases suivantes en employant* **Voilà le (la, les) . . . dont . . . :**

EXEMPLE J'ai besoin de papier à lettres. → **Voilà le papier à lettres dont j'ai besoin.**

1. J'ai besoin de gants.
2. J'ai besoin d'argent.
3. Il a besoin de monnaie.
4. Il a besoin d'un ressort.
5. Je vous ai parlé de cette jeune fille.

6. Il vous a parlé de ce musée.
7. J'ai entendu parler de ce château.
8. Il s'agit de ce journal.

261

D. *Répétez en employant* Voilà le (la, les) . . . (à, pour, avec, chez)
qui . . . :

EXEMPLE Je suis allé(e) au cinéma avec cette jeune fille. →
Voilà la jeune fille avec qui je suis allé(e) au cinéma.

1. J'ai parlé à cet agent de police.
2. J'ai envoyé des fleurs à cette jeune fille.
3. J'ai donné le journal à cet étudiant.
4. J'ai demandé des renseignements à cet agent de police.
5. Je suis allé(e) au cinéma avec ce jeune homme.
6. J'ai fait une promenade avec ce petit garçon.

III *Répondez à chacune des questions suivantes en commençant par* Je ne sais pas ce qui . . . :

EXEMPLE Qu'est-ce qui se passe? → **Je ne sais pas ce qui se passe.**

1. Qu'est-ce qui s'est passé?
2. Qu'est-ce qui arrive?
3. Qu'est-ce qui est arrivé?
4. Qu'est-ce qui lui est arrivé?
5. Qu'est-ce qui ennuie Marie?
6. Qu'est-ce qui l'ennuie?
7. Qu'est-ce qui la rend triste?
8. Qu'est-ce qui l'a rendue malade?

IV *Répondez à chacune des questions suivantes en commençant par* Je ne sais pas ce qu(e) . . . :

EXEMPLE Qu'est-ce qu'il a dit? → **Je ne sais pas ce qu'il a dit.**

1. Qu'est-ce qu'il a acheté?
2. Qu'est-ce qu'il a fait?
3. Qu'est-ce que vous ferez ce soir?
4. Qu'est-ce que l'horloger a commandé?
5. Qu'est-ce qu'il a reçu?
6. Qu'est-ce que vous feriez si vous étiez riche?

V *Répondez à chacune des questions suivantes en commençant par* Je ne sais pas:

1. Comment s'appelle la dame chez qui Jean demeure?
2. Est-ce que la chambre que Jean a louée est agréable?
3. Est-ce que Jean a lu le journal aujourd'hui?
4. Savez-vous avec qui Charles ira en vacances?
5. Quand a-t-il l'intention de partir?
6. Est-ce qu'il est toujours à Paris?
7. Y avait-il beaucoup de monde à l'arrêt de l'autobus?
8. Quel temps faisait-il le jour où l'accident a eu lieu?
9. D'où venait le camion?

VI *Thème d'imitation*

Yesterday, Roger told John that there was a good film at the Cinéma Marignan. He asked him if he wanted to go to see it. It was an American film which John had already seen in the United States. But he gladly accepted Roger's invitation. John thought[1] that the film was in English. He was very much surprised[2] when he heard Hollywood actors and actresses talking[3] French perfectly[4] and with the best accent.

---

[1]*croyait   [2]*Il a été très surpris   [3]*parler   [4]*parfaitement

Versailles

Un bel après-midi de mai, Jean et Roger ont décidé d'aller visiter le château de Versailles. Jean connaissait l'histoire de l'ancienne résidence royale, dont il avait vu des photographies. Mais il faut aller à Versailles pour se rendre compte de ce qu'est vraiment le palais de Louis XIV. L'ensemble est si vaste que la photographie ordinaire ne peut en donner qu'une vue fragmentaire—une pièce d'eau, une allée dans le parc, un coin du palais ou d'un des Trianons. Si la photographie aérienne peut donner une vue d'ensemble, elle ne donne ni échelle, ni perspective, ni détails. Jean ne s'attendait pas à trouver des vues si lointaines et si habilement ménagées.

À ce moment de l'année, les touristes, encore peu nombreux, semblaient perdus dans l'immensité des jardins et du parc, parmi les statues impassibles des dieux et des déesses. À l'intérieur du palais, Jean trouve la décoration des grandes galeries un peu lourde, un peu trop somptueuse, avec tous ces guerriers musclés et cuirassés, ces armes, ces plumes, ces chevaux impétueux.*

—Je n'y peux rien, lui explique Roger, c'est le style du temps. On aimait représenter les femmes qui maintenant nous paraissent un peu grasses et qui prenaient des attitudes qui, à l'heure actuelle, nous paraissent peu naturelles. Le goût change, tu sais. Peut-être que dans deux ou trois siècles ce que nous aimons maintenant paraîtra vieux jeu. C'est même très probable.

Tout cela n'empêche pas Jean d'être fort impressionné. On peut ne pas aimer Versailles, le trouver trop froid et trop majestueux. Personne ne peut nier que c'est une étonnante œuvre d'art.

Le lendemain matin, de retour à Paris, Jean va chez un horloger faire réparer sa montre. Arrivé au coin d'une rue, il entend tout à coup un grand bruit métallique. Une auto vient d'entrer en collision avec un camion. Le chauffeur descend de son camion sain et sauf. L'automobiliste a eu moins de chance: il est sans connaissance au volant de son auto. Aussitôt les passants s'assemblent à l'endroit où l'accident a eu lieu, et plusieurs d'entre eux s'occupent de la victime. Deux agents arrivent. L'un d'eux s'approche de Jean et tire un petit carnet de sa poche.

—C'est toujours à moi que ces choses arrivent, se dit Jean. Vingt personnes au moins ont été témoins de l'accident, et je suis celui que l'agent choisit pour avoir des renseignements!

---

* **Impétueux-impétueuse,** *impetuous, fiery.*

LE PETIT TRIANON

LE GRAND TRIANON

Néanmoins, Jean donne volontiers tous les détails qu'il peut donner. Après avoir indiqué son nom et son adresse, il donne sa version de l'accident. Il lui a semblé que l'automobiliste allait trop vite, car il avait plu et la chaussée était fort glissante.

—Je vous remercie, monsieur, dit l'agent de police en remettant son petit carnet dans sa poche. Le commissaire de police du XVe arrondissement vous enverra une convocation s'il a besoin de renseignements supplémentaires.

—Zut alors! pense Jean. Maintenant, je vais être obligé d'aller au commissariat de police du XVe arrondissement! Quelle barbe!

QUESTIONS

1. Est-ce que Jean avait entendu parler du château de Versailles?
2. Est-ce qu'il avait vu des photographies du château?
3. Y avait-il beaucoup de touristes le jour où il est allé à Versailles?

265

4. Qu'est-ce qu'il a pensé de la décoration des galeries?
5. Comment aimait-on alors représenter les femmes?
6. Est-ce que le goût change d'une époque à l'autre?
7. Est-ce que cela l'a empêché d'être impressionné?
8. Qu'est-ce que Jean a fait le lendemain matin?
9. Qu'est-ce qui s'est passé quand il est arrivé au coin d'une rue?
10. Est-ce que le chauffeur du camion a été blessé au cours de l'accident?
11. Comment a-t-on trouvé l'automobiliste après l'accident?
12. Qui s'est occupé de la victime?
13. Qu'est-ce que l'agent de police a demandé à Jean?
14. Qu'est-ce que Jean pense de ce qui lui est arrivé?

VOCABULAIRE: D'AUTREFOIS

le **roi** king
*la **reine** queen
*la **royauté** royalty
le **royaume** kingdom
*la **règle** rule
*le **règne** reign
l' **histoire** f history, story
le **palais** palace
la **résidence** residence
la **fontaine** fountain
*la **cour** court
le **courtisan** courtier
le **guerrier** warrior
l' **arme** f weapon
cuirassé armored
le **cheval** horse
*le **chevalier** knight
*le **mousquetaire** musketeer
la **bataille** battle
la **chasse** hunting, hunting season
la **prise** taking, capture
la **conquête** conquest
la **flotte** navy
le **style** style
le **goût** taste
l' **œuvre d'art** f work of art
la **galerie** gallery, hall
la **décoration** f decoration

sompteux, sompteuse sumptuous
étonnant astonishing
majestueux, majestueuse majestic
inoubliable unforgettable
vaste vast
la **pièce d'eau** ornamental pool

accord, d'accord in agreement (with); O.K.
avoir l'air to seem
le **témoin** witness
être témoin de to witness
occupé busy
s'occuper de to take care of
se rendre compte to realize
sans doute without doubt; probably
se douter de to suspect
vouloir to want, wish
vouloir bien to be willing, be kind enough to
en effet indeed

hélas alas
C'est dommage. It's too bad.
alors then
*Zut! Confound it!
plusieurs several
Je n'y peux rien. I can't help it.
venir de to have just
la **pièce** coin; play; piece
nier to deny
empêcher to prevent
ennuyer to bother, worry
*s'ennuyer to be bored, bothered
jaloux, jalouse jealous
la **marque** name, brand
le **milieu** middle
paraître to seem, to appear
passer to spend, go by
aménager to lay out
la **réparation** repair
pendant during
servir to serve, to be of use
se servir to help oneself
lointain distant
autour de around

Demonstrative pronouns

76 Forms and uses of *celui-ci* (this one), *celui-là* (that one), etc.

—Nous avons de jolies écharpes.	*We have pretty scarves.*
—Que pensez-vous de **celle-ci?**	*What do you think of **this one?***
—C'est combien?	*How much is it?*
—Vingt francs.	*Twenty francs.*
—Et **celle-là?**	*And **that one?***

The forms of **celui-ci**, etc., are:

SINGULAR		PLURAL	
celui-ci *(m.)*	*this one*	ceux-ci *(m.)*	*these*
celle-ci *(f.)*		celles-ci *(f.)*	
celui-là *(m.)*	*that one*	ceux-là *(m.)*	*those*
celle-là *(f.)*		celles-là *(f.)*	

You use **celui-ci, celui-là**, etc., to distinguish between persons or things within a group. They agree in gender and number with the word to which they refer. In speaking of handkerchiefs *(mouchoirs, m.)* you say: Que pensez-vous de **celui-ci** *(sing.)*, **ceux-ci** *(pl.)?*

77 Use of *celui, celle* (the one); *ceux, celles* (the ones)

These forms, as opposed to the forms **celui-ci**, etc., are always modified by a relative clause or a prepositional phrase.

A. Modified by a relative clause

—J'ai plusieurs cousins. **Celui qui** habite à Paris s'appelle Lambert.	*I have several cousins. **The one** who lives in Paris is named Lambert.*
—**Ceux qui** habitent à Tours s'appellent Dupuy.	*The ones who live in Tours are named Dupuy.*
—**Celui que** vous connaissez arrive ce soir.	*The one you know arrives this evening.*
—**Celui à qui** j'ai écrit est architecte.	*The one I wrote to is an architect.*
—**Celui dont** je vous ai parlé hier va se marier.	*The one I mentioned (**of whom** I spoke to you) yesterday is going to get married.*

267

The most common combinations of **celui,** etc., with relative pronouns are:

(MASCULINE SINGULAR)   celui qui, celui que, celui dont, celui auquel, etc.
(FEMININE SINGULAR)   celle qui, celle que, celle dont, celle à laquelle, etc.
MASCULINE PLURAL)   ceux qui, ceux que, ceux dont, ceux auxquels, etc.
(FEMININE PLURAL)   celles qui, celles que, celles dont, celles auxquelles, etc.

B.

—Une de mes amies a une jolie écharpe.	*One of my friends has a pretty scarf.*
—De quelle couleur est **celle de votre amie?**	*What color is* **your friend's?**
—Je n'aime pas ce manteau.	*I don't like that coat.*
—**Celui de Marie** est plus joli.	**Mary's** *is prettier.*

(1) In English we say: *My book and my friend's.* In French you say: **Mon livre et celui de mon ami** *(that of my friend).*
(2) Note that **l'un** *(the one)* is not a demonstrative pronoun and cannot be used in place of **celui, celle,** etc. Although in English we say: *The one I bought,* you must say: **Celui** (or **celle**) **que j'ai acheté(e).**

78   Use of *ceci* (this) and *cela,* ça* (that)

Unlike the other demonstrative pronouns, **ceci** and **cela** are used to refer to something that has not been specifically named. They never refer to persons. They are used:

A.   To refer to an idea, a statement, or a situation

—Ça (cela) m'est égal.	**That** (*or* It) *is all the same to me.*
—Est-ce que **ça (cela)** vous rend triste?	*Does* **that** *make you sad?*
—Pourquoi dites-vous **ça (cela)?**	*Why do you say* **that?**
—**Ceci** est très important.	**This** *is very important.*
—J'espère que **cela** n'était rien.	*I hope* **it** *wasn't serious.*

B.   To refer to objects that have not been specifically named

—Qu'est-ce que c'est que **ça (cela)?**	*What is* **that?**
—J'ai choisi **ceci** pour mon frère et **cela** pour ma sœur.	*I chose* **this** *for my brother and* **that** *for my sister.*

* Cela and ça have the same use and meaning, but **cela** is more formal.

I Substitutions

Répétez les phrases suivantes en substituant les mots indiqués:

1. Voilà de belles écharpes. Celle-ci **est en solde** (on sale).
   est bon marché / n'est pas chère du tout / est très jolie / est en soie
2. **Ces gants** sont en solde.
   Ceux-ci / Ceux que j'ai choisis / Ceux qui sont jaunes / Ceux dont je vous ai parlé
3. Nous avons plusieurs bicyclettes. Voilà **celle de mon père.**
   celle de ma petite sœur / celle qui vient d'Angleterre / celle que j'ai achetée l'an dernier (l'année dernière) / celle dont la chaîne est cassée
4. Cela **m'est égal.**
   ne fait rien / me rend triste / me fait plaisir / n'a pas d'importance/ ne veut rien dire (means nothing)

II Exercices d'application

Répétez les phrases suivantes, en remplaçant le nom par le pronom démonstratif.

A. EXEMPLE Envoyez-moi cette écharpe-ci. → **Envoyez-moi celle-ci.**

1. Envoyez-moi ce manteau-là.
2. Envoyez-moi ces mouchoirs-ci.
3. Envoyez-moi cette photo-ci.
4. Envoyez-moi ces photos-là.
5. Envoyez-moi ces gants-là.
6. Envoyez-moi ce livre-ci.

B. EXEMPLE J'ai acheté ces gants à Paris. →
J'ai acheté ceux-ci (ou **ceux-là**) à Paris.

1. J'ai acheté cette robe à Paris.
2. J'ai acheté cette auto à Paris.
3. J'ai acheté ce pull-over à Paris.
4. J'ai acheté ces cravates à Paris.
5. J'ai acheté ce pardessus à Paris.
6. J'ai acheté ces montres à Paris.

C. EXEMPLE Ma cousine qui demeure à Reims s'appelle Duval. →
Celle qui demeure à Reims s'appelle Duval.

1. Mes cousines qui demeurent à Paris s'appellent Dupuy.
2. Mes cousins qui demeurent à Lyon s'appellent Dupont.
3. Mon cousin qui demeure à Philadelphie s'appelle Hughes.
4. Mon cousin dont nous parlions habite à Rome.
5. Ma cousine que vous avez vue hier est gentille.

D. EXEMPLE Voilà le livre de Jean. → **Voilà celui de Jean.**

1. Voilà les livres de Jean.
2. Voilà les livres de Marie.
3. Voilà la cravate de Roger.
4. Voilà l'auto de mon frère.
5. Voilà le journal de mon père.
6. Voilà la plume de ma tante.
7. Voilà le stylo à bille de mon frère.

269

III *Répétez les phrases suivantes en employant dans chacune d'elles un pronom possessif et un pronom démonstratif:*

EXEMPLE   Mon livre et le livre de mon (ma) camarade. → **Le mien et celui de mon (ma) camarade.** *(Mine and my friend's.)*

1. Ma montre et la montre de mon ami.
2. Mes gants et les gants de mon ami.
3. Son écharpe et l'écharpe de son ami.
4. Mon écharpe et l'écharpe de Marie.
5. Mon auto et l'auto de mon frère.
6. Nos parents et les parents de notre ami.

IV *Répondez en français, en employant un pronom démonstratif:*

EXEMPLE   Voilà deux écharpes. Laquelle préférez-vous? → **Je préfère celle-ci.**

1. Voilà de belles reproductions. Laquelle préférez-vous?
2. Voilà des cartes-postales. Lesquelles allez-vous acheter?
3. Cette jeune fille-ci est-elle aussi grande que cette jeune fille-là?
4. Est-ce que ce livre-ci est aussi gros que ce livre-là?
5. Est-ce que le château de Chantilly est aussi grand que le château de Versailles? (Non . . .)
6. Aimez-vous mieux les tableaux de Renoir que les tableaux de Monet?
7. Aimez-vous mieux les romans *(novels)* de Dumas que les romans de Balzac?
8. Préférez-vous la musique de Debussy ou la musique de Berlioz?

V *Thème d'imitation*

John and Roger spent the afternoon in the Jardin du Luxembourg, near the University. There were many students there with their girl friends,[1] many children with their nurses,[2] and many Parisians who had come there to look at the people, the sky, the flowers, and the trees.

John was looking at an elderly gentleman dressed in black who was giving bread to the birds.[3] Suddenly[4] an old lady came and said to John: "Sir, will you please[5] pay me for your chair?[6] It's one and a half francs."[7] Roger told John that in France in the public parks,[8] you **(on)** rent a chair for the afternoon. "After all, you rent a room for a week or for a month," said John to himself.[9] "Why not rent[10] a chair for an afternoon?" And he gave the old lady what she was asking for.

---

[1]*girl friend,* **une amie**   [2]*nurse,* **la bonne**   [3]*bird,* **l'oiseau—les oiseaux** *(m.)*   [4]*suddenly,* **tout à coup**   [5]**Voulez-vous bien**   [6]*pay me for your chair,* **me payer votre chaise**   [7]**un franc cinquante**   [8]**dans les jardins publics**   [9]**s'est dit Jean.** Note that in French, after a direct quotation the subject of the verb *said, answered, asked,* etc., always follows the verb. EXEMPLE: **a dit Roger, a-t-il dit, a demandé Marie, a répondu Roger,** etc.   [10]*Why not rent,* **Pourquoi ne pas louer.**

Excursion à la campagne

Nos amis ont l'intention d'aller à Fontainebleau,° mais en chemin ils se trompent de route.

ROGER [1]Il y a presque deux heures que nous avons quitté Melun.

JEAN [2]Je commence à avoir mal aux jambes. [3]Je n'ai plus l'habitude de faire du vélo.

ROGER [4]J'ai l'impression que nous avons pris la mauvaise route.

JEAN [5]Moi aussi, j'en ai bien peur.

ROGER [6]Voilà un homme qui travaille dans son champ. [7]Il pourra nous donner des renseignements.

ROGER We left Melun almost two hours ago.

JOHN My legs are beginning to hurt. I am no longer used to bicycling.

ROGER I think we took the wrong road.

JOHN Me too, I'm afraid so.

ROGER There's a man working his field. He can give us information.

LE CHÂTEAU DE FONTAINEBLEAU

ROGER *(à l'homme)* [8]Est-ce que nous sommes loin de Fontainebleau?

L'HOMME [9]Mais oui, mon pauvre monsieur. [10]Je suis fâché de vous apprendre [11]que vous vous êtes trompé de route.

ROGER [12]Comment y va-t-on, alors?

L'HOMME [13]Vous voyez ce village, là-bas? [14]C'est Barbizon.° Allez-y. [15]À la sortie du village, prenez le premier chemin à gauche. *(De la main gauche, il indique la direction.)* [16]Il vous mènera à Fontainebleau.

ROGER [17]À quelle distance est-ce d'ici?

L'HOMME [18]C'est à sept ou huit kilomètres.

ROGER [19]Zut alors! Par cette chaleur, ce n'est pas drôle!

L'HOMME [20]Si vous avez chaud et si vous avez soif, [21]vous pourrez vous arrêter à Barbizon. [22]C'est ma femme qui tient le petit café [23]juste en face de l'église.

ROGER *(to the man)* Are we far from Fontainebleau?

THE MAN You certainly are, sir. I am sorry to tell you that you took the wrong road.

ROGER Then how do we get there?

THE MAN You see that village over there? It's Barbizon. Go to it. As you leave the village, take the first road on the left. *(With his left hand, he points out the direction)* It will take you to Fontainebleau.

ROGER How far is it from here?

THE MAN It's seven or eight kilometers.

ROGER Well, confound it! In such hot weather, that's not funny!

THE MAN If you are hot and (if you) are thirsty, you can stop at Barbizon. My wife runs the pub right across the street from the church.

Cultural Notes

Fontainebleau, famous for its Renaissance chateau and beautiful forest, is some fifty kilometers southeast of Paris. The forest is immense, over 30,000 acres in extent, and the handsome chateau is, in reality, several buildings that were constructed for successive kings of France. The chateau is second in size and magnificence only to Versailles. Thanks to its pleasant location and its excellent hunting, it was for a long time the favorite royal residence.

Barbizon is a village near Fontainebleau. In the nineteenth century, this village was the favorite residence of several famous painters, among them Corot and Millet and so has given its name to a school of painting, known in particular for landscapes.

I Substitutions

Répétez les phrases suivantes en substituant les mots indiqués:

1. (a) Il y a presque deux heures que* **nous avons quitté Melun.**
        nous avons quitté la maison / nous sommes arrivé(e)s / je suis
        parti(e) / Jean et Roger sont partis
    (b) Voilà presque deux heures que **nous avons quitté Melun.**
        nous avons quitté la maison / nous sommes arrivé(e)s / je suis
        parti(e) / Jean et Roger sont partis
2. Je commence à avoir mal **aux jambes.**
        à la tête / aux yeux / aux pieds / à la gorge / à l'estomac
3. J'ai l'impression que **nous avons pris la mauvaise route.**
        nous ne sommes pas sur la bonne route / nous n'avons pas pris
        la bonne route / nous nous sommes trompé(e)s de route / nous
        avons pris le mauvais chemin
4. Je n'ai plus l'habitude **de faire du vélo.**
        de marcher / de travailler le soir / de me lever de bonne
        heure / de me coucher tard

II Demandez à quelqu'un:

1. s'il y a longtemps que Jean et
    Roger ont quitté Melun.
2. pourquoi Jean commence à
    avoir mal aux jambes.
3. ce que fait l'homme à qui Roger
    demande des renseignements.
4. pourquoi Roger demande des
    renseignements.
5. ce que Roger demande.
6. si Jean et Roger sont sur la
    mauvaise route.

III Répondez en français à chacune des questions suivantes:

1. Où vont Roger et Jean?
2. Comment voyagent-ils?
3. Combien de temps y a-t-il
    qu'ils ont quitté Melun?
4. Est-ce que Jean est fatigué?
5. Pourquoi a-t-il mal aux
    jambes?
6. Est-ce qu'ils sont sur la bonne
    route?
7. À qui Roger demande-t-il des
    renseignements?
8. Qu'est-ce qu'il demande à
    l'homme qui travaille dans
    son champ?
9. Est-ce qu'ils sont près d'un
    village?
10. Comment s'appelle ce village?
11. Quelle route l'homme leur dit-il
    de prendre à la sortie du village?
12. Où cette route les mènera-t-elle?
13. À quelle distance de Barbizon
    est Fontainebleau?

---

* **Il y a . . . que, voilà . . . que** as expressions of time: When **il y a . . . que,
voilà . . . que** are used with a **passé composé**, they mean *ago*. EXAMPLE: **Il y a deux heures
que nous avons quitté Melun. Voilà deux heures que nous avons quitté Melun.**
When used with a present indicative, **il y a . . . que, voilà . . . que** indicate that the action
began in the past and is still going on at the time the statement is made. They have
practically the same meaning as **depuis.**
Depuis combien de temps attendez-vous l'autobus? OR Combien de temps **y a-t-il que** vous
attendez l'autobus?
Je l'attends **depuis** un quart d'heure. OR **Voilà** un quart d'heure **que** je l'attends.

IV *Mettez les paragraphes suivants au passé en employant* **l'imparfait, le passé composé,** *ou* **plus-que-parfait** *selon le cas:*

Roger et Jean décident un jour d'aller voir des cousins de Roger qui habitent à la campagne, dans le voisinage de Fontainebleau. Le lendemain, ils se lèvent de bonne heure et vont par le train jusqu'à Melun. Là, ils louent des bicyclettes et continuent leur voyage. C'est une belle journée de printemps, le ciel est bleu, le soleil brille. Tout à coup Roger annonce qu'ils ont sans doute pris la mauvaise route. « Où sommes-nous? » demande-t-il à Jean. Jean répond non sans raison qu'il est en France depuis quelques mois, qu'il n'est jamais allé voir les Deschamps, et que si Roger ne sait pas où il est, lui, Jean, le sait encore moins que lui . . . Un homme qui travaille dans son champ, et à qui Roger demande des renseignements, finit par les mettre sur la bonne route. L'homme ajoute qu'il fait chaud, que la route est encore longue.

Il leur conseille donc de s'arrêter au petit café du village, d'autant plus que c'est sa femme qui le tient. Même si le conseil est quelque peu intéressé, les deux amis en profitent volontiers.

V *Répondez en français à chacune des questions personnelles suivantes:*

A. *quitter, partir de*

1. À quelle heure avez-vous quitté la maison ce matin?
2. À quelle heure êtes-vous parti(e) de la maison ce matin?
3. Êtes-vous parti(e) sans déjeuner?
4. Avez-vous quitté la maison sans déjeuner?
5. Y a-t-il longtemps que vous avez quitté la maison?
6. Y a-t-il longtemps que vous êtes parti(e) de la maison?

B. *combien de temps y a-t-il que . . . ? depuis quand?*

1. Combien de temps y a-t-il que vous êtes ici?
2. Combien de temps y a-t-il que vous étudiez le français?
3. Combien de temps y a-t-il que vous êtes à l'Université?
4. Depuis quand êtes-vous à l'Université?
5. Depuis quand étudiez-vous le français?

VI *Répondez en français aux questions personnelles suivantes:*

1. Aimez-vous faire du vélo?
2. Pourquoi faire de la bicyclette est-il devenu populaire aux États-Unis?
3. Quelle est votre marque *(make)* préférée?
4. Vend-on beaucoup de bicyclettes françaises aux États-Unis?
5. Connaissez-vous la marque de certaines de ces bicyclettes?
6. Croyez-vous qu'il est dangereux d'aller à bicyclette aux États-Unis?
7. Pourquoi?
8. Que pensez-vous de la motocyclette?
9. Est-elle plus dangereuse, à votre avis, que la bicyclette?
10. Combien coûte une motocyclette?

VII *Dictée d'après la Conversation 29, p. 254*

VIII *Conversation*

Vous vous êtes égaré(e) *(lost)* dans la forêt de Fontainebleau. Vous demandez le chemin de Barbizon à un peintre qui travaille dans la forêt. Il vous indique la route à suivre, et vous achetez son tableau.

Irregular verbs in –*er* and in–*ir*

79 Remarks about irregular verbs

The easiest and quickest way to learn irregular verbs is to examine their forms carefully, note which forms are irregular, and practice using them in exercises such as those suggested below. It is perhaps useful to note:

A. Present indicative

The only tense of irregular verbs that is practically always irregular is the present indicative.

(1) STEM: Instead of having one stem throughout the tense like **parler** (**PARL**–)—irregular verbs generally have two stems, one for the first and second person plural and another for the other person. Sometimes this difference is very striking (**je vais, nous allons**) and sometimes it is scarcely noticeable (**je connais, nous connaissons**).
(2) ENDINGS: Practically all irregular verbs have the present indicative endings **–s, –s, –t, –ons, –ez, –ent,** but a few have **–e, –es, –e** in the singular.

B. Future

Very few irregular verbs have an irregular future (and conditional). Those that *are* irregular are irregular only in the stem: **aller—j'irai; envoyer— j'enverrai,** etc.

C. Imperfect

Except for **être,** the imperfect always follows the pattern of regular verbs: i.e., the endings, which are always the same, are used with the stem of the first person plural of the present indicative: **nous allons—nous allions, nous envoyons—nous envoyions** (see paragraph 55, Grammar Unit 13).

D. Past Participle

The past participle of irregular verbs follows several different patterns. Those following the same pattern are grouped together in the following paragraphs.

80 Irregular verbs ending in –er

There are only two irregular verbs in this group: **aller**, *to go*, and **envoyer**, *to send*. **Renvoyer**, *to send back, to send away*, is of course conjugated like **envoyer**.

81 *Aller* (to go)

—Où **allez-vous** ce soir?	*Where **are you going** this evening?*
—Je **vais** au cinéma.	*I **am going** to the movies.*
—Où **êtes-vous allé(e)** l'été dernier?	*Where **did you go** last summer?*
—Je **suis allé(e)** à la campagne.	*I **went** to the country.*
—Comment **irez-vous** en ville?	*How **will you go** downtown?*
—J'**irai** à pied.	*I **shall** walk.*

PRÉSENT: Je vais, tu vas, il va, nous allons, vous allez, ils vont.
IMPARFAIT: J'allais.
PASSÉ COMPOSÉ: Je suis allé(e).
FUTUR: J'irai.

82. Special uses of *aller* (to go), and *s'en aller* (to leave, to go away)

—Je **vais** chercher mon pardessus.	*I **am going** to get my overcoat.*
—À quelle heure **allez-vous** à l'aéroport?	*At what time **are you going** to the airport?*
—J'**y vais** à cinq heures.	*I **am going** (there) at five o'clock.*
—Quand **partez-vous**?	*When **are you leaving**?*
—Je **m'en vais** demain soir.	*I **am leaving** tomorrow evening.*

Note that **s'en aller** and **partir** have practically the same meaning and use except that **s'en aller** is rarely used in compound tenses. It is conjugated like **aller** except that it is reflexive: **Je m'en vais, il s'en va**, etc.

83 *Envoyer* (to send)

—**Envoyez-vous** des cartes postales à vos amis quand vous voyagez?	*Do you **send** post cards to your friends when you travel?*
—Oui, j'en **envoie** quelquefois.	*Yes, I **send** some occasionally.*
—J'**ai envoyé** hier des fleurs à ma grand-mère.	*I **sent** some flowers to my grandmother yesterday.*

277

—**Nous** vous **enverrons** la facture.   **We shall send** *you the bill.*

—**J'ai envoyé** chercher le journal.   **I sent** *for the paper.*

—Je pourrai vous **le faire envoyer**   *I can* **have it sent** *to you this*
cet après-midi.   *afternoon.*

PRÉSENT: J'envoie, tu envoies, il envoie, nous envoyons, vous envoyez, ils
envoient.
IMPARFAIT: J'envoyais, etc.
PASSÉ COMPOSÉ: J'ai envoyé, etc.
FUTUR: J'enverrai, etc.

84 First group of irregular verbs in *–ir: partir, sortir, sentir, servir, dormir,* etc.

The characteristics of this group are that they all have two stems in the
present indicative: **par–**, **part–**, **sor–**, **sort–**, **sen–**, **sent–**, etc., and a past
participle ending in **–i**—which is to say that they are irregular only in the
present indicative.

A. *partir* (to leave)

—Quand **partez-vous?**   *When* **are you leaving?**

—Mon train **part** à neuf heures.   *My train* **leaves** *at nine o'clock.*

—Je **partirai** de la maison à huit   *I shall* **leave** *the house at 8:30.*
heures et demie.

PRÉSENT: Je pars, tu pars, il part, nous partons, vous partez, ils partent.
IMPARFAIT: Je partais. *PASSÉ COMPOSÉ:* Je suis parti(e). *FUTUR:* Je partirai.

B. *sortir* (to go out) (intransitive)

—**Est-ce que vous sortez** souvent le   **Do you go out** *often in the evening?*
soir?

—Oui, **je sors** assez souvent.   *Yes,* **I go out** *rather often.*

PRÉSENT: Je sors, tu sors, il sort, nous sortons, vous sortez, ils sortent.
IMPARFAIT: Je sortais.
PASSÉ COMPOSÉ: Je suis sorti(e).
FUTUR: Je sortirai.

C. *sentir* (to smell); *se sentir* (to feel)

—**Sentez-vous** ces roses?   **Do you smell** *those roses?*

—Oui, **elles sentent** très bon.   *Yes,* **they smell** *very good.*

—**Je ne me sens pas** très bien.   **I don't feel** *very well.*

PRÉSENT: Je sens, tu sens, il sent, nous sentons, vous sentez, ils sentent.
IMPARFAIT: Je sentais. *PASSÉ COMPOSÉ:* J'ai senti. *FUTUR:* Je sentirai.

D.   *servir* (to serve); *se servir de* (to use, to help oneself)

—**Vous êtes-vous servi de** votre auto hier soir?	*Did you use your car last night?*
—Voici les hors-d'œuvre. **Servez-vous.**	*Here are the hors d'œuvres.* **Help yourself.**
—**On sert** le dîner à huit heures.	*Dinner* **is served** *at 8 o'clock.*

PRÉSENT: Je sers, tu sers, il sert, nous servons, vous servez, ils servent.
IMPARFAIT: Je servais. *PASSÉ COMPOSÉ:*   J'ai servi. *FUTUR:*   Je servirai.

E.   *dormir* (to sleep); *s'endormir* (to fall asleep)

—**Avez-vous** bien **dormi** cette nuit?	*Did you sleep well last night?*
—Oui, **je me suis endormi(e)** à dix heures, et **j'ai dormi** toute la nuit.	*Yes,* **I went to sleep** *at ten o'clock, and* **I slept** *all night.*

PRÉSENT: Je dors, tu dors, il dort, nous dormons, vous dormez, ils dorment.
IMPARFAIT: Je dormais. *PASSÉ COMPOSÉ:*   J'ai dormi. *FUTUR:*   Je dormirai.

Compounds of these verbs follow the same pattern of conjugation. EXAMPLE: **sentir—consentir** *(to consent).*

85   **Second group of irregular verbs in –ir: venir, tenir**

The characteristics of this group are that they have two stems for the present indicative (**viens–venons**), an irregular future (**viendrai**), and a past participle in –u (**venu**).

A.   *venir* (to come)

—D'où **venez-vous?**	*Where have you been? (From where* **do you come?***)*
—**Je viens** de l'aéroport.	*I've been to the airport. (I come from the airport.)*
—**Il est venu** nous chercher en auto.	**He came** *for us in his car.*
—**Nous viendrons** vous voir à cinq heures.	**We shall come** *to see you at 5:00.*

PRÉSENT: Je viens, tu viens, il vient, nous venons, vous venez, ils viennent.
IMPARFAIT: Je venais. *PASSÉ COMPOSÉ:*   Je suis venu(e). *FUTUR:*   Je viendrai.

B.   *venir de* + infinitive = (to have just) + past participle

—Ce que **vous venez de dire** est vrai.	*What* **you have just said** *is true.*
—Le docteur **vient d'arriver.**	*The doctor* **has just come.**
—Je **venais d'arriver** quand vous avez téléphoné.	*I* **had just arrived** *when you telephoned.*

The present tense of **venir** followed by **de** and an infinitive expresses immediate past action: **Je viens d'arriver** has the same meaning as **Je suis arrivé(e) il y a un instant.**

The imperfect of **venir** followed by **de** and an infinitive expresses immediate past action *in the past:* **Je venais d'arriver quand vous avez téléphoné** has the same meaning as **J'étais arrivé(e) un instant plus tôt quand vous avez téléphoné.**

C.   *tenir* (to hold, to keep)

—C'est ma femme qui **tient** le petit café.	*My wife* **runs** *the pub.*
—**Tenez** la porte ouverte, s'il vous plaît.	**Hold** *the door open, please.*

PRÉSENT: Je tiens, tu tiens, il tient, nous tenons, vous tenez, ils tiennent.
IMPARFAIT: Je tenais. *PASSÉ COMPOSÉ:*   J'ai tenu. *FUTUR:*   Je tiendrai.

Revenir, *to come back;* **devenir,** *to become;* **se souvenir (de),** *to remember;* **prévenir,** *to warn;* **appartenir (à),** *to belong to,* and other compounds of **venir** are conjugated like **venir.**

86   **Third group of irregular verbs in –*ir: ouvrir* (to open), etc.**

The characteristics of this group are that the past participle ends in **–ert** and that the endings of the singular of the present indicative are **–e, –es, –e.**

—À quelle heure le bureau de poste **ouvre-t-il?**	*What time* **does** *the post-office* **open?**
—**Il ouvre** à neuf heures du matin.	*It* **opens** *at 9:00 A.M.*
—Qui **a ouvert** la fenêtre?	*Who* **opened** *the window?*

PRÉSENT: J'ouvre, tu ouvres, il ouvre, nous ouvrons, vous ouvrez, ils ouvrent.
IMPARFAIT: J'ouvrais. *PASSÉ COMPOSÉ:*   J'ai ouvert. *FUTUR:*   J'ouvrirai.

Offrir, *to offer;* **souffrir,** *to suffer;* **couvrir,** *to cover,* and compounds of **ouvrir** and **couvrir** are conjugated according to the same pattern.

I *Substitutions*

Répétez les phrases suivantes en substituant les mots indiqués:

1. Je vais chercher **le journal.** *(I'm going to get the paper.)*
   mon ami / les billets / mon portefeuille / son adresse
2. J'enverrai chercher *(send for)* **le journal.**
   les journaux / mon auto / mon courrier *(mail)* / de l'aspirine

3. Est-ce que vous vous servez de votre **auto** cet après-midi?

vélo / machine à écrire / plan de Paris / Guide Michelin *(well-known guide book)*

. Le docteur **est sorti** il y a cinq minutes.

est parti / est allé à l'hôpital / s'en est allé / a quitté la clinique

Exercices d'application

A. *Mettez les formes suivantes au singulier:*

EXEMPLE   Nous allons. → **Je vais.**   Ils vont. → **Il va.**

1. Nous envoyons.
2. Nous partons.
3. Elles sortent.
4. Nous ouvrons.
5. Nous dormons.
6. Nous venons.
7. Ils viennent.
8. Nous tenons.
9. Nous devenons.
10. Nous souffrons.
11. Ils dorment.
12. Nous nous en allons.
13. Ils s'endorment.
14. Nous nous endormons.
15. Nous nous souvenons.
16. Elles se souviennent.
17. Nous nous sentons.
18. Elles se sentent.

B. *Mettez les formes suivantes au futur:*

EXEMPLE   Je vais. → **J'irai.**

1. Il va.
2. Ils vont.
3. J'envoie.
4. Ils envoient.
5. Envoie-t-il?
6. Nous partons.
7. Je m'endors.
8. Il ouvre.
9. Nous venons.
10. Vous venez.
11. Il devient.
12. J'offre.
13. Je m'en vais.
14. Je me souviens.

C. *Mettez les formes suivantes au passé composé:*

EXEMPLE   Nous allons. → **Nous sommes allé(e)s.**

1. Il va.
2. Il envoie.
3. Elle dort.
4. Il s'endort.
5. Je sens.
6. Il part.
7. Elle sort.
8. Je viens.
9. Il devient.
10. Elle ouvre.
11. Nous ouvrons.
12. Il souffre.
13. J'offre.
14. Ouvre-t-il?
15. Dort-elle?

III *Répondez affirmativement:*

1. Allez-vous dîner à la maison ce soir?
2. Envoyez-vous des cartes-postales à vos amis quand vous voyagez?
3. Est-ce que vous sortez souvent le soir?
4. Êtez-vous sorti(e) hier soir?
5. Avez-vous bien dormi cette nuit?
6. Vous êtes-vous endormi(e) de bonne heure?
7. Partez-vous aujourd'hui pour le week-end?

IV *Remplacez le passé composé par le présent de* **venir de** *et l'infinitif:*

EXEMPLE J'ai fini (il y a un instant). → **Je viens de finir.**

1. Le train est parti.
2. Il s'est endormi.
3. Elle est sortie.
4. Elles sont sorties.
5. J'ai ouvert la fenêtre.
6. J'ai envoyé chercher le journal.
7. Il est revenu.
8. Il m'a offert son auto.

V *Remplacez les plus-que-parfait par l'imparfait de* **venir de** *et l'infinitif:*

EXEMPLE J'avais fini (un instant plus tôt). → **Je venais de finir.**

1. Le train était parti.
2. Il s'était endormi.
3. Elle était sortie.
4. Elles étaient sorties.
5. J'avais ouvert la fenêtre.
6. J'avais envoyé chercher le journal.
7. Il était revenu.
8. Elle m'avait offert son auto.

VI *Révision:* **aller, s'en aller, partir, sortir, quitter**

Demandez à quelqu'un:

1. quand il (elle) part pour Rouen.
2. à quelle heure le train part.
3. si le train est déjà parti.
4. quand il (elle) va à Marseille.
5. quand il (elle) reviendra.
6. quand il (elle) quitte la maison d'habitude.
7. à quelle heure il (elle) a quitté la maison ce matin.
8. s'il (si elle) sort d'habitude le soir.
9. s'il (si elle) est sorti(e) hier soir.
10. s'il (si elle) se sert de son auto ce soir.
11. d'où il (elle) vient.
12. ce qu'il (qu'elle) vient de dire.

VII Thème d'imitation

In the United States, children ride bicycles; then when they are seventeen or eighteen years old, most young Americans drive (**conduisent**) a car. But in Europe, there are still (**encore**) many people who ride bicycles or motorcycles. The distances are not too great, the roads are excellent, and if you choose country roads[1] where there are not too many cars, it is very pleasant to travel by bicycle. You[2] see many interesting things in the villages, you can stop where you wish and when you wish. Of course you have to have[3] good legs! But with a little practice,[4] you can do fifty or seventy-five kilometers without needing to go to see the doctor. . . .

---

[1]*country road,* **le chemin**   [2]Use **vous** in this passage. To repeat **on** so many times would sound awkward.   [3]Use **il faut** + infinitive.   [4]*practice,* **l'habitude** (*f.*)

Une Église

-Vous avez certainement là une très belle église. Mais comment se fait-il qu'elle ait été construite ici, au milieu des champs, pour ainsi dire, et dans un village de cinq cents habitants?

—La raison est bien simple. Souvenez-vous qu'au temps où l'on a construit l'église, l'endroit était un lieu de pèlerinage très fréquenté. Les gens venaient d'un peu partout, surtout bien entendu de la ville voisine. Puis, peu à peu, le pèlerinage a décliné. Les fidèles ont pris l'habitude d'aller ailleurs. Maintenant, il ne vient guère ici que des curieux. Les gens viennent seulement pour admirer ce beau monument du gothique flamboyant.

—Le gothique flamboyant date de la fin du Moyen-Âge, n'est-ce pas?

—Oui. Le terme gothique date à peu près de la même époque. Il a été employé par les savants de la Renaissance pour caractériser ce genre d'architecture. Pour eux, gothique signifiait barbare, l'ouvrage des Goths. Il faut d'ailleurs reconnaître que le sens du mot a bien changé depuis. Lorsqu'on parle d'une église gothique, il ne viendrait à l'esprit de personne de penser aux anciens barbares. Mais le plus curieux de l'affaire, c'est ce qui est arrivé à l'église au siècle dernier.

—Qu'est-ce qui lui est donc arrivé?

—C'est à peine croyable, mais c'est pourtant vrai. À la fin du XVIIIième siècle, on a démoli un des deux clochers de la façade et mis à sa place, devinez quoi—un télégraphe! Oui, un télégraphe visuel, composé de signaux en bois qui servaient à transmettre des messages. Rien de plus étrange que cette église à un seul clocher. N'oubliez pas qu'il s'agissait là d'un monument historique . . . .

—Mais si vous le voulez bien, entrons dans l'église. Auparavant, un mot sur les portails. Vous voyez qu'il n'y a plus de statues. Elles ont été enlevées sous la Révolution et jamais remplacées. Cela est arrivé aussi à d'autres églises, mais d'ordinaire, on a refait des statues pour mettre à la place des anciennes, de sorte que maintenant, il ne reste rien de ces mutilations. La difficulté était qu'ici, l'église devait son existence au pèlerinage, comme je vous l'ai dit, et que ce pèlerinage avait beaucoup décliné.

(Ils entrent.)

—Mais il n'y a personne dans cette église . . .

—Et pour la même raison: peu de gens viennent ici, excepté le dimanche. Mais plaçons-nous au milieu de l'église, entre quatre piliers, deux de chaque côté. Bon, maintenant levez les yeux. Voyez-vous, en haut, comment la voûte est divisée en quatre parties par ces quatre nervures, qui s'appellent la croisée d'ogives et dont chacune aboutit à un pilier? C'est là le secret de l'art gothique.

LA CATHÉDRALE STE. MARIE

L'ÉGLISE ST.-MACLOU VUE DE LA
CATHÉDRALE NOTRE-DAME,
ROUEN

L'ensemble de la voûte est composé ainsi d'une suite d'unités pratiquement indépendantes les unes des autres. Entre les ogives, la voûte n'a parfois que quelques centimètres d'épaisseur. Et voilà ce qui a permis d'élever les voûtes des grandes cathédrales à des hauteurs inconnues auparavant. À Amiens, par exemple, la voûte de la cathédrale est à presque quarante-cinq mètres au-dessus du sol.

—Cela paraît presque impossible.

—C'est pourtant vrai. Ces bâtisseurs de cathédrales ont été vraiment d'incroyables architectes. Mais puisque je suis en train de tout expliquer—ou presque—encore un mot. On a eu l'idée d'entourer la nef presque tout entière de bas-côtés ornés de chapelles, qui contribuent eux aussi à la solidité de l'édifice. Enfin, à l'extérieur, on a décidé de renforcer l'édifice par des supports obliques, les bas-côtés, dont le plus bel exemple est peut-être à Notre-Dame de Paris. Oui, ces gens-là savaient parfaitement ce qu'ils faisaient. Jamais peut-être la nécessité n'a eu autant d'influence sur la beauté. Mais je m'excuse de vous avoir donné toutes ces explications, qui vous aideront peut-être à comprendre la beauté et en même temps la solidité de l'art « gothique » tel que vous le voyez maintenant.

QUESTIONS

1. Comment se fait-il que l'église ait été construite à cet endroit?
2. Qu'est-ce qui est arrivé au pèlerinage?
3. Pourquoi les visiteurs viennent-ils encore ici?
4. De quand date le gothique flamboyant?
5. Que signifiait autrefois le terme gothique?
6. Qu'est-ce qui est arrivé à l'église au siècle dernier?
7. Qu'est-ce qu'on a mis à la place du clocher démoli?
8. Où les visiteurs vont-il se placer à l'intérieur de l'église?
9. En combien de parties la voûte est-elle divisée?
10. Où les nervures de la voûte aboutissent-elles?
11. Quelle est la hauteur de la voûte à la cathédrale d'Amiens?
12. Comment l'édifice est-il renforcé à l'extérieur?
13. Dans quelle cathédrale les bas-côtés sont-ils particulièrement remarquables?

VOCABULAIRE: LA CATHÉDRALE GOTHIQUE

du Moyen Âge *the Middle Ages*
romane *Romanesque*
gothique *Gothic*
la **Renaissance** *Renaissance*

l' **époque** *f period, time*
l' **esprit** m *spirit; soul; mind*
fidèle *faithful, loyal, true*
la **messe** *Mass*

le **pèlerinage** *pilgrimage*
inconnu, inconnue *unknown*
prier *to pray*
le **gothique flamboyant** *High Gothic*

la **façade** *facade, front*
le **portail** *portal, main entrance*
la **chapelle** *chapel*
la **nef** *nave*
le **pilier** *pillar, column*
le **clocher** *steeple*
la **voûte** *arch, vault*
la **nervure** *(architectural) molding*
   croiser *to cross, lay across*
l' **ogive** f *ogive; pointed arch*
la **voûte d'ogives** *ribbed vault*
le **vitrail** *stained glass window*
la **hauteur** *height*
   bâtir *to build, erect*
   orner *to adorn, decorate*
le **mur** *wall*
l' **épaisseur** f *thickness*
le **sol** *ground, earth*
l' **ouvrage** m *work, workmanship*

*l' **obscurité** f *obscurity, gloom*
  sombre *somber, dark*
  savant, savante *learned*
  barbare *barbarous, cruel*

  signifier *to signify, mean*
  entourer *to surround*
  enlever *to raise*
  démolir *to demolish*
  aboutir *to come to; to end in*
  refaire *to do again; to make again*
  expliquer *to explain*
  apprendre *to learn, to tell*
  incroyable *unbelievable*
  habile *skillful*
  habiller *to dress*
  tel que *such as*
  chaque *each*
  autant *as much*
  d'autant plus que *all the more since*

  auparavant *before*
  aussitôt *immediately*
  aussitôt que *as soon as*
  ne . . . plus *no more, no longer*
  en même temps *at the same time*
  c'est-à-dire *that is to say*
  être en train de *to be in the process of*
  se mettre à *to begin*
  se mettre en route *to set out*
  ne veut rien dire *means nothing*
  parfois *sometimes*
  tous les deux *both*
  de sorte que *so that*
  lorsque *when*
  je vous en prie *you're welcome, don't mention it*
  d'abord *first, at first, first of all*
  selon *according to*
  en somme *in a word*

Arrivée à la ferme des Deschamps près de Fontainebleau

Mme Deschamps accueille avec plaisir les deux jeunes gens lorsqu'ils arrivent chez elle.

ROGER ¹Bonjour, ma cousine. ²Mon ami Jean et moi, nous avons décidé de profiter du beau temps pour venir te voir.

ROGER Hi (cousin). My friend Jean and I decided to take advantage of the fine weather to come to see you.

MME DESCHAMPS ³Tiens! Quelle bonne surprise! ⁴J'espère bien que vous allez rester quelques jours avec nous.

MRS. DESCHAMPS What a pleasant surprise! I hope very much that you are going to stay with us a few days.

ROGER ⁵Nous ne voulons pas te déranger. ⁶Nous avons l'intention de repartir demain matin.

ROGER We don't want to inconvenience you. We intend to set out again tomorrow morning.

MME DESCHAMPS ⁷Vous n'êtes pas pressés. ⁸Asseyez-vous et reposez-vous. ⁹Voulez-vous prendre quelque chose?

MRS. DESCHAMPS You are not in a hurry. Sit down and rest. Would you like something (to eat or drink)?

ROGER ¹⁰Nous prendrons de la bière, si tu en as. . . . ¹¹Mais où sont tes fils?

ROGER We'll take some beer, if you have any. . . . But where are your sons?

MME DESCHAMPS ¹²Oh! tu ne sais pas? ¹³Ils sont partis tous les deux travailler dans une usine à Reims. ¹⁴Les enfants ne veulent plus rester à la ferme. . . .

MRS. DESCHAMPS Oh! You don't know? They have both left to work in a factory in Rheims. Children no longer want to stay on the farm. . . .

Le lendemain, comme nos amis suivent une route peu fréquentée, Roger aperçoit des champignons.

The next day, as our friends are following a little-used road, Roger sees some mushrooms.

ROGER ¹⁵Je vois des champignons au bord de la route. ¹⁶Il doit y en avoir beaucoup dans le bois. ¹⁷Si nous en rapportions quelques-uns à la maison?

ROGER I see some mushrooms on the side of the road. There must be lots of them in the woods. Suppose we take some home?

JEAN ¹⁸Pourquoi pas? ¹⁹Est-ce que ceux-là sont bons?

JOHN Why not? Are these good?

ROGER ²⁰Ramasse seulement ceux-ci. ²¹Le dessus est brun et le dessous est jaune. ²²Il n'y a pas moyen de se tromper.

ROGER Just pick these. The top side is brown and the underside is yellow. You can't go wrong.

JEAN ²³Oh! J'en vois beaucoup au pied de cet arbre.

ROGER ²⁴Fais attention! ²⁵N'oublie pas que les mauvais champignons ressemblent beaucoup aux bons.

JEAN ²⁶Pourquoi ne m'as-tu pas dit cela plus tôt?

ROGER ²⁷J'ai eu tort de ne pas te prévenir. ²⁸En tout cas, il vaut mieux laisser ceux dont tu n'es pas sûr. . . .

JOHN Oh! I see lots of them at the foot of this tree.

ROGER Watch out! Don't forget that poisonous mushrooms look very much like the good ones.

JOHN Why didn't you tell me that sooner?

ROGER I was wrong not to warn you. In any case, it is better to leave those you are not sure of. . . .

I *Substitutions*

Répétez les phrases suivantes en substituant les mots indiqués:

1. Nous avons décidé de profiter du beau temps pour **venir te voir.**
   aller à la campagne / faire une excursion en vélo / faire une promenade à bicyclette / jouer au tennis
2. Les enfants ne veulent pas **rester à la ferme.**
   travailler à la ferme / être cultivateurs / s'occuper des vignobles (vineyards) / habiter à la campagne

289

3. Je vois des champignons **au bord de la route.**
   le long de la route / à côté de la route / de l'autre côté de la route/
   tout près de la route

4. Nous avons l'intention de **repartir demain matin.**
   rester jusqu'à demain matin / rester quelques jours / passer quelques
   jours avec vous / nous reposer (*rest*) un peu

5. J'ai eu tort **de ne pas te prévenir.**
   de ne pas vous dire au revoir / de ne pas faire mes courses / de ne
   pas travailler hier soir

II *Demandez à quelqu'un:*

1. où Jean et Roger viennent d'arriver.

2. comment s'appelle la cousine de Roger.

3. quand Jean et Roger ont l'intention de repartir.

4. s'ils vont prendre quelque chose.

5. pourquoi les fils de Mme Deschamps sont partis.

6. ce que Roger voit au bord de la route.

7. si on peut ramasser tous les champignons qu'on voit.

8. de quelle couleur est le dessus des champignons dont il s'agit.

III *Répondez aux questions suivantes:*

1. Où arrivent Jean et Roger?

2. Est-ce que Mme Deschamps attendait (*expected*) leur arrivée?

3. Pourquoi Jean et Roger ont-ils décidé de venir la voir?

4. Quand vont-ils repartir?

5. Qu'est-ce que Roger voit au bord de la route?

6. Est-ce que Roger lui dit de ramasser tous les champignons qu'il voit?

7. Pourquoi lui dit-il de faire attention?

8. Pourquoi vaut-il mieux laisser les champignons dont on n'est pas sûr?

IV *Exercices d'application*

A. *Remplacez* **il y a** *par* **il doit y avoir** (there must be) *dans chacune des phrases suivantes:*

EXEMPLE   Il y a des champignons dans le bois. → **Il doit y avoir des champignons dans le bois.**

1. Il y a beaucoup de champignons dans le bois.

2. Il y en a beaucoup dans le bois.

3. Il y en a quelques-uns dans le bois.

4. Il y a un train cet après-midi.

5. Il y en a un cet après-midi.

6. Il y en a plusieurs cet après-midi.

B. *Répétez, en remplaçant l'impératif par* **si nous** *avec l'imparfait:*

1. Ramassons des champignons.
2. Ramassons des fraises des bois (*wild strawberries*).
3. Allons à la campagne pour le week-end.
4. Allons chercher des fleurs sauvages.
5. Partons ce soir.
6. Quittons la maison de bonne heure.

VI *Exercice sur* **dessus, dessous,** *etc.*

Le dessus (*upper surface*) and **le dessous** (*lower surface*) are of course nouns. Note the adverbs that correspond to these words: **là-dessus** (*on that, thereon*), **là-dessous** (*under that, under there*). Compare also: **là-haut** (*up there*), **là-dedans** (*in there*), **là-bas** (*over there, down there*).

Répétez les phrases suivantes en substituant les mots indiqués:

1. Je vais les mettre **dans ce sac** (*bag*).
   là-dedans / sur cette table / là-dessus / dans cette casserole (*sauce pan*)
2. J'ai laissé le panier (*basket*) **dans la cuisine.**
   dans ma chambre / là-haut / sur la table / là-dessus / sous la table / là-dessous

VII *Dictée d'après la Conversation 30, pp. 271–272*

VIII *Causerie*

Racontez ce que vous avez vu au cours d'une promenade dans une forêt. Vous avez vu des fleurs, des animaux sauvages, des oiseaux (*birds*), etc. Vous avez remarqué que les écureuils (*squirrels*) sont moins communs en France que chez nous.

291

Irregular verbs in –re

87 First group: past participle in –u

A. connaître* (to know, to be acquainted with)

—**Connaissez-vous** Roger Duplessis?	**Do you know** *Roger Duplessis?*
—Oui, je le **connais** un peu.	*Yes,* **I know** *him slightly.*
—Où l'**avez-vous connu?**	*Where* **did you know** *him?*
—Je l'**ai connu** à Paris.	**I knew** *him in Paris.*

PRÉSENT: Je connais, tu connais, il connaît, nous connaissons, vous connaissez, ils connaissent.
IMPARFAIT: Je connaissais. *PASSÉ COMPOSÉ:* J'ai connu. *FUTUR:* Je connaîtrai.

B. croire (to believe)

—**Croyez-vous** ce que disent les journaux?	**Do you believe** *what the papers say?*
—**Je ne crois pas** tout ce qu'ils disent.	**I do not believe** *all they say.*
—**Je n'ai pas cru** ce qu'il m'a dit.	**I did not believe** *what he told me.*

PRÉSENT: Je crois, tu crois, il croit, nous croyons, vous croyez, ils croient.
IMPARFAIT: Je croyais. *PASSÉ COMPOSÉ:* J'ai cru. *FUTUR:* Je croirai.

C. boire (to drink)

—**Buvez-vous** du café?	**Do you drink** *coffee?*
—Non, je ne **bois** que du lait.	*No,* **I drink** *only milk.*
—Qu'est-ce que Jean **a bu?**	*What* **did** *John* **drink?**
—Ils **ont bu** de la bière.	**They drank** *some beer.*

PRÉSENT: Je bois, tu bois, il boit, nous buvons, vous buvez, ils boivent.
IMPARFAIT: Je buvais. *PASSÉ COMPOSÉ:* J'ai bu. *FUTUR:* Je boirai.

D. lire (to read)

—**Lisez-vous** la Nouvelle Revue Française?	**Do you read** *the NRF?*

* For use of **connaître** and **savoir,** see p. 70.

—Oui, **je** la **lis** quelquefois.   *Yes,* **I read** *it sometimes.*
—**Avez-vous lu** des romans de   **Have you read** *any novels of*
    Balzac?   *Balzac?*
—Oui, **j'en ai lu** deux ou trois.   *Yes,* **I have read** *two or three (of*
       them).

PRÉSENT: Je lis, tu lis, il lit, nous lisons, vous lisez, ils lisent.
IMPARFAIT: Je lisais. *PASSÉ COMPOSÉ:*   J'ai lu. *FUTUR:*   Je lirai.

88   Second group: past participle in *–i, –is,* or *–it*

A.   *dire* (to say, to tell)

—Qu'est-ce que **vous dites?**   *What's that (What* **do you say***)?*
—**Je dis** que je ne crois pas ce que   **I say** *I don't believe what the*
    le marchand m'**a dit.**   *storekeeper* **told me.**

PRÉSENT: Je dis, tu dis, il dit, nous disons, vous dites, ils disent.
IMPARFAIT: Je disais. *PASSÉ COMPOSÉ:*   J'ai dit. *FUTUR:*   Je dirai.

B.   *écrire* (to write)

—**Écrivez-vous** souvent à vos   **Do you write** *to your parents often?*
    parents?
—**Je** ne leur **écris** pas souvent.   **I do** *not* **write** *to them often.*
—Mais **je** leur **ai écrit** dimanche   *But* **I wrote** *to them last Sunday.*
    dernier.

PRÉSENT: J'écris, tu écris, il écrit, nous écrivons, vous écrivez, ils écrivent.
IMPARFAIT: J'écrivais. *PASSÉ COMPOSÉ:*   J'ai écrit. *FUTUR:*   J'écrirai.

C.   *suivre* (to follow, to take a course)

—**Suivez-vous** les conseils de vos   **Do you follow** *the advice of your*
    parents?   *parents?*
—Oui, **je** les **suis** toujours.   *Yes, I always* **follow** *it (them).*
—**Avez-vous suivi** un cours   **Did you take** *a history course?*
    d'histoire?
—Oui, **j'en ai suivi** plusieurs.   *Yes,* **I took** *several (of them).*

PRÉSENT: Je suis, tu suis, il suit, nous suivons, vous suivez, ils suivent.
IMPARFAIT: Je suivais. *PASSÉ COMPOSÉ:*   J'ai suivi. *FUTUR:*   Je suivrai.

D. *prendre* (to take)

—Est-ce que **vous prenez** l'autobus?   *Are you taking the bus?*

—Non, **je prends** l'avion.   *No, I am taking the plane.*

—**J'ai** déjà **pris** mon billet.   *I have already gotten (taken) my ticket.*

—**Prenez-vous** du sucre?   *Do you take sugar?*

—Non, **je prends** un peu de crème.   *No, I take a little cream.*

PRÉSENT: Je prends, tu prends, il prend, nous prenons, vous prenez, ils prennent.
IMPARFAIT: Je prenais. *PASSÉ COMPOSÉ:* J'ai pris. *FUTUR:* Je prendrai.

E. (1) *mettre* (to put, to put on)

—Où **mettez-vous** votre argent?   *Where do you put your money?*

—Je le **mets** dans mon porte-monnaie.   *I put it in my billfold.*

—Je ne sais pas où **j'ai mis** mon stylo à bille.   *I do not know where I put my ballpoint pen.*

—Marie **a mis** sa nouvelle robe.   *Marie put on her new dress.*

(2) *se mettre à* (to begin)

—**Nous nous sommes mis à** travailler à une heure et demie.   *We started to work at 1:30.*

—Il **se met à** pleuvoir.   *It is beginning to rain.*

PRÉSENT: Je mets, tu mets, il met, nous mettons, vous mettez, ils mettent.
IMPARFAIT: Je mettais. *PASSÉ COMPOSÉ:* J'ai mis. *FUTUR:* Je mettrai.

89 *Faire* (to do, to make), etc.

A. Normal uses of *faire*

—Qu'est-ce que **vous faites** (prés.) ce soir?   *What are you doing tonight?*

—Je ne sais pas ce que **je ferai** (fut.).   *I don't know what I shall do.*

—Je n'ai rien à **faire.**   *I have nothing to do.*

—Cela ne **fait** rien.   *That makes no difference.*

B. Special uses of *faire*

(1) Impersonal:

—Il **fait** beau.   *It's fine weather.*

—Il **fait** bon (jour, nuit, etc.).   *It's pleasant (light, dark, etc.).*

(2) **faire** + an infinitive = *to have* + past participle:

—Qui **a fait construire** ce château?   *Who* **had** *this chateau* **built?**
—**J'ai fait réparer** ma montre.   **I had** *my watch* **repaired.**
—**Elle a fait venir** un agent de police.   **She sent for** *a policeman.*

(3) **s'en faire** *(to worry)*

—Ne **vous en faites** pas.   *Don't* **worry.**

PRÉSENT: Je fais, tu fais, il fait, nous faisons, vous faites, ils font.
IMPARFAIT: Je faisais. *PASSÉ COMPOSÉ:* J'ai fait. *FUTUR:* Je ferai.

90   *Plaindre* (to pity); se *plaindre* (to complain)

—De quoi **vous plaignez-vous?**   *What* **are you complaining** *about?*
—Je ne me plains pas.   **I am not complaining.**

PRÉSENT: Je plains, tu plains, il plaint, nous plaignons, vous plaignez, ils
    plaignent.
IMPARFAIT: Je plaignais, etc. *PASSÉ COMPOSÉ:* J'ai plaint, etc. *FUTUR:* Je
    plaindrai, etc.

Craindre, *to fear,* is conjugated like **plaindre.** EXEMPLE: Qu'est-ce que **vous
craignez?** Je ne ç̧rains rien.
    A few verbs ending in –eindre and –oindre are conjugated like
plaindre except that the vowels e and o of the ending remain e and o
respectively: **atteindre,** *to reach, to attain;* **éteindre,** *to extinguish;* **peindre,**
to paint; **rejoindre,** *to meet, to catch up with,* etc.

—Éteignez le feu.   **Put out** *the fire.*
—Je l'ai déjà **éteint.**   **I have** *already* **put it out.**
—Qui **a peint** ce tableau?   **Who painted** *that picture?*
—Je vous **rejoins** tout de suite.   **I'll be with you** *right away.*

I   *Substitutions*

Répétez les phrases suivantes en substituant les mots indiqués:

1. J'ai fait réparer **ma montre.**
    ma bicyclette / mon auto / mes lunettes / ma motocyclette
2. Elle a fait venir **l'architecte.**
    le cuisinier *(cook)* / la cuisinière / la dactylo *(typist)* / la femme de
    ménage *(cleaning woman)*
3. Je ne prends pas **de café.**
    de crème / de sucre / de lait chaud / de thé
4. **Je crois** tout ce qu'il a dit.
    Je n'ai pas cru / Nous ne croyons pas / Croyez-vous / Avez-vous cru
5. **Je suis** ses conseils.
    Il suit / Suivez-vous / Avez-vous suivi / Je suivrai

II Exercices d'application

A. *Répondez aux questions suivantes en employant la première personne du singulier.*

EXEMPLE   Connaissez-vous? → **Je connais.**

1. Croyez-vous?
2. Lisez-vous?
3. Connaissez-vous?
4. Buvez-vous?
5. Dites-vous?
6. Écrivez-vous?
7. Suivez-vous?
8. Prenez-vous?
9. Mettez-vous?
10. Faites-vous?
11. Plaignez-vous?
12. Vous plaignez-vous?
13. Craignez-vous?
14. Peignez-vous?

B. *Mettez les phrases suivantes au passé composé:*

EXEMPLE   Je suis un cours de chimie. → **J'ai suivi un cours de chimie.**

1. Je ne bois pas de café.
2. Je ne prends pas de crème.
3. Je ne crois pas ce qu'il m'a dit.
4. Nous ne lisons pas le journal.
5. Qu'est-ce que vous lui dites?
6. Nous ne disons rien.
7. À qui écrivez-vous?
8. Que faites-vous?
9. Qu'est-ce que vous craignez?
10. Où rejoignez-vous vos amis?

C. *Mettez les phrases suivantes à l'imparfait en commençant par* **À ce moment-là:**

EXEMPLE   Je ne connais pas Paris. → **À ce moment-là, je ne connaissais pas Paris.**

1. Je crois tout ce qu'on me dit.
2. Je ne bois pas de vin.
3. Je ne lis pas le journal.
4. Il n'écrit pas beaucoup.
5. Il suit les conseils de ses parents.
6. Il ne prend pas de café.
7. Il fait du ski.
8. Il se plaint tout le temps.

D. *Répétez en remplaçant* **commencer** *par* **se mettre à:**

EXEMPLE   Je commence à travailler à huit heures. → **Je me mets à travailler à huit heures.**

1. Il commence à travailler à huit heures.
2. Elle a commencé à lire.
3. Nous avons commencé à écrire des lettres.
4. Il a commencé à pleuvoir.
5. Ils ont commencé à ramasser des champignons.

E. *Mettez les phrases suivantes au pluriel:*

EXEMPLE   Tu connais ma cousine? → **Vous connaissez ma cousine?**

1. Je ne bois pas de café.
2. Il prend l'avion à dix-sept heures.
3. Je suis un cours de chimie.
4. Elle fait des courses.
5. Je peins ma voiture.
6. Je me mets à travailler de bonne heure.
7. Je vous rejoins tout de suite.
8. Je ne crains rien.
9. Qu'est-ce que tu crains?

III   *Demandez à quelqu'un:*

EXEMPLE   s'il (si elle) prend du sucre dans son café. → **Prenez-vous du sucre dans votre café?**

1. s'il (si elle) connaît Versailles.
2. s'il (si elle) croit qu'il va pleuvoir.
3. s'il (si elle) boit du lait.
4. s'il (si elle) lit beaucoup de romans.
5. ce qu'il (qu'elle) dit.
6. s'il (si elle) écrit beaucoup de lettres.
7. quels cours il (elle) suit.
8. ce qu'il (qu'elle) prend comme dessert.
9. où il (elle) met son argent.
10. s'il (si elle) se plaint.
11. s'il (si elle) craint la pluie.
12. ce qu'il (qu'elle) fait le dimanche.

IV   *Employez* **faire** *avec l'infinitif dans les phrases suivantes:*

EXEMPLE   J'ai réparé ma voiture. → **J'ai fait réparer ma voiture.**

1. Il a réparé son vélo.
2. Il a construit ce château.
3. Il a peint sa maison.
4. Elle a nettoyé *(cleaned)* la maison.
5. J'ai coupé l'herbe.
6. J'ai lavé *(washed)* ma voiture.
7. Nous avons planté des arbres.

V   *Thème d'imitation*

As[1] they were bicycling in the Fontainebleau Forest, Roger saw some mushrooms on the side of the road. "I'm crazy about[2] mushrooms," he said to John. "Let's pick some. I'll give them to my cousin, and we'll eat them this evening." "Eat all the mushrooms you wish," answered John. "I shall not eat any." "Why?" asked Roger. "There is no danger[3] when you just pick the mushrooms you know." "Do you think so?"[4] said John. "In America, my father knew a professor of botany[5] who had spent his life studying[6] mushrooms. Do you know how the poor man died? He died of mushroom poisoning[7]. . . ."

---

[1]*as,* **comme**   [2]*to be crazy about,* **adorer**   [3]*danger,* **le danger**   [4]**Vous croyez?**   [5]*botany,* **la botanique**   [6]*à étudier*   [7]*lit., poisoned by mushrooms*

À l'église° du village

Arrivés au village, Jean et Roger sonnent à la porte du presbytère. Le curé est en train de travailler dans son jardin.

ROGER   [1]Bonjour, monsieur le curé. [2]Nous nous excusons de vous déranger.

LE CURÉ   [3]Entrez-donc. [4]Vous ne me dérangez pas du tout. [5]Je viens de tailler mes rosiers, et [6]je suis à votre disposition.

ROGER   Good morning, sir (or Father). We apologize for bothering you.

THE PRIEST   Do come in. You aren't bothering me at all. I have just trimmed my rosebushes and I'm at your service.

JEAN ⁷Vous avez vraiment là un très beau jardin.

JOHN You really have (here) a very beautiful garden.

LE CURÉ ⁸J'essaie de faire pousser quelque chose, des fleurs, par exemple.

THE PRIEST I try to make something grow, flowers, for example.

JEAN ⁹ Vous avez l'air de réussir fort bien! ¹⁰Regardez ces œillets et ces pensées. ¹¹Ils poussent à merveille. ¹²Mais est-ce que nous pouvons visiter votre église?

JEAN You seem to be succeeding very well (indeed). Look at these carnations and pansies. They are growing extremely well. But can we visit your church?

LE CURÉ ¹³Certainement. ¹⁴Je crains pourtant que vous (ne*) soyez un peu déçus. ¹⁵Bien qu'elle soit classée « monument historique », ¹⁶une partie seulement de l'édifice actuel date de l'époque romane.

THE PRIEST Certainly. I'm afraid, however, that you'll be a little disappointed. Although it is classified as a "historical monument," only a part of the present structure dates from the Romanesque period.

JEAN ¹⁷J'ai entendu parler des vitraux de votre église. ¹⁸On dit qu'ils sont très vieux.

JOHN I have heard of the stained glass windows of your church. They say they are very old.

LE CURÉ ¹⁹Je ne crois pas qu'il y en ait plus de deux ou trois vraiment anciens. ²⁰La plupart d'entre eux** sont relativement modernes.

THE PRIEST I don't believe there are more than two or three really old ones. Most of them are relatively modern.

ROGER ²¹Pouvons-nous entrer dans l'église par cette porte?

ROGER May we enter the church by this door?

LE CURÉ ²²Oui, mais il faut que j'aille au presbytère chercher la clef. (Il s'en va et revient avec la clef.) ²³Entrez donc, s'il vous plaît.

THE PRIEST Yes, but I must go to the rectory to look for the key. (He leaves and returns with the key.) Enter, please.

JEAN ²⁴L'intérieur est un peu sombre, ²⁵mais nos yeux s'habitueront vite à l'obscurité.

JEAN The inside is a little dark, but our eyes will quickly get used to the darkness.

---

* When a subordinate clause depends upon **craindre** used affirmatively (and a few other expressions), the subordinate clause is often introduced by **que . . . ne** instead of **que** alone. This pleonastic **ne,** as it is called, is meaningless and is frequently omitted in conversation.

** Note that you say **la plupart d'entre eux,** not **la plupart d'eux.** The same is true for **beaucoup, quelques-uns, plusieurs.**

Cultural Note

The oldest French churches date from the **époque romane** (romanesque period), that is, from the tenth to the twelfth centuries. The architecture of this period is characterized by the frequent use of the semicircular arch. The walls are very thick and have few windows, which explains the darkness of the interiors of these churches.

I *Substitutions*

Répétez les phrases suivantes en substituant les mots indiqués:

1. Je viens **de tailler mes rosiers.**
   de finir mon travail / de m'occuper de mon jardin / de cueillir des fleurs / d'arroser mes fleurs
2. J'essaie de faire pousser **des fleurs.**
   quelque chose / des légumes / tout ce dont j'ai besoin

3. Une partie seulement de l'église date **de l'époque romane.**
    du commencement de l'époque romane / du XIIième siècle / de
    l'époque gothique / du moyen âge
4. J'ai entendu parler **des vitraux de votre église.**
    de l'époque romane / des monuments historiques / du gothique
    flamboyant / de la Renaissance

II *Demandez en français à quelqu'un:*

1. ce que faisait le curé quand Roger a sonné.
2. de quoi Roger s'excuse.
3. ce qu'il pense du jardin du curé.
4. quelles fleurs il y a dans le jardin.
5. si Jean et Roger ont envie de visiter l'église.
6. si toute l'église date de l'époque romane.
7. si tous les vitraux sont anciens.
8. pourquoi le curé va au presbytère.

III *Répondez en français à chacune des questions suivantes:*

1. Qu'est-ce que Roger dit au curé quand il ouvre la porte?
2. Qu'est-ce que le curé cultive dans son jardin?
3. Qu'est-ce que Jean pense de ses fleurs?
4. Que répond le curé quand Jean lui demande s'il peut visiter son église?
5. Est-ce que tous les vitraux sont très vieux?
6. Qu'est-ce que le curé va chercher pour entrer dans l'église?
7. Pourquoi Jean dit-il que leurs yeux s'habitueront vite à l'obscurité?

IV *Répétez les phrases suivantes en remplaçant le nom par le pronom personnel:*

EXEMPLE   La plupart des vitraux sont relativement modernes. → **La plupart d'entre eux sont relativement modernes.**

1. Quelques-uns des vitraux sont relativement modernes.
2. Plusieurs des vitraux sont relativement modernes.
3. La plupart des statues (*f.*) sont relativement modernes.
4. Quelques-unes des statues sont anciennes.
5. Plusieurs des statues sont relativement modernes.

V *Répétez les phrases suivantes en employant l'expression indiquée:*

A. Je crains que . . . (ne)

1. J'ai peur que vous ne soyez un peu déçu(e).
2. J'ai peur que vous ne soyez un peu fatigué(e).
3. J'ai peur que vous ne soyez un peu en retard.
4. J'ai peur que vous ne soyez en avance.

B. Bien qu'elle soit . . .

1. Même si elle est classée monument historique, c'est une simple église de village.

2. Même si elle est fatiguée, Marie ira à la bibliothèque ce soir.

3. Même si elle est occupée, elle sera heureuse de vous voir.

4. Même si elle est en retard, elle ne se dépêche pas.

VI *Répondez en français aux questions personnelles suivantes:*

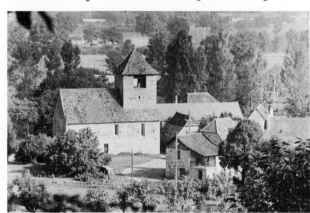

1. Avez-vous jamais visité une vieille église?

2. Avez-vous vu la cathédrale de New York?

3. Que pensez-vous de l'architecture moderne?

4. Croyez-vous qu'il faut conserver tous les bâtiments classés « monuments historiques »?

5. Que pensez-vous des gratte-ciel *(skyscrapers)*?

6. Aimeriez-vous avoir un appartement en haut d'un gratte-ciel?

VII *Révision de l'impératif*

Dites à quelqu'un:

1. d'entrer.
2. de ne pas entrer.
3. de s'asseoir.
4. de ne pas s'asseoir.
5. de se dépêcher.
6. de ne pas se dépêcher.
7. de ne pas se déranger.
8. de vous excuser.
9. de prendre l'autobus.
10. de faire attention.
11. de s'en aller.
12. de ne pas partir.

VIII *Dictée d'après la Conversation 31, pp. 288–289*

IX *Dialogue*

Vous demandez des renseignements à un guide au sujet d'un château de la Renaissance que vous voulez visiter (date de construction, nom de l'architecte, jours et heures de visite, etc.).

À la campagne

Ce matin, Jean et Roger ont quitté Paris de bonne heure pour aller voir des cousins de Roger, les Deschamps, qui habitent dans un petit village près de Fontainebleau. Ils ont pris le train jusqu'à Melun. Là, ils ont descendu leurs bicyclettes du fourgon, pour faire à bicyclette le reste du voyage. À dix heures du matin, ils sont en train de pédaler le long d'une jolie route, heureux de l'ombre des arbres qui la bordent, car la journée est chaude et le soleil haut dans le ciel.

—Voilà une auberge qui a l'air sympathique, dit Jean à Roger au moment où ils traversent la place d'un village. Si nous nous arrêtions pour prendre quelque chose, un bon verre de bière bien fraîche par exemple? Je meurs de soif et j'ai un peu mal aux jambes, car je n'ai pas l'habitude d'aller à bicyclette.

—Ne veux-tu pas attendre jusqu'à ce que nous soyons arrivés chez mes cousins? répond Roger. Nous serons à leur ferme dans un quart d'heure. Si tu bois maintenant un verre de bière, tu auras encore plus chaud qu'auparavant et tes jambes t'abandonneront tout à fait.

—Eh bien, répond Jean avec résignation, j'attendrai jusque-là.

Un quart d'heure plus tard, nos deux amis arrivent à la grille de la ferme. Mme Deschamps, qui les voit arriver, vient à leur rencontre. Les présentations faites, elle conduit les visiteurs dans la vaste cuisine, qui depuis les temps les plus anciens est la salle familiale des fermes françaises. Jean remarque la haute cheminée et les vieux ustensiles de cuivre accrochés au mur. On les distingue à peine dans la demi-obscurité, car Mme Deschamps tient les volets fermés à cause de la chaleur.

—Vous allez prendre quelque chose, n'est-ce pas? leur dit-elle. Par cette chaleur, vous devez en avoir besoin.

Jean boit enfin son verre de bière.

—Il faut que j'aille au jardin chercher des légumes et cueillir des fleurs, dit Mme Deschamps aux jeunes gens lorsqu'ils sont un peu reposés de leur fatigue. Voulez-vous m'accompagner?

Comme beaucoup de jardins en France, le jardin des Deschamps est entouré de murs et ces murs sont couverts d'espaliers d'où pendent des poires magnifiques. Le jardin lui-même est divisé en carrés séparés les uns des autres par de petites allées.

—Cette symétrie, ces arbres taillés en espalier, ces fleurs, ces allées de sable, tout cela me rappelle un peu Versailles, dit en riant Jean à Mme Deschamps.

303

—Après tout, pourquoi ne pas joindre l'utile à l'agréable? répond-elle.

On se partage le travail. Tandis que Mme Deschamps cueille des roses et des œillets, Jean cueille des haricots verts et Roger choisit quelques pieds de salade.

Puis tout le monde revient à la maison attendre le retour de M. Deschamps. Il est avec son tracteur dans un champ près du village et il a promis de revenir avant la tombée de la nuit. Au moment de la moisson, les cultivateurs sont très occupés, vous savez.

QUESTIONS

1. Qui sont les Deschamps?
2. Comment Jean et Roger sont-ils allés à Melun?
3. Comment font-ils le reste du voyage?
4. Qu'est-ce que Jean propose à Roger de faire au moment où ils traversent la place d'un village?
5. Pourquoi voudrait-il boire un verre de bière bien fraîche?
6. Pourquoi Roger lui dit-il d'attendre jusqu'à ce qu'ils soient arrivés à la ferme?
7. Qui vient à leur rencontre?
8. Où Mme Deschamps conduit-elle ses visiteurs?
9. Pourquoi tient-elle fermés les volets de la cuisine?
10. Pourquoi faut-il que Mme Deschamps aille à son jardin?
11. Qu'est-ce qu'il y a sur les murs du jardin?
12. À quelle heure M. Deschamps a-t-il promis de revenir?

VOCABULAIRE: LA FERME ET L'USINE

la	**moisson** *harvest*	la	**pensée** *pansy*	l'	**emploi** m
	mûrir *to ripen, mature*	*le	**camélia** *camelia*		*employment, use*
	tailler *to trim*	la	**violette** *violet*	l'	**employé** m *employee*
	ramasser *to pick, pick up, gather*	la	**tulipe** *tulip*	l'	**usine** f *factory, plant*
		*la	**bête** *animal*	l'	**établissement**
*le	**semer** *to sow*	la	**vache** *cow*		**industriel** m *factory*
le	**tracteur** *tractor*	le	**cochon** *pig*	la	**fabrique** *plant, factory*
le	**blé** *wheat*	la	**chèvre** *goat*		**fabriqué** *made*
le	**maïs** *corn*	le	**mouton** *sheep*	l'	**ingénieur** m *engineer*
le	**foin** *hay*	l'	**oie** f *goose*	l'	**appareil** m
l'	**avoine** f *oats*	la	**dinde** *turkey*		*machinery*
les	**pois** *peas*	l'	**âne** m *donkey*	le	**travail** *work*
le	**haricot** *bean*	l'	**écureuil** m *squirrel*	l'	**ouvrier** m *worker*
l'	**asperge** f *asparagus*	le	**champ** *field*		
les	**fines herbes** f pl	l'	**espalier** m *fruit tree*		**utile** *useful*
	herbs; seasoning		*trimmed and trained*		**user** *to wear out*
	accueillir *to welcome*		*to grow against a*		**s'en faire** *to worry*
	cueillir *to pick*		*wall or trellis*		**faire des présentations**
	fleurir *to blossom*		**arroser** *to water*		*to introduce*
l'	**œillet** m *carnation*	la	**botanique** *botany*		**actuel** *present*
la	**marguerite** *daisy*	la	**chimie** *chemistry*		**bien que** *although*

tandis que *while*
pour que *in order that,*
  so that
la plupart *the most*
la plupart d'entre eux
  most of them
quelques-uns d'entre
  eux *some of them*
donc *then, therefore*
pas du tout *not at all*

il n'y a pas de presse
  there's no hurry
il n'y a pas moyen de
  se tromper *one can't*
  go wrong
déranger *to disturb,*
  inconvenience
les ciseaux m pl *scissors*
la tombée de la nuit
  nightfall

l' étoile f *star*
atteindre *to reach,*
  attain
éteindre *to extinguish*
rejoindre *to meet,*
  catch up with
fâché *sorry, angry*
la cheminée *fireplace*
le volet *shutter*

The subjunctive

91 Present subjunctive of *être* and *avoir*, and of regular verbs

A. *Être*

que je sois, que tu sois, qu'il soit, que nous soyons, que vous soyez, qu'ils soient.

B. *Avoir*

que j'aie, que tu aies, qu'il ait, que nous ayons, que vous ayez, qu'ils aient.

C. Regular verbs

DONNER: que je donne, que tu donnes, qu'il donne, que nous donnions, que vous donniez, qu'ils donnent

FINIR: que je finisse, que tu finisses, qu'il finisse, que nous finissions, que vous finissiez, qu'ils finissent

RÉPONDRE: que je réponde, que tu répondes, qu'il réponde, que nous répondions, que vous répondiez, qu'ils répondent

(1) The endings of the present subjunctive of all verbs (except **être** and **avoir**) are: **–e, –es, –e, –ions, –iez, –ent**.

(2) The stem of the present subjunctive of regular verbs is the same as that of the first person plural of the present indicative. EXEMPLE: PRES. IND. **Nous finiss–ons.** PRES. SUBJ. **je finiss–e,** etc.

92 Most common use of the present subjunctive

A.

—Il faut que **je donne** mon adresse à la concierge.	*I must give my address to the concierge.*
—Il faut que **je finisse** mon travail.	*I must finish my work.*
—Il faut que **je réponde** à cette lettre.	*I must answer this letter.*
—Il faut que **je sois** à la gare à 16 heures.	*I must be at the station at 4:00 o'clock.*
—Il vaut mieux que **vous finissiez** votre travail.	*It's better for you to finish (that you finish) your work.*

The subjunctive is used in subordinate clauses introduced by **que** and depending upon **falloir (il faut)** and **valoir mieux (il vaut mieux).** Note,

307

however, that if the dependent verb has no expressed subject, the infinitive is normally used instead of the subjunctive clause.

—Il faut **travailler** davantage. *(inf.)*   *It is necessary to work harder.*

—Il faut que **vous travailliez**   *You must work harder.*
davantage. *(subj.)*

—Il vaut mieux **partir** tout de suite.   *It is better to leave right away.*
(inf.)

—Il vaut mieux que **vous partiez**   *It is better for you to leave (that you*
tout de suite *(subj.)*   *leave) right away.*

B.

—Voulez-vous que nous **vous**   *Do you want us to help you?*
aidions?

—J'aime mieux qu'**il attende**   *I prefer that he wait until this*
jusqu'à ce soir.   *evening.*

—Je regrette que **vous ayez** mal à   *I'm sorry you have a headache.*
la tête.

—J'ai peur que **vous** ne **soyez** un   *I'm afraid you will be a little*
peu déçu.   *disappointed.*

—Je doute qu'**il vienne** ce soir.   *I doubt that he will come this*
evening.

The subjunctive is used in subordinate clauses introduced by **que** and depending upon certain verbs that express *wishing, wanting, desiring; joy, sorrow, happiness, regret, doubt, fear;* etc. Among the verbs of this group that take the subjunctive, the following are the ones most frequently used: **vouloir, désirer, souhaiter** *(to wish);* **aimer mieux, préférer; douter** *(to doubt),* **craindre** *(to fear);* **être content, être heureux, regretter, avoir peur,** etc. In the above examples, the subject of the verb of the dependent clause is different from that of the main clause. Note that when the main verb and the subordinate verb have the same subject, the infinitive is used instead of the subjunctive clause.

(SUBJUNCTIVE):

—Je regrette que **nous** soyons en   *I'm sorry that **we** are late.*
retard.

(INFINITIVE):

—Nous regrettons d'être en retard.   *We are sorry to be late.*

(SUBJUNCTIVE):

—J'aime mieux qu'il attende jusqu'à   *I prefer that **he** wait until this*
ce soir.   *evening.*

—Il aime mieux attendre jusqu'à ce soir.

He prefers to wait until this evening.

C.

—Bien qu'**elle soit classée** monument historique . . .

Although **it is classed** *as a historical monument . . .*

—Je vais attendre jusqu'à ce qu'il **ait fini** de lire le journal.

I am going to wait until **he has finished** *reading the paper.*

The subjunctive must be used in clauses introduced by certain conjunctive expressions of which the following are the most frequently used: **à moins que**, *unless;* **avant que**, *before;* **bien que**, *although;* **jusqu'à ce que**, *until;* **pour que**, *so that;* **de peur que**, *for fear that;* etc.

D.

—C'est le meilleur roman que **j'aie lu.**

That's the best novel **I've read.**

—Henri est le seul étudiant qui **soit** absent.

Henry is the only student who **is** *absent.*

The subjunctive is used in relative clauses whose antecedent is modified by a superlative or by the word **seul**.

E.

—Croyez-vous qu'il **y ait** de la place dans l'autobus?

Do you think **there will be** *room in the bus?*

—Je ne pense pas que **vous soyez** en retard.

I don't think **you'll be** *late.*

The subjunctive is not always used after **croire, penser,** and **espérer.** For these verbs and others that express *belief* or *certainty* (**être sûr, il me semble,** etc.), it is necessary to observe:

(1) the indicative is always used in clauses depending upon affirmative forms: (**Je crois qu'il y aura de la place. J'espère que vous viendrez**).

(2) the subjunctive is used following negations. The indicative is used after interrogatives if simple information is requested; the subjunctive is used if the speaker wishes to insert an element of doubt or expects a negative answer.

In conversation many people use the indicative after all forms of **croire, penser** and **espérer.**

93 **Present subjunctive of the most common irregular verbs**

—Il faut que **j'aille** à un de mes
champs.

*I must **go** to one of my fields.*

—Je ne veux pas que les
poules **puissent** entrer.

*I don't want the hens **to be able** to
get in.*

—Il vaut mieux attendre jusqu'à ce
qu'**il fasse** moins chaud.

*It's better to wait until **it is** cooler.*

—Je ne crois pas qu'**il sache** mon
adresse.

*I don't think **he knows** my address.*

A. The most common irregular verbs whose present
subjunctive has two stems

ALLER: aille, ailles, aille, **allions, alliez,** aillent
BOIRE: boive, boives, boive, **buvions, buviez,** boivent
CROIRE: croie, croies, croie, **croyions, croyiez,** croient
ENVOYER: envoie, envoies, envoie, **envoyions, envoyiez,** envoient
PRENDRE: prenne, prennes, prenne, **prenions, preniez,** prennent
RECEVOIR: reçoive, reçoives, reçoive, **recevions, receviez,** reçoivent
TENIR: tienne, tiennes, tienne, **tenions, teniez,** tiennent
VENIR: vienne, viennes, vienne, **venions, veniez,** viennent
VOIR: voie, voies, voie, **voyions, voyiez,** voient
VOULOIR: veuille, veuilles, veuille, **voulions, vouliez,** veuillent

B. The most common irregular verbs whose present
subjunctive has a single irregular stem

FAIRE: fasse, fasses, fasse, fassions, fassiez, fassent
POUVOIR: puisse, puisses, puisse, puissions, puissiez, puissent
SAVOIR: sache, saches, sache, sachions, sachiez, sachent

C. The most common irregular verbs whose present subjunctive
follows the pattern of regular verbs and can be found from the
first person plural of the present indicative (see paragraph 91)

connaître	écrire	partir	servir
dire	lire	plaindre	sortir
dormir	mettre	sentir	suivre

94 **Formation and use of the *passé composé** of the subjunctive**

A. Formation

The **passé composé** of the subjunctive is composed of the present subjunctive
of the auxiliary verb and the past participle of the verb.

---

* As the imperfect and pluperfect subjunctive are purely literary tenses, they will
appear only in the verb charts in the appendix.

ÊTRE: j'aie été, tu aies été, il ait été, nous ayons été, vous ayez été, ils aient été

AVOIR: j'aie eu, tu aies eu, etc.

DONNER: j'aie donné, tu aies donné, etc.

ARRIVER: je sois arrivé(e), tu sois arrivé(e), etc.

B. Use

Generally speaking, the **passé composé** of the subjunctive is used like the present subjunctive except that it expresses actions that have already taken place.

—Je regrette que l'accident **ait eu** lieu.

*I am sorry the accident **took** place.*

—Nous sommes contents qu'il **soit arrivé.**

*We are glad he **has arrived.***

—Je ne crois pas que vous **ayez lu** ce roman.

*I don't think you **have read** this novel.*

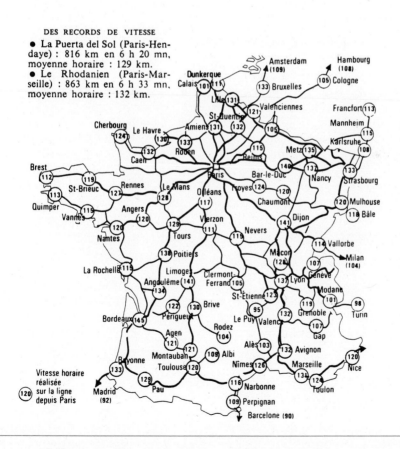

DES RECORDS DE VITESSE

● La Puerta del Sol (Paris-Hendaye) : 816 km en 6 h 20 mn, moyenne horaire : 129 km.
● Le Rhodanien (Paris-Marseille) : 863 km en 6 h 33 mn, moyenne horaire : 132 km.

Vitesse horaire réalisée sur la ligne depuis Paris

I Substitutions

Répétez les phrases suivantes en substituant les mots indiqués:

1. Il faut **que je sois à l'heure.**

   que j'aie de la patience / que nous déjeunions de bonne heure / que nous finissions notre travail / que nous répondions à ce télégramme

2. Voulez-vous **que nous allions au cinéma?**

   que je prenne un taxi / que nous prenions un taxi / que je vienne vous voir / que nous venions vous voir

3. Je doute **qu'il fasse beau demain.**

   que nous puissions jouer au tennis aujourd'hui / que vous sachiez mon numéro de téléphone / que nous soyons à l'heure / que vous ayez le temps d'aller à la campagne cet après-midi / que nous sortions ce soir

4. Nous sommes contents **qu'il soit venu nous voir.**

   que l'accident n'ait pas été grave / que vous ayez lu ce roman de Balzac / que vous ayez vu ce film / qu'il se soit levé de bonne heure

II Exercices d'application

Dites en français chacune de phrases suivantes en employant **Il faut que** *et le subjonctif:*

1. Je donne mon adresse à la concierge.
2. Vous donnez votre adresse à la concierge.
3. Je finis mon travail à onze heures.
4. Nous finissons notre travail à minuit.
5. Je réponds à la lettre de mon cousin.
6. Vous répondez à la lettre de votre cousin.
7. Je suis toujours à l'heure.
8. Il est toujours à l'heure.
9. Nous sommes toujours à l'heure.
10. Vous vous couchez de bonne heure.
11. Je vais à la bibliothèque.
12. Je vais chercher un journal.

III Dites en français chacune des phrases suivantes, en employant l'expression indiquée et le subjonctif:

A. Il vaut mieux que

1. Nous parlons français.
2. Vous finissez votre travail avant de vous coucher.
3. Nous attendons l'arrivée du train.
4. Vous buvez un verre d'eau fraîche.
5. Il prend une tasse de café.
6. Il se sert de mon auto.
7. Vous dormez jusqu'à huit heures.
8. Je suis les conseils de mes parents.

B. Il faut que

1. Vous parlez français.
2. Nous ne parlons pas anglais.
3. Vous choisissez votre écharpe.
4. Vous commencez tout de suite.

C. J'ai peur que . . . ne (or ne . . .pas)

1. Vous serez un peu déçu.
2. Il n'y aura pas de place dans l'autobus.
3. Il est malade.
4. Il fera froid demain.
5. Il boit trop de café.
6. Il ne croit pas ce que je lui dis.

D. Je regrette que

1. Vous avez mal à la tête.
2. Votre mère est malade.
3. Vous n'êtes pas venu me voir.
4. Il ne m'a pas écrit.
5. L'accident a eu lieu.
6. Vous avez répondu à cette lettre.
7. Il n'a pas pu s'arrêter à temps.

E. Je ne crois pas que

1. Il peut aller en ville.
2. Il a lu tous les romans de Balzac.
3. Il est allé voir le Panthéon.
4. Il sait le grec (*Greek*).
5. Vous pouvez finir aujourd'hui.
6. Il recevra ma dépêche (*telegram*) avant six heures.

IV *Répétez les phrases suivantes en employant la forme superlative de l'adjectif et en terminant par* **que je connaisse:**

EXEMPLE C'est un château intéressant. → **C'est le château le plus intéressant que je connaisse.**

(a) adjective follows noun
1. C'est un château pittoresque.
2. C'est un disque populaire.
3. C'est une personne agréable.
4. C'est un roman passionnant.
5. C'est un acteur célèbre.

(b) adjective precedes noun
1. C'est un beau château.
2. C'est une belle ville.
3. C'est une vieille cathédrale.
4. C'est une jolie jeune fille.
5. C'est un bon restaurant.

V *Thème d'imitation*

Mrs. Deschamps said to Roger and John, "Do you want to come to the garden with me? I have to pick some green beans. It is already six o'clock. If I do not hurry, dinner will never be ready by[1] seven o'clock and my husband[2] will not be happy." Roger opened the garden gate. "What a[3] fine garden (you have), cousin! How do you find the time to take care of it, with all the work of the harvest (**la moisson**)?" "I get up every morning at five o'clock to water my garden. . . . Be careful to close the gate behind you, Roger. If you leave it open, the hens get into the garden. Look at that one over there! She is busy[4] eating my salad greens! Please chase her out.[5] I am no longer young and I do not like to chase hens." Roger shooed the hen out. Then he began[6] to pick green beans so that[7] dinner would be ready on time and so that Mr. Deschamps would be happy.

[1]i.e., at seven o'clock [2]*husband,* **le mari** [3]After **quel,** the noun is used without an article. [4]**en train de** [5]**Veux-tu bien la chasser?** [6]**se mettre à** [7]**pour que**

La fin des vacances

Non sans peine, Roger décide Jean à aller à la pêche le dernier jour de leurs vacances. Marie est venue les attendre à la gare quand ils reviennent de leur voyage.

ROGER ¹Si nous allions à la pêche demain matin?

JEAN ²À quoi bon? ³Je ne prends jamais rien.

ROGER ⁴Qu'est-ce que cela fait? ⁵Je vais à la pêche parce que j'aime être à la campagne, au bord de l'eau, où l'air est pur, où personne n'est pressé. ⁶N'aimes-tu pas être en plein air?

JEAN ⁷Dis-moi donc où tu veux aller et à quelle heure tu as l'intention de partir.

ROGER How about going fishing tomorrow morning?

JOHN What's the use? I never catch any (fish).

ROGER What difference does that make? I go fishing because I like to be in the country, by the water, where the air is pure, where no one is in a hurry. Don't you like to be in the open air?

JOHN Tell me where you want to go and what time you plan to leave.

ROGER   ⁸Je connais un très bon endroit sous le vieux pont de l'autre côté de la rivière. ⁹Je compte partir de bonne heure. ¹⁰Il faudra que nous nous levions à 4 heures du matin.

JEAN   ¹¹Hélas, oui. ¹²Et demain est le dernier jour où je pensais faire la grasse matinée!

ROGER   I know a very good spot under the old bridge, on the other side of the river. I intend to leave early. We'll have to get up at 4 A.M.

JOHN   Yes, unfortunately. And tomorrow is the last day I had hoped to sleep late!

Deux jours après, dans une gare à Paris.

Two mornings later, at a station in Paris.

MARIE   ¹³Bonjour, Jean! Bonjour, Roger!
ROGER   ¹⁴Tiens, bonjour, Marie. ¹⁵Quand as-tu reçu ma dépêche?
MARIE   ¹⁶Il y a à peu près une heure. ¹⁷Pourquoi ne m'as-tu pas dit l'heure exacte de ton arrivée?

MARIE   Hello, John! Hello, Roger!
ROGER   Well, hello, Marie. When did you receive my telegram?
MARIE   About an hour ago. Why didn't you tell me the exact time of your arrival?

ROGER   ¹⁸Nous ne la savions pas nous-mêmes. ¹⁹Nous n'étions pas sûrs d'attraper le train de sept heures et demie.

MARIE   ²⁰Jean, votre concierge m'a téléphoné qu'un télégramme pour vous est arrivé à matin.

JEAN   ²¹Oh! Je sais que c'est. ²²Hélène Frazer doit arriver ces jours-ci. ²³C'est une jeune Américaine de mes amies qui est actuellement à Londres. ²⁴Elle m'a demandé de lui servir de guide à Paris.

ROGER   We didn't know it ourselves. We were not sure of catching the 7:30 train.

MARIE   John, your concierge telephoned me that a telegram came for you this morning.

JOHN   Oh, I know what that is. Helen Frazer is supposed to arrive one of these days. She's an American girl, a friend of mine who is now in London. She asked me to act as her guide (*lit.,* as guide for her) in Paris.

I Substitutions

Répétez les phrases suivantes en substituant les mots indiqués:

1. Si nous allions à la pêche **demain matin?**
   de bonne heure / à cinq heures / avant le lever du soleil / avant le jour

2. Il faudra que nous nous levions **à quatre heures du matin.**
   à cinq heures / avant le lever du soleil / avant le jour / de très bonne heure

3. Je compte **partir de bonne heure.**
   aller à la pêche / y aller / me mettre en route / revenir

4. Tu aurais dû me dire **l'heure exacte de ton arrivée.**
   à quelle heure tu arriverais / à quelle heure ton train arriverait / à quelle heure tu serais ici / à quelle gare tu arriverais

5. Elle m'a demandé **de lui servir de guide à Paris.**
   de lui faire visiter Paris / de lui montrer Paris / de la mener à Notre-Dame / d'aller avec elle au Louvre

II Demandez à quelqu'un:

1. s'il (si elle) aime aller à la pêche.
2. s'il (si elle) a jamais pris des poissons.
3. s'il (si elle) connaît un endroit où il y a de gros poissons.
4. s'il (si elle) croit tout ce que disent les pêcheurs.
5. à quelle heure il (elle) compte partir.
6. qui est venu attendre Jean et Roger à la gare.
7. si Marie savait à quelle heure ils arriveraient.
8. Pourquoi ils ne lui ont pas dit l'heure de leur arrivée.
9. Qui a téléphoné à Marie.
10. ce que la concierge a dit à Jean.
11. quand Hélène Frazer doit arriver.
12. où elle est actuellement.

III *Répondez en français:*

1. Où Roger propose-t-il d'aller demain matin?
2. Est-ce que Jean espère prendre des poissons?
3. Pourquoi aime-t-il aller à la pêche?
4. À quelle heure compte-t-il partir?
5. À quelle heure faudra-t-il qu'ils se lèvent?
6. Qu'est-ce que Jean aurait préféré faire le lendemain matin?
7. Qui est venu attendre Jean et Roger à la gare?
8. Marie savait-elle l'heure exacte de leur arrivée?
9. Qui est Hélène Frazer?
10. Qu'est-ce quelle a demandé à Jean?

IV *Répétez en remplaçant la forme négative du passé composé par* **Vous auriez dû** *(You should have) et l'infinitif:*

EXEMPLE   Vous ne m'avez pas dit l'heure exacte de votre arrivée. → **Vous auriez dû me dire l'heure exacte de votre arrivée.**

1. Vous ne m'avez pas donné votre adresse.
2. Vous ne m'avez pas téléphoné.
3. Vous ne m'avez pas prévenu.
4. Vous n'avez pas téléphoné à votre mère.
5. Vous ne m'avez pas indiqué le jour de votre arrivée.
6. Vous n'êtes pas parti(e) hier soir.

V *Répétez chacune des phrases suivantes en remplaçant les mots en italiques par l'adverbe* **y.**

EXEMPLE   Êtes-vous allé(e) à la pêche? → **Y êtes-vous allé(e)?**

1. Êtes-vous allé(e) *à la pêche* ce matin?
2. Allez-vous souvent *à la pêche?*
3. Êtes-vous jamais allé(e) *à la pêche?*
4. N'êtes-vous jamais allé(e) *à la pêche?*
5. Voulez-vous aller *en ville* cet après-midi?
6. Voulez-vous que j'aille *en ville* avec vous?
7. Croyez-vous que les Brown soient allés *en Angleterre* cet été?

VI *Répondez en français à chacune des questions personnelles suivantes:*

1. Aimez-vous voyager?
2. Comment voyagez-vous d'habitude?
3. Où allez-vous passer vos vacances?
4. Avez-vous jamais fait un long voyage?
5. Où êtes-vous allé(e)?
6. Combien de temps votre voyage a-t-il duré?

VII *Dictée d'après la Conversation 32, pp. 298–299*

VIII *Dialogue*

Vous parlez d'une partie de pêche que vous avez faite, ou d'un week-end que vous avez passé à la campagne.

Irregular verbs in −oir

95   Remarks about verbs in −oir

The characteristics of this group are that they have two stems in the present indicative (**pouvoir: peu- pouv-**), an irregular future (**je pourrai**), and a past participle in −u (except **s'asseoir**).

    Devoir corresponds to English *must, should, ought, have to, was to, should have, ought to have,* and so on (!), and it is necessary to study with the greatest attention the use and meaning of the different tenses of this verb. **Pouvoir** and **vouloir** are also very tricky for English-speaking students.

96   *Devoir**

A.   *Présent*

The present tense is used to express:

(1) Necessity

—**Vous devez** changer de train à Epernay.

You have to *change trains at Epernay.*

—**Je dois** être de retour demain.

I must *be back tomorrow.*

(2) Probability

—**Il doit être** chez lui en ce moment.

He's probably *at home now.*

—**Il doit y avoir** un avion vers 8 heures.

There must be *a plane around 8 o'clock.*

(3) An action that one expects to fulfill

—**Je dois jouer** au tennis demain.

I'm supposed to play *tennis tomorrow.*

—**Je dois rentrer** de bonne heure.

I'm supposed to be home *early.*

---

  * **Devoir** is also used as a transitive verb with the meaning "to owe." EXAMPLE: **Vous** me **devez** mille francs.

319

B. *Imparfait*

The imperfect is most commonly used to express an action that was expected to take place but which did not necessarily take place:

—Je **devais** jouer au tennis ce matin, mais j'ai décidé de venir vous attendre à la gare.	**I was to (was expecting to)** *play tennis this morning but I decided to come to meet you at the station.*

C. *Passé composé*

The **passé composé** is most commonly used to express probability (past):

—Où est votre livre?	*Where is your book?*
—Je ne sais pas. **J'ai dû** le laisser dans l'autobus.	*I don't know.* **I must have** *left it on the bus.*

D. *Conditionnel*

(1) The conditional is used to express the speaker's judgment as to the desirability or propriety of a present or future action:

—**Vous devriez** travailler davantage.	**You should** *work harder.*
—**Vous ne devriez pas** faire cela.	**You ought not** *to do that.*

(2) The conditional perfect is used to express the desirability or propriety of a past action (see paragraph 119, p. 406):

—**Vous n'auriez pas dû** faire cela.	**You ought not to have** *done that.*
—**Tu aurais dû** me dire l'heure exacte de ton arrivé.	**You should have** *told me the exact time of your arrival.*

PRÉSENT: Je dois, tu dois, il doit, nous devons, vous devez, ils doivent.
IMPARFAIT: Je devais, etc. *PASSÉ COMPOSÉ:* J'ai dû, etc. *FUTUR:* Je devrai, etc.
CONDITIONNEL: Je devrais, etc.

97 *Pouvoir (to be able)*

PRÉSENT: may, can

—Est-ce que **je peux** voir la chambre?	**May I** *see the room?* OR **Can I** *see the room?*
—Oui, **vous pouvez** la voir.	*Yes,* **you may** *see it.*

PASSÉ COMPOSÉ: could, was able to

—Je n'ai pas pu trouver une place   **I couldn't** *find a seat in the bus.*
dans l'autobus.

FUTUR: may, can

—**Vous pourrez** revenir dans huit   **You may** *come back in a week.*
jours.

CONDITIONNEL: could, might

—**Vous pourriez** lui envoyer un mot.   **You could** *write to him (to her).*

PRÉSENT: Je peux, tu peux, il peut, nous pouvons, vous pouvez, ils peuvent.
I may; I can; I am able, etc.
IMPARFAIT: Je pouvais, etc. *I was able, I could, etc.* **PASSÉ COMPOSÉ:** J'ai
pu, etc., *I have been able, I could, etc.*
FUTUR: Je pourrai, etc. *I shall be able, I can, I may, etc.* **CONDITIONNEL:** Je
pourrais, etc. *I could, I might, etc.*

98 *Vouloir* (to want)

PRÉSENT: want

—**Voulez-vous** essayer ce manteau?   **Do you want** *to try on this coat?*
—Roger **veut** aller à la pêche.   *Roger* **wants** *to go fishing.*
—Jean **ne veut pas** y aller.   *John* **doesn't want** *to go.*

IMPARFAIT: wanted

—Je **voulais** faire une promenade   **I wanted to** *(but didn't necessarily*
hier, mais il a plu toute la   *act on my desire) take a walk, but*
journée.   *it rained all day.*

PASSÉ COMPOSÉ: wanted, decided

—J'ai **voulu** profiter du beau temps.   **I decided** *to take advantage of the*
    fine weather (and did so).
—Marie **n'a pas voulu** sortir.   *Marie* **didn't want** *to go out.*

CONDITIONNEL: would like, want

—Je **voudrais** un billet aller et   **I would like** *a round-trip ticket to*
retour pour Reims, s'il vous plaît.   *Rheims, please.*
—Je **voudrais** partir le plus tôt   **I would like** *to leave as soon as*
possible.   *possible.*

321

PRÉSENT: Je veux, tu veux, il veut, nous voulons, vous voulez, ils veulent. *I want; I will (i.e., I insist), etc.*
IMPARFAIT: Je voulais, etc. *I wanted, I intended, etc.* *PASSÉ COMPOSÉ:* J'ai voulu, etc. *I wanted, I decided, etc.*
FUTUR: Je voudrai, etc. *I shall want, etc.* *CONDITIONNEL:* Je voudrais, etc. *I would like, I want, etc.*

99 Expressions with *vouloir*

A. *vouloir bien* (to be willing)

—Je veux bien.	I am willing.
—**Voulez-vous bien** vous asseoir.	**Will you please** *sit down?*
—**Voulez-vous bien** monter?	**Will you please** *go up?*
—Je **voudrais bien** avoir ma montre le plus tôt possible.	**I would like** *to have my watch as soon as possible.*

B. *vouloir dire* (to mean)

—Que **voulez-vous dire?**	*What* **do you mean?**
—Que **veut dire** « déçu »?	*What* **does** *"déçu"* **mean?**

100 *Falloir* (to have to, must), etc.: impersonal

(1) **Falloir** *(necessity)*

—Il **faut que** j'aille en ville faire des courses.	I **must go** *downtown to do some errands.*
—Il **a fallu que** nous attendions la correspondance.	We **had to** *wait for the connection.*
—Il **faudra que** nous nous levions de bonne heure.	We **shall have** *to get up early.*
—Il **ne faut pas** faire cela.	You **must not** *do that.*

(2) **Falloir** *(it takes), etc.*

—Il **faut** une heure pour aller de Paris à Versailles.	It **takes** *an hour to go from Paris to Versailles.*
—Il **a fallu** plus de 300 ans pour construire le Louvre.	It **took** *more than 300 years to build the Louvre.*

PRÉSENT: Il faut *(must).* *IMPARFAIT:* Il fallait *(had to, should have).* *PASSÉ COMPOSÉ:* Il a fallu *(had to).* *FUTUR:* Il faudra *(will have to).*

101 *Valoir** mieux (to be better): impersonal*

—Il **vaut mieux** laisser ceux dont on n'est pas sûr.

It is **better** to leave the ones about which you are not sure.

—Il **vaudrait mieux** faire venir un agent de police.

It would be **better** to send for a policeman.

PRÉSENT: Il vaut mieux *(It is better).* *IMPARFAIT:* Il valait mieux. *PASSÉ COMPOSÉ:* Il a mieux valu. *FUTUR:* Il vaudra mieux.

102 *Pleuvoir (to rain): impersonal*

—**S'il pleut,** je prendrai un taxi.

If it **rains,** I'll take a taxi.

—Il **pleuvait** quand j'ai quitté la maison.

It **was raining** when I left the house.

—Il **a plu** cette nuit.

It **rained** last night.

PRÉSENT: Il pleut. *It rains, it is raining.* *IMPARFAIT:* Il pleuvait. *It was raining.*
PASSÉ COMPOSÉ: Il a plu. *It rained.* *FUTUR:* Il pleuvra. *It will rain.*

103 *Voir (to see)*

—**Vous voyez** ce village là-bas?

You see *that village over yonder?*

—**Je vois** des champignons au bord de la route.

I see *some mushrooms on the side of the road.*

—Il y a longtemps que **je ne vous ai pas vu.**

I **haven't seen** you in a long time.

—**Je vois** venir le facteur.

I see *the postman* **coming.**

PRÉSENT: Je vois, tu vois, il voit, nous voyons, vous voyez, ils voient. *I see, etc.*
IMPARFAIT: Je voyais, etc. *I saw, etc.* *PASSÉ COMPOSÉ:* J'ai vu, etc. *I saw, I have seen, etc.* *FUTUR:* Je verrai, etc. *I shall see, I'll see, etc.*

104 *Savoir (to know, to know how)***

—**Savez-vous** quand vivait Jeanne d'Arc?

Do you **know** when Joan of Arc lived?

—**Je sais** qu'elle est morte à Rouen en 1431.

I **know** that she died in Rouen in 1431.

---

* **Valoir** is also used with the meaning *to be worth.* EXAMPLE: *Cette montre* **vaut** *mille francs.*
** Cf. note on **savoir** and **connaître** on p. 70.

—Je vous le dirai aussitôt que **je le saurai.**

I shall tell you as soon as **I find out.**

—**Vous ne sauriez pas** où j'ai mis mon portefeuille?

You wouldn't know where *I put my wallet, would you?*

—**Savez-vous** conduire une auto?

Do you know how *to drive a car?*

PRÉSENT: Je sais, tu sais, il sait, nous savons, vous savez, ils savent. *I know, etc.*

IMPARFAIT: Je savais, etc. *I knew, etc.* *PASSÉ COMPOSÉ:*   J'ai su, etc. *I knew, I found out, etc.* *FUTUR:*   Je saurai, etc. *I shall know how, I shall find out.*

I   *Substitutions*

Répétez les phrases suivantes en substituant les mots indiqués:

1. **Il faut** profiter du beau temps.
   Il fallait / Il faudra / Il vaut mieux / Il valait mieux
2. **Je sais** qu'elle était à Paris à ce moment-là.
   Je savais / Je ne savais pas / Savez-vous . . . ? / Saviez-vous . . . ?
3. **Je vois** venir le facteur.
   J'ai vu / Je crois voir / J'ai cru voir / Je crois avoir vu

II   *Exercices d'application*

A. *Répondez affirmativement:*

EXEMPLE   Voulez-vous? → **Je veux.**

1. Pouvez-vous?
2. Pourriez-vous?
3. Avez-vous pu?
4. Voudriez-vous?
5. A-t-il voulu?
6. Devez-vous?
7. Deviez-vous?
8. Devriez-vous?
9. Auriez-vous dû?
10. Voyez-vous?

B. *Remplacez le présent par le passé composé:*

1. Je peux.
2. Nous pouvons.
3. Je veux.
4. Nous voulons.
5. Je dois.
6. Nous devons.
7. Il vaut mieux.
8. Il faut.
9. Vous voulez.
10. Vous voyez.

C. *Remplacez l'imparfait par le conditionnel:*

1. Je voulais.
2. Il voulait bien.
3. Je ne pouvais pas.
4. Il fallait.
5. Il pleuvait.
6. Je savais.
7. Il savait.
8. Il voyait.

A. *Répétez en remplaçant le présent du verbe et* **sans doute** *par le présent de* **devoir** *et l'infinitif:*

EXEMPLE   Il est sans doute chez lui en ce moment. → **Il doit être chez lui en ce moment.**

1. Il arrive sans doute ce soir.
2. La poste est sans doute ouverte en ce moment.
3. Elle est sans doute à la maison.
4. Ils sont sans doute en vacances.
5. Il y a sans doute des champignons dans le bois.
6. Il y a sans doute un train vers 8 heures.

B. *Répétez en remplaçant le passé composé du verbe et* **sans doute** *par le passé composé de* **devoir** *et l'infinitif:*

EXEMPLE   J'ai sans doute laissé mon livre dans l'autobus. → **J'ai dû laisser mon livre dans l'autobus.**

1. Elle a sans doute attrapé un rhume.
2. Nous avons sans doute pris la mauvaise route.
3. J'ai sans doute laissé mon portefeuille à la maison.
4. Ils ont sans doute manqué leur train.
5. Il a sans doute plu cette nuit.
6. Elle a sans doute reçu* un chèque de son père.

C. *Répétez en remplaçant* **Je crois** *et le présent de* **devoir** *par le conditionnel de* **devoir:**

EXEMPLE   Je crois que vous devez répondre à cette lettre. → **Vous devriez répondre à cette lettre.**

1. Je crois que vous devez travailler davantage.
2. Je crois que vous ne devez pas sortir ce soir.
3. Je crois qu'elle doit s'occuper davantage de son jardin.
4. Je crois que nous devons partir de bonne heure.

D. *Répétez en remplaçant le conditionnel de* **devoir** *et* **aujourd'hui** *par le conditionnel passé de* **devoir** *et* **hier.**

EXEMPLE   Vous devriez répondre à cette lettre aujourd'hui. → **Vous auriez dû répondre à cette lettre hier.**

1. Vous devriez travailler aujourd'hui.
2. Vous ne devriez pas sortir aujourd'hui.
3. Il devrait rester à la maison aujourd'hui.
4. Nous devrions partir aujourd'hui.
5. Ils devraient se mettre en route aujourd'hui.
6. Vous ne devriez pas boire tant de café aujourd'hui.

---

* For the forms of **recevoir** *(to receive),* see p. 434.

IV *Répondez en français:*

1. Savez-vous conduire une auto?
2. Savez-vous jouer au tennis?
3. Pouvez-vous jouer au tennis avec moi cet après-midi?
4. Avez-vous lu le journal d'aujourd'hui?
5. Quand est-ce que vous verrez Paris?
6. Quand est-ce que vous reverrez vos parents?
7. Est-ce que vous recevez souvent des nouvelles de vos amis?
8. Est-ce que vous avez jamais reçu des cartes postales de Paris?

V *Répétez les phrases suivantes en remplaçant le présent du verbe par le conditionnel:*

EXEMPLE   Je veux un billet pour Reims. *(I want . . .)* → **Je voudrais un billet pour Reims.** *(I would like . . .)*

1. Est-ce que je peux voir la chambre?
2. Pouvez-vous me dire l'heure?
3. Je peux vous le faire envoyer?
4. Il vaut mieux faire venir un agent de police.
5. Voulez-vous attendre un instant?
6. Voulez-vous prendre quelque chose?
7. Savez-vous son numéro de téléphone?
8. Il faut partir de bonne heure.

VI *Thème d'imitation*

"I must tell you what happened to me last Saturday, John. That day I went fishing near the old bridge on the other side of the river. You know the place, don't you? . . . Suddenly, I felt a fish on the end of my line.[1] I was going to take him out[2] of the water, when a fish *that big*, which was following mine, opened its enormous mouth,[3] took my fish, and went away with it."[4] "You ought to put that in the paper," said John. "You caught the big fish, didn't you?" "No," Roger replied, "he broke my line." "That's really too bad," said John. "It's the sad story of the big fish that gets away."[5]

---

[1] *on the end of my line,* **au bout de ma ligne**   [2] *take out,* **sortir (Sortir** is used either as a transitive or intransitive verb.)   [3] *its enormous mouth,* **une bouche énorme.**   [4] Omit *it.* Never mind if your sentence ends with **avec.** In such phrases, **avec** is regarded by grammarians as an adverb.   [5] *lit.:* that one misses

À la terrasse d'un café

Jean et Hélène s'arrêtent à la terrasse d'un café, près du Panthéon.°

JEAN ¹Asseyons-nous ici. ²Nous
pourrons voir passer les gens.
HÉLÈNE ³Quel est ce bâtiment là-bas,
au bout de la rue?

JOHN Let's sit down here. We can see
the people go by.
HELEN What is that building over there
at the end of the street?

327

JEAN ⁴Vous devriez le reconnaître. C'est le Panthéon.

HÉLÈNE ⁵Oh! je me rappelle maintenant. ⁶C'est l'endroit où on enterre les grands hommes, n'est-ce pas?

JEAN ⁷Oui, quelques-uns d'entre eux. ⁸On trouve là notamment les tombeaux de Voltaire et de Victor Hugo.

HÉLÈNE ⁹Pourquoi appelle-t-on cette partie de Paris le Quartier latin?

JEAN ¹⁰Parce que c'est le quartier de l'université, et que le latin était autrefois la langue de l'université.

HÉLÈNE ¹¹Où est donc la Sorbonne?

JEAN ¹²À deux pas d'ici. ¹³Nous irons tout à l'heure, si vous voulez.

HÉLÈNE ¹⁴D'où vient ce nom Sorbonne? ¹⁵J'ai lu l'explication quelque part, mais je ne m'en souviens plus.

JEAN ¹⁶C'est qu'au temps de saint Louis,° un certain Robert de Sorbon a fondé une école pour les étudiants de théologie. ¹⁷Cette école, appelée la Sorbonne, est devenue la Faculté des Lettres.

HÉLÈNE ¹⁸Tous ces étudiants ont l'air sérieux et préoccupé. . . .

JEAN ¹⁹Cela se comprend. ²⁰N'oubliez pas qu'ils sont en train de passer leurs examens.

JOHN You ought to recognize it. It's the Pantheon.

HELEN Oh! now, I remember. It's the place where they bury great men, isn't it?

JOHN Yes, some of them. In particular, there are the tombs of Voltaire and Victor Hugo.

HELEN Why do they call this part of Paris the Latin Quarter?

JOHN Because it is the quarter of the University, and (that) Latin was formerly the language of the University.

HELEN Well, where is the Sorbonne?

JOHN Just a few steps from here. We'll go there after a while if you wish.

HELEN Where does the name Sorbonne come from? (What is the origin of the name Sorbonne?) I read the explanation somewhere, but I don't remember it (any longer).

JOHN It's that in the time of Saint Louis, a man named Robert de Sorbon founded a school for theology students. This school, called the Sorbonne, has become the Faculty of Letters.

HELEN All these students look serious and worried. . . .

JOHN That's understandable. Don't forget that they are busy taking exams.

Cultural Notes

The **Panthéon** was built between 1764 and 1781 on the site of what had been a church dedicated to the patron saint of Paris, St. Geneviève.

Saint Louis (Louis IX) was king of France from 1226 to 1270. He founded a hospital for three hundred knights who had been blinded during the Crusades, from which was derived the name **Quinze-Vingts** (Fifteen

LA SAINTE CHAPELLE

Twenties), given to a hospital that still exists in Paris. He was also
responsible for the construction of one of the most elegant examples of
Gothic art, **la Sainte Chapelle,** built to hold the relics Louis brought back
from the Crusades. Its upper chapel has fifteen very long, very fine stained
glass windows.

I *Substitutions*

Répétez les phrases suivantes en substituant les mots indiqués:

1. Nous pourrons **voir passer les gens.**
   voir venir l'avion / voir arriver le train / regarder passer les gens / entendre parler le Président

2. La Sorbonne a été fondée **au temps de saint Louis.**
   au treizième siècle / au cours du treizième siècle / au moment des croisades / en 1253

3. (a) Je ne me rappelle pas **son nom.**
   son adresse / son numéro de téléphone / la date de son anniversaire / le jour de son mariage
   (b) Je ne me souviens plus **de lui.**
   d'eux / d'elle / de Louise / de cette explication

4. D'où vient **ce nom Sorbonne?**
   cet avion / ce télégramme / ce vin rouge / Hélène Fraser

II *Demandez à quelqu'un:*

1. ce que c'est que ce monument là-bas au bout de la rue.
2. quelle langue on parlait autrefois dans les universités.
3. ce qu'est devenu l'école fondée par Robert de Sorbon.
4. dans quel siècle la Sorbonne a été fondée.

III *Répondez en français aux questions suivantes:*

1. Où sont assis Jean et Hélène?
2. Dans quel quartier se trouve la terrasse où ils sont assis?
3. Quel monument voit-on de la terrasse de ce café?
4. Qu'est-ce que c'est que le Panthéon?
5. Connaissez-vous des hommes célèbres qui sont enterrés au Panthéon?
6. Pourquoi appelle-t-on cette partie-là de Paris le Quartier latin?
7. Saviez-vous qu'autrefois tous les étudiants de l'université parlaient latin?
8. En quelle langue les professeurs faisaient-ils leurs conférences *(lectures)*?
9. Qui a fondé la Sorbonne?
10. Quand vivait Robert de Sorbon?
11. Qu'est-ce que c'était autrefois que la Sorbonne?
12. Qu'est-ce que c'est maintenant la Sorbonne?

A. *Répétez les phrases suivantes, en remplaçant* être *par* avoir l'air:

EXEMPLE   Il est préoccupé. → **Il a l'air préoccupé.**

1.   Vous êtes préoccupé(e).
2.   Elle est fatiguée.*
3.   Ils sont heureux.

4.   Tous ces étudiants sont sérieux et préoccupés.
5.   Cette jeune fille est triste.
6.   Les Brown sont très gentils.

B. *Répétez les phrases suivantes, en remplaçant* avoir *par* avoir l'air d'avoir:

EXEMPLE   Il a faim. → **Il a l'air d'avoir faim.**

1.   Il a froid.
2.   Vous avez chaud.
3.   Jean a soif.
4.   Il a mal à la tête.

5.   Il a un rhume.
6.   Les Brown ont beaucoup d'argent.

C. *Répétez les phrases suivantes en remplaçant* **se rappeler** *par* **se souvenir de:****

1.   J'ai lu l'explication quelque part, mais je ne me la rappelle pas.
2.   J'ai vu cette explication quelque part, mais je ne me la rappelle pas.

3.   Je savais son adresse, mais je ne me la rappelle pas.
4.   Est-ce que vous vous la rappelez?
5.   Je ne me la rappelle plus.
6.   Je savais tout cela, mais je ne me le rappelle plus.

D. *Répétez les phrases suivantes en employant* au, en, *ou* au temps de *selon le cas:*

1.   _____ dix-septième siècle.
2.   _____ vingtième siècle.
3.   _____ 1657.
4.   _____ 1975.
5.   _____ Louis XIV.
6.   _____ saint Louis.

7.   _____ 1237.
8.   _____ treizième siècle.
9.   _____ François Premier.
10. _____ Victor Hugo.
11. _____ 1980.
12. _____ vingtième siècle.

---

* Either: Elle a l'air **fatigué** or **fatiguée** may be used.
** While **se souvenir de** and **se rappeler** both mean *to remember*, they are not quite interchangeable. **Se rappeler** takes a direct object and is used primarily to refer to things rather than to persons. **Se souvenir de** refers to either persons or things.

VI Révision

Mettez les phrases suivantes au futur:

1. Jean va au cinéma ce soir.
2. Hélène vient cet après-midi.
3. Elle s'en va la semaine prochaine.
4. Elle fait des courses demain matin.
5. Je vous envoie un mot cet après-midi.
6. Il faut payer la facture un de ces jours.
7. Elle doit aller en ville aujourd'hui.
8. Vous aurez l'appartement quand vous voulez.

VII Répondez en français à chacune des questions suivantes:

1. Vous êtes-vous jamais assis(e) à la terrasse d'un café?
2. Est-ce l'habitude de faire cela en Amérique?
3. Pourquoi les Français aiment-ils le faire?
4. Est-ce qu'ils y vont souvent avec leurs amis?
5. À quel moment de la journée y vont-ils? [Le soir]
6. Aimez-vous voir passer les gens?

VIII *Dictée d'après la Conversation 33, pp. 314–316*

Le Long des quais

Sur les quais, Hélène voit les étalages des bouquinistes.°

HÉLÈNE ¹Que vendent ces gens-là, le long de la Seine?
JEAN ²Toutes sortes de choses. ³Les uns vendent de vieilles estampes, d'autres des timbres, d'autres de vieilles pièces de monnaie, mais la plupart d'entre eux font le commerce des livres d'occasion.

HELEN What do those people sell along the Seine?
JOHN All sorts of things. Some sell old prints, others stamps, others old coins, but most of them deal in second-hand books.

HÉLÈNE ⁴Mon frère m'a demandé de lui envoyer des timbres. ⁵Traversons la rue. ⁶Nous pourrons jeter un coup d'œil sur les étalages.

JEAN ⁷Savez-vous quels timbres votre frère veut se procurer?

HÉLÈNE ⁸Oui, j'ai dans mon sac une liste qu'il a préparée.

HÉLÈNE (au bouquiniste) ⁹Avez-vous les timbres indiqués sur cette liste?

LE BOUQUINISTE ¹⁰Voyons un peu . . . (Il regarde la liste.) ¹¹Oui, mademoiselle. Je crois les avoir tous, sauf les timbres du Second Empire. ¹²Il ne m'en reste aucun.

HÉLÈNE ¹³Je ne connais pas grand-chose aux timbres-poste.

JEAN ¹⁴Vous n'avez qu'à choisir les plus jolis!

HÉLÈNE ¹⁵Oh non! Il y a quelque temps, j'ai envoyé plusieurs timbres à mon frère. ¹⁶J'avais choisi les plus jolis. ¹⁷Mais il avait déjà la plupart d'entre eux, et il m'a dit que mon choix ne valait rien.

HELEN My brother asked me to send him some stamps. Let's cross the street. We can take a look at the displays.

JOHN Do you know what stamps your brother wants to get?

HELEN Yes. I have, in my bag, a list that he prepared.

HELEN (to the old-book dealer) Have you the stamps noted on this list?

THE OLD-BOOK DEALER Let's take a look . . . (He looks at the list.) Yes, miss. I think I have them all, except the Second Empire stamps. I haven't a one of them left.

HELEN I don't know much about postage stamps.

JOHN All you have to do is choose the prettiest (ones).

HELEN Oh no! Some time ago, I sent several stamps to my brother. I had chosen the prettiest. But he already had most of them and he told me my selection was no good (was worth nothing).

Cultural Note

Along the banks of the Seine as it flows through the center of Paris, there are numbers of people, mostly old women, who sell old books, old prints, coins, stamps, magazines, and even new books and prints. They have their little stalls, which are fastened firmly to the embankment above the river. When the weather is fair, they unlock their stocks in the morning and keep an eye on them all day, gossiping with their neighbors and occasionally speaking to passers-by who seem interested in their wares. In the "good old days" an expert could pick up a rare first edition or a rare postage stamp for a franc or two. But today, when certain old books or postage stamps are worth hundreds or even thousands of dollars, the merchants make it a point to know the value of what they sell, and they are not likely to part with really valuable items for a few francs.

LA SÉINE

I Substitutions

Répétez les phrases suivantes, en substituant les mots indiqués:

1. Nous pourrons jeter un coup d'œil **sur les étalages.**
    sur les journaux / sur les revues *(magazines)* / sur les estampes / sur les livres d'occasion
2. **La plupart** d'entre eux font le commerce des livres.
    Beaucoup / Plusieurs / Quelques-uns / Peu *(only a few)*
3. Savez-vous **quels timbres** votre frère veut se procurer?
    quelles estampes / quelles photos / quels vieux livres / quelles pièces de monnaie
4. Il ne m'en reste **aucun.**
    pas / pas beaucoup / plus / plus du tout / guère / qu'un / que deux
5. Vous n'avez qu'à **choisir les plus jolis.**
    traverser la rue / consulter cet album / téléphoner à vos parents/ appeler un taxi / suivre cette rue

335

II *Demandez à quelqu'un:*

1. ce que vendent la plupart des bouquinistes.
2. où on vend des timbres-poste.
3. s'il (si elle) connaît des gens qui font collection de vieilles estampes.
4. s'il reste au marchand des timbres du Second Empire.
5. si Hélène sait quels timbres son frère veut se procurer.
6. si Hélène s'est déjà procuré des timbres pour son frère.

III *Répondez en français à chacune des questions suivantes:*

1. Où sont les étalages des bouquinistes?
2. Que vendent les bouquinistes?
3. Où iriez-vous si vous vouliez acheter des livres d'occasion?
4. Qui est-ce qui a demandé à Hélène de lui envoyer des timbres?
5. Pourquoi Hélène propose-t-elle de traverser la rue?
6. Comment sait-elle quels timbres son frère veut se procurer?
7. Où a-t-elle mis la liste qu'il lui a envoyée?
8. Quels timbres Jean lui dit-il de choisir?
9. Pourquoi ne suit-elle pas son conseil?

IV *Exercices d'application*

A. *Répétez les phrases suivantes en employant l'infinitif:*

EXEMPLE   Je crois que je les ai tous. → **Je crois les avoir tous.**

1. Je crois que je les connais tous.
2. Je crois que je sais son adresse.
3. Je crois que je peux venir vous chercher.
4. Je ne crois pas que je puisse partir aujourd'hui.
5. Je ne crois pas que je sache son adresse.
6. Je ne crois pas que j'irai en ville cet après-midi.

B. *Répétez en remplaçant* **rien** *par* **pas . . . grand-chose:**

EXEMPLE   Il ne m'a rien dit. → **Il ne m'a pas dit grand-chose.**

1. Il ne me reste rien.
2. Je n'ai rien trouvé.
3. Il n'a rien à faire.
4. Je ne connais rien aux timbres.
5. Nous n'avons rien fait.

C. *Employez* **la plupart** *dans chacune des expressions suivantes:*

EXEMPLE   Beaucoup de bouquinistes. → **La plupart des bouquinistes.**

1. Beaucoup de gens.
2. Beaucoup d'entre eux.
3. Beaucoup d'églises gothiques.

4. Beaucoup d'entre elles.
5. Quelques-uns des timbres.
6. Quelques-uns d'entre eux.
7. Plusieurs des estampes.
8. Plusieurs d'entre elles.

D. *Répétez les phrases suivantes en remplaçant le mot* **près de** *par* **le long de:**

1. Près des quais.
2. Près de la Seine.
3. Près de la rue de Rivoli.
4. Près des Grands Boulevards.
5. Près de la rue du Faubourg Saint-Honoré.
6. Près de la rue du Docteur Roux.
7. Près de la rivière.
8. Près du boulevard Pasteur.

E. *Répétez en employant le verb* **valoir:**

EXEMPLE La plupart des timbres n'ont pas de valeur. → **La plupart des timbres ne valent rien.**

1. Ce vieux livre n'a aucune valeur.
2. Mon choix n'était pas bon.
3. Savez-vous la valeur de ce timbre? (Savez-vous ce que vaut ce timbre?)
4. Cette peinture n'a pas de valeur.
5. Il est préférable de partir plus tôt.
6. Je crois qu'il est préférable de le prévenir.

VI *Répondez en français aux questions personnelles suivantes:*

1. Est-ce que vous faites collection de timbres?
2. De quoi faites-vous collection? (De timbres, d'estampes, de disques, de photos, etc.)
3. Est-ce que votre collection a beaucoup de valeur?
4. Avez-vous jamais acheté des livres d'occasion?
5. Vous intéressez-vous à la philatélie *(stamp collecting)*?
6. Vous intéressez-vous aux timbres?
7. Les vieux timbres ont-ils tous beauccup de valeur?

VII *Dictée d'après la Conversation 34, pp. 327–328*

VIII *Causerie*

Vous avez vu à la devanture *(shop window)* d'un magasin où on vendait des objets d'art, une série de gravures *(engravings)* représentant des coins du vieux Paris. Vous avez demandé des renseignements sur l'auteur de ces gravures, la date, etc., et discuté des prix avec le marchand. Ces prix étaient si élevés que vous n'avez rien acheté du tout.

Indefinite adjectives and pronouns; use of articles and prepositions summarized

105 Indefinite adjectives and pronouns

The word "indefinite" when applied to adjectives and pronouns means that the adjective or pronoun concerned does not define or determine the person or thing to which it refers. The corresponding indefinite adjectives and pronouns in English are: *each, every, several, all, no, none, such, same*, etc.

106 Most common indefinite adjectives and pronouns that have the same form

ADJECTIVES	PRONOUNS
—Avez-vous **tous** ces timbres?	Oui, je crois les avoir **tous**.
—J'ai envoyé **plusieurs** timbres à mon frère.	Je lui en ai envoyé **plusieurs**.
—Il ne me reste **aucun** timbre du Second Empire.	Il ne m'en reste **aucun**.
—Avez-vous **d'autres** journaux?	Non, je n'en ai pas **d'autres**.

The forms of these adjectives and pronouns are:

TOUT, TOUTE, TOUS, TOUTES: *all, every*
PLUSIEURS: *several*
AUCUN, AUCUNE: ADJ. *no, not a*; PRON. *none, not a one*
AUTRE, AUTRES: ADJ. *other*; PRON. *another one, others*
MÊME, MÊMES: ADJ. *same*; PRON. *same one, same ones*

(1) When **aucun** is used with a verb, the verb must be preceded by **ne.** Note, however, that **pas** is not used with **aucun.**

(2) When **tous** is used as a pronoun, the final **s** is pronounced: Je crois les avoir presque **tous** [tus]. BUT: Avez-vous **tous** [tu] ces timbres?

107 Most common indefinite adjectives and pronouns whose corresponding forms are different

ADJECTIVES	PRONOUNS
Chaque timbre vaut 10 francs.	Chacun de ces timbres vaut 10 francs.
Si nous rapportions **quelques** champignons?	Si nous en rapportions **quelques-uns?**
J'ai passé **quelque** temps à Lyon.	Est-ce que **quelqu'un** est venu?

(1) The corresponding forms of these adjectives and pronouns are:

ADJECTIVE: chaque, *each*
PRONOUN: chacun, chacune, *each, each one*
ADJECTIVE: quelque, quelques, *some, a few*
PRONOUN: quelqu'un, quelques-uns, quelques-unes, *someone, somebody; some, a few*

(2) They of course agree in gender and number with the noun to which they refer; but **quelqu'un** in the singular is usually thought of as neither masculine or feminine.

(3) When **quelque chose** or **rien** is followed by an adjective, the adjective is preceded by **de** and has the masculine form. EXEMPLE: **quelque chose de bon**, *something good;* **rien d'intéressant**, *nothing interesting.*

(4) It is curious to note that while **quelque** is an *adjective* and **chose** is a *noun*, when they are used together (**quelque chose**) they form a *pronoun!*

108 Indefinite pronouns that have no corresponding indefinite adjective

—Est-ce qu'**on** est venu me voir?	*Did **anyone** come to see me?*
—Non, **personne** n'est venu vous voir.	*No, **no one** came to see you.*
—Avez-vous trouvé **quelque chose** d'intéressant?	*Did you find **anything** interesting?*
—Non, je n'ai **rien** trouvé d'intéressant.	*No, I didn't find **anything** interesting.*
—Oui, j'ai trouvé **quelque chose** d'intéressant.	*Yes, I found **something** interesting.*
—Avez-vous **quelque chose** à faire?	*Have you **anything** to do?*

339

—Non, je n'ai **rien** à faire. **Rien** du tout.

*No, I have **nothing** to do. **Nothing** at all.*

—Est-ce que les magasins sont ouverts ce soir?

Are the stores open this evening?

—Pas tous. **Les uns** sont ouverts, **les autres** sont fermés.

*Not all. **Some** are open, **others** are closed.*

—**Les uns** vendent de vieilles estampes, **d'autres** des timbres, **d'autres** des livres d'occasion.

*Some sell old prints, **others** stamps, **others** old books.*

—Avez-vous ces deux timbres?

Do you have these two stamps?

—Non, je n'ai **ni l'un ni l'autre.**

*No, I don't have **either of them.***

(1) The forms of these pronouns are:

L'UN, L'UNE, LES UNS, LES UNES   the one, the ones
ON   one, they, people, someone, anybody, etc.
PERSONNE   no one, nobody

Note that **l'un, l'une,** etc., are always used in opposition to **l'autre,** etc. For **celui qui,** *the one who,* see pp. 267–268.

(2) When **rien** or **personne** is used with a verb, the verb is preceded by **ne. Pas** is not used with **rien** or **personne.**

(3) In giving a negative answer to a question in which the subject is **on** or **quelqu'un,** you say **personne;** if the subject is **quelque chose,** the answer is **rien.**

109 Use of definite article in French contrary to English usage

A. With nouns that indicate profession or official function

—**Le docteur Lambert** n'a pas pu s'arrêter à temps.

Doctor Lambert couldn't stop in time.

—Bonjour, **monsieur le curé.**

*Good morning, **sir** (or **Father**).*

B. With parts of the body, when the person concerned is clearly identified by the context

—Elle a **les yeux bleus.**

*She has **blue eyes.***

—Je commence à avoir mal **aux jambes.**

***My legs** are beginning to hurt.*

—Je me suis lavé **les mains.**

*I washed **my hands.***

—Il a mal **à la tête.**

*He has **a headache.***

—Il s'est cassé **la jambe.**

*He broke **his leg.***

C. With the names of the days of the week, to indicate habitual occurrence

—Je vais à la pêche **le samedi.**   I *usually* **go fishing** *on Saturday.*
  BUT:
—Je vais à la pêche samedi.   *I am going fishing Saturday (i.e.,
                                        next Saturday).*

D. In the expressions *le matin, l'après-midi, le soir, la nuit,* meaning **in the**

—Je me lève **le matin** de bonne   *I get up early* **in the morning.**
  heure.
—Je vais au laboratoire **l'après-   *I go to the laboratory* **in the
  midi.**   afternoon.**

E. With expressions of measure in specifying the price

—Les œufs coûtent trois francs la douzaine. / *Eggs cost three francs a dozen.*

—Le lait coûte soixante centimes le litre. / *Milk costs sixty centimes a liter.*

—Ce tabac coûte deux francs cinquante le paquet. / *This tobacco costs two francs fifty a package.*

—Cette étoffe coûte dix francs le mètre. / *This material costs ten francs per meter.*

—Le beurre coûte quatre francs cinquante la livre. / *Butter costs four francs fifty per pound.*

Note that you say **deux francs pièce,** *two francs apiece or each;* and that with the expressions of time, you use **par** when the price is being specified. EXEMPLE: —Quel est le loyer? —Deux cent cinquante francs **par mois.**

F. With nouns taken in a general sense

—**L'homme** est mortel. / *Man is mortal.*

—Vive **la liberté!** / *Hurrah for liberty!*

—**La vie** est chère. / *The cost of living is high.*

—Comme **le temps** passe! / *How time flies!*

—Je n'aime pas **le café.** / *I don't like coffee.*

110 Omission of indefinite article in French contrary to English usage

A. When a noun, especially a proper name, is followed by a second noun which is added to explain the first one, the second noun ordinarily has no article

—Vous êtes bien M. Jean Hughes, ingénieur-chimiste? / *Are you (indeed) Mr. John Hughes, a chemical engineer?*

—C'est le Louvre, ancien palais royal. / *It is the Louvre, a former royal palace.*

B. When a noun (or personal pronoun) referring to a person is followed by the verb *être* and a noun indicating profession or nationality, the latter is used without an article:

—Il est Américain, mais sa femme est Française. / *He is an American, but his wife is French.*

—Mr. Brown est banquier. / *Mr. Brown is a banker.*

But remember that a noun following **c'est** always has a modifier. EXEMPLE: **C'est un** banquier. **C'est un** Américain. **C'est ma** bicyclette.

111 Use of preposition and definite articles with geographical names

A. With names of continents and countries that are feminine

—J'irais **en** Suisse et **en** Belgique.

*I would go **to** Switzerland and **to** Belgium.*

—J'irais **en** Amérique et **en** Afrique.

*I would go **to** America and **to** Africa.*

—Les olives viennent **de** France, **d'**Espagne et **d'**Afrique.

*Olives come **from** France, Spain, and Africa.*

With the name of a continent or a country that is feminine, you use **en** without an article to express *to* or *in*, and **de** without an article to express *from*: **en** France, **de** France. If the geographical name has a modifier (l'Amérique **du Sud**), careful speakers often use **dans** WITH THE ARTICLE to express *to* or *in* and **de** WITH THE ARTICLE to express *from*: but **en** and **de** (without the article) are also used:

—Ces oranges viennent **de** l'Afrique du Nord or **d'**Afrique du Nord.

*These oranges come **from** North Africa.*

—Un de mes oncles habite **dans** l'Amérique du Sud or **en** Amérique du Sud.

*One of my uncles lives **in** South America.*

B. With names of countries that are masculine

—Il demeure **au** Canada.

*He lives **in** Canada.*

—Il vient **du** Mexique.

*He comes **from** Mexico.*

—J'irais **aux** États-Unis voir les chutes du Niagara.

*I would go **to the** United States to see Niagara Falls.*

You always use the article in combination with **à** or **de** with the names of countries that are masculine:

C. With names of cities

—Il demeure **à** Clermont-Ferrand.

*He lives **in** Clermont-Ferrand.*

—Je suis né(e) **à** Rouen.

*I was born **in** Rouen.*

—Mon père vient **de** Paris.

*My father comes **from** Paris.*

—Êtes-vous allé(e) **à** Versailles?

*Have you been **to** Versailles?*

You never use an article with the name of a city except with **Le Havre** and a few other cities in which the article is a part of the name: —Connaissez-vous **Le Havre?** Êtes-vous allé(e) à **La Nouvelle-Orléans?**

343

I Substitutions

Répétez les phrases suivantes en substituant les mots indiqués:

1. J'ai trouvé quelque chose **d'intéressant.**
   d'amusant / de sensationnel / de très chic / d'extraordinaire
2. Elle doit passer quelques jours **à Londres.**
   Paris / Rome / (le) Havre / (le) Mans
3. Elle est actuellement **en Angleterre.**
   (la) Normandie / (l')Italie / (la) Suisse / (le) Canada / (les) États-Unis / (le) Mexique / (le) Japon
4. Elle revient ces jours-ci **d'Angleterre.**
   Bretagne / Italie / Allemagne / Rome / Paris / Amsterdam / (le) Canada / (les) États-Unis / (le) Mexique / (le) Havre
5. Il ne m'en reste **aucun.**
   pas beaucoup / pas d'autres / pas un seul / pas

II Demandez à quelqu'un:

1. si le marchand avait tous les timbres qu'Hélène cherchait.
2. s'il les avait tous.
3. si Hélène achète des timbres tous les jours.
4. si elle a acheté autre chose ce matin.
5. si elle a trouvé quelque chose d'intéressant le long des quais.
6. ce qu'elle a acheté d'intéressant.
7. si les œufs coûtent trois francs la douzaine.
8. si le sucre coûte quarante centimes la livre.

III Exercices d'application

A. *Répondez affirmativement à chacune des questions suivantes, en employant le pronom indéfini convenable:*

EXEMPLE   Est-ce qu'il reste au marchand des timbres du Second Empire? → **Oui, il lui en reste quelques-uns.**

1. Est-ce qu'Hélène a envoyé plusieurs timbres à son frère?
2. Est-ce que le marchand a tous les timbres qu'Hélène voudrait acheter?
3. A-t-il d'autres timbres?
4. Avez-vous trouvé toutes les estampes que vous vouliez acheter?
5. Avez-vous vu quelques-unes des estampes de Daumier?
6. Est-ce qu'il reste au marchand des timbres de la Martinique?

B. *Répondez négativement à chacune des questions suivantes, en employant le pronom indéfini convenable:*

Sections
109–111

EXEMPLE   Avez-vous acheté quelque chose au Prisunic? → **Non, je n'ai rien acheté au Prisunic.**

1. Est-ce qu'il vous reste des timbres du Second Empire?
2. Est-ce que le marchand a tous les timbres qu'Hélène voudrait acheter?
3. Est-ce qu'il a d'autres timbres à vendre?
4. Avez-vous vu quelqu'un devant la maison?
5. Est-ce que quelqu'un a téléphoné?
6. Avez-vous quelque chose à faire ce soir?
7. Avez-vous trouvé quelque chose d'intéressant?

IV   *Thème d'imitation*

Along the Seine, especially near the Île de la Cité, are[1] the displays of the old-book dealers. Those dealers in old books are ordinarily elderly people. Each of them has one or two boxes[2] which he opens in the morning and closes in the evening. Nearly all of them buy and sell secondhand books. A hundred years ago, you could buy rare books for almost nothing. But things have changed a great deal since. Rare books are becoming rarer and rarer[3] and the dealers in old books know the value of what they sell. However, you still find things worth buying[4] in their displays, which are a part of[5] the Parisian landscape[6] like Notre-Dame or the Eiffel Tower.

---

[1] Use **se trouver.**   [2] *box*, **la boîte**   [3] *rarer and rarer*, **de plus en plus rares**   [4] *worth buying*, **intéressant**   [5] *to be a part of*, **faire partie de**   [6] *landscape*, **le paysage**

Aux Tuileries

LES TUILERIES—L'OBÉLISQUE DE LA PLACE DE LA CONCORDE ET L'ARC DE TRIOMPHE SONT AU FOND

Hélène et Jean entrent dans le Jardin des Tuileries,° près de la place de la Concorde.°

JEAN ¹Que pensez-vous de ce coin de Paris?

HÉLÈNE ²Je suis étonnée de trouver tant d'espace au cœur même de la ville. ³Je n'avais pas la moindre idée de l'entendue de la place de la Concorde. ⁴Mais, dites-moi, quel est ce grand bâtiment devant nous?

JEAN ⁵C'est le Louvre, ancien palais royal.°

HÉLÈNE ⁶Est-ce que c'est là qu'est le musée du Louvre?

JEAN ⁷Oui, le musée occupe la plus grande partie de l'édifice. ⁸Il possède d'immenses collections.

JOHN What do you think of this section of Paris?

HELEN I am astonished to find so much (open) space in the very heart of the city. I didn't have the slighest idea of the size of the Place de la Concorde. But, tell me, what is this great building in front of us?

JOHN It's the Louvre, a former royal palace.

HELEN Is that where the Louvre Museum is?

JOHN Yes, the museum occupies most of the building. It has immense collections.

346

HÉLÈNE ⁹Regardez cette petite fille qui pleure, Jean. ¹⁰Le vent a emmené son bateau à voile au milieu du bassin. ¹¹Est-ce que vous pouvez l'aider?

JEAN ¹²J'aurais beau faire. ¹³Le bateau est trop loin pour que je puisse l'atteindre. ¹⁴Le vent finira sans doute par le ramener au bord.

HÉLÈNE ¹²J'ai envie de cueillir une de ces fleurs comme souvenir de notre promenade.

JEAN ¹⁶Gardez-vous-en bien. ¹⁷Si un agent de police vous voyait, il pourrait bien vous faire un procès-verbal!

HELEN Look at this little girl who is crying, John. The wind has carried her sailboat to the middle of the pool. Can you help her?

JOHN Whatever I would do would be in vain. The boat is too far for me to be able to reach it. The wind will finally bring it back to the edge, no doubt.

HELEN I wish I could pick one of those flowers as a souvenir of our walk.

JOHN Don't do anything of the kind. If a policeman should see you, he might very well give you a ticket!

Cultural Notes

LE LOUVRE

Le jardin des Tuileries was once the garden of a palace, and is now a public park. Palace and garden were designed in the sixteenth century; later the palace was the residence of Napoleon. When the Palace of the Tuileries was destroyed by fire after the Franco-Prussian War (1871), the space it had occupied was added to the gardens so that they now extend all the way from the **Louvre** to the **Place de la Concorde.** They have been decorated with many statues, including several by the twentieth-century sculptor **Aristide Maillol.** There is also a monument to **Charles Perrault,** the author of the **Contes de ma mère l'Oie (Mother Goose Stories)** (1697), thanks to whose influence the gardens were opened to the public.

347

The vast **Place de la Concorde,** in the center of which there is an Egyptian obelisk, is surrounded by statues or monuments which symbolize the principal cities of France.

The construction of the present **Louvre,** which was begun in the sixteenth century, was only completed at the end of the nineteenth century.

I *Substitutions*

Répétez les phrases suivantes, en substituant les mots indiqués:

1. **Je n'avais pas la moindre idée** de l'étendue de la place de la Concorde.
   Je n'avais pas d'idée / je n'avais aucune idée / Je ne me rendais pas compte / Je ne me rendais pas du tout compte

2. (a) Est-ce que c'est là qu'est **le Musée du Louvre?**
   la Joconde *(Mona Lisa)* / la Victoire de Samothrace / la Vénus de Milo / la collection des Impressionnistes
   (b) Il possède d'immenses collections de **peintures.**
   de sculptures / de gravures / de dessins *(drawings)* / d'objets d'art

3. Le vent a emmené son bateau à voile **au milieu du bassin**
   au beau milieu du bassin / de l'autre côté du bassin / loin du bord / près de l'autre bord

4. Le vent finira sans doute par le ramener **au bord.**
   près du bord / de notre côté / près de nous / de ce côté

II *Répétez en employant* **finir par** *avec l'infinitif:*

EXEMPLE   J'irai en Europe. → **Je finirai par aller en Europe.**

1. Je trouverai mon porte-monnaie.
2. Elle ira en France.
3. Vos yeux s'habitueront à l'obscurité.
4. Il a répondu à ma lettre.
5. J'ai trouvé le timbre que je cherchais.
6. La jeune fille que j'attendais est venue.
7. J'ai trouvé un taxi.
8. L'autobus est arrivé.
9. Je me suis souvenu de son adresse.

III *Répondez en français à chacune des questions suivantes:*

1. Où Jean et Hélène entrent-ils?
2. Qu'est-ce que c'est que le jardin des Tuileries?
3. De quoi Hélène est-elle étonnée?
4. Est-ce qu'elle croyait que la place de la Concorde était aussi vaste?

5. Quel est le grand bâtiment qu'elle voit devant elle?

6. Qu'est-ce que c'est que le Louvre?

7. Où se trouve le musée du Louvre?

8. Est-ce que le musée occupe tout l'édifice?

9. Qu'est-ce que le musée possède?

10. Pourquoi la petite fille pleure-t-elle?

11. Qu'est-ce qu'Hélène demande à Jean de faire?

12. Qu'est-ce que Jean répond?

IV *Répondez en français à chacune des questions suivantes:*

1. Avez-vous vu des photos du Louvre?

2. Avez-vous jamais entendu parler du Jardin des Tuileries?

3. Connaissez-vous des tableaux qui sont au Louvre?

4. Dans quel musée de Paris se trouve la collection des Impressionnistes?

5. Avez-vous jamais visité un musée en Amérique?

6. Avez-vous l'habitude de visiter des musées quand vous voyagez?

7. Avez-vous jamais cueilli des fleurs dans un jardin public?

V *Substitutions*

Répétez les phrases suivantes en substituant les mots indiquées:

A. *avoir beau faire* (to try in vain . . .)

1. **J'aurais** beau faire (*Try as I might, I wouldn't succeed to* OR *Whatever I would do would be in vain.*)
Tu aurais / Nous aurions / Il aurait / Elle aurait

2. **J'ai eu** beau faire. (*Try as I did, I didn't succeed.*)
Nous avons eu / Il a eu / Elle a eu / Ils ont eu

B. Même exercice avec *avoir beau essayer* (to try in vain . . .)

C. Emploi ou omission de l'article

1. Voilà monsieur Duval, **ancien ministre.**
ancien sénateur / architecte célèbre / professeur à la Sorbonne / philanthrope connu

2. Je viens de lire **Le père Goriot,** roman de Balzac.
La Cousine Bette / Le Cousin Pons / Le Lys dans la Vallée / Les Paysans

3. Vive **la liberté!**
la bonne cuisine / le bon vin / la vie en plein air / la France / l'Amérique

VI *Mettez le passage suivant au passé en employant* **le passé composé, l'imparfait, le conditionnel** *selon le cas:*

Un jour qu'ils se promènent dans le jardin des Tuileries, Hélène et Jean voient près du bassin une petite fille qui pleure. Hélène s'approche d'elle et lui demande ce qu'elle a. La petite fille qui pleure répond que le vent a emmené son bateau à voile au milieu du bassin et qu'elle ne peut pas l'atteindre. Jean lui dit de ne pas pleurer, que son bateau n'est pas perdu, que le vent finira sûrement par le ramener au bord. Quelques minutes plus tard, la petite fille court de l'autre côté du bassin. Aux pleurs qui coulent de ses yeux succède un sourire de bonheur.

VII *Dictée d'après la Conversation 35, pp. 333–334*

VIII *Causerie*

L'autre jour vous êtes allé(e) au Louvre. En entrant vous avez vu la magnifique Victoire de Samothrace, figure ailée destinée à commémorer la victoire remportée à Salamis sur la flotte de Ptolémée. Ensuite vous avez visité les Galeries de Peinture où vous avez vu la Joconde et beaucoup d'autres peintures italiennes, espagnoles et françaises. Vous avez cherché aussi la Vénus de Milo et les belles sculptures anciennes, mais vous avez eu beau les chercher. Finalement un des gardiens vous a dit où les trouver.

De retour à Paris

Si nous visitons le Panthéon? dit un jour Jean à Roger. Je n'y suis jamais allé.

Les deux jeunes gens se dirigent donc vers le Panthéon. À quelque distance, ils s'arrêtent un instant pour regarder la façade de l'édifice.

—Tu vois là-haut la Patrie entre la Liberté et l'Histoire en train de distribuer des prix aux grands hommes, explique Roger. Lis l'inscription: AUX GRANDS HOMMES LA PATRIE RECONNAISSANTE.

Tout en montant l'escalier, Roger lui dit un mot de l'histoire du Panthéon. C'est une ancienne église du dix-huitième siècle que la Révolution a transformée en temple destiné à servir de lieu de sépulture à ses grands hommes. La Révolution y a mis Voltaire et Rousseau. On y a enterré ensuite des hommes politiques ou des écrivains plus ou moins continuateurs de la tradition révolutionnaire, Hugo et Zola par exemple.

À l'intérieur, un guide explique aux visiteurs les peintures murales qui représentent des scènes de la vie de sainte Geneviève. Elle vivait il y a quinze cents ans, et selon la légende, elle a sauvé Paris d'Attila et de ses Huns. Ces Barbares inspiraient à tous une telle crainte qu'à leur approche, les Parisiens voulaient fuir loin de leur ville pour se réfugier au fond des bois. C'est une jeune fille, sainte Geneviève, qui les calma, les apaisa. La légende a fait d'elle une bergère. L'erreur vient d'une ancienne gravure où l'on voit sainte Geneviève en prière au milieu des habitants de Paris représentés par des moutons, alors qu'en dehors de la ville, les Huns sont représentés par des loups. Symbolisme assez clair. En tout cas, elle est restée la patronne de la ville. Le Panthéon est une ancienne église construite en son honneur, et on appelait autrefois tout le quartier de l'Université la Montagne Sainte-Geneviève.

—Voilà une montagne facilement accessible, dit Jean à son ami. Le boulevard Saint-Michel vous mène tout droit au sommet.

—Rappelle-toi qu'une partie du vignoble champenois est sur des collines appelées la Montagne-de-Reims. Il y a montagnes et montagnes, des grandes et des petites. . . .

—Après tout, Mount Vernon n'est qu'une simple colline.

Le guide conduit ensuite les visiteurs dans la galerie souterraine où se trouvent les tombeaux. D'une voix monotone, il récite des phrases apprises par cœur. Arrivé devant le tombeau de Jean-Jacques Rousseau, il explique que « par la porte entr'ouverte du tombeau sort une main tenant une torche allumée ». Symbolisme assez lugubre, pense Jean, mais fort clair.

Après leur visite, les deux jeunes gens descendent le boulevard Saint-Michel jusqu'à la Seine. Arrivés en vue de Notre-Dame, ils tournent à gauche. Les rues le long de la Seine dominent le fleuve, et c'est sur le parapet du fleuve, à l'ombre des arbres, que les bouquinistes ont installé leurs boîtes. Jean s'étonne un peu du choix de cet endroit.

—Tu as peut-être vu de vieilles estampes représentant le Pont-Neuf tel qu'il était il y a trois siècles, avec des boutiques de chaque côté, explique Roger. Le pont était toute la journée couvert de monde et c'était naturellement un excellent

LE PANTHÉON

L'INTÉRIEUR DU PANTHÉON

LE PONT NEUF

endroit pour le commerce des livres, des modes, etc. Chassés du pont, les bouquinistes se sont installés au bord du fleuve.

Tout en marchant, Jean jette un coup d'œil sur les étalages. Il voit là toute sorte de choses, livres anciens et modernes, timbres-poste et vieilles pièces de monnaie pour les collectionneurs.

Puis les deux amis continuent leur promenade, traversent la Seine, la place de la Concorde et finissent l'après-midi à la terrasse d'un café sur les Grands Boulevards.

QUESTIONS

1. Quelle est l'inscription sur la façade du Panthéon?
2. Connaissez-vous des grands hommes qui sont enterrés au Panthéon?
3. Que représentent les peintures murales à l'intérieur du Panthéon?
4. Quand vivait sainte Geneviève?
5. Pourquoi est-elle devenue la patronne de Paris?
6. Où le guide conduit-il les visiteurs?
7. Où les bouquinistes ont-ils installé leurs boîtes?
8. Qu'est-ce qu'il y avait autrefois de chaque côté du Pont-Neuf?
9. Comment les deux amis finissent-ils l'après-midi?

VOCABULAIRE: LES BEAUX ARTS

peindre *to paint*
la peinture *painting*
la musique *music*
chanter *to sing*
danser *to dance*
la littérature *literature*
la sculpture *sculpture*
le ciseau *chisel*
l' architecture f *architecture*
l' écrivain m *writer*
le roman *novel*
la poésie *poetry*
la légende *legend*
symboliser *to symbolize*
le dessin *drawing*
le paysage *landscape*
la scène *scene*
l' estampe m *print, engraving, etc.*
la gravure *etching*
la série *series*
l' objet d'art m *art object*
chef d'œuvre *masterpiece*
la Joconde *Mona Lisa*
le Penseur *the Thinker*

la Victoire de Samothrace *Winged Victory*
l' édifice m *building*
le violon *violin*
le piano *piano*
la guitare *guitar*
la clarinette *clarinet*
le cor *horn, French horn*
l' orchestre m *orchestra*
la tradition *tradition*
le théâtre *theater*
le spectacle *spectacle*
la Comédie-Française *theater in Paris*
assister à *to go to an event or performance*
représenter *to represent*

l' élégance f *elegance*
essoufflé *out of breath*
l' étalage m *display*
clair *clear; light colored*
de plus en plus *more and more*
Ça m'est égal. *That's all the same to me.*

Ça ne fait rien. *That's nothing.*
donner une poignée de main *to shake hands*
à voix basse *in a low voice*
avoir beau *to be in vain*
avoir hâte de *to be eager to*
vouloir dire *to mean*
valoir *to be worth*
il vaut mieux *it is better, it is preferable*
juste *exactly, just*
justement *as it happens*
à moins que *unless*
jusqu'à ce que *until*
préoccupé *worried*
le livre d'occasion *second-hand book*
sommeil m *sleep*
faire un somme *to take a nap*
facile *easy*
difficile *difficult*
égaré *lost*
souhaiter *to wish*

353

Use of infinitives and present participles; the *passé simple*

112 Verbs that may take infinitives

A. Verbs and verbal expressions followed by the preposition *de* that may take infinitives

—**Permettez-moi de** vous présenter mon ami Jean Hughes. — **Allow me to** *introduce my friend John Hughes.*

—**Vous serez obligé de** passer la nuit à Épernay. — **You will be obliged to** *spend the night at Épernay.*

—**Je regrette d'**être en retard. — **I am sorry to** *be late.*

—**Nous avons décidé de** profiter du beau temps. — **We decided to** *take advantage of the fine weather.*

—**J'ai demandé** à mon père **de** m'envoyer un chèque. — **I asked** *my father* to *send me a check.*

—**Il m'a dit de** ne pas l'attendre. — **He told** *me not to* *wait for him.*

—**Il m'a conseillé de** me reposer. — **He advised** *me to rest.*

(1) The commonest verbs followed by **de** that may take infinitives are: **conseiller de, décider de, demander de, refuser de, se dépêcher de, dire de, essayer de, être obligé de, permettre de, refuser de,** etc., and such expressions as **avoir besoin de, avoir l'habitude de, être en train de,** etc.
(2) You have seen that some of these verbs may govern a subordinate clause. EXEMPLE: **Il m'a dit qu'il reviendrait.** (indicative) **Je regrette qu'il soit venu.** (subjunctive)

B. Verbs followed by the preposition *à* that may take infinitives

—**Il a commencé à** pleuvoir. — It began to *rain.*

—**Il s'est mis à** pleuvoir. — It began to *rain.*

—**Avez-vous appris à** parler français? — Have you learned to *speak French?*

—**Nous avons continué à** marcher. — We kept on *walking.*

—**Vous n'avez qu'à** traverser la rue. — You have only to *cross the street.*

The commonest verbs followed by the preposition **à** that may take infinitives are: **aider à, apprendre à, réussir à, inviter à, se mettre à, avoir à,** etc.

C. Verbs that may take infinitives without a preposition

—Je vais **faire** des courses cet
après-midi.

I **am going to do** *some errands this
afternoon.*

—**Pouvez-vous** me **donner** votre
adresse?

Can you give *me your address?*

—**Savez-vous jouer** au bridge?*

Do you know *how* **to play** *bridge?*

—**Savez-vous jouer** de la guitare?*

Do you know *how* **to play** *the
guitar?*

—Je dois **partir** par le train de sept
heures.

I **am to leave** *by the seven o'clock
train.*

—**Voulez-vous faire** une
promenade avec moi?

*Do you want to take a walk with
me?*

—**Faut-il changer** de train en route?

Must one change *trains on the
way?*

The commonest verbs that may take an infinitive without a preposition are:
aller; devoir; faire; falloir (il faut, etc.); **oser,** *to dare;* **pouvoir; savoir; venir;
vouloir.**

113 Forms of the verb used after prepositions

A. Present infinitive after prepositions *par, pour, sans,* and expressions such as *avant de:*

—Il m'a envoyé une dépêche **avant
de partir.**

He sent me a wire **before leaving.**

—Il est parti **sans dire** au revoir.

He left **without saying** *good-bye.*

—Le vent finira **par le ramener** au
bord.

The wind will finally **bring it back**
to the edge.

—Nous ne l'attendrons pas **pour
déjeuner.**

*We will not wait lunch for him (We
will not wait for him* **to have**
lunch).

—**Pour arriver** à l'heure j'ai quitté la
maison à sept heures.

So as to arrive *on time, I left home
at seven o'clock.*

—Il faut manger **pour vivre** . . .

You must eat **to live** . . .

---

* Note that playing games is **jouer à** but playing a musical instrument is **jouer de.**

Pour is generally used with an infinitive to express the idea *so as to* or *in order to;* but when it is used after **aller** with an infinitive, it has the meaning *for the express purpose of.*

—Je vais en ville **faire** des courses.

I am going downtown to do some errands.

—Je vais en ville **pour faire** des courses.

I am going downtown for the **express purpose of doing** *some errands.*

B. Perfect infinitive after *après:*

—**Après avoir visité** Versailles, nous sommes allé(e)s à Fontainebleau.

After visiting (having visited) *Versailles, we went to Fontainebleau.*

—**Après être allé** en Normandie, Jean est allé en Bretagne.

After going (having gone) *to Normandy, John went to Brittany.*

C. Present participle after *en:*

—**En partant** à cinq heures, vous serez chez vous à sept heures.

By leaving *at five o'clock, you will be home at seven.*

—**En arrivant** en haut, vous pourrez prendre d'autres photos.

On arriving *at the top, you can take some more pictures.*

The present participle of verbs may be found by adding the ending **–ant** to the stem of the first person plural of the present indicative, except for the verbs **avoir**, **être**, and **savoir** whose present participles are, respectively, **ayant**, **étant**, and **sachant**.

114 Meaning and use of the *passé simple*

The names **passé simple** *(simple past)* and **passé composé** *(compound past)* are used to distinguish two tenses which, generally·speaking, have the same meaning: both tenses are used to express simple past actions.
You have seen that the **passé composé** is commonly used in conversation. The **passé simple** is used only in literary narrative style and in rather formal speech. Even then, only the third person (singular and plural) is ordinarily used today.

EXAMPLE OF THE USE OF THE *PASSÉ SIMPLE*

À cette époque, il y **eut** une épidémie dans le pays des Troglodytes. Un médecin habile **arriva** du pays voisin et **donna** ses remèdes. Quand il demanda à ses clients de lui payer ses services, il ne **trouva** que des refus. Le médecin **retourna** dans son pays et il y **arriva** très fatigué. Il **apprit** peu après que la même maladie ravageait de nouveau le pays des Troglodytes. Ils **allèrent** à lui tout de suite lui demander de revenir avec ses remèdes. Le médecin **refusa.** Les Troglodytes **moururent** et **furent** victimes de leurs propres injustices.

At that time there *was* an epidemic in the land of the Troglodytes. A skillful doctor *arrived* from the neighboring country and *gave* his remedies. When he *asked* his patients to pay him for his services he *received* only refusals. The doctor *returned* to his own country and he *arrived* there very tired. He *learned* soon afterwards that the same disease was again ravaging the land of Troglodytes. They *went* to him immediately to ask him to come back with his remedies.
The doctor *refused.* The Troglodytes *died* and they *were* victims of their own injustice.

115 Forms of the *passé simple*

A. Regular verbs

FIRST CONJUGATION	SECOND CONJUGATION	THIRD CONJUGATION
je donnai	je finis	je répondis
I gave	*I finished*	*I answered*
tu donnas	tu finis	tu répondis
il (elle) donna	il (elle) finit	il (elle) répondit
nous donnâmes	nous finîmes	nous répondîmes
vous donnâtes	vous finîtes	vous répondîtes
ils (elles) donnèrent	ils (elles) finirent	ils (elles) répondirent

B. *Être* and *avoir*

ÊTRE	AVOIR
je fus	j'eus
I was	*I had*
tu fus	tu eus
il (elle) fut	il (elle) eut
nous fûmes	nous eûmes
vous fûtes	vous eûtes
ils (elles) furent	ils (elles) eurent

(The **passé simple,** which is primarily used in writing, will be used here only for aural practice.)

I Substitutions

Répétez les phrases suivantes en substituant les mots indiqués:

1. Il **a décidé** de partir ce soir.
    a refusé / a été obligé / a regretté / m'a demandé / m'a dit
2. Elle **a besoin** de faire des courses.
    a l'habitude / est en train / est contente / a envie
3. Nous avons **commencé** à parler français.
    continué / réussi / appris
4. Savez-vous jouer **au bridge?**
    du piano / au tennis / de la clarinette / aux cartes / de la harpe

II Exercices d'application

A. *Répétez les phrases suivantes, en remplaçant le passé composé et le mot* **puis** *par le passé de l'infinitif avec* **après:**

EXEMPLE   Nous avons visité Versailles, puis nous sommes allé(e)s à Fontainebleau. → **Après avoir visité Versailles, nous sommes allé(e)s à Fontainebleau.**

1. Elle a visité l'Angleterre, puis elle est allée en France.
2. Elle est allée à Rouen, puis elle est allée à Paris.
3. Elle a déjeuné, puis elle a jeté un coup d'œil sur le journal.
4. Il a regardé les étalages des bouquinistes, puis il a acheté des timbres.
5. Il s'est couché, puis il s'est endormi tout de suite.

B. *Employez le participe présent dans chacune des phrases suivantes:*

EXEMPLE   Si vous partez à cinq heures, vous serez chez vous à sept heures. → **En partant à cinq heures, vous serez chez vous à sept heures.**

1. Si nous partons maintenant, nous arriverons à l'heure.
2. Quand nous irons au Panthéon, nous verrons le Quartier latin.
3. Quand je regardais les étalages des bouquinistes, j'ai trouvé une belle estampe.
4. Quand nous irons à l'Île de la Cité, nous traverserons le Pont-Neuf.*
5. Quand nous traverserons le Pont-Neuf, nous jetterons un coup d'œil sur la Seine.
6. Quand vous arriverez en haut de la tour, vous pourrez prendre d'autres photos.

---

* **Le Pont-Neuf** *(The New Bridge)* is the best known of the Paris bridges. Although it was built in the seventeenth century, it is still called the new bridge.

III   *Répondez en français:*

1. Vous êtes-vous dépêche(e) de déjeuner ce matin?
2. Avez-vous regretté de ne pas vous être levé(e) plus tôt?
3. Avez-vous l'habitude de vous dépêcher le matin?
4. Qu'est-ce que vous avez à faire cet après-midi?
5. Prenez-vous l'autobus pour rentrer chez vous?
6. Est-ce que vous attendez qu'il fasse chaud pour aller nager *(to swim)*?
7. Avez-vous l'intention d'aller en France un de ces jours?

IV   *Révision*

Répétez les phrases suivantes en substituant les mots indiqués:

1. Mon père **m'a demandé de** suivre des cours de science.
   m'a dit de / m'a permis de / m'a prié de / m'a proposé de / m'a aidé à / m'a encouragé à
2. **Nous avons commencé à** parler français.
   Nous nous sommes mis à / Nous avons réussi à / Nous avons appris à / Nous avons essayé de

V   *Répétez les expressions suivantes en remplaçant* **si on a** *par* **à condition d'avoir:**

EXEMPLE   Rien de plus facile, si on a de bonnes jambes. → **Rien de plus facile, à condition d'avoir de bonnes jambes.**

1. si on a beaucoup d'argent.
2. si on a le temps.
3. si on n'a rien à faire.
4. si on n'a rien de mieux à faire.

VI   *Lisez le passage suivant, en le complétant—ou non—par la préposition convenable* (**à, de, en, pour, sans, avant de, après**):

J'ai envie _____ aller au Japon _____ passant par Honolulu. Je voudrais _____ aller aussi _____ Manille. _____ avoir visité le Japon, je suis invité(e) _____ passer quelques jours _____ Shanghai. Mais _____ aller _____ Chine, je tiens _____ aller _____ T'ai-wan, car je ne voudrais pas _____ passer par là _____ visiter Taipeh, _____ voir le musée d'antiquités chinoises. Et je voudrais voir beaucoup _____ autres pays. C'est un des avantages de notre époque que de nous permettre _____ voir toute sorte _____ pays étrangers.

Reference Materials

Table of Sounds of the French Language

AS REPRESENTED BY SYMBOLS OF THE INTERNATIONAL PHONETIC ALPHABET

		Bi-labial	Labio-dental	Dental and Alveolar	Palato-alveolar	Palatal	Velar	Uvular
CONSONANTS	Plosive	p b		t d			k g	
	Nasal	m		n		ɲ		
	Resonants			l				ʀ
	Fricative		f v	s z	ʃ ʒ			
	Semi-vowels	w ɥ				j (ɥ)	(w)	
VOWELS	Close					Front Central Back i y u		
	Half-close					e ø ə o õ		
	Half-open					ɛ ɛ̃ œ œ̃ ɔ		
	Open					a ɑ ɑ̃		

How to Get a Good French Accent

INTRODUCTION

In this section, and in the vocabulary, we indicate the pronunciation of French words by symbols of the International Phonetic Alphabet. It looks confusing at first: indeed, when you see that **Bonjour, monsieur,** for example, is pronounced [bõʒuʀ məsjø] you may think that the transcription is worse than the French spelling! But at least you can see clearly and immediately that the **n** of **bon** is not sounded, that **mon** is not pronounced **mŏn,** that **sieur** is not pronounced **shur,** and so on. With a little practice, you will find that the transcriptions are invaluable for pronunciation exercises. If you refer to the Key whenever you do not understand what a symbol indicates, you will quickly learn what each of the 36 symbols represents. In the Key, we use only French words to illustrate the sounds that the symbols represent instead of trying to explain the sounds of French in terms of

English. The reason for this is (1) it is misleading, if not downright false, to say that any French sound is the same as any English sound, and (2) the easiest and most direct way of knowing what a given symbol represents is to hear it in a familiar word or phrase. (The key can be found on p. 388.

You don't need to memorize the symbols before you begin using them — any more than you would memorize all the diacritical marks in an English dictionary before looking up a word. And you don't need to write in phonetic symbols any more than you need to be able to write diacritical marks in English — at least not at first.

A. THE FIRST STEP

The first step in getting a good French accent is to *hear* how French phrases really sound. If you listen carefully to your instructor and the voices on the tapes, you will quickly realize that the rhythm and intonation of French phrases are entirely different from English. In saying "Where is the restaurant?" for example, most of us would put strong accents on *where* and on the syllable *rest-*, and we would enunciate the *e* in the accented syllables quite clearly; but we would pronounce the rest of the syllables of the phrase with so little stress that the vowels *e*, *au*, and *a* would all sound very much alike. A French person who is not familiar with our system of accented and unaccented syllables, however, would say something like: "Wear eez zee res-tau-rant?" in six syllables of equal length. You are so used to hearing certain syllables stressed and others unstressed, that you would *think* the Frenchman is merely accenting the wrong syllables. But that is not what he is doing: he is really giving each syllable equal stress as he would in speaking French — *where there are no accented syllables and consequently, no unaccented ones.* To make things even worse, he is using French sounds because in French there is no *wh* (as in *where*), no *i* (as in *is*), and no *th* (as in *the*). Moreover the French "R" is entirely different from ours.

Once you accept the idea that French people really give equal stress to each pronounced syllable, you can quickly catch the rhythm of simple French phrases and you are ready to do the first rhythm exercises. Don't worry about the individual sounds for the moment. It will be much easier to learn them after you catch the rhythm of a few complete phrases.

B. A NOTE ON FRENCH INTONATION

French intonation differs from English intonation in at least three ways. The following sentences, based on the vocabulary of Conversation 5, will roughly illustrate all three differences. (The intonations that follow are free from word emphasis.)

French:

Mon père // habite / à Philadelphie.

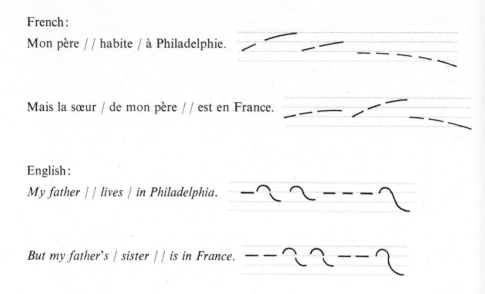

Mais la sœur / de mon père // est en France.

English:

My father // lives / in Philadelphia.

But my father's / sister // is in France.

First difference. To express continuation, to indicate that a statement is not finished, French sense-groups, such as **Mon père, habite, Mais la sœur, de mon père,** *rise* to the last syllable: ... **père,** ... **-bite,** ... **sœur,** ... **père:** whereas English sense-groups, such as *My father lives, But my father's sister,* tend to *fall after the stressed syllable:* ... *father,* ... *lives,* ... *father's,* ... *sister.*

Second difference. To express finality, to indicate that a sentence is ending, French intonation falls continuously, starting with the very *first* syllable of the last sense-group: ... **Philadelphie,** ... **est en France;** whereas English intonations falls only *after* the last stressed syllable of the last sense-group: ... **Philadelphia,** or after the beginning of the last stressed syllable: ... **France.**

Note 1. The contrast between continuation and finality is well marked in French since continuation is rising and finality falling. In English, both continuation and finality are falling — the difference is only a matter of degree: finality falls lower than continuation.

Third difference. In the rising curves of continuation, French makes a clear distinction between the high rise of *major* continuation, as in **Mon père, de mon père,** and the moderate rise of *minor* continuation, as in **habite, Mais la sœur.** English does not make this distinction, or does not stress it to the same extent as French. Between the falling curves of *father* and *lives* of *father's* and *sister,* no significant difference is made.

Note 2. The continuity of the fall, for finality, and of the rise, for continuation, applies to all the other types of falling or rising intonations in French. For instance, falling questions, such as the following always begin to fall at the very first syllable:

Comment vous appelez-vous?

Où êtes-vous né?

Quel âge avez-vous?

Quelle est votre nationalité?

In English, such questions tend to fall only after the last syllable:

What is your name?

Where were you born?

How old are you?

What is your nationality?

Similarly, rising questions, such as:

Avez-vous des parents?

rise continuously, from the first to the last syllable.
In English, rising questions, such as:

Have you any relatives?

tend to rise only after the last stressed syllable.

C. KEY TO PHONETIC ALPHABET

CONSONANTS		VOWELS	
[p]	*as in* **p**arlez-vous?	[i]	*as in* vo**i**ci
[b]	*as in* **b**onjour	[y]	*as in* s**u**r la place
[t]	*as in* **t**out droit	[e]	*as in* all**e**z-vous?
[d]	*as in* ma**d**ame	[ø]	*as in* un p**eu**
[k]	*as in* **c**omment?	[ə]	*as in* une l**e**ttre pour vous
[g]	*as in* la **g**are	[ɛ[	*as in* **ê**tes-vous?
[m]	*as in* **m**onsieur	[ɛ̃]	*as in* v**in**
[n]	*as in* une ba**n**ane	[œ]	*as in* **o**nze heures
[ɲ]	*as in* à la campa**gn**e	[œ̃]	*as in* **un** restaurant
[l]	*as in* **l**e château	[a]	*as in* **à** la gare
[ʀ]	*as in* bonjou**r**	[ɑ]	*as in* l**à**-bas
[f]	*as in* en **f**ace	[ɑ̃]	*as in* en Fr**an**ce
[v]	*as in* au re**v**oir	[ɔ]	*as in* le bureau de p**o**ste
[s]	*as in* **s**'il vous plaît	[o]	*as in* l'hôt**e**l
[z]	*as in* mu**s**ée	[õ]	*as in* b**on**jour
[ʃ]	*as in* à gau**ch**e	[u]	*as in* bonj**ou**r
[ʒ]	*as in* **j**e vais		

SEMI-VOWELS

[w]	*as in* **ou**i	[j]	*as in* b**i**en	[ɥ]	*as in* h**u**it

D. THE TRANSCRIPTION AND THE TAPES

In the phonetic transcription, we have tried to follow the normal usage of conservative people from the region around Paris. For example, we distinguish between the back "a" [ɑ] (as in **pas**) and the front "a" [a] (as in **la table**) even though many people are failing, more and more, to make this distinction. And we use the open "e" [ɛ] in **est, -ais, -ait, -aient, -et,** although there is a strong tendency to pronounce the "e" in **est** like the "é" in **été.**

We have tried to have the voices on the tapes follow patterns of intonation, pronunciation, and linking fairly consistently; but it should be observed that no one is absolutely consistent and that it is perfectly natural for anyone to utter a phrase one way one time and another the next. We have preferred natural variation rather than perfect consistency, since we aim to teach the normal speech of educated Parisians rather than an artificial language that no one speaks.

PHONETIC TRANSCRIPTIONS OF CONVERSATIONS AND PRONUNCIATION EXERCISES

Conversation 1

IPA transcription of dialog

1. bõʒur, məsjø. **2.** bõʒuʀ, madam. **3.** ɛtvu məsjø yg? **4.** wi, madam, ʒəɥi ʒɑ̃ yg. **5.** kɔmɑ̃talevu, məsjø? **6.** bjɛ̃, mɛʀsi. **7.** evu mɛm? **8.** pɑmal, mɛʀsi. **9.** paʀlevu ɑ̃glɛ? **10.** nõ, ʒən paʀlə pɑ(z)ɑ̃glɛ. **11.** mɛ vu paʀle fʀɑ̃sɛ, nɛspa? **12.** wi, madam, ʒpaʀl œ̃pø fʀɑ̃sɛ. **13.** vwasi yn lɛtʀə puʀ vu. **14.** mɛʀsi boku. **15.** oʀvwaʀ, madam. **16.** oʀvwaʀ, məsjø.

I. Exercices de rhythme (Rhythm exercises):

The first exercise contains phrases of four syllables. You first listen to the instructor or the voices on the tape. Then you establish the rhythm for yourself by tapping four sharp, even taps on the table or repeating four times a syllable such as *toc, toc, toc, toc*. Then you repeat the phrases several times in the same rhythm without accenting any syllable and without slighting any syllable.

A. *Repeat in four short, equally stressed syllables:*

1. Bonjour monsieur (madame¢).   [bõ ʒuʀ mə sjø (ma dam).]
2. Merci monsieur (madame¢).   [mɛʀ si mə sjø.]
3. Au re̸voir monsieur (madame¢).   [oʀ vwaʀ mə sjø.]

B. *Repeat in five short, equally stressed syllables:*

(*a*) **1.** Bonjour made̸moiselle̸.   [bõ ʒuʀ mad mwa zɛl.]
    2. Merci made̸moiselle̸.   [mɛʀ si mad mwa zɛl.]
    3. Au re̸voir made̸moiselle̸.   [oʀ vwaʀ mad mwa zɛl.]

(*b*) **1.** Êtes-vous monsieur Hughes?   [ɛt vu mə sjø yg?]
    2. Comment allez-vous?   [kɔ mã ta le vu?]
    3. Parlez-vous français?   [paʀ le vu fʀã sɛ?]
    4. Parlez-vous anglais?   [paʀ le vu ã glɛ̃?]
    5. Je̸ parle̸ un peu français.   [ʒpaʀl œ̃ pø fʀã sɛ.]
    6. Je̸ parle̸ un peu anglais.   [ʒpaʀl œ̃ pø ã glɛ.]

367

C. *Repeat in six short, equally stressed syllables:*

1. Merci beaucoup monsieur.　　　　[mɛr si bo ku mə sjø.]
2. Merci beaucoup madam¢.　　　　[mɛr si bo ku ma dam.]
3. Mais vous parlez français.　　　　[mɛ vu par le frɑ̃ sɛ.]
4. Mais vous parlez anglais.　　　　[mɛ vu par le ɑ̃ glɛ.]

D. *Repeat in seven short, equally stressed syllables:*

1. Vous parlez français n'est-c¢ pas?　　　　[vu par le frɑ̃ sɛ nɛs pɑ?]
2. Vous parlez anglais n'est-c¢ pas?　　　　[vu par le ɑ̃ glɛ nɛs pɑ?]
3. J¢ parl¢ un peu français monsieur.　　　　[ʒparl œ̃ pø frɑ̃ sɛ mə sjø.]
4. J¢ parl¢ un peu français madam¢.　　　　[ʒparl œ̃ pø frɑ̃ sɛ ma dam.]
5. J¢ parl¢ un peu anglais monsieur.　　　　[ʒparl œ̃ pø ɑ̃ glɛ mə sjø.]
6. J¢ parl¢ un peu anglais madam¢.　　　　[ʒparl œ̃ pø ɑ̃ glɛ ma dam.]
7. Voici un¢ lettre pour vous.　　　　[vwa si yn lɛ trə pur vu.]

E. *Repeat in eight short equally stressed syllables:*

1. Je n¢ parle pas français monsieur.　　　　[ʒən par lə pɑ frɑ̃ sɛ mə sjø.]
2. Je n¢ parle pas français madam¢.　　　　[ʒən par lə pɑ frɑ̃ sɛ ma dam.]
3. Je n¢ parle pas anglais monsieur.　　　　[ʒən par lə pɑ ɑ̃ glɛ mə sjø.]
4. Je n¢ parle pas anglais madam¢.　　　　[ʒən par lə pɑ ɑ̃ glɛ ma dam.]

II. Pronunciation exercises.

A. *French uvular "R".*

Your natural reaction to the letter "r" is to turn the tip of your tongue up as you do in pronouncing an **r** in English; but if you turn the tip of your tongue up, you will simply . . . produce an English **r**! So in learning the French uvular "R", you first put the tip of your tongue against your lower front teeth and *hold it there firmly.* Then you pronounce the English words *Ah!* and *agog,* noting that the "g" is pronounced in the back of your mouth by raising the back of your tongue until it touches your palate. Next you move your tongue a little farther back than the position in which you pronounce this [g] and pronounce very lightly each of the following French words: **art** [ar], **rat** [ra], **gare** [gar], **rare** [rar]. Repeat this series a dozen times, keeping the tip of your tongue down, using as little breath as possible, and pronouncing the "R" as lightly as you can. Avoid gargling the "R"! Many French people pronounce it so lightly that Americans can scarcely hear it at all.

Now repeat three times each of the following words and expressions — giving equal stress to each syllable and producing the uvular "R" with care:

1. Une lettre [yn lɛtʀə]. 2. Voilà une lettre pour vous [vwa la yn lɛtʀə puʀ vu]. 3. Bonjour [bõ ʒuʀ]. 4. Au revoir [oʀ vwaʀ]. 5. Merci [mɛʀ si]. 6. A votre service [a vɔtʀə sɛʀvis]. 7. Parlez-vous français? [paʀ le vu fʀɑ̃ sɛ?]. 8. Je parle un peu français [ʒpaʀl œ̃ pø fʀɑ̃ sɛ].

Repeat this exercise several times each day until you can produce the [ʀ] lightly, elegantly, and unselfconsciously. Never under any circumstances substitute an American **r** or a Spanish **r** for the uvular "ʀ". If you pronounce French words and phrases wrong even *a few times*, it makes it much more difficult to get a good French accent.

B. *Exercise on the French* "**u**". (*Represented by the symbol* [y]).

When you see the letter "u" you will naturally put your tongue in position to say "oo" as in English; but if you put your tongue in that position, you will just say "oo." So in learning to pronounce the French [y], the first step is to put your tongue in the position to say "e" in English or [i] in French *and keep it there.*

Now you say: **Voici, i, i, i** several times, keeping the vowel [i] short.

Next you say [i] several times and round your lips while repeating the sound [i]. If you do this, you will produce a proper French [y].

Now repeat several times: [i], [y], [i], [y] moving your lips but without moving your tongue.

Now say: Voici une lettre pour vous [vwa si yn lɛ tʀə puʀ vu] several times.

If you still have trouble producing the French [y], you put your hands at the corners of your mouth, say **i, i, i, i,** while moving your lips forward and backwards so that you can't help saying [i] [y], [i] [y].

Repeat this exercise daily until you can produce this sound easily. Always think of the sound [i] as in **voici** and avoid thinking of [u] as in **vous**.

Conversation 2

IPA Transcription of Dialog

a la gaʀ

1. paʀdõ, madam, u ɛ lʃɑto, silvuplɛ? 2. (ynɑ̃plwaje) tudʀwa, məsjø. 3. el-myze? 4. lmy ze ɛ dɑ̃ lʃɑto. 5. jatil œ̃ʀɛstɔʀɑ̃ pʀɛ dy ʃɑto? 6. wi, məsjø. ilja œ̃ bõ ʀɛstɔʀɑ̃ ɑ̃ fas dy ʃɑto. 7. mɛʀsi boku.

dã la ʀy

8. (a ɛ̃pɑsɑ̃) paʀdõ, məsjø. u ɛl byʀod pɔst? **9.** la pɔst ɛ syʀ la plas, la bɑ, a goʃ. **10.** jati lœ̃ byʀod taba pʀɛdisi? **11.** mɛ wi, məsjø. ilja œ̃ byʀod taba la bɑ a dʀwat. **12.** mɛʀsi boku.

I. Exercices de rhythme.

A. *Répétez en quatre syllabes:*

1. Où est lɇ château?	[u ɛ lʃɑ to?]
2. Où est lɇ musée?	[u ɛ lmy ze?]
3. Où est la gare?	[u ɛ la gaʀ?]

B. *Répétez en cinq syllabes:*

1. Où est lɇ bureau dɇ postɇ?	[u ɛ lby ʀod pɔst?]
2. Où est lɇ restaurant?	[u ɛ lʀɛs tɔ ʀɑ̃?]
3. Sur la placɇ, monsieur.	[syʀ la plas mə sjø.]

C. *Répétez en six syllabes:*

1. Où est lɇ bureau dɇ tabac?	[u ɛ lby ʀod ta ba?]
2. Y a-t-il un restaurant . . .?	[ja ti lœ̃ ʀɛs tɔ ʀɑ̃ . . .?]
3. Il y a un restaurant . . .	[i lja œ̃ ʀɛs tɔ ʀɑ̃ . . .]
4. La poste est sur la place.	[la pɔst ɛ syʀ la plas.]

II. Exercices de prononciation.

A. *Exercise on* **e** [e] *as in* **allez-vous** *and* **eu** [ø] *as in* **un peu.**

1. *Say* [e] *as in* allez; e, e, e. Keep the vowel short and clear.

Répétez: (1) Comment allez-vous? (2) un employé. (3) le musée. (4) **et** vous? (5) un étudiant. (6) une étudiante. (7) une employée.

2. *Say* [e], [e], [e]. Keep repeating this sound, holding the tip of your tongue against your lower front teeth and rounding your lips until you produce the sound [ø] as in **un peu.**

Répétez: [e], [e], [e]; [ø], [ø], [ø]. (1) un p**eu**. (2) monsi**eur**. (3) d**eux**.

B. *Review the exercises on* [R] *and* [y] *in Conversation 1.*

III. Note on linking *(la liaison):*

When a final consonant that is normally silent is pronounced with the initial vowel sound of the following word, linking (*liaison*) is said to take place: you say, of course, **les**/**Français** (without linking) but **les_Américains** (with linking). It is important to note at once that linking does not automatically take place before all words that begin with a vowel sound, but only between words that are naturally grouped together — such as a noun and its modifiers, or the verb and personal pronouns immediately associated with it.

Nevertheless, linking is very tricky: while in certain cases it *must* be made and in others it would be a dreadful mistake to make it, there are many cases where linking is correct in formal speaking and inappropriate in everyday, friendly conversation. In the transcriptions of the dialogs, we have tried to indicate the way the dialogs would be spoken in a friendly, natural, and correct conversation. Here are a few additional suggestions for those who are interested:

A. *Linking takes place:*

NOUNS: between articles and nouns, between articles and adjectives that precede nouns, and between nouns and the adjectives that precede them:

les_étudiants, les bons_étudiants, des_étudiants, deux_étudiants, un_autre étudiant, mes_étudiants, mon_étudiant.

PRONOUNS: between personal pronouns (including **y** and **en**) and verbs, and between pronouns:

ils_ont, ont-ils? vous_êtes, vous_allez. Je les_ai achetés. Nous_en avons. Donnez-nous_en. Allez-y.

PREPOSITIONS: between preposition and object:

dans_un mois, en_Italie, en_hiver, sans_effort, chez_eux.

ADVERBS: between certain adverbs (the short ones) and adjectives:

très_agréable, plus_amusant, moins_utile, bien_aimable.

B. *Linking does not normally take place:*

NOUNS: between nouns and adjectives that follow them:

un étudiant/américain, des revues/américaines.

371

VERBS: between noun subject and verb:

> Le temps/arrive. Ce Français/habite à Paris. Paris/est une belle ville.
> Mes parents/aiment les sports.

C. *Linking is impossible:*

(*a*) before the word **huit** (tous les/huit jours); before the word **oui** (mais/oui, il a dit/oui); after the word **et** (Jean/et/Hélène); in the number **cent/un.** You do not link **les/onze** or **dans/onze.**

(*b*) before nouns beginning with aspirate "h":

> des/hors-d'œuvre, en/haut de l'escalier

D. *Linking is optional in innumerable cases.*

However, optional linkings are generally to be avoided except in formal conversation, in singing, and in reading poetry. For example, we do not recommend that the following optional linkings after verbs be made in everyday conversation:

> Je vais/à la gare.   Je suis/à la maison.   Vous parlez/anglais.
> Je ne parle pas/anglais.   Vous avez/un frère.

Even if you prefer to make such linkings after the verb, you should avoid linking after the inverted form between a personal pronoun and prepositions, nouns, or articles:

> Allez-vous/à la gare?   Parlez-vous/anglais?   Avez-vous/un frère?

Such linkings would sound bookish or affected to many French people today. You will notice that on the tapes, the French voices are not consistent in their use of linking: one will make a *liaison* in a phrase and another will fail to make it in the same phrase. This is as it *should* be, because this is what you hear in France all the time. (For a detailed treatment of optional linking, see three articles of Pierre Delattre in the *French Review*, XXX (1956), pp. 48–54; XXIX (1955), pp. 42–49; XXI (1947), pp. 148–157.)

Conversation 3

IPA transcription of dialog

dãlaʀy

1. paʀdõ, uɛ lotɛl dyʃvalblã? **2.** syʀlaplas, məsjø. **3.** ɛskəsɛ lwɛ̃disi? **4.** nõ, snɛpɑ lwɛ̃disi. **5.** sɛtɑ̃ bɔnotɛl? **6.** wi, məsjø, sɛtɑ̃ tRɛ bɔnotɛl. **7.** ɛskə la kɥizin ɛ bɔn? **8.** sɛrtɛnmɑ̃, məsjø. la kɥizin ɛtɛksɛlɑ̃t. **9.** mɛRsi boku.

a lotɛl dyʃvalblɑ̃

10. kɛ lɛ lpRi d la pɑ̃sjɔ̃. **11.** dø sɑ̃ sɛ̃kɑ̃t fRɑ̃ parʒuR, məsjø. **12.** avɛk ləpti deʒøne, ldeʒøne el dine. **13.** e laʃɑ̃bRə bjɛ̃nɑ̃tɑ̃dy.

I. Exercice de rhythme:

Répétez en six syllabes:

1. Est-c¢ que c'est près d'ici?	[ɛs kə sɛ pRɛ di si?]
2. Est-c¢ que c'est loin d'ici?	[ɛs kə sɛ lwɛ̃ di si?]
3. Est-c¢ que c'est près d¢ la gar¢?	[ɛs kə sɛ pRɛ dla gaR?]
4. Est-c¢ que c'est loin d¢ la gar¢?	[ɛs kə sɛ lwɛ̃ dla gaR?]
5. Est-c¢ que c'est sur la plac¢?	[ɛs kə sɛ syR la plas?]

II. Exercices de prononciation:

A. *Exercise on the mute* **e:**

Répétez en deux syllabes:

L¢ musée	[lmy ze]
L¢ château	[lʃɑ to]

Répétez en trois syllabes:

L¢ bureau d¢ poste.	[lby Rod pɔst]
L¢ prix des r¢pas	[lpRi de Rpɑ]

Répétez en cinq syllabes:

Quel est l¢ prix des r¢pas?	[kɛ lɛ lpRi de Rpɑ?]
J¢ parl¢ un peu français.	[ʒpaR lɑ̃ pø fRɑ̃ sɛ.]

B. *Exercise on French* **"ui"** (*Represented by the symbols* [ɥi]).

When you see the letters **ui,** you will probably want to put your lips in position to pronounce a [w] as in English words *suite, cuirass,* etc. So you must consciously avoid advancing your lips; because if you advance your lips as if to say [w], it will be difficult not to say [w].

To pronounce the French [ɥi], you first repeat several times:

[i] [y], [i] [y].

Then you say, several times:

[y] [i], [y] [i]

without pausing between the two sounds and without pronouncing a [w].

Then you pronounce the two sounds in one syllable several times and you will get a proper [ɥi]. This sound is very close to the sound (yē) that is often heard in English phrases such as "Are you eating?" which, when pronounced rapidly, sounds something like (yeeting?).

Now repeat each of the following, taking care not to insert a [w] after the "s":

Je suis Jean Hughes.	[ʒə sɥi ʒɑ̃ yg.]
Je nø suis pas Jean Hughes.	[ʒən sɥi pɑ ʒɑ̃ yg.]
Je suis Américain.	[ʒə sɥi(z) a me ʁi kɛ̃.]
Je nø suis pas Américain.	[ʒən sɥi pɑ a me ʁi kɛ̃.]

Conversation 4

IPA transcription of dialog

alotɛl

1. kɔmɑ̃ sa va, məsjø? **2.** sa va bjɛ̃, mɛʁsi. **3.** kɛ lœ ʁe til? **4.** ilɛ ɔ̃zœʁ.
5. ɛskəldeʒœne ɛ pʁɛ? **6.** nõ, məsjø, pazɑ̃kɔʁ. **7.** a kɛl œʁ vulevu deʒœne?
8. a ɔ̃zœʁ e dmi. **9.** a kɛlœʁalevu a la gaʁ? **10.** ʒvɛa la gaʁ a midi. **11.** lə tʁɛ̃
puʁ paʁi aʁiv a midi e kaʁ, nɛspɑ? **12.** nõ, məsjø. ilaʁiv a døzœʁ mwɛ̃lkaʁ.
13. a bõ alɔʁ, ʒvɛ deʒœne a midi, kɔm dabityd. **14.** ɛskəl byʁod pɔst ɛtuveʁ
sɛtapʁemidi? **15.** sɛʁtɛnmɑ̃, məsjø. **16.** ʒyska sɛt œ ʁ dy swaʁ.

I. Exercice de rhythme:

A. *Répétez en sept syllabes:*

Est-cø que lø déjeuner est prêt?	[ɛs kə lde ʒœ ne ɛ pʁɛ?]
Jø vais à la gare à midi.	[ʒvɛ a la ga ʁa mi di.]
Jø vais déjeuner à midi.	[ʒvɛ de ʒœ ne a mi di.]

B. *Répétez en huit syllabes:*

Est-cø que lø bureau dø postø est ouvert?   [ɛs kə lby ʁod pɔst ɛ tu veʁ?]

C. *Répétez en onze syllabes:*

Est-cȼ que lȼ bureau dȼ postȼ est
ouvert ce matin?

[ɛs kə lby ʀod pɔst ɛ tu vɛʀ
sə ma tɛ̃?]

II. Exercice de prononciation: [ɛ] (**quelle**) and [œ] (**heure**)

A. *Répétez:*

Quelle heure est-il?

B. *Dites:*

Quelle, [ɛ], [ɛ], [ɛ]. Keep the vowel short and avoid saying [kɛəl].

C. *Répétez:*

1. Cet après-midi. **2.** N'est-ce pas? **3.** Sept. **4.** Prêt. **5.** Près d'ici.

D. *Dites:*

Quelle heure . . . ? [œ], [œ], [œ]. (*Keep the tip of your tongue down!*)

E. *Répétez:*

1. Quelle heure est-il? [kɛ lœʀ ɛ til?] **2.** Neuf heures [nœ vœʀ]. **3.** Neuf [nœf].
4. Lȼ déjeuner [lde ʒœ ne]. **5.** Jȼ vais déjeuner [ʒvɛ de ʒœ ne].

Grammar Unit 1

III. Exercise on the French [t]

The first step in learning to pronounce the French [t] is to *hear* (1) that at the beginning of a word it is produced with much less flow of air than the corresponding English sound and (2) that in other positions it is completely articulated. Compare English *tent* and French **tente**: in *tent*, the first "t" is produced with a puff of air and the second one is hardly articulated at all; in **tente**, the first "t" is pronounced without the puff of air and the second is clearly articulated.

Next, note that the English "t" is produced with the tip of the tongue against the alveolar (the ridge behind the front teeth) but that the French "t" is produced

375

with the tip of the tongue against the front teeth and the upper surface of the tongue against the alveolar.

Now hold your hand (or a strip of paper) in front of your mouth and say the following pairs of words, moving your tongue back for each English word and forward for each French word. Use as little breath as possible for the French words. (*a*) tobacco, **le tabac.** (*b*) tea, **le thé.** (*c*) two, **tout.** (*d*) toot, **toute.** (*e*) toe, **-teau.** Repeat this exercise until you can say the French words without feeling a puff of air on your hand (or seeing the paper move).

Finally, repeat each of the following, pronouncing the "t" with as little breath as possible:

1. une lettre. **2.** le restaurant. **3.** les hôtels. **4.** le petit hôtel. **5.** le petit déjeuner. **6.** le château. **7.** près du château. **8.** tout droit. **9.** à droite. **10.** il est ouvert. **11.** huit heures du matin. **12.** Comment allez-vous?

Conversation 5

IPA transcription of dialog

a la pʀefɛktyʀd pɔlis

1. kɔmɑ̃ vuzaplevu, məsjø? **2.** ʒmapɛl ʒɑ̃ yg. **3.** kɛ lɛ vɔtʀə nasjɔnalite? **4.** ʒsɥi(z)ameʀikɛ̃. **5.** u ɛt vu ne? **6.** ʒsɥi ne a filadɛlfi ozetazyni. **7.** kɛl ɑʒ avevu? **8.** ʒe vɛ̃teɑ̃nɑ̃. **9.** kɛ lɛ vɔtʀə pʀɔfɛsjɔ̃? **10.** ʒsɥizɛ̃ʒen jœʀ ʃimist. **11.** kɛ lɛ vɔtʀ adʀɛs a paʀi? **12.** kɛ̃z, avnyd lɔpsɛʀvatwaʀ. **13.** u dmœʀ vo paʀɑ̃? **14.** mõ pɛʀ abit a filadɛlfi. **15.** ʒne ply ma mɛʀ. **16.** vuzave de paʀɑ̃ ɑ̃ fʀɑ̃s? **17.** nõ, ʒnepɑd paʀɑ̃ ɑ̃ fʀɑ̃s. **18.** vwala vɔtʀə kaʀtə də travaj. **19.** mɛʀsi, madmwazɛl.

Exercise on the French [l] l'hôtel

The French "l", like the French "t" is produced with the tip of the tongue against the front teeth.

Compare English *eel* (ēŭl) in two syllables and French **il** [il] in one syllable.

Now pronounce English *eel* and French **il** several times, moving the tongue forward for the French word each time and giving the French word a very brief, light utterance.

Now pronounce the following with the tongue against the front teeth for all the *t*'s and *l*'s:

1. l'hôtel. **2.** la lettre. **3.** Pas mal. **4.** la place. **5.** l'hôtel Continental. **6.** l'hôtel du Cheval blanc. **7.** Quelle heure est-il? **8.** Comment s'appelle-t-il? **9.** Comment s'appelle-t-elle? **10.** Quel âge a-t-il? **11.** Quel âge a-t-elle?

Conversation 6

IPA transcription of dialog

lədeʒœne

1. ilε midi e ʒe fε̃. **2.** mwa osi. **3.** alõ deʒœne. **4.** vwasi œ̃ RεṣtəRɑ̃. ɑ̃tRõ.
5. vwala yn tablə libR. asεjõnu. **6.** vwasilakaRt, mesjø. **7.** vulevu de əRdœvR?
8. wi, apəRte nu de əRdœvR. **9.** kεskə vuvule kəm pladvjɑ̃d? **10.** dø biftεk fRit.
11. vulevu dy vε̃ blɑ̃ u dy vε̃ Ruʒ? **12.** dy vε̃ Ruʒ. **13.** e kεskə vuvule kəm desεR?
14. kεskə vuzave? **15.** nuzavõ de fRɥi, depəm, de banan, de pwaR e de pεʃ.
16. apəRte mwa yn pwaR. **17.** ʒvε pRɑ̃dRə yn pεʃ. **18.** vulevu dy kafe? **19.** wi,
dɔnemwa œ̃kafenwaR. **20.** nõmεRsi ʒnεmpɑl kafe. (plytaR) **21.** məsjø ladisjõ,
silvuplε. **22.** tutsɥit, məsjø.

Exercise on the front [a] (**la gare**), and the back [ɑ] (**pas**).

A. *Répétez:*

la gare, [a], [a], [a].

B. *Répétez:*

1. la carte.   **2.** la table.   **3.** la banane.   **4.** la poire.   **5.** à la gare.
6. quatre heures et quart.   **7.** le café noir.

C. *Répétez:*

n'est-ce pas? [ɑ], [ɑ], [ɑ].

D. *Répétez:*

1. trois.   **2.** là-bas [la bɑ].   **3.** le château.   **4.** pas encore.   **5.** tout droit.
6. Quel âge avez-vous?

Grammar Unit 2

I. Exercices de rhythme:

Répétez:

377

A. QUATRE SYLLABES.

J'ai du café.	[ʒe dy ka fe.]
Jȼ n'ai pas dȼ café.	[ʒne pɑd ka fe.]
J'ai dȼ la monnaie.	[ʒed la mɔ nɛ.]
Jȼ n'ai pas dȼ monnaie.	[ʒne pɑd mɔ nɛ.]

B. SIX SYLLABES.

J'ai des parents en France.	[ʒe de pa ʀɑ̃ ɑ̃ fʀɑ̃s.]
Jȼ n'ai pas dȼ parents en France.	[ʒne pɑd pa ʀɑ̃ ɑ̃ fʀɑ̃s.]

C. HUIT SYLLABES.

J'ai unȼ carte d'identité.	[ʒe yn ka ʀtə di dɑ̃ ti te.]
Jȼ n'ai pas dȼ carte d'identité.	[ʒne pɑd ka ʀtə di dɑ̃ ti te.]

II. Exercices de prononciation sur [ɔ] (**la pomme**) et [o] (**l'hôtel**).

A. *Répétez:* la pomme [ɔ], [ɔ], [ɔ].

Répétez:

1. un restaurant. **2.** le bureau de poste. **3.** comme d'habitude. **4.** votre profession. **5.** votre nationalité. **6.** l'observatoire. **7.** la monnaie. **8.** octobre. **9.** pas encore. **10.** alors. **11.** hors-d'œuvre.

> Note that the o's in **octobre** are both [ɔ] [ɔk tɔbʀ], that they are not pronounced like either of the o's in English *October*. The nearest English equivalent is the short **u** in Eng. *duck*.

B. *Répétez:* l'hôtel, [o], [o], [o]. Keep the vowel short and clear.

Répétez:

1. beaucoup. **2.** l'autre. **3.** le château. **4.** le bureau. **5.** l'hôtel. **6.** vos parents. **7.** aujourd'hui. **8.** de l'eau. **9.** l'hôtelier.

Conversation 7

IPA transcription of dialog

vwajaʒaʀwɑ̃.

1. kɛlʒuʀ sɔmnu oʒuʀdɥi? **2.** sɛtoʒuʀdɥi lə vɛt sɛptɑ̃bʀ. **3.** kɑ̃vaty amaʀsej?

4. lə mwa pRɔʃɛ̃. **5.** ʒkõt paRtiR lə kɛ̃zɔktɔbR **6.** erəvniR lə pRəmje nɔvɑ̃bR.
7. ɛskə tyɛ libR alafɛ̃ dlasmɛn? **8.** wi, ʒsɥi libRə vɑ̃dRədi, samdi, e dimɑ̃ʃ.
9. vøtyvniR aRwɑ̃ avɛk mwa? **10.** vɔlõtje. **11.** kɛlʒuR paR ty? **12.** ʒe lɛ̃tɑ̃sjõd-
paRtiR ʒødiswaR. **13.** akɛlœR? **14.** ʒəkRwa kəltRɛ̃ paR a dizɥitœR. **15.** paRfɛ.
16. sɛtɑ̃tɑ̃dy dõk. a ʒødi apRɛ midi.

Exercise on the French mute "e" as in le cheval.

A. *Repeat:*

le cheval [lə ʃval], [ə], [ə], [ə].
Note that the [ə] is produced with the tip of the tongue against the lower
front teeth and the lips slightly rounded.

B. *Now repeat the following expressions with a mute "e":*

1. le cheval [lə ʃval]. **2.** le repas [lər pɑ]. **3.** le petit déjeuner [lə pti de ʒœ ne].
4. Je ne parle pas français [ʒən paRlə pɑ fRɑ̃ sɛ]. **5.** De rien, monsieur [də Rjɛ̃
mə sjø]. **6.** est-ce que [ɛskə].

C. *Repeat the following phrases and note that these mute "e's" are entirely
silent.*

1. *Répétez en quatre syllabes:*

Où est le̸ château?	[u ɛ lʃa to?]
Où est le̸ musée?	[u ɛ lmy ze?]
Je̸ vais à la gare.	[ʒvɛ a la gaR.]
Je̸ n'aime̸ pas le̸ café.	[ʒnɛm pɑ lka fe.]
Le̸ bureau de̸ tabac.	[lby Rod ta ba.]
Je̸ m'appelle̸ Jean Hughes.	[ʒma pɛlʒɑ̃ yg.]

2. *Répétez en cinq syllabes:*

Où est le̸ bureau de̸ poste̸?	[u ɛ lby Rod pɔst?]
Je̸ parle̸ un peu français.	[ʒpaR lœ̃ pø fRɑ̃ sɛ.]
Je̸ déjeune̸ à midi.	[ʒde ʒœ na mi di.]
Je̸ dîne̸ au restaurant.	[ʒdi no Rɛs tɔ Rɑ̃.]
L'hôtel du Che̸val blanc.	[lo tɛl dy ʃval blɑ̃.]

379

NOTE. Don't imagine it is difficult to pronounce French words such as **Je déjeune, Je m'appelle, Je n'aime pas,** *etc.*, without sounding the mute e's. You produce these — and more difficult — combination in English all the time without thinking about it. You have no trouble saying something like: "Zydad back" for "Is your dad back?" or "Dymother come" for "Did your mother come?" or "Zyname Percy?" for "Is your name Percy?" and so on. And don't imagine it is sloppy French pronunciation! This follows the very best usage. It would sound schoolteacherish to say « **Le bureau de tabac** » in six syllables.

Grammar Unit 3

NASAL VOWELS

As English is very rich in nasal vowels, the only difficulty the French nasal vowels present is that they must be sounded without actually pronouncing the consonant **n** — except, of course, in linking.

I. Exercice sur [ɛ̃] (**ingénieur**).

Répétez:

1. Très bien [ɛ̃], [ɛ̃].   **2.** bien. [ɛ̃], [ɛ̃], [ɛ̃].   **3.** loin.   **4.** de rien.   **5.** cinq heures moins le quart.   **6.** vingt-cinq.   **7.** Américain.

II. Exercice sur [ã] (**parents**).

Répétez:

1. Des parents en France. [ã]. [ã], [ã].   **2.** cent francs.   **3.** cent ans.   **4.** le restaurant.   **5.** du vin blanc.   **6.** un plat de viande.   **7.** l'anglais.   **8.** entendu.

III. Exercice sur [õ] (**non**).

Répétez:

1. Pardon! [õ], [õ], [õ].   **2.** bonjour.   **3.** à onze heures.   **4.** allons.   **5.** entrons.   **6.** votre profession.   **7.** le garçon.   **8.** un bon dîner.   **9.** nous avons.   **10.** ils ont.

IV. Exercice sur [œ̃] (**un restaurant**).

Répétez:

1. un restaurant [œ̃], [œ̃], [œ̃]. **2. un** musée. **3. un** agent de police. **4. lun**di.
5. un an.

Note that many French people usually substitute [ɛ̃] for [œ̃] so that **un** rhymes
with **vin.** We do not recommend that students follow this practice but that they
be prepared to understand words like [ɛ̃fʀɑ̃] (**un franc**) or [lɛ̃di] (**lundi**) when
they hear them.

Conversation 8

IPA transcription of dialog

o byʀod taba

1. uvaty? **2.** ʒvɛ aʃte œ̃ʒuʀnal. **3.** u vɑ̃tõ deʒuʀno? **4.** õ vɑ̃deʒuʀno
obyʀodtaba u o kjɔsk. **5.** avevudeʒuʀno, madam? **6.** mɛwi məjø. le vwala.
7. dɔnemwa lfigaʀo silvuplɛ. **8.** ləvwasi, məsjø. **9.** sɛ kõbjɛ̃? **10.** œ̃ fʀɑ̃
swasɑ̃tkɛ̃z sɑ̃tim, məsjø. **11.** avevu deʀvy ameʀikɛn? **12.** ʒəʀgʀɛt boku,
məsjø. **13.** nu navõ pɑd ʀəvy ameʀikɛn. **14.** kõbjɛ̃ kut sə plɑ̃dpaʀi? **15.** si
fʀɑ̃, məsjø. **16.** ilɛ tʀɛzytil, mɛm puʀ le paʀizjɛ̃. **17.** ʒne kœ̃ bijɛd sɑ̃ fʀɑ̃.
18. avevudlamɔnɛ? **19.** ʒəkʀwakəwi. **20.** ɛskə sɛ tu, məsjø? **21.** wi,
ʒəkʀwa ksɛ tu puʀoʒuʀdɥi.

Exercise on [ʃ] as in **le château** and [ʒ] as in **le déjeuner.**

These sounds are so much like those we produce in the words s*h*allow and
ple*a*sure, that most students never bother to pronounce them as the French do.
But if the tip of the tongue is turned up — as in English, it is very difficult to
pronounce correctly such words as **je, juin, chercher,** etc.

Repeat the following words, trying hard to keep the tip of the tongue DOWN:

A. [ʃ] **1.** chercher. **2.** le château. **3.** la chambre. **4.** la chaise. **5.** je cherche.

B. [ʒ] **1.** le déjeuner. **2.** je déjeune. **3.** jeudi. **4.** le huit juin. **5.** je sais
(*slowly*) [ʒə sɛ]. **6.** je sais (*quickly*) [ʒsɛ]. **7.** je suis (*slowly*) [ʒə sɥi]. **8.** je
suis (*quickly*) [ʒsɥi]. **9.** Je suis ingénieur-chimiste. **10.** le quatorze juillet
11. Jeudi, je déjeune avec Jeanne. **12.** Je vais acheter un journal. **13.** Je crois
que oui.

Grammar Unit 4

DATES, NUMBERS, COUNTING

A. In dates, street numbers, telephone numbers, in counting, etc., the cardinal numbers are pronounced as follows:

1. ɑ̃	11. ɔ̃z	21. vɛ̃teɑ̃
2. dø	12. duz	22. vɛ̃tdø
3. tʀwa	13. tʀɛz	23. vɛ̃ttʀwa
4. katʀ	14. katɔʀz	24. vɛ̃tkatʀ
5. sɛ̃k	15. kɛ̃z	25. vɛ̃tsɛ̃k
6. sis	16. sɛz	26. vɛ̃tsis
7. sɛt	17. dissɛt	27. vɛ̃tsɛt
8. ɥit	18. dizɥit	28. vɛ̃tɥit
9. nœf	19. diznœf	29. vɛ̃tnœf
10. dis	20. vɛ̃	

30. tʀɑ̃t	31. tʀɑ̃teɑ̃	32. tʀɑ̃tdø, etc.
40. kaʀɑ̃t	41. kaʀɑ̃teɑ̃	42. kaʀɑ̃tdø, etc.
50. sɛ̃kɑ̃t	51. sɛ̃kɑ̃teɑ̃	52. sɛ̃kɑ̃tdø, etc.
60. swasɑ̃t	61. swasɑ̃teɑ̃	62. swasɑ̃tdø, etc.
70. swasɑ̃tdis	71. swasɑ̃teɔ̃z	72. swasɑ̃tduz, etc.

80. katʀəvɛ̃	81. katʀəvɛ̃ɑ̃, etc.
90. katʀəvɛ̃dis	91. katʀəvɛ̃ɔ̃z, etc.
100. sɑ̃	101. sɑ̃ ɑ̃ 102. sɑ̃ dø, etc.
500. sɛ̃sɑ̃	501. sɛ̃sɑ̃ ɑ̃, etc.
600. sisɑ̃	601. sisɑ̃ ɑ̃, etc.
700. sɛtsɑ̃	701. sɛtsɑ̃ ɑ̃, etc.
800. ɥisɑ̃	801. ɥisɑ̃ ɑ̃, etc..
900. nœfsɑ̃	901. nœfsɑ̃ ɑ̃

1000. mil, 1001. mil ɑ̃, etc.	5000. sɛ̃mil
1100. ɔ̃zsɑ̃ *or* milsɑ̃	6000. simil
1200. duzsɑ̃ *or* mildøsɑ̃	7000. sɛtmil
1300. tʀɛzsɑ̃ *or* miltʀwasɑ̃, etc.	8000. ɥimil
2000. dø mil	9000. nœfmil
2100. dømil sɑ̃	10.000. dimil
2200. dømildøsɑ̃	500.000. sɛ̃sɑ̃mil
2300. dømiltʀwasɑ̃, etc.	1.000.000. ɑ̃miljɔ̃

B. When cardinal numbers are used purely as adjectives and are immediately followed by the nouns they modify,

(1) their final consonants are linked to a word beginning with a vowel:

1.	un enfant	œ̃nɑ̃fɑ̃
2.	deux enfants	døzɑ̃fɑ̃
3.	trois enfants	trwɑzɑ̃fɑ̃
5.	cinq enfants	sɛ̃kɑ̃fɑ̃
6.	six enfants	sizɑ̃fɑ̃
7.	sept enfants	sɛtɑ̃fɑ̃
8.	huit enfants	ɥitɑ̃fɑ̃
9.	neuf* enfants	nœfɑ̃fɑ̃
10.	dix enfants	dizɑ̃fɑ̃

(2) the final consonant of 2, 3, 5, 6, 8, 10, is silent before a word beginning with a consonant:

1.	un franc	œ̃ frɑ̃
2.	deux francs	døfrɑ̃
3.	trois francs	trwɑfrɑ̃
5.	cinq francs	sɛ̃frɑ̃
6.	six francs	sifrɑ̃
8.	huit francs	ɥifrɑ̃
10.	dix francs	difrɑ̃

(3) The pronunciation of the final consonant of 7 and 9 before a word beginning with a consonant is optional but most people pronounce it:

7.	sept francs	sɛtfrɑ̃	*or*	sefrɑ̃
	dix-sept francs	dissetfrɑ̃		dissefrɑ̃
9.	neuf francs	nœffrɑ̃		nœfrɑ̃
	dix-neuf francs	diznœffrɑ̃		diznœfrɑ̃

Conversation 9

IPA transcription of dialog

kɛstjõ syr listwar də frɑ̃s

1. kɔnɛsevu listwar də frɑ̃s? **2.** sɛrtɛnmɑ̃, ʒkɔnɛ ʒandark e napɔleõ. **3.** kɛskə vusaved ʒandark? **4.** pɑ grɑ̃ ʃoz. **5.** ʒɔ̃sepɑ kɑ̃tɛlene. **6.** mɛʒsɛ kɛlɛmɔrt a rwɑ̃. **7.** savevu u ɛ ne napɔleõ? **8.** ilɛ ne ɑ̃ kɔrs o dizɥitjɛm sjɛkl. **9.** e lwi katɔrz, ɑ̃ kɛlane ɛtil mɔr? **10.** ɑ̃ dissetsɑ̃kɛ̃z, si ʒe bɔn memwar. **11.** mɛ vu mpoze bokudkɛstjõ. **12.** ɑ̃kɔr yn. **13.** vu kɔnɛse lkatɔrz ʒɥijɛ, n'ɛspɑ? **14.** sɛlʒurd la fɛt nasjɔnal ɑ̃ frɑ̃s. **15.** savevu purkwa? **16.** parskə sɛlʒurd la

---

* Note, however, that in **neuf ans** and **neuf heures,** the f is pronounced v.

pʀiz dəlabastij, ɑ̃ dissɛtsɑ̃ katʀəvɛ̃nœf. **17.** vuvwaje kəʒsyi bjɛ̃ ʀɑ̃sɛɲe.
18. evidamɑ̃. **19.** ʒən vɛ ply vu pozed kɛstjõ. **20.** vusavetu u pʀɛsk.

Exercises on [s], [z], [d], [n].

As for the French [t] and [l], the tip of the tongue should be against or near the front teeth to pronounce [s], [z], [d], and [n], and less breath is used than in pronouncing the equivalent consonants in English.

With the tip of your tongue against or near the front teeth, repeat each of the following:

A. [s] and [z]:

1. Est-ce tout [ɛs tu]? **2.** Vous savez tout. **3.** Des cigarettes. **4.** Six cents.
5. Seize cents. **6.** dix-sept [dis sɛt]. **7.** Ils sont [il sõ]. **8.** Ils ont [il zõ].

B. [d] and [n]:

1. des bananes. **2.** la date. **3.** la date de la fête nationale. **4.** bien entendu.
5. Suzanne n'aime pas les bananes. **6.** la date de la bataille de Waterloo.

Conversation 10

IPA transcription of dialog

fjɑ̃saj dynami

1. kɔnesevu lwiz bədɛl? **2.** nõ, ʒən la kɔne pɑ. **3.** mɛ si. **4.** ʒəkʀwa kvuzave fɛ sa kɔnesɑ̃s ʃe syzan samdidɛʀnje. **5.** ɛs yn pətit ʒœnfij bʀyn? **6.** mɛ nõ. sɛtyn gʀɑ̃d blõd. **7.** o, vupaʀle dla ʒœnfij, **8.** ki a ʒwed la gitaʀ e ki ʃɑ̃t si bjɛ̃? **9.** wi, avɛk leʃvø lõ, lə tɛ̃ klɛʀ, e də gʀɑ̃zjø blø. **10.** e bjɛ̃? kɛski lyi aʀiv? **11.** ɛl vasmaʀje ʒõdi pʀɔʃɛ̃. **12.** avɛk ki? **13.** avɛk ʃaʀldypõ. **14.** ʒkɔne tʀɛbjɛ̃ ʃaʀl. **15.** kɛskil fɛ? **16.** ilɛtɛ̃ʒenjœʀ elɛktʀisjɛ̃. **17.** ʒəpɑ̃s kəʃaʀl ad la ʃɑ̃s. **18.** ilɛ ʒɑ̃ti, ʀiʃ, sɛ̃patik e **19.** sa fytyʀ fam a bokud talɑ̃.

Conversation 11

IPA transcription of dialog

yn pʀɔmnad

1. vule vu feʀyn pʀɔmnad? **2.** ʒvø bjɛ̃. kɛltɑ̃fɛtil? **3.** ilfɛ bo. mɛ ilfɛdy vɑ̃.
4. ɛskil fe·fʀwa? **5.** nõ, pɑdytu. **6.** ilnəfɛ ni tʀoʃo ni tʀofʀwa. **7.** fotil pʀɑ̃dʀ

œ̃nɛpɛRmeabl u œ̃ paRaplɥi? **8.** snɛ pɑ la pɛn. **9.** il nəvapɑ plœvwaR. **10.** ʒe pœR də la plɥi. **11.** vuzet syR kil nəvapɑ plœvwaR? **12.** bjɛ̃ syR. **13.** RgaRde ləsjɛlblø. pazœ̃ nɥaʒ. **14.** sɛtœ̃tɑ foRmida bl. **15.** bõ. ʒvukRwa. **16.** kɔmtuʒuR, ʒe kõfjɑ̃s ɑ̃ vu.

ynœR plɥ taR

17. il plø, il plø aso. **18.** ʒəsɥi tRɑpe ʒyskozo. **19.** sɛ vɔtRə fot. **20.** ma fot? kɔmɑ̃ sla? **21.** vusave bjɛ̃. ʒne plɥ kõfjɑ̃s ɑ̃vu.

Exercise on [u] (**vous**) and [y] (**sûr**).

A. *Repeat each of the following words and phrases, making it a point to sound the* [u] *clearly — without sounding an* **i** *or* **e** *before the* [u] *or* [ǔ] *after it.*

1. Bonjour. **2.** beaucoup. **3.** C'est tout? **4.** Où allez-vous?

B. *Repeat the following, putting the tip of your tongue against your lower front teeth for each* [y] *sound.*
1. [i] [y]. **2.** une lettre. **3.** une voiture. **4.** une rue. **5.** du vin.

C. *Repeat the following, moving your tongue forward for each* [y] *sound and back for each* [u].
1. [y] [u]. **2.** pas du tout. **3.** la rue du Louvre. **4.** du vin rouge.

Conversation 12

IPA transcription of dialog

le sɛzõ.

1. RgaRd laneʒ! **2.** tjɛ̃! sɛ lapRəmjəR fwa kilneʒ sɛtane. **3.** ʒnɛm pɑdytu livɛR. **4.** puRkwapɑ? **5.** livɛR a se plɛziR, kɔm lezotRə sɛzõ. **6.** õ pø patine, fɛRdyski, ale oteɑtR, ubjɛ̃ ekute de disk, RgaRde la televizjõ. . . . **7.** wi, mɛ livɛR dyR tRo lõtɑ̃. **8.** kɛl sɛzõ pRefɛRty, alɔR? **9.** ʒə kRwa kəʒ pRefɛR lete. **10.** ʒɛm naʒe, pRɑ̃dRə de bɛ̃dsɔlej, fɛRdyvelo, ale a la kɑ̃paɲ. **11.** mɛ la kɑ̃paɲ ɛtosiagReabl ɑ̃notən kɑ̃nete. **12.** syRtu, il fɛ mwɛ̃ʃo. **13.** wi lotõn kɔmɑ̃s bjɛ̃. **14.** mɛ il fini mal. **15.** mwa ʒɛmmjø lpRɛ̃tɑ̃. **16.** tya Rɛzõ. **17.** tulmõd ɛtøRød vwaR vəniR lə pRɛ̃tɑ̃.

Exercise on [p], [f], [k].

These consonants are much like their English equivalents except that they are pronounced with noticeably less breath.

385

Pronounce each of the following with as little breath as possible:

A. [p]: **1.** le papier. **2.** on peut. **3.** on ne peut pas. **4.** Et puis, on peut patiner. **5.** On peut patiner un peu. **6.** un peu plus tard.

B. [f]: **1.** des fleurs. **2.** faire du ski. **3.** je préfère. **4.** des feuilles. **5.** la première fois.

C. [k]: **1.** Quelle heure est-il? **2.** la campagne. **3.** le café. **4.** Quelle est votre profession? **5.** Quand allez-vous à Caen [kɑ̃]? **6.** Quand allez-vous à Cannes [kan]?

Conversation 13

IPA transcription of dialog

ʒɑ̃ fɛ dekuʀs

1. ʒedekuʀsafɛʀ. **2.** ʒvødabɔʀ aʃte dypɛ̃. **3.** õvɑ̃dypɛ̃ alepisʀi, nɛspɑ? **4.** nõ. ilfotale ala bulɑ̃ʒʀi. **5.** ɑ̃sɥit, ʒvø(z)aʃted lavjɑ̃d. **6.** kɛlɛspɛ dəvjɑ̃d? **7.** dybœf e dypɔʀ. **8.** puʀ ləbœf, ale(z)ala buʃʀi. **9.** puʀ ləpɔʀ, ale(z)ala ʃaʀkytʀi. **10.** fotil ale a dø magazɛ̃ difeʀɑ̃? **11.** wi. ɑ̃fʀɑ̃s, leʃaʀkytje vɑ̃d dypɔʀ. **12.** lebuʃe vɑ̃d lezotʀəzɛspɛ dəvjɑ̃d. **13.** ʒe bəz wɛ̃ osi də papje a lɛtʀ. **14.** õvɑ̃ dypapjealɛtʀ alafaʀmasi, nɛspɑ? **15.** nõ. lefaʀmasjɛ̃n vɑ̃d kədemedikamɑ̃. **16.** u fotilale alɔʀ? **17.** ale(z)ala paptʀi *or* papɛtʀi u o byʀodtaba. **18.** ɛ̃si, lebuʃen vɑ̃d pɑdpɔʀ, lefaʀmasjɛ̃n vɑ̃d kə demedikamɑ̃, e õvɑ̃ dypapjealɛtʀ dɑ̃lebyʀodtaba! **19.** vu puvezale o sypɛʀmaʀʃe, si vuvule. **20.** o nõ! ʒɛm bjɛ̃ koze avɛk lemaʀʃɑ̃.

Conversation 14

IPA transcription of dialog

ynɛ̃vitasjõ

1. ʒsɥizɛ̃vite ʃe le bʀun. ty le kɔnɛ? **2.** nõ, ʒɑ̃nle kɔnɛ pɑ. **3.** ɛskil sõtameʀikɛ̃? **4.** məsjø bʀun ɛtameʀikɛ̃, mɛ safam ɛ fʀɑ̃sɛz. **5.** kɑ̃ səməsjø bʀun ɛtil vəny ɑ̃ fʀɑ̃s? **6.** ʒɛn sepa(z)o ʒyst. **7.** ʒəkʀwa kilevny ɑ̃ fʀɑ̃s ilja sɛ̃ku sizɑ̃. **8.** il a pase dø(z)utʀwazɑ̃ ɑ̃nɑ̃glətɛʀ. **9.** kɛskilevny feʀ ɑ̃ fʀɑ̃s? **10.** ilɛ bɑ̃kje. **11.** sa bɑ̃k sətʀuv pʀɛd ləpeʀa. **12.** ilabit pʀɛdy bwad bulɔɲ. **13.** ɛskil paʀlə fʀɑ̃se? **14.** tʀɛ kuʀamɑ̃, mɛ, elɑs, avɛk œ̃ fɔʀtaksɑ̃ ameʀikɛ̃. **15.** tyl kɔnɛdpɥi lõtɑ̃?

16. sɛtœ̃ vjejamid mõpɛʀ.   17. ʒle vy suvɑ̃ ʃenu a filadɛlfi.   18. sa famelɥi õ
tuʒuʀ ete tʀɛ ʒɑ̃ti puʀ mwa.

Conversation 15

IPA transcription of dialog

ynʀɔb sɑ̃sɑjɔnɛl

1. u ɛtvuzale sɛtapʀɛmidi?   2. ʒsɥizale ɑ̃vil.   3. kɛskə vuzavefɛ?   4. ʒe fɛ de
kuʀs.   5. kɛskə vuzave(z)aʃte dəbo?   6. pɑ mal də ʃoz. ʒsɥi dabɔʀ ale o pʀizynik.
7. œ̃ pʀizynik? kɛskəsɛksa?   8. sɛtœ̃ magazɛ̃ u õ vɑ̃ dətu a bõ maʀʃe.   9. avevufɛ
də bɔnzafɛʀ?   10. e kɔmɑ̃! ʒe dekuvɛʀ yn ʀɔb sɑ̃sɑsjɔnɛl e osi səpɑ̃talõ pɑ ʃɛʀ
dytu.   11. kɔmɑ̃ lətʀuvevu?   12. il vu va aʀaviʀ.   13. ʒe maʀʃe tu lapʀemidi.
ʒsɥizœ̃pø fatige.   14. vuzɛt(z)ale ɑ̃vil a pje?   15. wi, ʒe vuly pʀɔfite dybotɑ̃.
16. ɑ̃ tu kɑ, sɛt pʀɔmnad mafɛ bokud bjɛ̃.   17. syʀtu, ʒe tʀuve yn ʀɔb kimplɛ
boku — ɛgzaktəmɑ̃ skəʒvulɛ.

Conversation 16

IPA transcription of dialog

ʒɑ̃ lu œ̃napaʀtəmɑ̃

1. bõʒuʀ madam. vuzave œ̃napaʀtəmɑ̃ mœble a lwe, nɛspɑ?   2. mɛwi məsjø.
ʒɑ̃ne œ̃opʀəmje.   3. ɛskəʒ pøl vwaʀ?   4. sɛʀtɛnmɑ̃ məsjø. ʒve vulmõtʀe. paʀisi
silvuplɛ.   5. sɛ la prəmjɛʀ pɔʀt adʀwat, ɑ̃ od lɛskalje.   6. vulevu bjɛ̃ mõte?
7. vɔlõtjɛ.   8. vwasi lapaʀtəmɑ̃. kɔmɑ̃ltʀuve vu?   9. ʒəltʀuv vʀɛmɑ̃ tʀɛzagʀeabl.
10. e ilɛ tʀɛtʀɑ̃kil, məsjø.   11. ilnja ʒamedbʀɥi dɑ̃lkaʀtje.   12. tɑ̃mjø.
13. vwasi la saldəbɛ̃. nuzavõl ʃofɑʒ sɑ̃tʀal, bjɛ̃nɑ̃tɑ̃dy, e loʃod tutlaʒuʀne.
14. kɛlɛl(ə)lwaje, silvuplɛ?   15. kɛ̃z sɑ̃ fʀɑ̃ paʀ mwa məsjø.   16. ʒəkʀwak
sɛtapaʀtəmɑ̃ nu kõvjɛ̃dʀa tutafɛ.   17. mõnami vjɛ̃dʀal(ə)vwaʀ dəmɛ̃.
18. ɛskədmɛ̃ vu kõvjɛ̃?   19. mewi məsjø, paʀfɛtmɑ̃, ʒvuzatɑ̃dʀe.

Conversation 17

IPA transcription of dialog

maʀi va ɑ̃vil

1. u iʀevu sɛtapʀɛmidi?   2. ʒiʀe ɑ̃vil.   3. kɛskə vufʀe?   4. ʒəfʀe de kuʀs.

5. ʒaʃetʀe kɛlkəʃoz puʀ ʀɔʒe — œ̃ pylover u otʀəʃoz.   6. sɛdmɛ̃ sõnaniveʀseʀ.
7. kɔmɑ̃ iʀevu ɑ̃vil?   8. ʒiʀe a pje, silfɛbo.   9. vusʀe bjɛ̃to fatige.   10. puʀkwan
pʀənevu pɑl metʀo?   11. ʒnɛmpɑ pʀɑ̃dʀəl metʀo.   12. ozœʀ dəpwɛ̃t, ilja
tʀodmõd.   13. kɛskəvufʀe sil plø?   14. sil plø, ʒpʀɑ̃dʀe œ̃ taksi.   15. ʒəʀɑ̃tʀəʀed
bɔnœʀ.   16. nublije pɑ kənuzalõ tu letʀwɑ o sinema sə swaʀ.   17. nəvuzɑ̃fɛtpɑ.
ʒnubliʀe pɑ.   18. akɛlœʀ ʀɔʒe vjɛ̃dʀatil vu ʃeʀʃe?   19. ilvjɛ̃dʀam ʃeʀʃe aɥitœʀ
pʀesiz, ditil.   20. vəne dõk veʀ ɥitœʀ.   21. ɑ̃tɑ̃dy, asəswaʀ.

If you can produce a French uvular [ʀ] easily and naturally before and after
all the vowels you do not need to do the following exercise. But if you are still
having a little trouble with it, this is the point beyond which you should no longer
postpone mastering it.

A. *Review the exercise on* [ʀ] *from the first pronunciation exercise on pp.
390–391.*

B. *Repeat carefully each of the following:*

1. le rat, l'art, la gare, rare, une orange.
2. près, très, rester, l'air, la guerre.
3. répéter, je ferai, je serai, rentrer, je rentrerai.
4. Paris, Américain, j'écrirai, j'irai, je rirai (*I shall laugh*).
5. l'heure, l'aurore, l'horreur, des roses, la route.
6. la rue, le fruit, le bruit, on construit, je crois, j'ai cru.
7. (*a*) À quelle heure finirez-vous votre travail?
   (*b*) Je rentrerai de bonne heure.
   (*c*) Je n'oublierai pas notre rendez-vous.

Conversation 18

IPA transcription of dialog

o giʃe, a la gaʀ də lest

1. ʒvudʀe œ̃ bije ale eʀtuʀ puʀ ʀɛ̃s.   2. kɛl klɑs, məsjø?   3. s(ə)gõd, silvuplɛ.
4. kõbjɛ̃dtɑ̃sbije ɛtilbõ?   5. kɛz ʒuʀ, məsjø.   6. ɛskəʒdwa ʃɑ̃ʒedtʀɛ̃ ɑ̃ʀut?
7. wi, vudve ʃɑ̃ʒe a epeʀnɛ.   8. kõbjɛ̃dtɑ̃ fotilatɑ̃dʀə lakɔʀespõdɑ̃s?   9. vuzɔʀe
apøpʀe yn dəmi œ̃ʀ a epeʀnɛ.

syʀ ləke a epɛʀnɛ

10. l(ə)tʀɛ̃ dʀɛ̃s ɛtilalœʀ? **11.** wi məsjø, ɑ̃ fʀɑ̃s, letʀɛ̃nsõʒamɛ ɑ̃ʀtaʀ. **12.** o vʀɛmɑ̃? ɑ̃skɑla, ɛskə ʒɔʀeltɑ̃ dale obyfɛ? **13.** vupuve(z)esɛje, mɛ depɛʃevu. **14.** l(ə)tʀɛ̃ saʀɛt sœlmɑ̃ tʀwɑ minyt. **15.** sivumɑ̃kestʀɛ̃, vusʀe(z)ɔbliʒed pɑselanɥi a epɛʀnɛ.

Conversation 19

IPA transcription of dialog

omyze dy ʒød pom

1. vulevu ʒ(ə)te œ̃ kudœj syrləmyze dy ʒød pom? **2.** kɛskəsɛksa? **3.** sɛl myze dezɛ̃pʀɛsjɔnist, manɛ, mɔnɛ, ʀənwaʀ e boku dotʀ. **4.** puʀkwa apɛltõ se ʒɑ̃la dezɛ̃pʀɛsjɔnist? **5.** akoz dɑ̃etablo dmɔnɛ ɛ̃tityle ɛ̃pʀɛsjõ. **6.** il ʀəpʀezɑ̃t lə ləve dy sɔlɛj o bɔʀd la mɛʀ. **7.** œ̃ kʀitik, kinɛmɛpɑ le nuvo pɛ̃tʀ, lœʀ a dɔnel nõ dɛ̃pʀɛsjɔnist. **8.** elnõ ɛ ʀɛste.

a la sɔʀti dy myze

9. õ vɑ̃ isi de ʀəpʀɔdyksjõ də tablo. **10.** ɛskəsla vuzɛ̃teʀɛs? **11.** mɛ wi. vwasi ʒystəmɑ̃ œ̃ tablod manɛ kimplɛ boku. (il ʀəgaʀd lətitʀ) **12.** lədeʒœne syʀ lɛʀb. (a la vɑ̃døz) **13.** sɛkõbjɛ̃? **14.** swasɑ̃tkɛ̃z fʀɑ̃məsjø. **15.** bõ, dɔnel mwa. (amaʀi) **16.** ʒvɛl mɛtʀ syʀləmyʀ də mɑ ʃɑ̃bʀ.

Conversation 20

IPA transcription of dialog

alaʀɛdlotɔbys

1. tjɛ̃, bõʒuʀ maʀi, kɛskətyfɛ isi? **2.** tyvwa, ʒatɑ̃ lotɔbys. **3.** ilya bjɛ̃ œ̃ kaʀdœʀ kəʒ latɑ̃. **4.** vʀɛmɑ̃? **5.** œ̃ notɔbys ɛ pɑse iljadi minyt. **6.** ʒne pɑ py mõte. **7.** pɑdplas. **8.** kõplɛ. **9.** ɑ̃ vwasiœ̃motʀkiaʀiv. **10.** ʒvwa de ʒɑ̃dbu. **11.** sanfɛʀjɛ̃. mõtõ tudmɛm. (dɑ̃lotɔbys) **12.** õnɛtœ̃pø sɛʀe, bokumɛm. **13.** il jɔʀa pøtɛtʀ dəlaplas plylwɛ̃, kɑ̃leʒɑ̃kɔmɑ̃sʀõ adesɑ̃dʀ. **14.** ɛsperõ lə. **15.** udesɑ̃ty? **16.** alaʀɛdla ʀydʀivɔli. **17.** ʒve fɛʀ dezaʃa. **18.** emwaʒvɛ ʃel kwafœʀ, ʀydy katʀə sɛptɑ̃bʀ. **19.** sity vø, ʒəfʀe œ̃ ptibud ʃəmɛ̃ avɛktwa. **20.** dak. səsʀa ʒɑ̃ti dətapaʀ.

389

Conversation 21

IPA transcription of dialog

kãʒaveduzã

1. akɛlekɔl alɛty kã tyavɛ duzã? **2.** ʒalɛ(z)okɔleʒ, sɛtadiʀ alekɔl sgõdɛʀ. **3.** u abitɛty a smɔmãla? **4.** ʒabitɛ(z)yn pətitvil dezalp. **5.** i ɛtyʒamɛʀtuʀne? **6.** wi, ʒi sɥiʀtuʀne ilja kɛlkəzane. **7.** õni a kõstʀɥi ynyzin dəpʀɔdɥi ʃimik. **8.** apaʀsa, la vilapøʃãʒe. **9.** ɛletãkɔʀ apøpʀɛ tɛl kəʒə la kɔnesɛ. **10.** kɛskə ty fəzɛ alekɔl? **11.** ʒətʀavaje ɥitœʀ paʀ ʒuʀ. **12.** ləpiʀ, sɛtɛ livɛʀ, kãtilfəzɛfʀwa e kiljavɛd laneʒ. **13.** etje vu nõbʀø dã sɛtekɔl? **14.** nõ, ilnjavɛ gɛʀply dyn sãtɛndelɛv. **15.** ʒəkʀwakõtʀavaje tʀo dã tõnekɔl. **16.** malgʀetu, sɛtekɔl mafɛ bokud bjẽ.

Conversation 22

IPA transcription of dialog

 œ ʀym

1. bõʒuʀ maʀi. ʒɛn vuzepɑ vy ʃele bədɛl samdi swaʀ. **2.** ʒɛspeʀɛ puʀtã vuziwaʀ. **3.** ʒsɥi ʀɛstɛ alamɛzõ səswaʀla. **4.** ʒənmə sãtɛpɑ tʀɛbjẽ. e ʒəm sɥi kuʃe dbɔnœʀ **5.** ʒɛspeʀ kə sla netɛ ʀjẽ. **6.** ʒlɛspeʀɛ osi. **7.** mɛl(ə) lãdmẽ, ʒtusɛ ʒavezœ̃ pødfjevʀ e ʒavɛ malalagɔʀʒ. **8.** avevufɛvniʀ ləmedsẽ? **9.** fɛʀvəniʀ ləmedsẽ? vu plɛzãtɛ. **10.** mẽtnã, il fotale l(ə)vwaʀ vumɛm. **11.** nõ, ʒə lɥi e paʀle o telefɔn. **12.** sɛtɛ tusẽpləmã œ̃ ʀym. **13.** il makõsɛje də bwaʀ dy ʒy dɔʀãʒ edpʀãdʀə də laspiʀin. **14.** ləʀmɛd yniveʀsɛl, səlɥi ki geʀitu—upʀɛsk! **15.** ʒsɥi ʀɛstɛ alamɛzõ døʒuʀ, aliʀ o kwẽ dyfø. **16.** mẽtnã, ʒvɛ boku mjø. **17.** mɛ kɔmã ave vu(z)atʀape sa? **18.** ʒnãsɛ ʀjẽdytu. **19.** ã tu kɑ, vufʀe bjẽ də vuʀpoze. **20.** swaɲe vu bjẽ. **21.** o! ʒnã muʀe pɑ.

Conversation 23

IPA transcription of dialog

uɛmõneʃaʀpəʀuʒ?

1. səʀaty bjẽto pʀɛt, mamã? **2.** nusɔmzẽvite puʀ sɛtœʀedmi, tysɛ. **3.** ilɛ pʀɛskəlœʀd paʀtiʀ. **4.** wi, tutalœʀ. **5.** ʒəʃɛʀʃ mõneʃaʀpəʀuʒ. **6.** ʒe ʃɛʀʃe paʀtu. **7.** ʒənsɛpɑ uʒlemiz. **8.** ʒpø təpʀɛte yn de mjɛn sityvø. **9.** ʒãne yn ki ʀəsɑ̃blala tjɛn. lavwala. **10.** mɛʀsi ɛ̃finimɑ̃. ɛlfəʀa lafɛʀ, ʒəkʀwa. (mɛtɑ̃ leʃaʀp.) **11.** akɛlœʀ ʀɔʒe vjɛ̃til nu ʃɛʀʃe? **12.** a sɛtœʀekaʀ. **13.** ilvjɛ̃ nuʃɛʀʃe dɑ̃ sa nuvɛl vwatyʀ. (ʀgaʀdɑ̃ paʀlafnɛtʀ) **14.** vwala yn ɔto kisaʀɛt dəvɑ̃ lapɔʀt. **15.** də kɛl kulœr ɛ la sjɛn? **16.** sɛtyn vwatyʀ gʀiz. **17.** sɛ sɑ̃ dut lɥi. **18.** mɛ̃tnɑ̃, uɛ mɔ̃ sak? (ʀiɑ̃) **19.** ʒpøtəpʀɛtelmjɛ̃, sity vø. **20.** a! vwalal mjɛ̃. **21.** mɛʀsipuʀtɑ̃ də mɔfʀiʀ lətjɛ̃. **22.** vwala ski sapɛl ɛtʀ ynfij devwe.

Conversation 24

IPA transcription of dialog

ʀətuʀ də vakɑ̃s

1. tjɛ̃, bɔ̃swaʀ, maʀi! vuzɛt dəʀtuʀ? **2.** ʒsɥi kɔ̃tɑ̃d vuʀvwaʀ. **3.** avevupɑsed-bɔnvakɑ̃s dənɔɛl ɑ̃bʀətaɲ? **4.** wi, ɛksɛlɑ̃t, mɛʀsi; mɛ tʀokuʀt, kɔm tutlevakɑ̃s. **5.** kɑ̃ɛtvu ʀəvny? **6.** jɛʀswaʀ a vɛ̃ttʀwɑzœʀ. **7.** avevu fɛbɔ̃vwajaʒ? **8.** o! nə mɑ̃ paʀlepɑ! **9.** a ʀɛn, lɛkspʀɛsdəpaʀi etɛbɔ̃de. **10.** ʒe apɛn pytʀuve ynplas. **11.** e pɥi, leʒɑ̃fymɛ. **12.** e ilfəzɛ(t)ɔʀibləmɑ̃ ʃo dɑ̃lkɔ̃paʀtimɑ̃. **13.** vunave pɑdʃɑ̃s. **14.** ʒedine ovagɔ̃ ʀɛstɔʀɑ̃. **15.** sɛtynfasɔ̃d pɑse yndəmiœʀ. **16.** kɛskəvuzavefɛ l(ə)ʒuʀ dənɔɛl? **17.** skɔ̃fɛ paʀtu səʒuʀla. **18.** nusɔmzale alamɛsdəminɥi. **19.** nuzavɔ̃fɛlʀevɛjɔ̃ ʃe le kɛʀgelɛn. **20.** ʒəmsɥi bjɛ̃namyze.

Conversation 25

IPA transcription of dialog

siʒetɛʀiʃ

1. kɛskətyfəʀɛ sityetɛ ʀiʃ, ʒɑ̃? **2.** ʒənsepɑ(z)oʒyst. **3.** ʒəvudʀɛ sɑ̃dut vizite plyzjœʀ peji etʀɑ̃ʒe. **4.** u irɛty? **5.** ʒiʀɛ(z)ɑ̃ nitali vizite flɔʀɑ̃se ʀɔm. **6.** ɑ̃neʒipt, vwaʀ lə nil e le piʀamid. **7.** ɑ̃ ʃin e oʒapɔ̃ vwaʀ ski spɑs la bɑ. **8.** ɛskə sɛtu? **9.** nɔ̃, ʒaʃɛtʀɛ yn vwatyʀ e ʒiʀɛ mamyze obɔʀd lamɛʀ. **10.** ty sʀɛ vit fatiged tusla. **11.** pøtɛtʀ. **12.** ɑ̃tukɑ, siʒetɛ ʀiʃ, ʒəsʀɛ filɑ̃tʀɔp. **13.** ʒvjɛ̃idʀɛ a lɛd de malœʀø, de dezeʀite. **14.** kɛskətyfəʀɛ, paʀ ɛgzɑ̃pl? **15.** ʒmɔkypʀɛ de pʀɔblɛm də lœʀ aktɥɛl. **16.** dəla syʀpɔpylɑsjɔ̃, dɛ la pɔlysjɔ̃də lɛʀ, də lyzaʒ dedʀɔg, dy ʃomaʒ ɛtsɛteʀa. **17.** nubli pɑ spɑ̃dɑ̃ kə la vi etɛ bjɛ̃ ply penibl otʀəfwa koʒuʀdɥi. **18.** sɛpɔsibl. ʒə sypoz kə ʃak ʒeneʀɑsjɔ̃ a se pʀɔpʀə pʀɔblem.

Conversation 26

IPA transcription of dialog

a vɛʀsaj

1. ʒən kʀwajɛ pɑ vɛʀsaj si gʀɑ̃.   **2.** tut ɛ maʒɛstɥø: le vastə saldypalɛ, le lõgzaledypaʀk, le ʒaʀdɛ̃, le fõtɛn.   **3.** sɛ lwikatɔʀz ki, kɔmtylsɛ, a fɛ kõstʀɥiʀ vɛʀsaj.   **4.** ilafɛ tʀavaje isi sɛ̃kɑ̃tɑ̃, plyzumwɛ̃.   **5.** kɛskəsɛksɛt pjɛs do labɑ, dɑ̃lə lwɛ̃tɛ̃?   **6.** õlapɛl lapjɛsdo de sɥis.   **7.** otɑ̃ dy gʀɑ̃ʀwa, iljavɛ la tutynflɔt.   **8.** lɛswaʀ dete, ilvənɛ kɛlkəfwa si pʀɔmne ɑ̃ bato, alalymjɛʀ detɔʀʃ avɛk de myzisjɛ̃, e natyʀɛlmɑ̃ laful də se kuʀtizɑ̃.   **9.** tusla ɛ bjɛ̃ fini.   **10.** elɑs wi.   **11.** mɛ fotil ləʀgʀɛte?   **12.** iljavɛ tɑ̃dmizɛʀ dɑ̃ sõ ʀwajom.   **13.** ʀgaʀd sɛt maɲifik vy syʀ lə paʀk, avɛk se gʀɑ̃zaʀbʀ.   **14.** ila lɛʀ də kõtinɥel palɛ.   **15.** il lə kõtiny ɑ̃nefɛ.   **16.** lakɔʀ ɛ paʀfɛ ɑ̃tʀəl palɛ, le ʒaʀdɛ̃ elpaʀk.   **17.** sɛtyn vy inubliabl.   **18.** apʀezavwaʀ ɑ̃tɑ̃dy paʀle si suvɑ̃d vɛʀsaj, ʒəsɥi vʀemɑ̃ tʀezøʀø detʀəvənyisi.

Conversation 27

IPA transcription of dialog

la maʀjaʒ dyn kuzin

1. kɛskətya, maʀi?   **2.** ʒneʀjɛ̃ dytu, ʒtasyʀ.   **3.** mɛsi, tyakɛlkəʃoz.   **4.** tya lɛʀtʀist.   **5.** akwa pɑ̃sty?   **6.** ʒpɑ̃s aʒan.   **7.** ki es?   **8.** sɛtyndəmekuzin.   **9.** tya tɑ̃dkuzin.   **10.** lakɛldətekuzin ɛs?   **11.** sɛl kidmœʀaʀɛs.   **12.** o wi! tymadeʒa parledɛl.   **13.** ʒeʀsy jɛʀ ynlɛtʀə dəmatɑ̃t ɛʀnɛstin.   **15.** ɛlmekʀi k(ə)ʒan vasmaʀje ʒødipʀɔʃɛ̃.   **15.** kwa? ɛskə sɛtnuvɛltəʀɑ̃ tʀist? tyeʒaluz?   **16.** nõ, ʒən sɥi nitʀist niʒaluz.   **17.** kɛskitɑ̃nɥi, alɔʀ?   **18.** sɛkə ʒənpuʀepazale asõmaʀjaʒ.   **19.** sedəmaʒ, ɑ̃nefɛ.   **20.** avɛk ki takuzin s(ə)maʀitɛl?   **21.** avɛk œ̃ʒœnaʀʃitɛkt kəʒkənesɛ kɑ̃tilavedizɑ̃.   **22.** kɔm lətɑ̃pɑs!

Conversation 28

IPA transcription of dialog

o kɔmisaʀjadpɔlis

1. (lkɔmisɛʀ d(ə) pɔlis) vuzɛt bjɛ̃ məsjø ʒɑ̃ yg, ɛ̃ʒenjœʀʃimist,   **2.** dəmœʀɑ̃ ɥit

RydydɔktœR Ru?   **3.** wi, məsjølkɔmiseR.   **4.** jeRapRemidi, vuzavezete
temwɛ̃dlaksidɑ̃   **5.** okuRdykɛl lədɔktœR lɑ̃beR aeteblese?   **6.** wi, məsjø
lkɔmiseR. **7.** u etjevu omɔmɑ̃ dəlaksidɑ̃? **8.** ʒetedvɑ̃ lɛ̃stity pastœR. **9.** kɔmɑ̃
laksidɑ̃ atilyljø? **10.** laʃose ete tReglisɑ̃t, kaR ilaveply. **11.** lədɔktœRlɑ̃beR,
dõlotoale tRevit, **12.** napɑpy saRete atɑ̃. **13.** akɛlvites ləkamjõ alɛtil? **14.** kɑ̃
laksidɑ̃ ayljø? **15.** a ɑ̃viRõ tRɑ̃t kilɔmetRalœR. **16.** ʒvuRmeRsi, məsjø. **17.** skə-
vuvneddiR **18.** ɛdakɔR avɛk leRɑ̃sɛɲmɑ̃k nuzavõ deʒa.

Conversation 29

IPA transcription of dialog

ʃe lɔRlɔʒe

1. vudeziRe, madmwazɛl? **2.** ʒvudRɛ fɛR RepaRe sɛt mõtR. **3.** ʒle lɛsetõbe jɛR,
4. e ɛlnəmaRʃə ply. **5.** u avevuzaʃtesɛtmõtRəla? **6.** sɛtœ̃kado dma mɛR. ɛl la aʃte
ozetazyni. **7.** ʒmɑ̃dute. **8.** sɛ lapRəmjɛR fwa kəʒvwa yn mõtRə də sɛt maRk.
9. dəkwa saʒitil? **10.** ilsaʒi dynRepaRasjõ sɛ̃pl. **11.** mɛ ʒəsRe ɔbliʒed
fɛRvəniR œ̃RsɔR. **12.** puvevumdiR kɑ̃ mamõtRəsRapRɛt? **13.** vwajõ . . .
ʒvɛkɔmɑ̃de oʒuRdɥi ləRsɔR dõʒebəzwɛ̃. **14.** ʒəlRəsəvRe sɑ̃dut vɛR ləmiljødlasmɛnpRɔʃen. **15.** ʒvudRɛ bjɛ̃(n)avwaR mamõtR lə plyto pɔsibl. **16.** Rəvne
dəmaRdiɑ̃ ɥit. **17.** bõ. ʒatɑ̃dRe ʒyskə la.

Conversation 30

IPA transcription of dialog

ɛkskyRsjõ ala kɑ̃paɲ

1. ilja pRɛskədøzœR kənuzavõkite məlœ̃. **2.** ʒkɔmɑ̃s a avwaR maloʒɑ̃b. **3.** ʒne
ply labityd dəfɛRdy velo. **4.** ʒe lɛ̃pResjõ kə nuzavõ pRi la mɔvez Rut. **5.** mwa
osi, ʒɑ̃nebjɛ̃ pœR. **6.** vwala œ̃nɔm kitRavaj dɑ̃sõʃɑ̃. **7.** ilpuRa nudɔne deRɑ̃sɛɲmɑ̃.
8. (alɔm) ɛskə nu sɔm lwɛ̃dfõtɛnblo? **9.** mɛwi, mõpovR məsjø. **10.** ʒsɥifaʃed
vuzapRɑ̃dR **11.** kə vuvuzɛt trõpe dRut. **12.** kɔmɑ̃ i vatõ, alɔr? **13.** vuvwajes
vilaʒ, laba? **14.** sɛ baRbizõ. alezi. **15.** alasɔRti dy vilaʒ. pRənel pRəmje ʃmɛ̃
agoʃ. **16.** il vu mɛnRa afõtɛnblo. **17.** a kɛldistɑ̃s ɛsdisi? **18.** sɛtasɛt u ɥi
kilɔmɛtR. **19.** zytalɔR! paRsɛtʃalœR, snepadRol! **20.** sivuzaveʃo e sivuzaveswaf, **21.** vupuRe vuzaRete a baRbizõ. **22.** semafam ki tjɛ̃ ləpti cafe. **23.** ʒyst
ɑ̃fas dəglgliz.

Conversation 31

IPA transcription of dialog

aʀive ala fɛʀm dedeʃɑ̃

1. bõʒuʀ, makuzin.　2. mõnamiʒɑ̃emwa, nuzavõdeside dpʀɔfitedybotɑ̃ puʀvəniʀtəvwaʀ.　3. tjɛ̃! kɛl bɔn syʀpʀiz!　4. ʒɛspɛʀ bjɛ̃ k vuzale ʀɛste kɛlkə ʒuʀ avɛk nu.　5. nun vulõpat deʀɑ̃ʒe.　6. nuzavõlɛ̃tɑ̃sjõd ʀəpaʀtiʀ dəmɛ̃matɛ̃.　7. vu net pɑ pʀɛse.　8. asɛjevu eʀpozevu.　9. vulevu pʀɑ̃dʀ kɛlkaʃoz?　10. nu pʀɑ̃dʀõdla bjɛʀ, si tyɑ̃na . . .　11. mɛ u sõ te fis?　12. o! tynse pɑ?　13. il sõ paʀti tuledø travaje dɑ̃zynyzin a ʀɛ̃s.　14. lezɑ̃fɑ̃n vœl ply ʀɛste a la fɛʀm . . .　15. ʒə vwa de ʃɑ̃piɲõ o bɔʀdla ʀut.　16. il dwatjɑ̃navwaʀboku dɑ̃l bwa.　17. si nuzɑ̃ ʀapɔʀtjõ kɛlkəzœ̃ alamɛzõ? 18. puʀkwa pɑ?　19. ɛskə søla sõ bõ?　20. ʀamɑs sœlmɑ̃ søsi.　21. lə dsy ɛ bʀœ̃ e lədsu ɛ ʒon.　22. ilnjapɑ mwajɛ̃d trõpe.　23. o! ʒɑ̃ vwa boku opjedsetaʀbʀ.　24. fɛ atɑ̃sjõ!　25. nublipa kle mɔvɛ ʃɑ̃piɲõ rəsɑ̃bl(ə) boku obõ.　26. purkwa nə matypɑ di sla ply to?　27. ʒe y tɔʀ dən pɑ tə pʀevniʀ.　28. ɑ̃ tukɑ, il vo mjø lɛse sø dõtõnɛpɑsyʀ.

Conversation 32

IPA transcription of dialog

alegliz dy vilaʒ

1. boʒuʀ, məsjøl kyʀe.　2. nu nuzɛkskyzõd vu deʀɑ̃ʒe.　3. ɑ̃tʀe dõ(k).　4. vun mə deʀɑ̃ʒepadytu.　5. ʒvɛ̃d taje me ʀozje, e　6. ʒsɥi(z)a vɔtʀə dispozisjõ.　7. vuzave vʀɛmɑ̃ la œ̃tʀɛboʒaʀdɛ̃.　8. ʒɛsed fɛʀ puse kɛlkəʃoz, de flœʀ, paʀ ɛgzɑ̃pl.　9. vuzave lɛʀ də ʀeysiʀ fɔʀ bjɛ̃!　10. ʀəgaʀde sezœʒɛ e se pɑ̃se.　11. il pus a mɛʀvɛj.　12. mɛ ɛskanupuvõ vizite vɔtʀegliz?　13. sɛʀtɛnmɑ̃.　14. ʒkʀɛ̃ puʀtɑ̃k vu(n) swaje œ̃ pø desy.　15. bjɛ̃ kɛl swa klase mɔnymɑ̃istɔʀik, 16. yn paʀti sœlmɑ̃ dledifis aktɥɛl dat də lepɔk ʀɔman. 17. ʒe ɑ̃tɑ̃dy parle de vitʀod vɔtʀegliz.　18. õ di kil sõ tʀe vjø.　19. ʒən kʀwa pɑ kiljɑ̃nɛ plyd dø(z) u tʀwa vʀɛmɑ̃ ɑ̃sjɛ̃.　20. la plypar dɑ̃tʀø sõ ʀəlativmɑ̃ mɔdɛʀn.　21. puvõnu ɑ̃tʀe dɑ̃ legliz paʀ sɛt pɔʀt?　22. wi, mɛ(z)il fok ʒaj o pʀɛzbitɛʀ ʃɛʀʃe la kle.　23. ɑ̃tʀedõ(k), sil vu plɛ.　24. lɛ̃teʀjœʀ ɛt œ̃ pø sõbʀ, 25. mɛ nozjø sabityʀõ vit a lɔpskyʀite.

Conversation 33

IPA transcription of dialog

la fɛ̃ de vakɑ̃s

1. si nuzaljõ ala pɛʃ dəmɛ̃matɛ̃? **2.** a kwa bõ? **3.** ʒən pʀɑ ʒamɛ ʀjɛ̃. **4.** kɛskəsla fɛ? **5.** ʒvɛ(z) ala pɛʃ paʀskə ʒɛm ɛtʀala kɑ̃paɲ, o bɔʀ dəlo, u lɛʀ ɛ pyʀ, u pɛʀsɔn nɛ pʀɛse. **6.** nɛmty paz ɛtʀɑ plɛn ɛʀ? **7.** dimwa dõ(k) u ty vø(z)ale e a kɛlœʀ ty a lɛ̃tɑ̃sjõd paʀtiʀ. **8.** ʒkɔne œ̃ tʀɛ bɔn ɑ̃dʀwa sulvjø põ dəlotʀə kotedla ʀivjɛʀ. **9.** ʒə kõt paʀtiʀ də bɔnœʀ. **10.** il fodʀak nu nu ləvjõ a katʀœʀ dy matɛ̃. **11.** elɑs, wi. **12.** edmɛ̃ ɛl dɛʀnje ʒuʀ u ʒə pɑse fɛʀ la gʀɑs matine! **13.** bõʒuʀ, ʒɑ̃! bõʒuʀ, ʀɔʒe! **14.** tjɛ̃, bõʒuʀ, maʀi. **15.** kɑ̃ aty ʀsy ma depɛʃ? **16.** ilja apøpʀɛ yn œʀ. **17.** purkwa nə matypɑ di lœʀ ɛgzakt də tõnaʀive? **18.** nun la savjõ pɑ numɛm. **19.** nu netjõ pɑ syʀ datʀapel tʀɛ̃ də sɛt œʀ e dmi. **20.** ʒɑ̃, vɔtʀə kõsjɛʀʒ ma telefɔne kœ̃ telegʀam puʀvu ɛtaʀive smatɛ̃. **21.** o! ʒsɛkase. **22.** elɛn fʀazɛʀ dwat aʀive se ʒuʀsi. **23.** sɛt yn ʒœn ameʀikɛn dəmezami ki ɛtaktɥɛlmɑ̃ a lõdʀ. **24.** ɛl ma dmɑ̃de də lɥi sɛʀviʀ də lɥi sɛʀviʀ də gid a paʀi.

Conversation 34

IPA transcription of dialog

alatɛʀas dœ̃kafe

1. asɛjõnuisi. **2.** nupuʀõ vwaʀpɑse leʒɑ̃. **3.** kɛl ɛsbatimɑ̃ labɑ, obudlaʀy? **4.** vudəvʀije ləʀkɔnɛtʀ. sɛl pɑ̃teõ. **5.** o! ʒəmʀapɛl mɛtnɑ̃. **6.** sɛlɑ̃dʀwɑ u õnɑ̃tɛʀ legʀɑ̃zɔm, nɛspɑ? **7.** wi, kɛlkəzɑ̃ dɑtʀø. **8.** õtʀuvla nɔtamɑ̃ letõbodvɔltɛʀ ed viktɔʀygo. **9.** puʀkwa apɛltõ sɛtpaʀtidpaʀi l(ə) kaʀtjelatɛ̃? **10.** paʀskə sɛlkaʀtjedlyniveʀsite, eklɑlatɛ̃ etɛtotʀəfwa la lɑ̃gdə lyniveʀsite. **11.** u ɛ dõk lasɔʀbɔn? **12.** adøpɑ disi. **13.** nuziʀõ tutalœʀ, sivuvule. **14.** duvjɛ̃ sə nõ sɔʀbɔn? **15.** ʒely lɛksplikasjõ kɛlkəpaʀ, mɛ ʒən mɑsuvjɛ̃ply . . . **16.** sɛkotɑ̃d sɛlwi, ɑ̃sɛʀtɛ̃ ʀɔbɛʀd(ə) sɔʀbõ afõde ynekɔl puʀ lezetydjɑ̃d teɔlɔʒi. **17.** sɛtekɔl, aple lasɔʀbɔn, ɛ dəvny lafakyltedelɛtʀə. **18.** tusezetydjɑ̃ õlɛʀ seʀjø e pʀeɔkype . . . **19.** slaskõpʀɑ̃. **20.** nubliepa kil sõtɑ̃tʀɛ̃d pɑse lœʀz ɛgzamɛ̃.

Conversation 35

IPA transcription of dialog

ləlõdeke

1. kəvãd seʒãla, ləlõd lasɛn? **2.** tutsɔʀtdəʃoz. **3.** lezæ̃vãd dəvjɛjzɛstãp, dotʀə detẽbʀə, dotʀə dəvjɛj pjɛsdəmɔnɛ, mɛlaplypar dãtʀø fõlkɔmɛʀs delivʀ(ə) dɔkazjõ. **4.** mõfʀɛʀ madmãded lyi ãvwaje detẽbʀ. **5.** tʀavɛʀsõlaʀy. **6.** nupuʀõʒte æ̃kudœj syʀlezetalaʒ. **7.** savevu kɛltẽbʀə vɔtʀ(ə) fʀɛʀ vøspʀɔkyʀe? **8.** wi, ʒedãmõsak ynlist kila pʀepaʀe. **9.** (*o bukinist*) avevu letẽbʀẽdike syʀsɛt list? **10.** vwajõzæ̃pø . . . **11.** wi, madmwazɛl. ʒkʀwa lezavwaʀ tus, sof letẽbʀə dysgõtãpiʀ. **12.** il nəmãʀɛst okœ. **13.** ʒənkɔnɛpa gʀãʃoz otẽbʀəpɔst. **14.** vunaveka ʃwazir leplyʒɔli. **15.** o nõ! iljakɛlkətã, ʒe ãvwaje plyzjœʀ tẽbʀ amõfʀɛʀ. **16.** ʒavɛʃwazi leplyʒɔli. **17.** mɛ ilavɛ deʒa laplypaʀ dãtʀø, e ilmadik mõʃwan valɛʀjẽ.

Conversation 36

IPA transcription of dialog

o tyilʀi

1. kə pãsevudsəkwẽd paʀi? **2.** ʒsyizetɔned tʀuve tãdɛspas okœʀmɛm dəlavil. **3.** ʒnavɛ pɑ lamwẽdʀided(ə) letãdyd laplasd(ə)lakõkɔʀd. **4.** mɛ, ditmwa, kɛlɛsgʀãbatimãdvãnu? **5.** sɛl(ə)luvʀ, ãsjẽpalɛ ʀwajal. **6.** ɛskəsela kɛ lmyzedy luvʀ? **7.** wi, lmyze ɔkyp laplygʀãdpaʀtid ledifis. **8.** il pɔsed dimãskɔlɛksjõ. **9.** ʀ(ə)gaʀde sɛt pətitfij kiplœʀ, ʒã. **10.** ləvã a ãmne sõbatoavwal omiljø dybasẽ. **11.** ɛskəvupuve lɛde? **12.** ʒɔʀe bo fɛʀ. **13.** l(ə)bato ɛtʀolwẽ puʀkəʒpɥis latẽdʀ. **14.** ləvã finiʀa sã dut paʀ ləʀamneobɔʀ. **15.** ʒe ãvidkœjiʀ yndəseflœʀ kɔmsuvniʀ dənɔtʀ(ə) pʀɔmnad. **16.** gaʀdevuzã bjẽ. **17.** si æ̃naʒãdpɔlis vuvwajɛ, ilpuʀɛ vufɛʀ æ̃pʀɔsɛvɛʀbal.

The Relation Between French Spelling
and French Pronunciation

When students first begin to read French on their own, they sometimes seem to forget all they have learned about French pronunciation. They often even mispronounce words they have been using and pronouncing correctly for several weeks.

In order to combat this tendency, it is useful to explain what reading in a foreign language means (pp. xiv-xiii, Introduction) and give the students information about diacritical marks and about the way the various combinations of vowels and consonants are pronounced. The following section contains the material we have found most effective. Useful as this information may be, however, rather than have students study the entire section at once, we try to introduce each item at a moment when it will actually clarify a difficulty which comes up in a reading exercise. For example, the moment at which the student will perhaps be most receptive to the statement that **-ien** is pronounced [jɛ̃] as in **bien, rien, le chien** is when he stumbles on the pronunciation of a form such as **Je viendrai.**

DIACRITICAL SIGNS

The following typographical signs are used (*a*) to distinguish between two or more possible pronunciations of a letter, or (*b*) to distinguish between two words which are pronounced alike, and, except for the diacritical marks, are spelled alike. *In no case do these signs indicate that a syllable should be stressed.*

A. The acute accent (´) (**accent aigu**) is used only on the letter **e: l'été, espérer.** The **é** is usually pronounced [e].

B. The grave accent (`) (**accent grave**) is used mostly on **e** followed by a final **s** or **-re: très, près, après-midi; père, frère, j'espère, ils allèrent.** The **è** is always pronounced [ɛ].

This accent is also used on the **a** in the preposition **à,** *to,* to distinguish it from the third person singular of the present indicative of **avoir.** Likewise

397

it is used on the **a** of the adverb **là,** *there,* to distinguish it from the article **la,** *the,* as well as on the **u** of the adverb **où,** *where,* to distinguish it from the conjunction **ou,** *or.*

C. The circumflex accent (^) (**accent circonflexe**) is found on all the vowels (except the semi-vowel **y**): **âme, même, île, hôtel, sûr.** An **â** is usually pronounced [ɑ], **ê** [ɛ], **î** [i], **ô** [o], **û** [y]. It used to indicate a lengthening of the vowel (resulting from the fall of a consonant) but today this lengthening is observed only in the most conservative usage.

D. The cedilla (و) (**cédille**) under **c** indicates that the letter is pronounced [s].

E. When a diaresis (··) (**tréma**) is placed over the second of two vowels, it indicates that the vowel so marked begins a new syllable. **Noël, naïf.** Note, however, that the name **Saint-Saëns** is pronounced [sɛ̃ sɑ̃s].

ELISION

When a vowel is dropped and replaced by an apostrophe before a word beginning with a vowel or mute **h,** elision (**élision**) is said to take place. You can't just assume that *any* final vowel is elided before all initial vowels. Elision takes place in the following cases:

A. When the article **le** or **la** is immediately followed by a noun or adjective beginning with a vowel sound, the **e** (or **a**) of the article is elided.

B. When **je, me, te, se, ce, le, la, ne, que** are immediately followed by a verb that begins with a vowel sound or the word **y** or **en,** the **e** is elided.

C. The **i** of **si** is elided when it is followed by **il, ils.** This vowel is not elided elsewhere: you write (and say) **si elle, si un homme, si on,** etc.

D. When **que, parce que, puisque, lorsque** are followed by a pronoun beginning with a vowel, the final **e** is elided: **parce qu'elle, lorsqu'il.**

Note that before the words **huit** and **onze, le** is not elided: **le huit** septembre, **le onze** mars.

Remember also that the demonstrative adjective **ce** is not elided but is replaced by the form **cet** before nouns beginning with a vowel sound.

For Linking (Liaison) see pp. 393–394.

SYLLABICATION

In dividing French words into syllables, in so far as possible each syllable should begin with a consonant and end in a vowel.

A. When a single consonant stands between two vowels, the consonant goes with the vowel which follows it: **bu-reau, ta-bac, hô-tel, ga-rage, vou-lez.**

B. When a double consonant letter (**tt, dd, pp,** etc.) stands between two vowels:
(1) in most cases it represents a single sound and is pronounced with the following vowel: **donnez** [dɔ-ne], **allez** [a-le]. **addition** [a-di-sjõ], **intelligent** [ɛ̃tɛ-liʒɑ̃];

(2) in some cases it represents two consonants, both of which are pronounced with the following vowel: **accident** [a-ksi-dɑ̃], **suggérer** [sy-gʒe-ʀe].

C. When two or more different consonants stand between vowels:

(1) one consonant may go with the vowel that precedes and one with the one that follows: **mer-ci, par-lez, res-tau-rant, cul-ture;**

(2) two consonants may form a consonant cluster* and stand together at the beginning of the following syllable: **a-près, ta-bleau, pa-trie, é-crit;**

(3) one consonant may go with the preceding vowel and a consonant cluster* may stand together at the beginning of the next syllable: **mal-gré, ins-truit, ex-trême.**

The digraphs **ch, ph, th, gn** (each of which of course represents a single sound) always stand with the vowel that follows.

Repeat the following pairs of words and note especially the way the French words are divided: *American,* **A-mé-ri-cain;** *nationality,* **na-tio-na-li-té;** *profession,* **pro-fes-sion;** *democratic,* **dé-mo-cra-tique;** *Philadelphia,* **Phi-la-del-phie.**

Note that **n, m** behave one way when they are followed by a vowel (**i-nutile**) and another when they are not (**in-telligent, j'ai faim**), but in both cases the principle that syllables tend to begin with a consonant and end with a vowel is preserved: [i-ny-til], [ɛ̃-tɛ-li-ʒɑ̃], [ʒe fɛ̃].

CONSONANTS

LETTER	PRONUNCIATION	
b	[b]	*in practically all cases:* une banane, le bébé.
	[p]	*when followed by* **t** *or* **s:** absurde, absent, absolument, obtenir.
		silent when final: les soldats de plomb.

---

* The following are the consonant clusters which occur most commonly: **bl, cl, fl, gl, pl; br, cr, dr, gr, pr, tr, vr.**

LETTER	PRONUNCIATION	
c	[k]	*when followed by* **a, o, u,** *or* **l, r:** le café, le corps, la curiosité, je crois.
	[s]	*when followed by* **e, i, y:** c'est, certainement, ici, la bicyclette.
	[k]	*usually when final:* avec, le sac.
		silent in: le tabac, franc, blanc, le porc.
	[g]	*in:* second, secondaire, anecdote.
ç	[s]	*used only before* **a, o, u:** le français, le garçon, j'ai reçu.
cc	[k]	*except when followed by* **e, i, y:** accorder.
	[ks]	*when followed by* **e, i, y:** accepter, accident.
ch	[ʃ]	*usually:* chercher, le chimiste, chez, Charles.
	[k]	*sometimes:* un orchestre, le chœur.
d	[d]	*in practically all cases:* dans, l'addition, madame, le sud.
		usually silent when final: le pied, le nid, le hasard, le nord.
	[t]	*in:* tout de suite, le médecin, quand il . . .
f	[f]	*in practically all cases:* franc, le café.
	[f]	*usually when final:* le chef, neuf, le rosbif, un œuf.
		silent in: les œufs, les bœufs, la clef.
	[v]	*in:* neuf heures, neuf ans.
g	[g]	*when followed by* **a, o, u,** *or* **l, r:** la gare, grand.
	[ʒ]	*when followed by* **e, i, y:** gentil, les gens, la girafe, le gymnase.
gg	[gʒ]	*when followed by* **e, i, y:** suggérer.
gn	[ɲ]	la campagne, la Bretagne, la vigne.
gu	[g]	*in:* la guerre, le guide.
	[gɥ]	*in:* aiguille.
	[gy]	*in:* aigu.
h		*always silent:* l'homme, l'hôtel, les hors-d'œuvre.
j	[ʒ]	janvier, je déjeune.
k	[k]	le kilo, un biftek.
l	[l]	*usually pronounced even when final:* l'hôtel, le cheval.
		silent in: gentil, le fusil, le fils [fis], le pouls [pu].
	[j]	*when preceded by* **ai** *or* **ei:** le travail, le soleil, vieil, *etc.*
ll	[j]	*when preceded by* **ai, ei, ui:** travailler, vieille.
	[j]	*usually when preceded by* **i:** la fille, gentille, juillet, la famille.
	[l]	*in:* ville, village, mille, tranquille, illustrer, *etc.*
m	[m]	*when followed by a vowel letter:* aimer, madame, calme.
		when not followed by a vowel letter, **m** *causes the preceding vowel to be nasalized but is not otherwise pronounced:* faim [fɛ̃], chambre [ʃɑ̃bʀ], ensemble [ɑ̃sɑ̃bl], important [ɛ̃pɔʀtɑ̃].

LETTER	PRONUNCIATION	
mm	[m]	l'homme, comment, femme, évidemment.
n	[n]	*when followed by a vowel letter:* nous, une, inutile.
		when not followed by a vowel letter, **n** *nasalizes a preceding vowel but is not otherwise pronounced:* bon [bõ], vingt [vɛ̃], enfant [ãfã], intelligent [ɛ̃tɛliʒã], la France [lafʀãs].
		silent in **-ent** *verb endings*
nn	[n]	bonne, sonner, donnez, l'année, solennel.
p	[p]	*in practically all cases:* le papier, le départ, l'aptitude, le pneu, la psychologie, le psaume.
		usually silent when final: trop, beaucoup.
		silent in: le temps, compter, la sculpture, sept, *etc.*
q, qu	[k]	*in practically all cases:* qui, que, quel, le coq.
qu	[kw]	*in:* une aquarelle, un aquarium.
r	[ʀ]	*in practically all cases:* la rue, très, l'art, vers.
		pronounced when final in: le fer, la mer, fier, cher, car, pour, l'hiver, *etc.*
		silent in infinitive ending **-er,** *and in:* boucher, boulanger, charcutier, épicier, monsieur, léger, premier, volontiers, *etc.*
s	[s]	*at the beginning of a word or when preceded or followed by a consonant:* absent, sang, aspects, *etc.*
	[z]	*when between vowels:* la raison, la maison, les roses.
	[z]	*when linked:* vous‿avez.
		usually silent when final: les, tables, lesquels.
	[s]	*in:* le fils, mars, le sens, tous (*pronoun*), omnibus, autobus, Reims, Saint-Saëns, *etc.*
sc	[sk]	*when followed by* **a, o, u,** *or* **l, r:** la sculpture, scolaire.
	[s]	*when followed by* **e, i, y:** la science, le scénario.
ss	[s]	assez, aussi, essayer.
t	[t]	*at beginning of a syllable:* le temps, l'été, l'amitié.
		silent when final in verb forms (*except in linking*) *and in most nouns and adjectives:* le lit, élégant, différent, cent, vingt, tout, ils disent, il disait, il dit.
	[t]	*in:* l'est, l'ouest, net, la dot, Brest, tact, intact, exact.
th	[t]	le thé, le théâtre.
ti	[s]	*in* **-tion** *ending* (nation), *and in:* démocratie, initial, patience, *etc.*
v	[v]	*in all cases:* voulez-vous? avez-vous?
w	[v]	*in:* le wagon, Waterloo.
	[w]	*in:* le tramway, le sandwich.

401

LETTER	PRONUNCIATION	
x	[ks]	*in:* excellent, le luxe, l'index.
	[gz]	*in:* exact, exemple, examen.
	[s]	*in:* soixante; *and in* dix, six *when final in a phrase.*
	[z]	*in:* dix, six *when linked:* dix enfants.
		silent in: dix, six, *when followed by a word beginning with a pronounced consonant:* dix francs; *and in:* paix, voix, etc.
y	[j]	*in:* les yeux, il y a, asseyez-vous.
z	[z]	le zéro, le gaz, zut!
		silent in **-ez** *verb ending and in:* chez (*except in linking*).

VOWELS

LETTER	PRONUNCIATION	
a, à	[a]	*in most cases:* la gare, l'accident, la table, à Paris.
	[ɑ]	*in:* pas, phrase, vase, *etc.*
â	[ɑ]	*in most cases:* âge, âme, pâle, château.
ai	[e]	*when final:* j'ai, j'irai.
	[ɛ]	*except when final:* j'avais, il avait, il fait, ils avaient.
	[ə]	*in:* nous faisons, je faisais, tu faisais, etc.
au	[o]	*in most cases:* au Canada, haut, il faut, chaud.
	[ɔ]	*in:* j'aurai, le restaurant, Paul.
ay	[ɛj]	*in:* essayer, payer, ayez.
	[ei]	*in:* le pays.
	[aj]	*in:* La Fayette.
è, ê	[ɛ]	je me lève, le père, la tête, vous êtes.
é	[e]	l'été, espérer, allé.
e	[ɛ]	*when followed by two consonants or in final syllable when followed by a single pronounced consonant:* rester, verte, avec, mettre; *and in:* il est.
	[e]	*in final syllable when followed by silent* **d, f, r, z:** pied, la clef, le boucher, allez; *and in:* et, *and* les, mes, *etc.*
	[ə]	*in the words* je, me, te, se, ce, le, de, ne, que; *and before a single pronounced consonant:* venir, demander, demain, cheval, parlement, comprenez.
		This [ə] *is usually omitted in conversation if it is preceded by no more than one pronounced consonant in the phrase:* seulement [sœlmã], la petite [laptit].
		silent in words of more than one syllable when final or when followed by silent **s** *or* **nt:** ville, robes, parle, parles, parlent.

LETTER	PRONUNCIATION	
eau	[o]	le bureau, l'eau, le veau.
ei	[ɛ]	la neige, la peine.
eu	[œ]	*in most cases when followed in the same syllable by a pronounced consonant:* neuf, leur, jeune, ils veulent;
	[ø]	*when final of a syllable or when followed by the sound* [z] *or a silent final consonant:* un peu, deux, il veut, les yeux, heureuse, jeudi; deuxième.
	[y]	*in passé simple, imperfect subjunctive and past participle of* avoir: j'eus, *etc.*; il eût, *etc.*; il a eu, *etc.*
i	[i]	*normally:* ici, il finit.
	[j]	*when followed by a vowel but not preceded by a consonant cluster:* hier, papier, vieux, nation, question, banquier, janvier.
	[i-j]	*when followed by a vowel and preceded by a consonant cluster:* vous oubliez [vuzublije], il pria [il pri-ja], février [fevʀije].
o	[ɔ]	*except when followed by a silent final consonant or the sound* [z] *or* [sj]: notre, joli, l'école, objet, hors-d'œuvre, les pommes, la note, la dot, la robe.
	[o]	*when followed by a silent final consonant or the sound* [z] *or* [sj]: mot, dos, nos, gros, la rose, poser, motion.
ô	[o]	le nôtre, table d'hôte, ôter.
œu	[œ]	*when followed in the same word by a pronounced consonant:* la sœur, hors-d'œuvre, un œuf, le bœuf.
	[ø]	*in the plural forms* œufs [ø], bœufs [bø].
oi	[wa]	moi, une poire, la boîte, une fois.
	[wɑ]	trois, le mois, le bois, les pois, froid.
ou, où	[u]	nous, voulez-vous? toujours, où? ou.
oui	[wi]	Louis, oui.
oy	[waj]	loyer, soyons, voyons.
u	[y]	sur, plus, une, la rue, du café.
ua	[ɥa]	nuage, nuance, suave
ue	[ɥɛ]	actuel, actuellement.
ui	[ɥi]	puis, huit, je suis, la nuit, lui, le bruit, juillet.
uy	[yj]	gruyère.
	[ɥij]	fuyez, ennuyer, appuyer.
y	[i]	*in:* j'y vais, la bicyclette, Égypte, Yves, le système.

403

NASAL VOWELS

A. Generally speaking, when vowels are followed by **m, n,** the vowel is nasalized and the **m, n** are not pronounced unless they stand before a vowel-letter or a second **n** or **m.**

LETTER	PRONUNCIATION	
a	[ɑ̃]	quand, sans, grand, l'anglais, la chambre, allemand.
ae	[ɑ̃]	Caen, Saint-Saëns.
ai	[ɛ̃]	le pain, le bain, la faim, la main.
ao	[ɑ̃]	Laon, le paon.
e	[ɑ̃]	en, ensemble, le temps, le membre, la dent, vendre, emmener [ɑ̃mne], l'ennui, évident.
	[ɛ̃]	l'examen, l'européen, le citoyen, le troyen
i	[ɛ̃]	la fin, le vin, vingt, impossible.
ie	[jɛ̃]	bien, rien, le chien, ancien, il tient, vous viendrez, *etc.*
	[i]	*in:* ils étudient.
	[jɑ̃]	*in:* patience, orient, science.
o	[õ]	on, bon, non, sont, onze, l'oncle, le nom, le nombre, compter.
	[ə]	*in:* monsieur.
oi	[wɛ̃]	loin, moins, le coin, le point.
u	[œ̃]	un, chacun, lundi, le parfum.
	[ɔ]	*in a few Latin words:* album, postscriptum, maximum.
ui	[ɥɛ̃]	juin.

B. Vowels followed by **mn, nn** are usually not nasalized.

a	[a]	année, constamment, élégamment.
e	[ɛ]	ennemi, prennent, tiennent, viennent.
	[a]	évidemment, solennel, la femme.
o	[ɔ]	comme, comment, bonne, sonner, l'homme, nommer, le sommeil, Sorbonne, la monnaie.

REGULAR VERBS

116 Formation of regular verbs from key forms

All the forms of regular verbs can be derived from the following key forms: the present infinitive, the present indicative, the past participle, and the *passé simple*. The following paragraphs contain an explanation of the way the various forms can be derived.

117 Forms that can be derived from the infinitive

A. To form the future tense, add to the infinitive* the endings: **-ai, -as, -a, -ons, -ez, -ont.** Examples:

donner	je donnerai	*I shall give*
finir	je finirai	*I shall finish*
vendre	je vendrai	*I shall sell*

B. To form the present conditional, add to the infinitive* the endings: **-ais, -ais, -ait, -ions, -iez, -aient.** Examples:

donner	je donnerais	*I should* or *would give*
finir	je finirais	*I should* or *would finish*
vendre	je vendrais	*I should* or *would sell*

118 Forms that can be derived from the present indicative**

A. To form *the present participle*, drop the **-ons** of the first person plural of the present indicative and add the ending **-ant.** Examples:

nous donnons	donnant	*giving*
nous finissons	finissant	*finishing*
nous vendons	vendant	*selling*

* For infinitives of the third conjugation, the **-e** of the **-re** ending is omitted. Ex.: je vendrai, je répondrai, etc.

**For the formation of the present indicative of regular verbs, see paragraph 14 (C); paragraph 34 (1); and paragraph 36 (1).

B. To form *the imperfect indicative*, drop the **-ons** of the first person plural of the present indicative and add the endings: **-ais, -ais, -ait, -ions, -iez, -aient.** Examples:

nous donnons	je donn**ais**	*I was giving*, etc.
nous finissons	je finiss**ais**	*I was finishing*, etc.
nous vendons	je vend**ais**	*I was selling*, etc.

C. To form *the imperative*, use the following forms of the present indicative without the pronoun subject: the second person singular, the first person plural, and the second person plural. Examples:

tu donnes	**donne(s)***	*give*
tu finis	**finis**	*finish*
tu vends	**vends**	*sell*
nous donnons	**donnons**	*let's give*
nous finissons	**finissons**	*let's finish*
nous vendons	**vendons**	*let's sell*
vous donnez	**donnez**	*give*
vous finissez	**finissez**	*finish*
vous vendez	**vendez**	*sell*

D. To form *the present subjunctive* drop the **-ons** of the first person plural of the present indicative and add the endings: **-e, -es, -e, -ions, -iez, -ent.** Examples:

nous donnons	je donne	*I give***
nous finissons	je finisse	*I finish*
nous vendons	je vende	*I sell*

119 Forms in which the part participle*** is used

A. The past participle is used in conjunction with the different tenses of the auxiliary verb **avoir** (in a few cases **être**, see paragraph 32) to form the compound tenses of verbs.

(1) To form the **passé composé,** use the present tense of the auxiliary verb with the past participle of the verb. Examples:

j'ai donné	*I gave, I have given*
je suis arrivé	*I arrived, I have arrived*

---

* In the verbs of the first conjugation, the **s** of the second singular ending is used only when followed by the word **y** or **en.**
** The subjunctive forms are translated in several different ways, depending upon the context.
***For the formation of the past participle, see paragraphs 31 (C), 35 (3), 37 (2).

(2) To form *the pluperfect*, use the imperfect tense of the auxiliary verb with the past participle of the verb. Examples:

j'avais donné	*I had given*
j'étais arrivé	*I had arrived*

(3) To form *the past anterior* (a literary tense which is approximately equivalent to the pluperfect), use the **passé simple** of the auxiliary verb with the past participle of the verb. Examples:

j'eus donné	*I had given*
je fus arrivé	*I had arrived*

(4) To form *the future perfect*, use the future tense of the auxiliary verb with the past participle of the verb. Examples:

j'aurai donné	*I shall have given*
je serai arrivé	*I shall have arrived*

(5) To form *the conditional perfect*, use the present conditional of the auxiliary verb with the past participle of the verb. Examples:

j'aurais donné	*I should* or *would have given*
je serais arrivé	*I should* or *would have arrived*

(6) To form *the* **passé composé** *of the subjunctive*, use the present subjunctive of the auxiliary verb with the past participle of the verb. Examples:

j'aie donné	*I have given*, etc.
je sois arrivé	*I have arrived*, etc.

(7) To form *the pluperfect of the subjunctive*, use the imperfect subjunctive of the auxiliary verb with the past participle of the verb. Examples:

j'eusse donné	*I had given*, etc.
je fusse arrivé	*I had arrived*, etc.

(8) To form *the perfect infinitive*, use the present infinitive of the auxiliary verb and the past participle of the verb. Examples:

avoir donné	*to have given*
être arrivé	*to have arrived*

B. The past participle is used in conjunction with the different tenses of the auxiliary verb **être** to form the tenses of the passive voice of transitive verbs (i.e. of verbs normally conjugated with **avoir**). Examples:

PRESENT INDIC.	**je suis** flatté	*I am flattered*
IMPERFECT	**j'étais** flatté	*I was flattered*
FUTURE	**je serai** flatté	*I shall* or *will be flattered*
CONDITIONAL	**je serais** flatté	*I should* or *would be flattered*

407

PASSÉ COMPOSÉ	j'ai été flatté	*I was* or *have been flattered*
PLUPERFECT	j'avais été flatté	*I had been flattered*
PAST ANTERIOR	j'eus été flatté	*I had been flattered*

Although some of the forms of the passive voice look very complicated, they present no real difficulty either from the point of view of form or meaning. When broken down into their component parts and translated literally into English, they practically always make good sense *and good English*. Examples:

| **Il avait été tué.** | *He* | *had* | | *been* | *killed.* |
| **Vous auriez été étonné.** | *You* | *would have* | | *been* | *surprised.* |

The English passive voice is by no means always rendered in French by the passive voice. (See *use of* **faire** *with an infinitive* 93 (B).)

120 Forms that can be derived from the *passé simple**

To form the imperfect subjunctive, drop the last letter of the first person singular of the **passé simple,** and add the endings: **-sse, -sses, -^t, -ssions, -ssiez, -ssent.**

PASSÉ SIMPLE		IMPERFECT SUBJ.
je donn**ai**	*I gave*	je donn**asse**
je fin**is**	*I finished*	je fin**isse**
je vend**is**	*I sold*	je vend**isse**

The vowel preceding the **t** of the third person singular of the imperfect subjunctive always has a circumflex accent. Ex.: donn**ât,** fin**ît,** vend**ît,** e**ût,** f**ût,** etc.

121 Regular conjugations

A. Infinitive and tenses formed on it:

FUTURE

I **donner**	II **finir**	III **vendre**
je donnerai	je finirai	je vendrai
tu donneras	tu finiras	tu vendras
il donnera	il finira	il vendra
nous donnerons	nous finirons	nous vendrons
vous donnerez	vous finirez	vous vendrez
ils donneront	ils finiront	ils vendront

---

*For the formation of the **passé simple,** see paragraph 115.

CONDITIONAL

donner	finir	vendre
je donnerais	je finirais	je vendrais
tu donnerais	tu finirais	tu vendrais
il donnerait	il finirait	il vendrait
nous donnerions	nous finirions	nous vendrions
vous donneriez	vous finiriez	vous vendriez
ils donneraient	ils finiraient	ils vendraient

B. Present indicative and tenses that can be formed from it:

PRESENT INDICATIVE

je donne	je finis	je vends
tu donnes	tu finis	tu vends
il donne	il finit	il vend
nous **donnons**	nous **finissons**	nous **vendons**
vous donnez	vous finissez	vous vendez
ils donnent	ils finissent	ils vendent

IMPERATIVE

donne(s)	finis	vends
donnons	finissons	vendons
donnez	finissez	vendez

PRESENT PARTICIPLE

donnant	finissant	vendant

IMPERFECT

je donnais	je finissais	je vendais
tu donnais	tu finissais	tu vendais
il donnait	il finissait	il vendait
nous donnions	nous finissions	nous vendions
vous donniez	vous finissiez	vous vendiez
ils donnaient	ils finissaient	ils vendaient

PRESENT SUBJUNCTIVE

je donne	je finisse	je vende
tu donnes	tu finisses	tu vendes
il donne	il finisse	il vende
nous donnions	nous finissions	nous vendions
vous donniez	vous finissiez	vous vendiez
ils donnent	ils finissent	ils vendent

409

C. Past participle and tenses in which past participle appears:

(1) Verbs conjugated with **avoir:**

PAST PARTICIPLE

donné	**fini**	**vendu**

PASSÉ COMPOSÉ

j'ai donné, etc.	j'ai fini, etc.	j'ai vendu, etc.

PLUPERFECT

j'avais donné, etc.	j'avais fini, etc.	j'avais vendu, etc.

PAST ANTERIOR

j'eus donné, etc.	j'eus fini, etc.	j'eus vendu, etc.

FUTURE PERFECT

j'aurai donné, etc.	j'aurai fini, etc.	j'aurai vendu, etc.

CONDITIONAL PERFECT

j'aurais donné, etc.	j'aurais fini, etc.	j'aurais vendu, etc.

PASSÉ COMPOSÉ SUBJUNCTIVE

j'aie donné, etc.	j'aie fini, etc.	j'aie vendu, etc.

PLUPERFECT SUBJUNCTIVE

j'eusse donné, etc.	j'eusse fini, etc.	j'eusse vendu, etc.

PERFECT INFINITIVE

avoir donné	avoir fini	avoir vendu

PERFECT PARTICIPLE

ayant donné	ayant fini	ayant vendu

(2) Verbs conjugated with **être:**

PAST PARTICIPLE	**arrivé** (*from* **arriver**)
PASSÉ COMPOSÉ	je suis arrivé(e), etc.
PLUPERFECT	j'étais arrivé(e), etc.
PAST ANTERIOR	je fus arrivé(e), etc.
FUTURE PERFECT	je serai arrivé(e), etc.
CONDITIONAL PERFECT	je serais arrivé(e), etc.
PASSÉ COMPOSÉ SUBJUNCTIVE	je sois arrivé(e), etc.
PLUPERFECT SUBJUNCTIVE	je fusse arrivé(e), etc.
PERFECT INFINITIVE	être arrivé(e)(s)
PERFECT PARTICIPLE	étant arrivé(e)(s)

D. Passé simple and imperfect subjunctive:

PASSÉ SIMPLE

je donnai	je finis	je vendis
tu donnas	tu finis	tu vendis
il donna	il finit	il vendit
nous donnâmes	nous finîmes	nous vendîmes
vous donnâtes	vous finîtes	vous vendîtes
ils donnèrent	ils finirent	ils vendirent

IMPERFECT SUBJUNCTIVE

je donnasse	je finisse	je vendisse
tu donnasses	tu finisses	tu vendisses
il donnât	il finît	il vendît
nous donnassions	nous finissions	nous vendissions
vous donnassiez	vous finissiez	vous vendissiez
ils donnassent	ils finissent	ils vendissent

122 Verbs of the first conjugation that are regular except for a slight variation in their stem

A. Verbs whose stem vowel is a mute **e** (**acheter**, **appeler**) have two stems.

(1) Whenever in conjugation the mute **e** of the stem vowel is followed by a syllable containing a mute **e**, the **e** of the stem vowel is pronounced [ɛ]. This occurs in the following forms: the first, second, and third person singular and the third person plural of the present indicative and the present subjunctive (**e, -es, -e, -ent**); the second person singular of the imperative (**-e** or **-es**); and the six forms of both the future and conditional (**-erai**, etc., **-erais**, etc.).

(2) Whenever the mute **e** of the stem vowel is followed by a syllable containing any vowel other than a mute **e**, it is pronounced [ə] as in the infinitive. This phenomenon is reflected in the spelling as follows:

(a) In **acheter**, *to buy;* **lever**, *to raise;* **mener**, *to lead;* and a few other verbs, the stem vowel is written è when followed by a syllable containing a mute **e**. Ex.: PRESENT: **J'achète, tu achètes, il achète, nous achetons, vous achetez, ils achètent**; FUTURE: **j'achèterai**, etc.; CONDITIONAL: **j'achèterais**, etc.

(b) In **appeler**, *to call;* **jeter**, *to throw;* and a few other verbs ending in **-eler, -eter**, the final **l** or **t** of the stem is doubled when followed by a mute syllable. Ex.: PRESENT: **J'appelle, tu appelles, il appelle, nous appelons, vous appelez, ils appellent;** FUTURE: **j'appellerai**, etc.

411

B. Verbs whose stem vowel is **é**:

In **espérer,** *to hope;* **céder,** *to yield;* **préférer,** *to prefer* and a few other verbs whose stem vowel is **é**, the stem vowel is written **è** and pronounced [ε] in the present indicative (and present subjunctive) when followed by a mute syllable. Ex.: PRESENT: **J'espère, tu espères, il espère, nous espérons, vous espérez, ils espèrent.** (In the future and conditional, however, the stem vowel of these verbs is written **é.** Ex.: **J'espérerai.**)

C. Verbs ending in **-cer, -ger, -yer** show a slight variation in the spelling of the stem *but not in its pronunciation.*

(1) In **commencer, avancer,** etc., the final **c** of the stem is written **ç** whenever in conjugation it is followed by an **a** or **o**. Ex.: PRESENT: **Je commence, tu commences, il commence, nous commençons, vous commencez, ils commencent;** PRESENT PART.: **commençant;** IMPERFECT: **je commençais, tu commençais, il commençait, nous commencions, vous commenciez, ils commençaient;** PASSÉ SIMPLE: **je commençai,** etc.

(2) In **manger,** *to eat,* and other verbs ending in **-ger,** you write **ge** instead of **g** whenever the following vowel is **a** or **o**. Ex.: PRESENT: **je mange, tu manges, il mange, nous mangeons, vous mangez, ils mangent;** IMPERFECT: **je mangeais,** etc.; PASSÉ SIMPLE: **je mangeai,** etc.

(3) In **ennuyer,** *to bother,* and other verbs ending in **-oyer, -uyer,** you write **i** instead of **y** whenever the following letter is a mute **e**. Ex.: **il ennuie,** *but* **nous ennuyons.**

(4) In **payer,** *to pay,* and other verbs ending in **-ayer, -eyer,** you may write **y** throughout the verb, or, if you prefer, you may write **i** instead of **y** whenever the following letter is a mute **e**. Ex.: **Je paye** *or* **je paie,** *but* **nous payons.**

AUXILIARY VERBS

123 Conjugation of auxiliary verbs *être* and *avoir*

Simple tenses

INFINITIVE

être, *to be*   **avoir**, *to have*

PRESENT INDICATIVE

je suis, *I am*	j'ai, *I have*
tu es	tu as
il est	il a
nous sommes	nous avons
vous êtes	vous avez
ils sont	ils ont

IMPERFECT

j'étais, *I was*	j'avais, *I had*
tu étais	tu avais
il était	il avait
nous étions	nous avions
vous étiez	vous aviez
ils étaient	ils avaient

PASSÉ SIMPLE

je fus, *I was*	j'eus, *I had*
tu fus	tu eus
il fut	il eut
nous fûmes	nous eûmes
vous fûtes	vous eûtes
ils furent	ils eurent

FUTURE

je serai, *I shall* or *will be*	j'aurai, *I shall* or *will have*
tu seras	tu auras
il sera	il aura
nous serons	nous aurons
vous serez	vous aurez
ils seront	ils auront

être	avoir

CONDITIONAL

être	avoir
je serais, *I should* or *would be*	j'aurais, *I should* or *would have*
tu serais	tu aurais
il serait	il aurait
nous serions	nous aurions
vous seriez	vous auriez
ils seraient	ils auraient

PRESENT SUBJUNCTIVE

être	avoir
je sois, *I am*, etc.	j'aie, *I have*, etc.
tu sois	tu aies
il soit	il ait
nous soyons	nous ayons
vous soyez	vous ayez
ils soient	ils aient

IMPERFECT SUBJUNCTIVE

être	avoir
je fusse, *I was*, etc.	j'eusse, *I had*, etc.
tu fusses	tu eusses
il fût	il eût
nous fussions	nous eussions
vous fussiez	vous eussiez
ils fussent	ils eussent

IMPERATIVE

être	avoir
sois, *be*	aie, *have*
soyons	ayons
soyez	ayez

PRESENT PARTICIPLE

être	avoir
étant	ayant

Compound tenses

PAST PARTICIPLE

été	eu

PASSÉ COMPOSÉ

j'ai été, *I was, I have been*, etc.	j'ai eu, *I had, I have had*, etc.

PLUPERFECT

j'avais été, *I had been*, etc.	j'avais eu, *I had had*, etc.

PAST ANTERIOR

j'eus été, *I had been*, etc.	j'eus eu, *I had had*, etc.

FUTURE PERFECT

j'aurai été, *I shall have been*, etc.   j'aurai eu, *I shall have had*, etc.

CONDITIONAL PERFECT

j'aurais été, *I should* or *would have*   j'aurais eu, *I should* or *would have*
   been, etc.   had, etc.

PASSÉ COMPOSÉ SUBJUNCTIVE

j'ai été, *I have been*, etc.   j'aie eu, *I have had*, etc.

PLUPERFECT SUBJUNCTIVE

j'eusse été, *I had been*, etc.   j'eusse eu, *I had had*, etc.

PERFECT INFINITIVE

avoir été, *to have been*   avoir eu, *to have had*

PERFECT PARTICIPLE

ayant été, *having been*   ayant eu, *having had*

IRREGULAR VERBS

124 Formation of irregular verbs

Although the rules for deriving the forms of regular verbs (see paragraphs 116–120) do not apply strictly to all irregular verbs, they do apply to a substantial proportion of their forms.

125 Reference list of commonest irregular verbs

abattre	*see* battre	battre	
s'abstenir	*see* tenir	boire	
accourir	*see* courir	bouillir	*see* dormir
admettre	*see* mettre	combattre	*see* battre
aller		commettre	*see* mettre
apercevoir	*see* recevoir	comprendre	*see* prendre
apparaître	*see* connaître	compromettre	*see* mettre
appartenir	*see* tenir	concevoir	*see* recevoir
apprendre	*see* prendre	conduire	
s'asseoir		connaître	
astreindre	*see* craindre	consentir	*see* dormir
atteindre	*see* craindre	construire	
avoir			

415

contenir	*see* tenir	geindre	*see* craindre	reconduire	*see* conduire
contraindre	*see* craindre	inscrire	*see* écrire	reconnaître	*see* connaître
contredire	*see* dire	interdire	*see* dire	réduire	*see* conduire
contrefaire	*see* faire	intervenir	*see* venir	rejoindre	*see* craindre
convenir	*see* venir	introduire	*see* conduire	remettre	*see* mettre
coudre		joindre	*see* craindre	renvoyer	*see* envoyer
courir		lire		repartir	*see* dormir
couvrir	*see* ouvrir	maintenir	*see* tenir	se repentir	*see* dormir
craindre		maudire	*see* dire	reprendre	*see* prendre
croire		médire	*see* dire	ressentir	*see* dormir
se débattre	*see* battre	mentir	*see* dormir	restreindre	*see* craindre
décevoir	*see* recevoir	mettre		retenir	*see* tenir
découvrir	*see* ouvrir	mourir		revenir	*see* venir
décrire	*see* écrire	naître		parvenir	*see* venir
se dédire	*see* dire	obtenir	*see* tenir	revoir	*see* voir
déduire	*see* conduire	offrir	*see* ouvrir	rire	
défaire	*see* faire	omettre	*see* mettre	satisfaire	*see* faire
démentir	*see* dormir	ouvrir		savoir	
dépeindre	*see* craindre	paraître	*see* connaître	secourir	*see* courir
déplaire	*see* plaire	parcourir	*see* courir	séduire	*see* conduire
déteindre	*see* craindre	partir	*see* dormir	sentir	*see* dormir
détenir	*see* tenir	élire	*see* lire	servir	*see* dormir
détruire	*see* conduire	peindre	*see* craindre	se servir de	*see* dormir
devenir	*see* venir	percevoir	*see* recevoir	sortir	*see* dormir
devoir		permettre	*see* mettre	souffrir	*see* ouvrir
dire		plaindre	*see* craindre	soumettre	*see* mettre
discourir		se plaindre	*see* craindre	sourire	*see* rire
disparaître		plaire		souscrire	*see* écrire
dormir		pleuvoir		soutenir	*see* tenir
écrire		poursuivre	*see* suivre	se souvenir	*see* venir
émettre	*see* mettre	pourvoir	*see* voir	suivre	
endormir	*see* dormir	pouvoir		surprendre	*see* prendre
s'endormir	*see* dormir	prédire	*see* dire	taire	*see* plaire
enfreindre	*see* craindre	prendre		se taire	*see* plaire
entreprendre	*see* prendre	prescrire	*see* écrire	teindre	*see* craindre
entrevoir	*see* voir	pressentir	*see* dormir	tenir	
entr'ouvrir	*see* ouvrir	prévenir	*see* venir	traduire	*see* conduire
envoyer		prévoir	*see* voir	transmettre	*see* mettre
éteindre	*see* craindre	produire	*see* conduire	valoir	
être		promettre	*see* mettre	venir	
faire		proscrire	*see* écrire	vivre	
falloir		provenir	*see* venir	voir	
feindre	*see* craindre	recevoir		vouloir	

Verb Charts

Verbes réguliers
[-er, -ir, -re]

Infinitif Participes	Indicatif			
	Présent	**Imparfait**	**Passé composé**	**Futur**
parler	parle	parlais	ai parlé	parlerai
	parles	parlais	as parlé	parleras
	parle	parlait	a parlé	parlera
parlant	parlons	parlions	avons parlé	parlerons
parlé	parlez	parliez	avez parlé	parlerez
	parlent	parlaient	ont parlé	parleront
finir	finis	finissais	ai fini	finirai
	finis	finissais	as fini	finiras
	finit	finissait	a fini	finira
finissant	finissons	finissions	avons fini	finirons
fini	finissez	finissiez	avez fini	finirez
	finissent	finissaient	ont fini	finiront
perdre	perds	perdais	ai perdu	perdrai
	perds	perdais	as perdu	perdras
	perd	perdait	a perdu	perdra
perdant	perdons	perdions	avons perdu	perdrons
perdu	perdez	perdiez	avez perdu	perdrez
	perdent	perdaient	ont perdu	perdront

Conditionnel	Impératif	Subjonctif	Temps littéraires	
Présent		Présent	Passé simple	Imparfait du Subjonctif
parlerais		parle	parlai	parlasse
parlerais	parle	parles	parlas	parlasses
parlerait		parle	parla	parlât
parlerions	parlons	parlions	parlâmes	parlassions
parleriez	parlez	parliez	parlâtes	parlassiez
parleraient		parlent	parlèrent	parlassent
finirais		finisse	finis	finisse
finirais	finis	finisses	finis	finisses
finirait		finisse	finit	finît
finirions	finissons	finissions	finîmes	finissions
finiriez	finissez	finissiez	finîtes	finissiez
finiraient		finissent	finirent	finissent
perdrais		perde	perdis	perdisse
perdrais	perds	perdes	perdis	perdisses
perdrait		perde	perdit	perdît
perdrions	perdons	perdions	perdîmes	perdissions
perdriez	perdez	perdiez	perdîtes	perdissiez
perdraient		perdent	perdirent	perdissent

Verbes irréguliers

Infinitif Participes	Indicatif			
	Présent	Imparfait	Passé composé	Futur
acheter	achète	achetais	ai acheté	achèterai
	achètes	achetais	as acheté	achèteras
	achète	achetait	a acheté	achètera
achetant	achetons	achetions	avons acheté	achèterons
acheté	achetez	achetiez	avez acheté	achèterez
	achètent	achetaient	ont acheté	achèteront
admettre (voir **mettre**)				
aller	vais	allais	suis allé(e)	irai
	vas	allais	es allé(e)	iras
	va	allait	est allé(e)	ira
allant	allons	allions	sommes allé(e)s	irons
allé	allez	alliez	êtes allé(e)(s)	irez
	vont	allaient	sont allé(e)s	iront
apparaître (voir **paraître**)				
appeler	appelle	appelais	ai appelé	appellerai
	appelles	appelais	as appelé	appelleras
	appelle	appelait	a appelé	appellera
appelant	appelons	appelions	avons appelé	appellerons
appelé	appelez	appeliez	avez appelé	appellerez
	appellent	appelaient	ont appelé	appelleront

Conditionnel	Impératif	Subjonctif		Temps littéraires	
Présent		**Présent**	**Passé simple**	**Imparfait du Subjonctif**	
achèterais		achète	achetai	achetasse
achèterais	achète	achètes	achetas	achetasses
achèterait		achète	acheta	achetât
achèterions	achetons	achetions	achetâmes	achetassions
achèteriez	achetez	achetiez	achetâtes	achetassiez
achèteraient		achètent	achetèrent	achetassent
irais		aille	allai	allasse
irais	va	ailles	allas	allasses
irait		aille	alla	allât
irions	allons	allions	allâmes	allassions
iriez	allez	alliez	allâtes	allassiez
iraient		aillent	allèrent	allassent
appellerais		appelle	appelai	appelasse
appellerais	appelle	appelles	appelas	appelasses
appellerait		appelle	appela	appelât
appellerions	appelons	appelions	appelâmes	appelassions
appelleriez	appelez	appeliez	appelâtes	appelassiez
appelleraient		appellent	appelèrent	appelassent

Infinitif Participes	Indicatif			
	Présent	Imparfait	Passé composé	Futur
apprendre (voir **prendre**)				
s'asseoir	assieds	asseyais	suis assis(e)	assiérai
	assieds	asseyais	es assis(e)	assiéras
	assied	asseyait	est assis(e)	assiéra
asseyant	asseyons	asseyions	sommes assis(es)	assiérons
assis	asseyez	asseyiez	êtes assis(e)(s)	assiérez
	asseyent	asseyaient	sont assis(es)	assiéront
atteindre (voir **peindre**)				
avoir	ai	avais	ai eu	aurai
	as	avais	as eu	auras
	a	avait	a eu	aura
ayant	avons	avions	avons eu	aurons
eu	avez	aviez	avez eu	aurez
	ont	avaient	ont eu	auront
battre	bats	battais	ai battu	battrai
	bats	battais	as battu	battras
	bat	battait	a battu	battra
battant	battons	battions	avons battu	battrons
battu	battez	battiez	avez battu	battrez
	battent	battaient	ont battu	battront
boire	bois	buvais	ai bu	boirai
	bois	buvais	as bu	boiras
	boit	buvait	a bu	boira
buvant	buvons	buvions	avons bu	boirons
bu	buvez	buviez	avez bu	boirez
	boivent	buvaient	ont bu	boiront
commencer	commence	commençais	ai commencé	commencerai
	commences	commençais	as commencé	commenceras
	commence	commençait	a commencé	commencera
commençant	commençons	commencions	avons commencé	commencerons
commencé	commencez	commenciez	avez commencé	commencerez
	commencent	commençaient	ont commencé	commenceront

Conditionnel	Impératif	Subjonctif	Temps littéraires	
Présent		Présent	Passé simple	Imparfait du Subjonctif
assiérais		asseye	assis	assisse
assiérais	assieds-toi	asseyes	assis	assisses
assiérait		asseye	assit	assît
assiérions	asseyons-nous	asseyions	assîmes	assissions
assiériez	asseyez-vous	asseyiez	assîtes	assissiez
assiéraient		asseyent	assirent	assissent
aurais		aie	eus	eusse
aurais	aie	aies	eus	eusses
aurait		ait	eut	eût
aurions	ayons	ayons	eûmes	eussions
auriez	ayez	ayez	eûtes	eussiez
auraient		aient	eurent	eussent
battrais		batte	battis	battisse
battrais	bats	battes	battis	battisses
battrait		batte	battit	battît
battrions	battons	battions	battîmes	battissions
battriez	battez	battiez	battîtes	battissiez
battraient		battent	battirent	battissent
boirais		boive	bus	busse
boirais	bois	boives	bus	busses
boirait		boive	but	bût
boirions	buvons	buvions	bûmes	bussions
boiriez	buvez	buviez	bûtes	bussiez
boiraient		boivent	burent	bussent
commencerais		commence	commençai	commençasse
commencerais	commence	commences	commenças	commençasses
commencerait		commence	commença	commençât
commencerions	commençons	commencions	commençâmes	commençassions
commenceriez	commencez	commenciez	commençâtes	commençassiez
commenceraient		commencent	commencèrent	commençassent

Infinitif Participes	Indicatif			
	Présent	Imparfait	Passé composé	Futur
comprendre (voir **prendre**)				
conduire	conduis	conduisais	ai conduit	conduirai
	conduis	conduisais	as conduit	conduiras
	conduit	conduisait	a conduit	conduira
conduisant	conduisons	conduisions	avons conduit	conduirons
conduit	conduisez	conduisiez	avez conduit	conduirez
	conduisent	conduisaient	ont conduit	conduiront
connaître	connais	connaissais	ai connu	connaîtrai
	connais	connaissais	as connu	connaîtras
	connaît	connaissait	a connu	connaîtra
connaissant	connaissons	connaissions	avons connu	connaîtrons
connu	connaissez	connaissiez	avez connu	connaîtrez
	connaissent	connaissaient	ont connu	connaîtront
comprendre (voir **prendre**)				
construire (voir **conduire**)				
courir	cours	courais	ai couru	courrai
	cours	courais	as couru	courras
	court	courait	a couru	courra
courant	courons	courions	avons couru	courrons
couru	courez	couriez	avez couru	courrez
	courent	couraient	ont couru	courront
couvrir (voir **ouvrir**)				
craindre	crains	craignais	ai craint	craindrai
	crains	craignais	as craint	craindras
	craint	craignait	a craint	craindra
craignant	craignons	craignions	avons craint	craindrons
craint	craignez	craigniez	avez craint	craindrez
	craignent	craignaient	ont craint	craindront
croire	crois	croyais	ai cru	croirai
	crois	croyais	as cru	croiras
	croit	croyait	a cru	croira
croyant	croyons	croyions	avons cru	croirons
cru	croyez	croyiez	avez cru	croirez
	croient	croyaient	ont cru	croiront

Conditionnel	Impératif	Subjonctif	Temps littéraires	
Présent		Présent	Passé simple	Imparfait du Subjonctif
conduirais		conduise	conduisis	conduisisse
conduirais	conduis	conduises	conduisis	conduisisses
conduirait		conduise	conduisit	conduisît
conduirions	conduisons	conduisions	conduisîmes	conduisissions
conduiriez	conduisez	conduisiez	conduisîtes	conduisissiez
conduiraient		conduisent	conduisirent	conduisissent
connaîtrais		connaisse	connus	connusse
connaîtrais	connais	connaisses	connus	connusses
connaîtrait		connaisse	connut	connût
connaîtrions	connaissons	connaissions	connûmes	connussions
connaîtriez	connaissez	connaissiez	connûtes	connussiez
connaîtraient		connaissent	connurent	connussent
courrais		coure	courus	courusse
courrais	cours	coures	courus	courusses
courrait		coure	courut	courût
courrions	courons	courions	courûmes	courussions
courriez	courez	couriez	courûtes	courussiez
courraient		courent	coururent	courussent
craindrais		craigne	craignis	craignisse
craindrais	crains	craignes	craignis	craignisses
craindrait		craigne	craignit	craignît
craindrions	craignons	craignions	craignîmes	craignissions
craindriez	craignez	craigniez	craignîtes	craignissiez
craindraient		craignent	craignirent	craignissent
croirais		croie	crus	crusse
croirais	crois	croies	crus	crusses
croirait		croie	crut	crût
croirions	croyons	croyions	crûmes	crussions
croiriez	croyez	croyiez	crûtes	crussiez
croiraient		croient	crurent	crussent

Infinitif Participes	Indicatif			
	Présent	**Imparfait**	**Passé composé**	**Futur**
décevoir (voir **voir**)				
découvrir (voir **ouvrir**)				
décrire (voir **écrire**)				
déplaire (voir **plaire**)				
détruire (voir **conduire**)				
devenir (voir **venir**)				
devoir	dois	devais	ai dû	devrai
	dois	devais	as dû	devras
	doit	devait	a dû	devra
devant	devons	devions	avons dû	devrons
dû, due	devez	deviez	avez dû	devrez
	doivent	devaient	ont dû	devront
dire	dis	disais	ai dit	dirai
	dis	disais	as dit	diras
	dit	disait	a dit	dira
disant	disons	disions	avons dit	dirons
dit	dites	disiez	avez dit	direz
	disent	disaient	ont dit	diront
disparaître (voir **paraître**)				
dormir	dors	dormais	ai dormi	dormirai
	dors	dormais	as dormi	dormiras
	dort	dormait	a dormi	dormira
dormant	dormons	dormions	avons dormi	dormirons
dormi	dormez	dormiez	avez dormi	dormirez
	dorment	dormaient	ont dormi	dormiront
écrire	écris	écrivais	ai écrit	écrirai
	écris	écrivais	as écrit	écriras
	écrit	écrivait	a écrit	écrira
écrivant	écrivons	écrivions	avons écrit	écrirons
écrit	écrivez	écriviez	avez écrit	écrirez
	écrivent	écrivaient	ont écrit	écriront

Conditionnel	Impératif	Subjonctif	Temps littéraires	
Présent		Présent	Passé simple	Imparfait du Subjonctif
devrais		doive	dus	dusse
devrais	dois	doives	dus	dusses
devrait		doive	dut	dût
devrions	devons	devions	dûmes	dussions
devriez	devez	deviez	dûtes	dussiez
devraient		doivent	durent	dussent
dirais		dise	dis	disse
dirais	dis	dises	dis	disses
dirait		dise	dit	dît
dirions	disons	disions	dîmes	dissions
diriez	dites	disiez	dîtes	dissiez
diraient		disent	dirent	dissent
dormirais		dorme	dormis	dormisse
dormirais	dors	dormes	dormis	dormisses
dormirait		dorme	dormit	dormît
dormirions	dormons	dormions	dormîmes	dormissions
dormiriez	dormez	dormiez	dormîtes	dormissiez
dormiraient		dorment	dormirent	dormissent
écrirais		écrive	écrivis	écrivisse
écrirais	écris	écrives	écrivis	écrivisses
écrirait		écrive	écrivit	écrivît
écririons	écrivons	écrivions	écrivîmes	écrivissions
écririez	écrivez	écriviez	écrivîtes	écrivissiez
écriraient		écrivent	écrivirent	écrivissent

Infinitif Participes	Indicatif			
	Présent	Imparfait	Passé composé	Futur
s'endormir (voir **dormir**)				
entretenir (voir **tenir**)				
envoyer	envoie	envoyais	ai envoyé	enverrai
	envoies	envoyais	as envoyé	enverras
	envoie	envoyait	a envoyé	enverra
envoyant	envoyons	envoyions	avons envoyé	enverrons
envoyé	envoyez	envoyiez	avez envoyé	enverrez
	envoient	envoyaient	ont envoyé	enverront
éteindre (voir **peindre**)				
être	suis	étais	ai été	serai
	es	étais	as été	seras
	est	était	a été	sera
étant	sommes	étions	avons été	serons
été	êtes	étiez	avez été	serez
	sont	étaient	ont été	seront
faire	fais	faisais	ai fait	ferai
	fais	faisais	as fait	feras
	fait	faisait	a fait	fera
faisant	faisons	faisions	avons fait	ferons
fait	faites	faisiez	avez fait	ferez
	font	faisaient	ont fait	feront
falloir	il faut	il fallait	il a fallu	il faudra
fallu				
s'inscrire (voir **écrire**)				
joindre	joins	joignais	ai joint	joindrai
	joins	joignais	as joint	joindras
	joint	joignait	a joint	joindra
joignant	joignons	joignions	avons joint	joindrons
joint	joignez	joigniez	avez joint	joindrez
	joignent	joignaient	ont joint	joindront

Conditionnel	Impératif	Subjonctif	Temps littéraires	
Présent		Présent	Passé simple	Imparfait du Subjonctif
enverrais		envoie	envoyai	envoyasse
enverrais	envoie	envoies	envoyas	envoyasses
enverrait		envoie	envoya	envoyât
enverrions	envoyons	envoyions	envoyâmes	envoyassions
enverriez	envoyez	envoyiez	envoyâtes	envoyassiez
enverraient		envoient	envoyèrent	envoyassent
serais		sois	fus	fusse
serais	sois	sois	fus	fusses
serait		soit	fut	fût
serions	soyons	soyons	fûmes	fussions
seriez	soyez	soyez	fûtes	fussiez
seraient		soient	furent	fussent
ferais		fasse	fis	fisse
ferais	fais	fasses	fis	fisses
ferait		fasse	fit	fît
ferions	faisons	fassions	fîmes	fissions
feriez	faites	fassiez	fîtes	fissiez
feraient		fassent	firent	fissent
il faudrait		il faille	il fallut	il fallût
joindrais		joigne	joignis	joignisse
joindrais	joins	joignes	joignis	joignisses
joindrait		joigne	joignit	joignît
joindrions	joignons	joignions	joignîmes	joignissions
joindriez	joignez	joigniez	joignîtes	joignissiez
joindraient		joignent	joignirent	joignissent

429

Infinitif Participes	Indicatif				
	Présent	Imparfait	Passé composé		Futur
lire	lis	lisais	ai	lu	lirai
	lis	lisais	as	lu	liras
	lit	lisait	a	lu	lira
lisant	lisons	lisions	avons	lu	lirons
lu	lisez	lisiez	avez	lu	lirez
	lisent	lisaient	ont	lu	liront
manger	mange	mangeais	ai	mangé	mangerai
	manges	mangeais	as	mangé	mangeras
	mange	mangeait	a	mangé	mangera
mangeant	mangeons	mangions	avons	mangé	mangerons
mangé	mangez	mangiez	avez	mangé	mangerez
	mangent	mangeaient	ont	mangé	mangeront
mentir	mens	mentais	ai	menti	mentirai
	mens	mentais	as	menti	mentiras
	ment	mentait	a	menti	mentira
mentant	mentons	mentions	avons	menti	mentirons
menti	mentez	mentiez	avez	menti	mentirez
	mentent	mentaient	ont	menti	mentiront
mettre	mets	mettais	ai	mis	mettrai
	mets	mettais	as	mis	mettras
	met	mettait	a	mis	mettra
mettant	mettons	mettions	avons	mis	mettrons
mis	mettez	mettiez	avez	mis	mettrez
	mettent	mettaient	ont	mis	mettront
mourir	meurs	mourais	suis	mort(e)	mourrai
	meurs	mourais	es	mort(e)	mourras
	meurt	mourait	est	mort(e)	mourra
mourant	mourons	mourions	sommes	mort(e)s	mourrons
mort	mourez	mouriez	êtes	mort(e)(s)	mourrez
	meurent	mouraient	sont	mort(e)s	mourront
naître	nais	naissais	suis	né(e)	naîtrai
	nais	naissais	es	né(e)	naîtras
	naît	naissait	est	né(e)	naîtra
naissant	naissons	naissions	sommes	né(e)s	naîtrons
né	naissez	naissiez	êtes	né(e)(s)	naîtrez
	naissent	naissaient	sont	né(e)s	naîtront

Conditionnel	Impératif	Subjonctif	Temps littéraires	
Présent		Présent	Passé simple	Imparfait du Subjonctif
lirais		lise	lus	lusse
lirais	lis	lises	lus	lusses
lirait		lise	lut	lût
lirions	lisons	lisions	lûmes	lussions
liriez	lisez	lisiez	lûtes	lussiez
liraient		lisent	lurent	lussent
mangerais		mange	mangeai	mangeasse
mangerais	mange	manges	mangeas	mangeasses
mangerait		mange	mangea	mangeât
mangerions	mangeons	mangions	mangeâmes	mangeassions
mangeriez	mangez	mangiez	mangeâtes	mangeassiez
mangeraient		mangent	mangèrent	mangeassent
mentirais		mente	mentis	mentisse
mentirais	mens	mentes	mentis	mentisses
mentirait		mente	mentit	mentît
mentirions	mentons	mentions	mentîmes	mentissions
mentiriez	mentez	mentiez	mentîtes	mentissiez
mentiraient		mentent	mentirent	mentissent
mettrais		mette	mis	misse
mettrais	mets	mettes	mis	misses
mettrait		mette	mit	mît
mettrions	mettons	mettions	mîmes	missions
mettriez	mettez	mettiez	mîtes	missiez
mettraient		mettent	mirent	missent
mourrais		meure	mourus	mourusse
mourrais	meurs	meures	mourus	mourusses
mourrait		meure	mourut	mourût
mourrions	mourons	mourions	mourûmes	mourussions
mourriez	mourez	mouriez	mourûtes	mourussiez
mourraient		meurent	moururent	mourussent
naîtrais		naisse	naquis	naquisse
naîtrais	nais	naisses	naquis	naquisses
naîtrait		naisse	naquit	naquît
naîtrions	naissons	naissions	naquîmes	naquissions
naîtriez	naissez	naissiez	naquîtes	naquissiez
naîtraient		naissent	naquirent	naquissent

Infinitif Participes	Indicatif			
	Présent	Imparfait	Passé composé	Futur
offrir	offre	offrais	ai offert	offrirai
	offres	offrais	as offert	offriras
	offre	offrait	a offert	offrira
offrant	offrons	offrions	avons offert	offrirons
offert	offrez	offriez	avez offert	offrirez
	offrent	offraient	ont offert	offriront
ouvrir	ouvre	ouvrais	ai ouvert	ouvrirai
	ouvres	ouvrais	as ouvert	ouvriras
	ouvre	ouvrait	a ouvert	ouvrira
ouvrant	ouvrons	ouvrions	avons ouvert	ouvrirons
ouvert	ouvrez	ouvriez	avez ouvert	ouvrirez
	ouvrent	ouvraient	ont ouvert	ouvriront
paraître	parais	paraissais	ai paru	paraîtrai
	parais	paraissais	as paru	paraîtras
	paraît	paraissait	a paru	paraîtra
paraissant	paraissons	paraissions	avons paru	paraîtrons
paru	paraissez	paraissiez	avez paru	paraîtrez
	paraissent	paraissaient	ont paru	paraîtront
partir	pars	partais	suis parti(e)	partirai
	pars	partais	es parti(e)	partiras
	part	partait	est parti(e)	partira
partant	partons	partions	sommes parti(e)s	partirons
parti	partez	partiez	êtes parti(e)(s)	partirez
	partent	partaient	sont parti(e)s	partiront
payer	paie	payais	ai payé	paierai
	paies	payais	as payé	paieras
	paie	payait	a payé	paiera
payant	payons	payions	avons payé	paierons
payé	payez	payiez	avez payé	paierez
	paient	payaient	ont payé	paieront
peindre	peins	peignais	ai peint	peindrai
	peins	peignais	as peint	peindras
	peint	peignait	a peint	peindra
peignant	peignons	peignions	avons peint	peindrons
peint	peignez	peigniez	avez peint	peindrez
	peignent	peignaient	ont peint	peindront

Conditionnel	Impératif	Subjonctif	Temps littéraires	
Présent		Présent	Passé simple	Imparfait du Subjonctif
offrirais		offre	offris	offrisse
offrirais	offre	offres	offris	offrisses
offrirait		offre	offrit	offrît
offririons	offrons	offrions	offrîmes	offrissions
offririez	offrez	offriez	offrîtes	offrissiez
offriraient		offrent	offrirent	offrissent
ouvrirais		ouvre	ouvris	ouvrisse
ouvrirais	ouvre	ouvres	ouvris	ouvrisses
ouvrirait		ouvre	ouvrit	ouvrît
ouvririons	ouvrons	ouvrions	ouvrîmes	ouvrissions
ouvririez	ouvrez	ouvriez	ouvrîtes	ouvrissiez
ouvriraient		ouvrent	ouvrirent	ouvrissent
paraîtrais		paraisse	parus	parusse
paraîtrais	parais	paraisses	parus	parusses
paraîtrait		paraisse	parut	parût
paraîtrions	paraissons	paraissions	parûmes	parussions
paraîtriez	paraissez	paraissiez	parûtes	parussiez
paraîtraient		paraissent	parurent	parussent
partirais		parte	partis	partisse
partirais	pars	partes	partis	partisses
partirait		parte	partit	partît
partirions	partons	partions	partîmes	partissions
partiriez	partez	partiez	partîtes	partissiez
partiraient		partent	partirent	partissent
paierais		paie	payai	payasse
paierais	paie	paies	payas	payasses
paierait		paie	paya	payât
paierions	payons	payions	payâmes	payassions
paieriez	payez	payiez	payâtes	payassiez
paieraient		paient	payèrent	payassent
peindrais		peigne	peignis	peignisse
peindrais	peins	peignes	peignis	peignisses
peindrait		peigne	peignit	peignît
peindrions	peignons	peignions	peignîmes	peignissions
peindriez	peignez	peigniez	peignîtes	peignissiez
peindraient		peignent	peignirent	peignissent

Infinitif Participes	Indicatif			
	Présent	*Imparfait*	*Passé composé*	*Futur*
permettre (voir **mettre**)				
plaindre (voir **craindre**)				
plaire	plais	plaisais	ai plu	plairai
	plais	plaisais	as plu	plairas
	plaît	plaisait	a plu	plaira
plaisant	plaisons	plaisions	avons plu	plairons
plu	plaisez	plaisiez	avez plu	plairez
	plaisent	plaisaient	ont plu	plairont
pleuvoir	il pleut	il pleuvait	il a plu	il pleuvra
pleuvant plu				
pouvoir	peux, puis	pouvais	ai pu	pourrai
	peux	pouvais	as pu	pourras
	peut	pouvait	a pu	pourra
pouvant	pouvons	pouvions	avons pu	pourrons
pu	peuvez	pouviez	avez pu	pourrez
	peuvent	pouvaient	ont pu	pourront
préférer	préfère	préférais	ai préféré	préférerai
	préfères	préférais	as préféré	préféreras
	préfère	préférait	a préféré	préférera
préférant	préférons	préférions	avons préféré	préférerons
préféré	préférez	préfériez	avez préféré	préférerez
	préfèrent	préféraient	ont préféré	préféreront
prendre	prends	prenais	ai pris	prendrai
	prends	prenais	as pris	prendras
	prend	prenait	a pris	prendra
prenant	prenons	prenions	avons pris	prendrons
pris	prenez	preniez	avez pris	prendrez
	prennent	prenaient	ont pris	prendront
prévoir (voir **voir**)				
produire (voir **conduire**)				
promettre (voir **mettre**)				

Conditionnel	Impératif	Subjonctif	Temps littéraires	
Présent		Présent	Passé simple	Imparfait du Subjonctif
plairais		plaise	plus	plusse
plairais	plais	plaises	plus	plusses
plairait		plaise	plut	plût
plairions	plaisons	plaisions	plûmes	plussions
plairiez	plaisez	plaisiez	plûtes	plussiez
plairaient		plaisent	plurent	plussent
il pleuvrait		il pleuve	il plut	il plût
pourrais		puisse	pus	pusse
pourrais		puisses	pus	pusses
pourrait		puisse	put	pût
pourrions		puissions	pûmes	pussions
pourriez		puissiez	pûtes	pussiez
pourraient		puissent	purent	pussent
préférerais		préfère	préférai	préférasse
préférerais	préfère	préfères	préféras	préférasses
préférerait		préfère	préféra	préférât
préférerions	préférons	préférions	préférâmes	préférassions
préféreriez	préférez	préfériez	préférâtes	préférassiez
préféreraient		préfèrent	préférèrent	préférassent
prendrais		prenne	pris	prisse
prendrais	prends	prennes	pris	prisses
prendrait		prenne	prit	prît
prendrions	prenons	prenions	prîmes	prissions
prendriez	prenez	preniez	prîtes	prissiez
prendraient		prennent	prirent	prissent

Infinitif Participes	Indicatif			
	Présent	*Imparfait*	*Passé composé*	*Futur*
recevoir	reçois	recevais	ai reçu	recevrai
	reçois	recevais	as reçu	recevras
	reçoit	recevait	a reçu	recevra
recevant	recevons	recevions	avons reçu	recevrons
reçu	recevez	receviez	avez reçu	recevrez
	reçoivent	recevaient	ont reçu	recevront

reconnaître
(voir **connaître**)

rejoindre
(voir **joindre**)

repeindre
(voir **peindre**)

retenir
(voir **tenir**)

revenir
(voir **venir**)

revoir
(voir **voir**)

rire	ris	riais	ai ri	rirai
	ris	riais	as ri	riras
	rit	riait	a ri	rira
riant	rions	riions	avons ri	rirons
ri	riez	riiez	avez ri	rirez
	rient	riaient	ont ri	riront
savoir	sais	savais	ai su	saurai
	sais	savais	as su	sauras
	sait	savait	a su	saura
sachant	savons	savions	avons su	saurons
su	savez	saviez	avez su	saurez
	savent	savaient	ont su	sauront
sentir	sens	sentais	ai senti	sentirai
	sens	sentais	as senti	sentiras
	sent	sentait	a senti	sentira
sentant	sentons	sentions	avons senti	sentirons
senti	sentez	sentiez	avez senti	sentirez
	sentent	sentaient	ont senti	sentiront

Conditionnel	Impératif	Subjonctif	Temps littéraires	
Présent		Présent	Passé simple	Imparfait du Subjonctif
recevrais		reçoive	reçus	reçusse
recevrais	reçois	reçoives	reçus	reçusses
recevrait		reçoive	reçut	reçût
recevrions	recevons	recevions	reçûmes	reçussions
recevriez	recevez	receviez	reçûtes	reçussiez
recevraient		reçoivent	reçurent	reçussent
rirais		rie	ris	risse
rirais	ris	ries	ris	risses
rirait		rie	rit	rît
ririons	rions	riions	rîmes	rissions
ririez	riez	riiez	rîtes	rissiez
riraient		rient	rirent	rissent
saurais		sache	sus	susse
saurais	sache	saches	sus	susses
saurait		sache	sut	sût
saurions	sachons	sachions	sûmes	sussions
sauriez	sachez	sachiez	sûtes	sussiez
sauraient		sachent	surent	sussent
sentirais		sente	sentis	sentisse
sentirais	sens	sentes	sentis	sentisses
sentirait		sente	sentit	sentît
sentirions	sentons	sentions	sentîmes	sentissions
sentiriez	sentez	sentiez	sentîtes	sentissiez
sentiraient		sentent	sentirent	sentissent

437

Infinitif Participes	Indicatif			
	Présent	Imparfait	Passé composé	Futur
servir	sers	servais	ai servi	servirai
	sers	servais	as servi	serviras
	sert	servait	a servi	servira
servant	servons	servions	avons servi	servirons
servi	servez	serviez	avez servi	servirez
	servent	servaient	ont servi	serviront
sortir	sors	sortais	suis sorti(e)	sortirai
	sors	sortais	es sorti(e)	sortiras
	sort	sortait	est sorti(e)	sortira
sortant	sortons	sortions	sommes sorti(e)s	sortirons
sorti	sortez	sortiez	êtes sorti(e)(s)	sortirez
	sortent	sortaient	sont sorti(e)s	sortiront
souffrir (voir **offrir**)				
sourire (voir **rire**)				
se souvenir (voir **venir**)				
suivre	suis	suivais	ai suivi	suivrai
	suis	suivais	as suivi	suivras
	suit	suivait	a suivi	suivra
suivant	suivons	suivions	avons suivi	suivrons
suivi	suivez	suiviez	avez suivi	suivrez
	suivent	suivaient	ont suivi	suivront
surprendre (voir **prendre**)				
se taire	tais	taisais	suis tu(e)	tairai
	tais	taisais	es tu(e)	tairas
	tait	taisait	est tu(e)	taira
taisant	taisons	taisions	sommes tu(e)s	tairons
tu	taisez	taisiez	êtes tu(e)(s)	tairez
	taisent	taisaient	sont tu(e)s	tairont
tenir	tiens	tenais	ai tenu	tiendrai
	tiens	tenais	as tenu	tiendras
	tient	tenait	a tenu	tiendra
tenant	tenons	tenions	avons tenu	tiendrons
tenu	tenez	teniez	avez tenu	tiendrez
	tiennent	tenaient	ont tenu	tiendront

Conditionnel	Impératif	Subjonctif	Temps littéraires	
Présent		Présent	Passé simple	Imparfait du Subjonctif
servirais		serve	servis	servisse
servirais	sers	serves	servis	servisses
servirait		serve	servit	servît
servirions	servons	servions	servîmes	servissions
serviriez	servez	serviez	servîtes	servissiez
serviraient		servent	servirent	servissent
sortirais		sorte	sortis	sortisse
sortirais	sors	sortes	sortis	sortisses
sortirait		sorte	sortit	sortît
sortirions	sortons	sortions	sortîmes	sortissions
sortiriez	sortez	sortiez	sortîtes	sortissiez
sortiraient		sortent	sortirent	sortissent
suivrais		suive	suivis	suivisse
suivrais	suis	suives	suivis	suivisses
suivrait		suive	suivit	suivît
suivrions	suivons	suivions	suivîmes	suivissions
suivriez	suivez	suiviez	suivîtes	suivissiez
suivraient		suivent	suivirent	suivissent
tairais		taise	tus	tusse
tairais	tais	taises	tus	tusses
tairait		taise	tut	tût
tairions	taisons	taisions	tûmes	tussions
tairiez	taisez	taisiez	tûtes	tussiez
tairaient		taisent	turent	tussent
tiendrais		tienne	tins	tinsse
tiendrais	tiens	tiennes	tins	tinsses
tiendrait		tienne	tint	tînt
tiendrions	tenons	tenions	tînmes	tinssions
tiendriez	tenez	teniez	tîntes	tinssiez
tiendraient		tiennent	tinrent	tinssent

439

Infinitif Participes	Indicatif			
	Présent	Imparfait	Passé composé	Futur

traduire
(voir **conduire**)

valoir	vaux	valais	ai valu	vaudrai
	vaux	valais	as valu	vaudras
	vaut	valait	a valu	vaudra
valant	valons	valions	avons valu	vaudrons
valu	valez	valiez	avez valu	vaudrez
	valent	valaient	ont valu	vaudront
venir	viens	venais	suis venu(e)	viendrai
	viens	venais	es venu(e)	viendras
	vient	venait	est venu(e)	viendra
venant	venons	venions	sommes venu(e)s	viendrons
venu	venez	veniez	êtes venu(e)(s)	viendrez
	viennent	venaient	sont venu(e)s	viendront
vivre	vis	vivais	ai vécu	vivrai
	vis	vivais	as vécu	vivras
	vit	vivait	a vécu	vivra
vivant	vivons	vivions	avons vécu	vivrons
vécu	vivez	viviez	avez vécu	vivrez
	vivent	vivaient	ont vécu	vivront
voir	vois	voyais	ai vu	verrai
	vois	voyais	as vu	verras
	voit	voyait	a vu	verra
voyant	voyons	voyions	avons vu	verrons
vu	voyez	voyiez	avez vu	verrez
	voient	voyaient	ont vu	verront
vouloir	veux	voulais	ai voulu	voudrai
	veux	voulais	as voulu	voudras
	veut	voulait	a voulu	voudra
voulant	voulons	voulions	avons voulu	voudrons
voulu	voulez	vouliez	avez voulu	voudrez
	veulent	voulaient	ont voulu	voudront

Conditionnel	Impératif	Subjonctif	Temps littéraires	
Présent		Présent	Passé simple	Imparfait du Subjonctif
vaudrais		vaille	valus	valusse
vaudrais	vaux	vailles	valus	valusses
vaudrait		vaille	valut	valût
vaudrions	valons	valions	valûmes	valussions
vaudriez	valez	valiez	valûtes	valussiez
vaudraient		vaillent	valurent	valussent
viendrais		vienne	vins	vinsse
viendrais	viens	viennes	vins	vinsses
viendrait		vienne	vint	vînt
viendrions	venons	venions	vînmes	vinssions
viendriez	venez	veniez	vîntes	vinssiez
viendraient		viennent	vinrent	vinssent
vivrais		vive	vécus	vécusse
vivrais	vis	vives	vécus	vécusses
vivrait		vive	vécut	vécût
vivrions	vivons	vivions	vécûmes	vécussions
vivriez	vivez	viviez	vécûtes	vécussiez
vivraient		vivent	vécurent	vécussent
verrais		voie	vis	visse
verrais	vois	voies	vis	visses
verrait		voie	vit	vît
verrions	voyons	voyions	vîmes	vissions
verriez	voyez	voyiez	vîtes	vissiez
verraient		voient	virent	vissent
voudrais		veuille	voulus	voulusse
voudrais	veuille	veuilles	voulus	voulusses
voudrait		veuille	voulut	voulût
voudrions	veuillons	voulions	voulûmes	voulussions
voudriez	veuillez	vouliez	voulûtes	voulussiez
voudraient		veuillent	voulurent	voulussent

Vocabularies

Abbreviations

abbr	abbreviation	*inf*	infinitive
adj	adjective	*interrog*	interrogative
adv	adverb	*m*	masculine
art	article	*n*	noun
* (asterisk)	aspirate *h*	*obj*	object
cond	conditional	*p part*	past participle
conj	conjunction	*p simple*	passé simple
conjug	conjugated	*pers*	person, personal
contr	contraction	*pl*	plural
dem	demonstrative	*poss*	possessive
dir obj	direct object	*pr*	present
f	feminine	*prep*	preposition
fut	future	*pron*	pronoun
imper	imperative	*rel*	relative
imperf	imperfect	*sg*	singular
ind	indicative	*subj*	subjunctive
indir obj	indirect object		

French-English

a: il a [ila] *pr ind 3rd sg of* **avoir**

à [a] at, to, in, into, for, by; **à jeudi** see you Thursday

abandonner [abãdɔne] to abandon; to give out

abord: d'abord [dabɔR] first, at first, first of all

absent [apsã] absent

absolument [apsɔlymã] absolutely

aboutir [aboutiR] to lead to

absurde [apsyRd] absurd

accepter [aksɛpte] to accept

accessible [aksesibl] accessible

accident [aksidã] *m* accident

accompagner [akõpaɲe] to accompany, go with, go along

accord: d'accord [dakɔR] in agreement (with); O.K.

accorder [akɔRde] to agree

accrocher [akRɔʃe] to hook, to hang

accueillir [akœjiR] to welcome

achat [aʃa] *m* purchase

acheter [aʃte] to buy

acte [akt] *m* act

acteur [aktœR] *m* actor

actif, active [aktif, aktiv] active

actuel [aktɥɛl] present; **à l'heure actuelle** at the present time

actuellement [aktɥɛlmã] at present

addition [adisjõ] *f* bill

admettre [admɛtR] to admit

admirable [admiRabl] admirable

admirablement [admiRabləmã] admirably

admirer [admiRe] to admire

adopter [adɔpte] to adopt

adorer [adɔRe] to be crazy about

adresse [adRɛs] *f* address

adroit [adRwa] skilful

aérien [aeRjẽ], **aérienne** [aeRjɛn] aerial

aéroport [aeRopɔR] *m* airport

affaire [afɛR] *f* thing; **faire l'affaire,** to do; **bonnes affaires** bargains

affirmativement [afiRmativmã] affirmatively

Afrique [afRik] *f* Africa; **l'Afrique du Nord** North Africa

âge [ɑʒ] *m* age; **quel âge avez-vous?** how old are you?; **d'un certain âge** elderly

agent [aʒã] *m* agent; **agent de police** policeman; **agent de change** stockbroker

agir: s'agir de [saʒiR də] *impers* to be a question of; **il s'agissait** it was question of

agit: il s'agit de [ilsaʒidə] it is a question of

agréable [agReabl] pleasant

ai: j'ai [ʒe] *pr ind 1st sg of* **avoir**

aide [ɛd] *f* help

aider [ɛde] to help

aille: j'aille [ʒaj] *pr subj 1st sg of* **aller**

ailleurs [ajœR] elsewhere; **d'ailleurs** moreover, besides, anyway

aimable [ɛmabl] kind, nice

aimer [ɛme] to like, love; **aimer bien** to like, to be fond of; **aimer mieux** to prefer

ainsi [ẽsi] so, thus

air [ɛR] *m* air; **avoir l'air** to look, appear, seem; **en plein air** in the open

ait: il ait [ilɛ] *pr subj 3rd sg of* **avoir**

ajouter [aʒute] to add

album [albɔm] *m* album

alla: il alla [ilala] *p simple 3rd sg of* **aller**

allais: j'allais [ʒalɛ] *imperf ind 1st sg of* **aller**

allé [ale] *p part of* **aller**

allée [ale] *f* walk, path

Allemagne [almaɲ] *f* Germany

allemand [almã] German

aller [ale] *m;* **aller et retour** round trip

aller [ale] to go; **aller bien** to feel well; **comment allez-vous?** how are you?; **cette robe vous va très bien** this dress is very becoming; **aller à pied** to walk; **aller chercher** to go get; **s'en aller** to go away; **comment ça va?** how are you?

allez: vous allez [vuzale] *pr ind 2nd pl of* **aller**

allumé [alyme] lighted

allusion [alyzjõ] *f* allusion

alors [alɔR] then

Alpes [alp] *f pl* Alps

altercation [altɛRkasjõ] *f* quarrel

aménager [amenaʒe] to lay out

américain [ameRikẽ], **américaine** [ameRiken] American (*takes a capital only when used as a noun referring to a person*)

Amérique [ameRik] *f* America

ami [ami], **amie** [ami] friend

amusant [amyzã] amusing

amuser: s'amuser [samyze] to enjoy oneself

an [ɑ̃] *m* year; **tous les ans** every year; **le jour de l'An** New Year's Day; **l'an dernier** last year

ancien [ɑ̃sjɛ̃], ancienne [ɑ̃sjɛn] former, old

âne [ɑn] *m* donkey

anglais [ɑ̃glɛ], anglaise [ɑ̃glɛz] English (*takes a capital only when used as a noun referring to a person*)

Anglais [ɑ̃glɛ] Englishman

Angleterre [ɑ̃glətɛR] *f* England

animal [animal] *m* animal

année [ane] *f* year

anniversaire [anivɛRsɛR] *m* birthday

annoncer [anɔ̃se] to announce

antagoniste [ɑ̃tagɔnist] *m* opponent

antiquaire [ɑ̃tikɛR] *m* antique dealer

antiquités [ɑ̃tikite] *f* antiques

août [u] *m* August

apaiser [apɛze] to pacify

apercevoir [apɛRsəvwaR] to get a glimpse of

apparence [aparɑ̃s] *f* look

appartement [apaRtəmɑ̃] *m* apartment

appartenir à [apaRtəniRa] to belong to (*conjug like* **tenir**)

appel [apɛl] *m* appeal

appeler [aple] to call, name; **s'appeler** to be called, be named; **comment vous appelez-vous?** what is your name?; **je m'appelle** my name is

appellation [apɛlasjɔ̃] *f* name

appendicite [apɛ̃disit] *f* appendicitis

appétit [apeti] *m* appetite

apporter [apɔRte] to bring; **apportez-moi** bring me

apprendre [apRɑ̃dR] to learn, to tell (*conjug like* **prendre**)

apprêter: s'apprêter [apRɛte] to get ready

appris [apRi] *p part of* **apprendre**

approcher [apRɔʃe] to approach; **s'approcher** to come close to

après [apRɛ] after; **d'après** according to

après-midi [apRɛmidi] *m* afternoon; **l'après-midi** in the afternoon

aqueduc [akdyk] *m* aqueduct

arbre [aRbR] *m* tree

arc [aRk] *m* arch; **arc de triomphe** [aRk dətRiɔ̃f] arch of triumph; **arc en demi-cercle** [aRk ɑ̃dmisɛRkl] round arch

architecte [aRʃitɛkt] *m* architect

architecture [aRʃitɛktyR] *f* architecture

argent [aRʒɑ̃] *m* money, silver

arme [aRm] *f* weapon; **arme prohibée** concealed weapon

armé [aRme] armed

armée [aRme] *f* army

arpent [aRpɑ̃] *m* acre (approx.)

arranger: s'arranger [saRɑ̃ʒe] to fit in

arrêt [aRɛ] *m* stop

arrêter: s'arrêter [saRɛte] to stop

arrivée [aRive] *f* arrival

arriver [aRive] to arrive, come; to happen; **qu'est-ce qui lui est arrivé?** what happened to him (her)?

arrondissement [aRɔ̃dismɑ̃] *m* administrative district in Paris

arroser [aRoze] to water

art [aR] *m* art

article [aRtikl] *m* article

artisan [aRtizɑ̃] *m* worker

artiste [aRtist] *m* artist

ascenseur [asɑ̃sœR] *m* elevator

aspect [aspɛ] *m* aspect

asperge [aspɛRʒ] *f* asparagus

aspirine [aspiRin] *f* aspirin

assembler: s'assembler [sasɑ̃ble] to gather

asseoir: s'asseoir [saswaR] to sit down

asseyez-vous [asɛjevu] *imper 2nd pl of* **s'asseoir**

assez [ase] enough, rather, fairly

assis [asi] *p part of* **asseoir**

assistance [asistɑ̃s] *f* attendance, spectators

assister à [asiste a] to attend

assurer [asyRe] to assure

Athènes [atɛn] Athens

Atlantique [atlɑ̃tik] *m* Atlantic

attaché [ataʃe] attached

atteindre [atɛ̃dR] to reach, attain, (*conjug like* **peindre**)

attendre [atɑ̃dR] to wait, wait for, expect, await; **s'attendre à** to expect

attention [atɑ̃sjɔ̃] *f* attention; **faire attention** to watch out

attentivement [atɑ̃tivmɑ̃] attentively

attirer [atiRe] to attract

attitude [atityd] *f* attitude

attraper [atRape] to catch

au [o] *contr of* **à le**

auberge [obɛRʒ] *f* inn

aucun [okœ̃], aucune [okyn] none; **ne . . . aucun** no . . .

aujourd'hui [oʒuRdɥi] today; **d'aujourd'hui en huit** a week from today; **c'est aujourd'hui jeudi** today is Thursday auparavant [opaʀavɑ̃] before

auquel [okɛl], à laquelle [alakɛl], auxquels [okɛl], auxquelles [okɛl] *prep* à + lequel, etc.

aurai: j'aurai [ʒɔʀe] *fut 1st sg of* avoir

aussi [osi] also, so, as, thus, therefore; aussi . . . que as . . . as

aussitôt [osito] immediately; aussitôt que as soon as

austère [ostɛʀ] severe

autant [otɑ̃] as much; d'autant plus que all the more so since; autant que possible in so far as possible

auteur [otœʀ] *m* author

auto [oto] *f* auto, car

autobus [otɔbys] *m* bus; en autobus on the bus, by bus

autocar [otɔkaʀ] *m* tourist bus

automne [otɔn] *m* fall, autumn

automobile [otɔmɔbil] *f* auto, car

automobiliste [otɔmɔbilist] *m* motorist

autour de [otuʀdə] around

autre [otʀ] other

autrefois [otʀəfwa] formerly, once

avait: il avait [ilavɛ] *imperf ind 3rd sg of* avoir; il y avait there was, there were

avance: à l'avance [alavɑ̃s] in advance; en avance early

avant [avɑ̃] before

avantage [avɑ̃taʒ] *m* advantage

avec [avɛk] with

avenir [avniʀ] *m* future

avenue [avny] *f* avenue

aveugle [avœgl] blind

avez: vous avez [vuzave] *pr ind 2nd pl of* avoir

avion [avjɔ̃] *m* plane

avis [avi] *m* opinion, advice; être de l'avis de quelqu'un to agree with someone

avocat [avɔka] *m* lawyer

avoine [avwan] *f* oats

avoir [avwaʀ] to have; avoir besoin de to need; avoir peur to be afraid; avoir froid to be cold; avoir mal à la gorge to have a sore throat; avoir l'air to seem; avoir lieu to take place; qu'est-ce que vous avez? what is the matter with you?; avoir envie de to feel like; avoir l'habitude de to be used to; avoir faim to be hungry; avoir soif to be thirsty; avoir l'intention de to intend to; avoir raison to be right; avoir tort to be

wrong; il y a there is, there are; il y a dix ans ten years ago; avoir beau to be in vain, be of no avail

avril [avʀil] *m* April

ayez: vous ayez [vuzeje] *pr subj 2nd pl of* avoir

B

bagages [bagaʒ] *m pl* luggage

bain [bɛ̃] *m* bath; salle de bains *f* bathroom; bain de soleil *m* sunbath

bal [bal] *m* dance

balance [balɑ̃s] *f* scale

Balzac [balzak] French novelist (1799-1850)

banane [banan] *f* banana

banlieue [bɑ̃ljø] *f* the outskirts, suburbs

banque [bɑ̃k] *f* bank

banquier [bɑ̃kje] *m* banker

barbare [baʀbaʀ] barbarous

barbe [baʀb]: Quelle barbe! La barbe! What a nuisance!

Barbizon [baʀbizɔ̃] village near Fontainebleau, residence of famous French painters of the 19th century

barrage [baʀaʒ] *m* dam

bas [bɑ], basse [bɑs] low; à voix basse in a low voice; bas-côté [bɑkote] *m* side

bassin [basɛ̃] *m* pool

Bastille: la Bastille [labastij] state prison, destroyed in 1789

bataille [bataj] *f* battle

bateau [bato] *m* boat

bâtiment [bɑtimɑ̃] *m* building

bâtisseur [batisœʀ] *m* builder

bâtir [batiʀ] to build

battre, se [batʀ] to fight; se battre en duel to fight a duel

beau [bo], bel [bɛl], belle [bɛl], beaux [bo], belles [bɛl] beautiful, nice; il fait beau the weather is nice; avoir beau to be in vain, to be of no avail

beaucoup [boku] much, very much

Belgique [bɛlʒik] *f* Belgium

bergére [bɛʀʒɛʀ] *f* sherphedess

besoin [bɔzwɛ̃] *m* need; avoir besoin de to need

bétail [betaj] *m* livestock

betterave [bɛtʀav] *f* beet; betterave à sucre sugar beet

beurre [bœʀ] *m* butter

bibliothèque [bibliɔtɛk] *f* library

bicyclette [bisiklɛt] *f* bicycle

bien [bjɛ̃] *adv* well, indeed, very; **eh bien?** well?; *conj* **bien que** although; **bien** [bjɛ̃] *m* good; **cette promenade m'a fait beaucoup de bien** this walk did me a lot of good; many; **bien des statues** many statues

bientôt [bjɛ̃to] soon

bière [bjɛR] *f* beer

bifteck [biftɛk] *m* minute steak

billet [bije] *m* ticket, banknote, bill; **billet aller et retour** roundtrip ticket

Bizet [bizɛ] French musician (1838-1875)

blanc [blɑ̃], blanche [blɑ̃ʃ] white

blé [ble] *m* wheat

blesser [blɛse] to wound

blessure [blɛsyR] *f* wound

bleu [blø] blue; **bleu marine** dark blue

blond [blɔ̃] blond

bœuf [bœf], *pl* bœufs [bø] *m* ox, beef

boire [bwaR] to drink

bois [bwa] *m* wood; **le Bois de Boulogne** park on the outskirts of Paris

bois: je bois [ʒəbwa] *pr ind 1st sg of* boire

boîte [bwat] *f* box

bon [bɔ̃], bonne [bɔn] good; **de bonne heure** early; **la bonne route** the right road

bonbon [bɔ̃bɔ̃] *m* candy

bondé [bɔ̃de] crowded

bonheur [bɔnœR] *m* happiness

bonjour [bɔ̃ʒuR] *m* good morning, good afternoon, hello

bonne [bɔn] *f* maid

bonsoir [bɔ̃swaR] *m* good evening

bord [bɔR] *m* edge, side; **au bord de la mer** at the seashore

border [bɔRde] to line

botanique [bɔtanik] *f* botany

bouche [buʃ] *f* mouth; **faire venir l'eau à la bouche** to make one's mouth water

boucher [buʃe] *m* butcher

boucherie [buʃRi] *f* butcher's shop

boulangerie [bulɑ̃ʒRi] *f* bakery

boulevard [bulvaR] *m* boulevard

Boulogne [bulɔɲ] *f* Boulogne; **Bois de Boulogne** Boulogne Park

bouquet [bukɛ] *m* bouquet

bouquiniste [bukinist] *m* dealer in old books

Bourgogne [buRgɔɲ] *f* Burgundy

bourguignon [buRgiɲɔ̃] of Burgundy

bout [bu] *m* end; **un petit bout de chemin** a bit of the way

bouteille [butɛ:j] *f* bottle

boutique [butik] *f* shop

bras [bRa] *m* arm

brave [bRav] good, worthy

Bretagne [bRətaɲ] *f* Brittany

breton [bRətɔ̃] from Brittany

bridge [bRidʒ] *m* bridge

briller [bRije] to shine

bronchite [bRɔ̃ʃit] *f* bronchitis

brouillard [bRujaR] *m* mist

bruit [bRɥi] *m* noise

brûler [bRyle] to burn

brun [bRœ̃], brune [bRyn] brown

bu [by] *p part of* boire

buffet [byfɛ] *m* lunchroom (in a railroad station)

bureau [byRo] *m* office, desk

buvez: vous buvez [vubyve] *pr ind 2nd pl of* boire

C

c' *see* ce

ça [sa] (*contr of* cela) that; **c'est ça** that's it, that's right

cadeau [kado] *m* gift

Caen [kɑ̃] city in Normandy

café [kafe] *m* coffee, café, pub

caisse [kɛs] *f* cashier's window

caissier [kɛsje], caissière [kɛsjɛR] cashier

Californie [kalifɔRni] *f* California

calmer [kalme] to calm down

camion [kamjɔ̃] *m* truck

campagne [kɑ̃paɲ] *f* country, countryside

Canada [kanada] *m* Canada

Cannes [kan] resort city on the Mediterranean

canotage [kanɔtaʒ] *m* boating

capitale [kapital] *f* capital

car [kaR] for, because

caractériser [kaRakteRRize] to characterize; **caractérisé** characterized

carnet [kaRnɛ] *m* notebook, booklet

carré [kaRe] *m* square

carte [kaRt] *f* card, menu, map; **jouer aux cartes** to play cards; **carte-postale** *f* post card

carton [kaRtɔ̃] *m* cardboard, cardboard box

cas [kɑ] *m* case; **en tout cas** at any rate

casser [kɑse] to break; **se casser le bras** to break one's arm

casserole [kɑsRɔl] *f* saucepan

cathédrale [katedRal] *f* cathedral

cause [koz] *f* cause; **à cause de** because of

causer [koze] to chat
cave [kav] *f* cellar
ce [sə], cet [sɛt], cette [sɛt], ces [se] *adj* this, that; cette écharpe-ci this scarf; cette écharpe-là that scarf; ce jour-là that day; ces jours-ci some time soon
ce [sə] *pron* he, she, it, they, that; ce qui, ce que what
ceci [səsi] this
ceinture [sɛ̃tyʀ] *f* belt
cela [sla] that
célèbre [selɛbʀ] well-known
célébrer [selebʀe] to celebrate
celui [səlɥi], celle [sɛl], ceux [sø], celles [sɛl] the one; the ones; celui-ci this one; celui-là that one
cent [sɑ̃] a hundred
centaine [sɑ̃tɛn] *f* about a hundred
centième [sɑ̃tjɛm] hundredth
centigrade [sɑ̃tigʀad] *m* centigrade
centime [sɑ̃tim] *m* one hundredth part of one franc
centimètre [sɑ̃timɛtʀ] *m* centimeter
centre [sɑ̃tʀ] *m* center
cependant [səpɑ̃dɑ̃] however
cercle [sɛʀkl] *m* circle; arc en demi-cercle round arch
certain [sɛʀtɛ̃], certaine [sɛʀtɛn] certain
certainement [sɛʀtɛnmɑ̃] certainly
certes [sɛʀt] certainly
Cézanne [sezan] French painter (1839-1906)
chacun [ʃakœ̃], chacune [ʃakyn] each, each one
chaîne [ʃɛn] *f* chain
chaise [ʃɛz] *f* chair
chaleur [ʃalœʀ] *f* heat
chambre [ʃɑ̃bʀ] *f* room
champ [ʃɑ̃] *m* field
champagne [ʃɑ̃paɲ] *m* champagne
champenois [ʃɑ̃pənwa] from Champagne
champignon [ʃɑ̃piɲɔ̃] *m* mushroom
Champs-Élysées: les Champs-Élysées [leʃɑ̃zelize] avenue in Paris
chance [ʃɑ̃s] *f* luck; avoir de la chance to be lucky
chandail [ʃɑ̃daj] *m* sweater
changement [ʃɑ̃ʒmɑ̃] *m* change
changer [ʃɑ̃ʒe] to change; to change trains
chanter [ʃɑ̃te] to sing
Chantilly [ʃɑ̃tiji] town in the Île-de-France
chapeau [ʃapo] *m* hat

chapelle [ʃapɛl] *f* chapel
chaque [ʃak] each
charcuterie [ʃaʀkytʀi] *f* pork butcher shop
charcutier [ʃaʀkytje] *m* pork butcher
charmant [ʃaʀmɑ̃] charming
charme [ʃaʀm] *m* charm
chasse [ʃas] *f* hunting, hunting season
chasser [ʃase] to chase, to shoo out
chasseur [ʃasœʀ] *m* hunter
château [ʃato] *m* château, palace
chaud [ʃo] warm; il fait chaud it is warm; j'ai chaud I am warm
chauffage [ʃofaʒ] *m* heating; chauffage central central heating
chauffeur [ʃofœʀ] *m* driver
chaussée [ʃose] *f* street, surface of a street
chaussette [ʃosɛt] *f* sock
chaussure [ʃosyʀ] *f* shoe
chef [ʃɛf] *m* chef
chemin [ʃmɛ̃] *m* road; chemin de fer *m* railroad; un petit bout de chemin a bit of the way; en chemin on their way
cheminée [ʃmine] *f* fireplace
chemise [ʃmiz] *f* shirt
chèque [ʃɛk] *m* check
cher [ʃɛʀ], chère [ʃɛʀ] expensive, dear
chercher [ʃɛʀʃe] to seek, look for; aller chercher to go for, go and get; venir chercher to come for
cheval [ʃval], *pl* chevaux [ʃvo] *m* horse
chevalier [ʃvalje] *m* knight
cheveu [ʃvø] *m* hair; elle a les cheveux blonds she has blond hair; se faire couper les cheveux to get a haircut
chèvre [ʃɛvʀə] *f* goat
chez [ʃe] at the house of, at the shop of; chez moi at my house; chez eux at their house; chez le coiffeur at the barber's
chic [ʃik] stylish
chien [ʃjɛ̃] *m* dog
chiffre [ʃifʀ] *m* number
chimie [ʃimi] *f* chemistry
chimiste [ʃimist] *m* chemist
Chine [ʃin] *f* China
chinois [ʃinwa] Chinese
chocolat [ʃɔkɔla] *m* chocolate
choisir [ʃwaziʀ] to choose
choix [ʃwa] *m* choice
chose [ʃoz] *f* thing; quelque chose something; autre chose something else; pas grand-chose not much

chou [ʃu], *pl* choux [ʃu] *m* cabbage

chute [ʃyt] *f* fall; les chutes du Niagara Niagara Falls

cidre [sidʀ] *m* cider

ciel [sjɛl], *pl* cieux [sjø] *m* sky

cigare [sigaʀ] *m* cigar

cigarette [sigaʀɛt] *f* cigarette

cinéma [sinema] *m* movie

cinq [sɛ̃k] five

cinquantaine [sɛ̃kɑ̃tɛn] *f* about fifty

cinquante [sɛ̃kɑ̃t] fifty

cinquième [sɛ̃kjɛm] fifth

ciseaux [sizo] *m pl* scissors

clair [klɛʀ] clear; light colored

clarinette [klaʀinɛt] *f* clarinet

classe [klɑs] *f* classroom

classer [klɑse] to classify

client [klijɑ̃] *m* client

clinique [klinik] *f* clinic

clocher [klɔʃe] *m* steeple

cochon [kɔʃɔ̃] *m* pig

cœur [kœʀ] *m* heart

coiffeur [kwafœʀ] *m* barber

coiffure [kwafyʀ] *f* hairdo

coin [kwɛ̃] *m* corner, part of a town

colimaçon [kɔlimasɔ̃]: escalier en colimaçon spiral staircase

collection [kɔlɛksjɔ̃] *f* collection; collection de timbres stamp collection; faire collection to make a collection

collectionner [kɔlɛksjɔne] to collect

collectionneur [kɔlɛksjɔnœʀ] *m* collector

collège [kɔlɛʒ] *m* secondary school

colline [kɔlin] *f* hill

collision [kɔlizjɔ̃] *f* collision

colonie [kɔlɔni] *f* colony

combien [kɔ̃bjɛ̃] how much, how many; combien de temps how long

Comédie-Française: la Comédie-Française [lakɔmedifʀɑ̃sɛz] theatre in Paris

commander [kɔmɑ̃de] to order

comme [kɔm] as, like; comme d'habitude as usual

commencement [kɔmɑ̃smɑ̃] *m* beginning

commencer [kɔmɑ̃se] to begin

comment [kɔmɑ̃] how; comment allez-vous? how are you?; comment vous appelez-vous? what is your name?; comment cela? how is that?; Et comment! And how!

commerçant [kɔmɛʀsɑ̃] *m* merchant

commerce [kɔmɛʀs] *m* commerce, trade

commissaire de police [kɔmisɛʀdəpɔlis] *m* police lieutenant

commissariat de police [kɔmisaʀjadpɔlis] *m* police station

commode [kɔmɔd] *adj* convenient; *f noun* dresser

commun [kɔmœ̃] common

compagnie [kɔ̃paɲi] *f* company

compartiment [kɔ̃paʀtimɑ̃] *m* compartment

complet [kɔ̃plɛ], complète [kɔ̃plɛt] complete, full; complet [kɔ̃plɛ] *n m* man's suit

complètement [kɔ̃plɛtmɑ̃] completely

compliqué [kɔ̃plike] complicated

composer [kɔ̃poze] to compose

compréhensible [kɔ̃pʀeɑ̃sibl] comprehensible

comprendre [kɔ̃pʀɑ̃dʀ] to understand (*conjug like* prendre); je comprends I understand; comprenez-vous? do you understand?; cela se comprend that is understandable

compris: y compris [kɔ̃pʀi] including

compte [kɔ̃t]: se rendre compte to realize

compter [kɔ̃te] to count

compteur [kɔ̃tœʀ] *m* meter, machine for measuring (as a gas meter)

comte [kɔ̃t] *m* count

concert [kɔ̃sɛʀ] *m* concert

concierge [kɔ̃sjɛʀʒ] *m or f* janitor, caretaker

Concorde: Place de la Concorde [kɔ̃kɔʀd] square in Paris

conclusion [kɔ̃klyzjɔ̃] *f* conclusion

conditionnel [kɔ̃disjɔnɛl] *m* conditional

conducteur [kɔ̃dyktœʀ] *m* driver

conduire [kɔ̃dɥiʀ] to lead; to drive a car; to take (to a place)

confection [kɔ̃fɛksjɔ̃] *f* magasin de confection store for ready-made clothes

conférence [kɔ̃feʀɑ̃s] *f* lecture

confiance [kɔ̃fjɑ̃s] *f* confidence

conflit [kɔ̃fli] *m* conflict

confondre [kɔ̃fɔ̃dʀ] to confuse

confortable [kɔ̃fɔʀtabl] comfortable

confortablement [kɔ̃fɔʀtabləmɑ̃] comfortably

connais: je connais [ʒəkɔnɛ] *pr ind 1st sg of* connaître

connaissance [kɔnɛsɑ̃s] *f* acquaintance, consciousness; faire la connaissance de to meet, become acquainted with

connaissez: vous connaissez [vukɔnɛse] *pr ind 2nd pl of* connaître

connaître [kɔnɛtʀ] to know, be acquainted with

connu [kɔny] *p part of* **connaître**

conseil [kɔ̃sɛj] *m* advice

conseiller [kɔ̃sɛje] to advise

consentir [kɔ̃sɑ̃tiʀ] to consent (*conjug like* sentir)

conséquent: par conséquent [paʀkɔ̃sekɑ̃) therefore

constructeur [kɔ̃stʀyktœʀ] *m* constructor

construction [kɔ̃stʀyksjɔ̃] *f* construction, building

construire [kɔ̃stʀɥiʀ] to build; **faire construire** to have built

consul [kɔ̃syl] *m* consul

consulter [kɔ̃sylte] to consult, look at

contempler [kɔ̃tɑ̃ple] to look at

contenir [kɔ̃tniʀ] to contain

content [kɔ̃tɑ̃] glad

continuateur [kɔ̃tinɥatœʀ] *m* continuer, follower

continuer [kɔ̃tinɥe] to continue

contraire [kɔ̃tʀɛʀ] *adj* contrary; *n m* opposite; **au contraire** on the contrary, far from it

contre [kɔ̃tʀ] against; **par contre** on the other hand

contribuer [kɔ̃tʀibɥe] to contribute

convenable [kɔ̃vnabl] suitable

convenir [kɔ̃vniʀ] to suit, be appropriate (*conjug like* venir)

conversation [kɔ̃vɛʀsasjɔ̃] *f* conversation

convient: il convient [ilkɔ̃vjɛ̃] *pr ind 3rd sg of* convenir; **cette chambre me convient** this room suits me

convocation [kɔ̃vɔkasjɔ̃] *f* summons

copier [kɔpje] to copy

cor [kɔʀ] *m* horn, French horn

cordonnier [kɔʀdɔne] *m* cobbler

Corot [kɔʀo] French painter (1796-1875)

corporel [kɔʀpɔʀɛl] *adj* of the body

corporellement [kɔʀpɔʀɛlmɑ̃] physically

correspondance [kɔʀɛspɔ̃dɑ̃s] *f* connection

corsaire [kɔʀsɛʀ] *m* corsair

Corse [kɔʀs] *f* Corsica

cosmopolite [kɔsmɔpolit] cosmopolitan

côte [kot] *f* rib

côté [kote] *m* side; **à côté de** near, beside; **de l'autre côté de** on the other side of

coucher: se coucher [skuʃe] to lie down, go to bed

couler [kule] to flow

couleur [kulœʀ] *f* color

coup: tout à coup [tutaku] suddenly

couper [kupe] to cut

couramment [kuʀamɑ̃] fluently

courant [kuʀɑ̃] current, common; **une expression courante** an everyday expression

courir [kuʀiʀ] to run

courrier [kuʀje] *m* mail

cours [kuʀ] *m* course; **au cours de** in the course of, during

course [kuʀs] *f* errand, race; **faire des courses** to do errands; **course de chevaux** horse race; **champ de courses** race track

court [kuʀ] short

courtisan [kuʀtizɑ̃] *m* courtier

cousin [kuzɛ̃], **cousine** [kuzin] cousin

couteau [kuto] *m* knife

coûter [kute] to cost

couture [kutyʀ) *f* dressmaking; **maison de couture** high fashion house

couturière [kutyʀjɛʀ] *f* dressmaker

couvert [kuvɛʀ] covered, cloudy

couverture [kuvɛʀtyʀ] *f* cover

couvrir [kuvʀiʀ] to cover (*conjug like* ouvrir)

craindre [kʀɛ̃dʀ] to fear (*conjug like* plaindre)

crains: je crains [ʒə kʀɛ̃] *pr ind 1st sg of* craindre

crainte [kʀɛ̃t] *f* fear

cravate [kʀavat] *f* tie, necktie

crayon [kʀejɔ̃] *m* pencil

crème [kʀɛm] *f* cream; **crème glacée** ice cream

crémerie [kʀɛmʀi] *f* store for dairy products

critique [kʀitik] *m* critic

croire [kʀwaʀ] to believe

crois: je crois [ʒəkʀwa] *pr ind 1st sg of* croire

croisade [kʀwazad] *f* crusade

croissant [kʀwasɑ̃] *m* crescent roll

croyable [kʀwajabl] believable

croyez: vous croyez [vukʀwaje] *pr ind 2nd pl of* croire

cru [kʀy] *p part of* croire

cube [kyb] *m* cube

cueillir [kœjiʀ] to pick

cuirassé [kɥiʀase] armored

cuire [kɥiʀ] to cook; **faire cuire** to cook

cuisine [kɥizin] *f* food, cooking; kitchen; **faire la cuisine** to cook

cuisinier [kɥizinje] *m* cook

cuisinière [kɥizinjɛʀ] *f* woman cook

cuivre [kɥivʀ] *m* copper

cultivateur [kyltivatœʀ] *m* farmer

cultiver [kyltive] to cultivate, grow

curé [kyʀe] *m* priest
curieux [kyʀjø] *m* curious people
curiosité [kyʀiozite] *f* curiosity

D

d' *see* de
dactylo [daktilo] *f* secretary, typist
dame [dam] *f* lady
danger [dɑ̃ʒe] *m* danger
dangereux [dɑ̃ʒʀø], dangereuse [dɑ̃ʒʀøz] dangerous
dans [dɑ̃] in, into, on
date [dat] *f* date
dater de [datedə] to date from
Daumier [domje] French painter and etcher (1808-1879)
davantage [davɑ̃taʒ] more
de [də] of, from
debout [dəbu] standing
Debussy [dəbysi] French musician (1862-1918)
décamètre [dekamɛtʀ] *m* ten meters
décimètre [desimɛtʀ] *m* one tenth of a meter
décembre [desɑ̃bʀ] *m* December
décider [deside] to decide
déclaration [deklaʀasjõ] *f* declaration
décliner [dekline] to decline
décoration [dekɔʀasjõ] *f* decoration
découvrir [dekuvʀiʀ] to discover
décrire [dekʀiʀ] to describe
déçu [desy] disappointed
dedans [dədɑ̃] inside; là-dedans in there
dédier [dedje] to dedicate
déesse [dees] *f* goddess
défaire [defɛʀ] to undo (*conjug like* faire)
défaut [defo] *m* fault
degré [dəgʀe] *m* degree
dehors [dəɔʀ] outside
déjà [deʒa] already, before
déjeuner [deʒœne] *m* lunch; petit déjeuner breakfast; déjeuner [deʒœne] to lunch, have lunch
delà: au delà [odla] beyond
délicieux [delisjø] delicious
demain [dəmɛ̃] tomorrow; après-demain day after tomorrow
demande [dəmɑ̃d] *f* request
demander [dəmɑ̃de] to ask; se demander to wonder

demeure [dəmœʀ] *f* house
demeurer [dəmœʀe] to live, reside; où demeurez-vous? where do you live?; je demeure I live
demi [dəmi] half; onze heures et demie half past eleven; midi et demi half past twelve; une demi-heure a half hour
démolir [demɔliʀ] to tear down
dent [dɑ̃] *f* tooth
dentiste [dɑ̃tist] *m* dentist
départ [depaʀ] *m* departure
dépêcher: se dépêcher [sədepeʃe] to hurry
dépenser [depɑ̃se] to spend
depuis [dəpɥi] since, for; depuis quand? depuis combien de temps? how long?; j'attends depuis un quart d'heure I have been waiting for a quarter of an hour
déranger [deʀɑ̃ʒe] to disturb, inconvenience
dernier [dɛʀnje], dernière [dɛʀnjɛʀ] last; dimanche dernier last Sunday
dernièrement [dɛʀnjɛʀmɑ̃] recently
derrière [dɛʀjɛʀ] behind
des [de] (*contr of* de les) of the, from the, some, any
descendre [desɑ̃dʀ] to go down, to take down
descriptif [deskʀiptif] descriptive
description [deskʀipsjõ] *f* description
déshérités [dezeʀite] *m pl* the disadvantaged
désigner [deziɲe] to designate
désirer [deziʀe] to wish, desire
dessert [desɛʀ] *m* dessert
dessin [desɛ̃] *m* drawing
dessiner [desine] to draw, draw the plans of
dessous [dəsu] under; *n m* lower side; au dessous de below; là-dessous under that, under there
dessus [dəsy] on, upon; *n m* top side; au-dessus de above; là-dessus on that, thereon
destination [dɛstinasjõ] *f* destination
destiné [dɛstine] meant, intended
détail [detaj] *m* detail
détruit [detʀɥi] destroyed
deux [dø] two
deuxième [døzjɛm] second; le deuxième (étage) the third floor
devant [dəvɑ̃] before, in front of
devanture [dəvɑ̃tyʀ] *f* shop window
développer [devlɔpe] to develop
devenir [dəvniʀ] to become (*conjug like* venir); qu'est-ce qu'il est devenu? what has become of him?

devez: vous devez [vudve] (*pr ind 2nd pl of* **devoir**) you must, you are supposed to

deviez: vous deviez [vudəvje] (*imperf ind 2nd pl of* **devoir**) you were to

deviner [dəvine] to guess

devoir [dəvwaʀ] to owe, must, be supposed to, ought to, etc.; **je dois** I must, I am supposed to; **je devais** I was supposed to; **j'ai dû** I must have, I had to; **je devrais** I should; **j'aurais dû** I should have

dévorer [devɔʀe] to devour

dévoué [devwe] devoted

devriez: vous devriez [vudəvʀije] (*pr cond 2nd pl of* **devoir**) you should, you ought to

dictée [dikte] *f* dictation

dieu [djø] *m* god

différent [difeʀɑ̃] different

difficile [difisil] difficult

difficulté [difikylte] *f* difficulty

dimanche [dimɑ̃ʃ] *m* Sunday; **le dimanche** on Sundays; **à dimanche** see you Sunday

dinde [dɛ̃d] *f* turkey

dîner [dine] *m* dinner; **dîner** [dine] to dine

diplomate [diplɔmat] *m* diplomat

dire [diʀ] to say, tell; **vouloir dire** to mean; **c'est-à-dire** that is to say; **cela ne veut rien dire** that is meaningless

directement [diʀɛktəmɑ̃] directly

direction [diʀɛksjɔ̃] *f* direction

diriger: se diriger [sədiʀiʒe] to go toward

dis: je dis [ʒədi] *pr ind 1st sg of* **dire**; **se dire** to say to oneself

discuter [diskyte] to discuss

disent: ils disent [ildiz] *pr ind 3rd pl of* **dire**

disparaître [dispaʀɛtʀ] to disappear

dispos [dispo] fit, in good shape

disposer [dispoze] **(de)** to have at one's disposal

disposition [dispozisjɔ̃] *m* disposal; **je suis à votre disposition** I am at your service

disque [disk] *m* record

distance [distɑ̃s] *f* distance; **à quelle distance?** how far?

distant [distɑ̃] distant

distingué [distɛ̃ge] distinguished

distraire [distʀɛʀ]: **se distraire** to relax and have a good time

dit: il dit [ildi] *pr ind 3rd sg of* **dire**

dites: vous dites [vudit] *pr ind 2nd pl of* **dire**

division [divizjɔ̃] *f* division

dix [dis] ten

dix-huit [dizɥit] eighteen

dixième [dizjɛm] tenth

dix-neuf [diznœf] nineteen

dix-neuvième [diznœvjɛm] nineteenth

dix-sept [dissɛt] seventeen

docteur [dɔktœʀ] *m* doctor; **le docteur Lambert** Dr. Lambert

documentaire [dɔkymɑ̃tɛʀ] documentary

doigt [dwa] *m* finger

dois: je dois [ʒədwa] (*pr ind 1st sg of* **devoir**) I must, I am supposed to

dollar [dɔlaʀ] *m* dollar

dominer [dɔmine] to overlook

dommage [dɔmaʒ] *m* **c'est dommage** it's too bad

donc [dɔ̃k] then, therefore; **et moi donc!** what about me!; **entrez donc** do come in

donner [dɔne] to give

dont [dɔ̃] whose, of whom, of which

doré [dɔʀe] gilded

dormir [dɔʀmiʀ] to sleep

dort: il dort [ildɔʀ] *pr ind 3rd sg of* **dormir**

doué [dwe] gifted

douloureux [duluʀø] painful

doute [dut] *m* doubt; **sans doute** no doubt, probably

douter de to doubt; **se douter de** [sədutedə] to suspect

doux, douce [du, dus] sweet, soft

douzaine [duzɛn] *f* dozen; **une demi-douzaine** half a dozen; **vingt francs la douzaine** twenty francs a dozen

douze [duz] twelve

douzième [duzjɛm] twelfth

drapeau [dʀapo] *m* flag

dresser [dʀɛse] to draw up, make out

drogue [dʀɔg] *f* narcotic

droit [dʀwa] straight, right; **tout droit** straight ahead; **à droite** to, on the right

drôle [dʀol] funny, queer

drugstore [dʀœgstɔʀ] *m* drugstore

du [dy] (*contr of* **de le**) of the, from the, some, any

dû [dy] *p part of* **devoir**

duel [dyɛl] *m* duel; **se battre en duel** to fight a duel

Dumas [dymɑ] French novelist (1803–1870)

duquel [dykɛl], **de laquelle** [dəlakɛl], **desquels** [dekɛl], **desquelles** [dekɛl] *rel pron; prep* **de** + **lequel**, etc.

dur [dyʀ] hard

durable [dyRabl] lasting
durer [dyRe] to last

E

eau [o] f water; **eau minérale** mineral water
échafaudage [eʃafodaʒ] m scaffolding
écharpe [eʃaRp] f scarf
échecs [eʃɛk] m chess
échelle [eʃɛl] f scale
école [ekɔl] f school
économie politique [ekɔnɔmi pɔlitik] f economics
Écosse [ekɔs] f Scotland
écouter [ekute] to listen
écrire [ekRiR] to write; **machine à écrire** typewriter
écris: j'écris [ʒekRi] pr ind 1st sg of **écrire**
écrivain [ekRivɛ̃] m writer
écrivez: vous écrivez [vuzekRive] pr ind 2nd pl of **écrire**
écureuil [ekyRœj] m squirrel
édifice [edifis] m building
édition [edisjɔ̃] f edition
effet [efɛ] m effect; **en effet** indeed
effrayant [efRejã] frightful
égal [egal] equal; **ça m'est égal** that's all the same to me
égaré [egaRe] lost
église [egliz] f church
Égypte [eʒipt] f Egypt
égyptien [eʒipsjɛ̃], égyptienne [eʒipsjɛn] Egyptian
Eiffel [efɛl] French engineer (1832-1923)
électricien [elɛktRisjɛ̃] electrical
électricité [elɛktRisite] f electricity
élégance [elegãs] f elegance
élégant [elegã] graceful
élémentaire [elemãtɛR] elementary
élevé [elve] high, raised
élève [elɛv] m or f pupil
élever [elve] to raise
elle [ɛl] she, it
elles [ɛl] they
embrasser [ãbRase] to kiss; to embrace
emmener [ãmne] to carry, take along
empêcher [ãpeʃe] to prevent

empire [ãpiR] m empire; **Second Empire** reign of Napoleon III (1852-1870)
emplette [ãplɛt] f purchase
emploi [ãplwa] m employment, use; **emploi du temps** m schedule
employé [ãplwaje] m employee
employer [ãplwaje] to employ, use
empoisonner [ãpwazɔne] to poison
emporter [ãpɔRte] to take along, carry along
en [ã] prep in, into, at, to, by; **en** [ã] pron some, any, of it, of them
enchanté [ãʃãte] delighted
encombrement [ãkɔ̃bRəmã] m traffic jam, crowding
encore [ãkɔR] yet, still, again; **pas encore** not yet
endormir: s'endormir [sãdɔRmiR] to fall asleep
endroit [ãdRwa] m place
énergie [enɛRʒi] f energy
enfant [ãfã] m or f child
enlever [ãlve] to remove
ennuyer [ãnɥije] to bother, worry; **s'ennuyer** to be bored
énorme [enɔRm] enormous
enrhumé [ãRyme] having a cold
enrichi [ãRiʃi] made wealthy
ensemble [ãsãbl] n whole, entirety; **vue d'ensemble** general view; adv together
ensuite [ãsɥit] then, afterwards
entendre [ãtãdR] to hear; **entendre parler de** to hear of; **entendre dire que** to hear that
entendu [ãtãdy] p part of **entendre**; **c'est entendu** agreed, all right; **bien entendu** of course
enterrer [ãtɛRe] to bury
enthousiasme [ãtuzjasm] m enthusiasm
entier [ãtje], entière [ãtjɛR] entire, whole; **tout entier** entirely
entourer [ãtuRe] to surround; **entouré de** surrounded with
entre [ãtR] between, among; **entre autres** among others
entrer [ãtRe] to enter, go in
entresol [ãtRəsɔl] m mezzanine
entr'ouvert [ãtRuvɛR] partly open
enveloppe [ãvlɔp] f envelope
enverrai: j'enverrai [ʒãveRe] fut 1st sg of **envoyer**
envie [ãvi] f envy, desire; **avoir envie de** to feel like
environ [ãviRɔ̃] about

envoie: j'envoie [ʒɑ̃vwa] *pr ind 1st sg of* **envoyer**

envoyer [ɑ̃vwaje] to send; **envoyer chercher** to send for; **faire envoyer** to have (something) sent

épaise [epɛs] thick

épaisseur [epɛsœʀ] *f* thickness

épaule [epol] *f* shoulder

Épernay [epɛʀnɛ] town in Champagne

épicerie [episʀi] *f* grocery store

épidémie [epidemi] *f* epidemic

époque [epɔk] *f* period, time

erreur *f* mistake; **faire erreur** [ɛʀœʀ] to make a mistake

escalier [ɛskalje] *m* stairway

espace [ɛspɑs] *m* space

Espagne [ɛspaɲ] *f* Spain

espagnol [ɛspaɲɔl] Spanish (*takes a capital only when used as a noun referring to a person*)

espalier [ɛspalje] *m* fruit tree trimmed and trained to grow against a wall or trellis

espèce [ɛspɛs] *f* kind, sort

espérer [ɛspeʀe] to hope; **je l'espère** I hope so

esprit [ɛspʀi] *m* mind

essayer [ɛsɛje] to try, try on

essence [ɛsɑ̃s] *f* gasoline

essoufflé [esufle] out of breath

est: il est [ilɛ] *pr ind 3rd sg of* **être**

Est [ɛst] *m* East

estampe [ɛstɑ̃p] *f* print, engraving, etc.

estomac [ɛstɔma] *m* stomach

et [e] and; **et cætera** [ɛtseteʀa] etc.

établi [etabli] established, settled

établissement (industriel) [etablismɑ̃] *m* factory

était: il était [iletɛ] *imperf ind 3rd sg of* **être**

étalage [etalaʒ] *m* display

États-Unis [etazyni] *m pl* United States

étayer [etɛje] to support

été [eèe] *m* summer; **été** [ete] *p part of* **être**

éteindre [etɛ̃dʀ] to extinguish (*conjug like* **peindre**)

étendue [etɑ̃dy] *f* extent, size

éternité [etɛʀnite] *f* eternity

êtes: vous êtes [vuzɛt] *pr ind 2nd pl of* **être**

étoffe [etɔf] *f* material

étoile [etwal] *f* star

étonnant [etɔnɑ̃] astonishing

étonner: s'étonner [setɔne] to wonder at

étrange [etʀɑ̃ʒ] strange

étranger [etʀɑ̃ʒe], **étrangère** [etʀɑ̃ʒɛʀ] foreign; *n* foreigner; **à l'étranger** abroad

être [ɛtʀ] to be; **c'est** it is; **est-ce?** is it?; **est-ce que?** is it that?; **qu'est-ce que c'est que?** what is?; **c'est-à-dire** that is to say; **il est onze heures** it is eleven o'clock; **c'est aujourd'hui jeudi** today is Thursday; **être à** to belong to

étroit [etʀwa] narrow

étudiant [etydjɑ̃] *m* **étudiante** [etydjɑ̃t] *f* student

étudier [etydje] to study

eu [y] *p part of* **avoir**

eurent; ils eurent [ilzyʀ] *p simple 3rd pl of* **avoir**

Europe [œʀɔp] *f* Europe

européen [œʀɔpeɛ̃], **européenne** [œʀɔpeɛn] European

eut: il eut [ily] *p simple 3rd sg of* **avoir**; **il y eut** there was, there were, there has been, there have been

eux [ø] they, them

évidemment [evidamɑ̃] evidently

évident [evidɑ̃] evident

éviter [evite] to avoid

exact [ɛgzakt] exact

exactement [ɛgzaktəmɑ̃] exactly

examen [ɛgzamɛ̃] *m* examination

examiner [ɛgzamine] to examine

excellent [ɛksɛlɑ̃] excellent

excès [ɛksɛ] *m* excess

excepté [ɛksɛpte] except

exclusivement [ɛksklyzivmɑ̃] exclusively

excursion [ɛkskyʀsjɔ̃] *f* excursion

excuser: s'excuser [sɛkskyze] to apologize

exécution [ɛgzekysjɔ̃] *f* execution

exemple [ɛgzɑ̃pl] *m* example; **par exemple** for example

exercice [ɛgzɛʀsis] *m* exercise; **exercice d'application** drill

existence [ɛgzistɑ̃s] *f* existence

exister [ɛgziste] to exist

expérience [ɛkspeʀjɑ̃s] *f* experience

explication [ɛksplikasjɔ̃] *f* explanation

expliquer [ɛksplike] to explain

exploiter [ɛksplwate] to make use of

express [ɛkspʀɛs] *m* fast train

expression [ɛkspʀɛsjɔ̃] *f* expression

exprimer [ɛkspʀime] to express

extérieur [ɛkteʀjœʀ] *m* exterior

extraordinaire [ɛkstʀaɔʀdinɛʀ] extraordinary

F

fabrique [fabrik] *f* plant
fabriqué [fabrike] made
façade [fasad] *f* front of a building
face [fas] *f* face; **en face de** opposite
fâché [faʃe] sorry, angry
facile [fasil] easy
facilement [fasilmɑ̃] easily
façon [fasɔ̃] *f* way, manner
facteur [faktœr] *m* postman
facture [faktyr] *f* bill
Faculté [fakylte] *f* a division of a University
faim [fɛ̃] *f* hunger; **avoir faim** to be hungry
faire [fɛr] to do, make; **faire une promenade** to take a walk; **faire du ski** to go skiing; **quoi faire?** what for?; **faire la connaissance de** to meet, become acquainted with; **faire venir** to have . . . come; **faire envoyer** to have . . . sent; **faire attention** to watch out; **quel temps fait-il?** what kind of weather is it?; **il fait beau** the weather is nice; **il fait du vent** it is windy; **il fait nuit** it is dark; **cela ne fait rien** it does not make any difference; **ne vous en faites pas** don't worry; **se faire un plaisir de** to be glad to; **faire plaisir** to please; **faire bien de** to do well to; **faire penser** to remind; **faire peur** to frighten; **cela m'a fait quelque chose** that bothered me; **comment se fait-il que?** how is it that?
fais: je fais [ʒəfɛ] *pr ind 1st sg of* **faire**
faisait: il faisait [ilfəzɛ] *imperf ind 3rd sg of* **faire**; **il faisait beau** the weather was nice
fait [fɛ]: **tout à fait** quite, entirely
fait: il fait [ilfɛ] *pr ind 3rd sg of* **faire**
faites: vous faites [vufɛt] *pr ind 2nd pl of* **faire**
falloir [falwar] *impers verb* to have to; **il faut** one must, it is necessary; **il fallait, il a fallu** it was necessary; **il faudra** it will be necessary
familial [familjal] of the family
famille [famij] *f* family; relatives
fantaisie [fɑ̃tezi] *f* fancy
fasse: il fasse [ilfas] *pr subj 3rd sg of* **faire**
fatigue [fatig] *f* fatigue
fatigué [fatige] tired
faut: il faut [ilfo] *pr ind 3rd sg of* **falloir**
faute [fot] *f* fault
fauteuil [fotœj] *m* armchair
faux [fo] false

favori [favɔri], **favorite** [favɔrit] favorite
femme [fam] *f* woman, wife; **femme de ménage** cleaning woman
fenêtre [fənɛtr] *f* window
fer [fɛr] *m* iron; **chemin de fer** *m* railroad
ferai: je ferai [ʒəfəre] *fut 1st sg of* **faire**
ferme [fɛrm] *f* farm
fermenter [fɛrmɑ̃te] to ferment
fermer [fɛrme] to close
fertile [fɛrtil] fertile
fête [fɛt] *f* celebration, holiday
feu [fø] *m* fire
feuille [fœj] *f* leaf
février [fevrije] *m* February
fiancé, fiancée [fjɑ̃se] fiancé, fiancée
fidèle [fidɛl] *m* faithful
fièvre [fjɛvr] *f* fever
figure [figyr] *f* face
filet [filɛ] *m* fillet
fille [fij] *f* daughter; **jeune fille** girl; **petite fille** little girl
film [film] *m* film, movie
fils [fis] *m* son
fin [fɛ̃] *f* end
finalement [finalmɑ̃] finally
finir [finir] to finish
finissez: vous finissez [vufinise] *pr ind 2nd pl of* **finir**
fixer [fikse] to decide upon
flamboyant [flɑ̃bwajɑ̃] flamboyant
flanc [flɑ̃] *m* side
flatteur [flatœr] *m* flatterer
fleur [flœr] *f* flower
fleuve [flœv] *m* river (that flows into the sea)
Florence [flɔrɑ̃s] Florence
Floride [flɔrid] *f* Florida
flotte [flɔt] *f* navy
foin [fwɛ̃] *m* hay
fois [fwa] *f* time; **la première fois** the first time; **plusieurs fois** several times; **à la fois** at the same time; **maintes fois** many times
foncé [fɔ̃se] dark colored; **bleu foncé** dark blue
fonctionnaire [fɔ̃ksjɔnɛr] *m* government employee
fond *m* **au fond des bois** [ofɔ̃debwa] deep in the woods
fonder [fɔ̃de] to found
font: ils font [ilfɔ̃] *pr ind 3rd pl of* **faire**
fontaine [fɔ̃tɛn] *f* fountain
Fontainebleau [fɔ̃tɛnblo] town in the Île-de-France

forcé [fɔʀse] forced

forêt [fɔʀɛ] f forest

forme [fɔʀm] f form

former [fɔʀme] to form

formidable [fɔʀmidabl] terrific

fort [fɔʀ] *adv* very

fort [fɔʀ] strong

fortification [fɔʀtifikasjɔ̃] f fortification

fou [fu] crazy; **un succès fou** a terrific success

foule [ful] f mob, crowd

fourchette [fuʀʃɛt] f fork

fourgon [fuʀgɔ̃] m baggage car

fragmentaire [fʀagmɑ̃tɛʀ] fragmentary

frais [fʀɛ], fraîche [fʀɛʃ] fresh, cool, cold

fraise [fʀɛz] f strawberry; **fraise des bois** wild strawberry

franc [fʀɑ̃] m franc

français [fʀɑ̃sɛ], française [fʀɑ̃sɛz] French (*takes a capital only when used as a noun referring to a person*)

France [fʀɑ̃s] f France

François Ier [fʀɑ̃swa pʀəmje] king of France (1494-1547)

fréquent [fʀekɑ̃] frequent

fréquenté [fʀekɑ̃te] popular (frequently visited)

frère [fʀɛʀ] m brother

frit [fʀi] fried; **pommes de terre frites** French fried potatoes

frites [fʀit] f pl French fried potatoes

froid [fʀwa] cold; **il fait froid** it is cold; **avoir froid** to be cold

fromage [fʀɔmaʒ] m cheese

fruit [fʀɥi] m fruit

fuir [fɥiʀ] to flee

fumer [fyme] to smoke

furent: ils furent [ilfyʀ] *p simple 3rd pl of* être

fut: il fut [ilfy] *p simple 3rd sg of* être

G

gai [ge] gay

galerie [galʀi] f gallery, hall

gant [gɑ̃] m glove

garage [gaʀaʒ] m garage

garçon [gaʀsɔ̃] m boy, waiter

garder [gaʀde] to keep; **se garder de** to be careful not to

gardien [gaʀdjɛ̃] m guard

gare [gaʀ] f station

gâteau [gato] m cake, pastry

gauche [goʃ] f left; **à gauche** to the left

gaule [gol] f fishing pole

génération [ʒeneʀasjɔ̃] f generation

Geneviève: **sainte Geneviève** [sɛ̃t ʒənvjɛv] patron saint of Paris

genre [ʒɑ̃ʀ] m kind

gens [ʒɑ̃] f pl people; **jeunes gens** [ʒœnʒɑ̃] young people

gentil [ʒɑ̃ti], gentille [ʒɑ̃tij] nice

gentil [ʒɑ̃ti], gentille [ʒɑ̃tij] nice

glace [glas] f ice, mirror; **la Galerie des Glaces** the Hall of Mirrors

glissant [glisɑ̃] slippery

glisser [glise] to slide

gorge [gɔʀʒ] f throat; **avoir mal à la gorge** to have a sore throat

gothique [gɔtik] Gothic

Goths [go] m Goths

goût [gu] m taste

gramme [gʀam] m gram

grand [gʀɑ̃] tall, large, great

grand-mère [gʀɑ̃mɛʀ] f grandmother

grappe [gʀap] f bunch (of grapes)

gras, grasse [gʀɑ, gʀɑs] fat

gratte-ciel [gʀatsjɛl] m skyscraper

grave [gʀav] serious

gravité [gʀavite] f gravity

gravure [gʀavyʀ] f etching

grec [gʀɛk] Greek

Grèce [gʀɛs] f Greece

grille [gʀij] f iron gate

grippe [gʀip] f grippe

gris [gʀi] gray; **gris clair** light gray; **gris foncé** dark gray

gros [gʀo], grosse [gʀos] big; **en gros** roughly

grosseur [gʀosœʀ] f size

groupé [gʀupe] grouped

guère [gɛʀ]; **ne . . . guère** scarcely, hardly

guérir [geʀiʀ] to cure

guerre [gɛʀ] f war

guerrier [gɛʀje] m warrior

guichet [giʃɛ] m ticket window

guide [gid] m guide; **guide Michelin** Michelin guide book

guitare [gitaʀ] f guitar

H

(*Words beginning with an aspirate* **h** *are shown thus:* ***haricot**)

habile [abil] skillful

habilement [abilmɑ̃] skillfully

habiller [abije] to dress; **s'habiller** to get dressed

habitant [abitɑ̃] *m* inhabitant

habite: **il habite** [ilabit] *pr ind 3rd sg of* **habiter**

habiter [abite] to live in

habitude [abityd] *f* habit, practice; **comme d'habitude** as usual; **avoir l'habitude de** to be used to; **d'habitude** usually

habituer: **s'habituer à** [sabitɥe a] to get used to

*haricot [aʀiko] *m* bean

harmonie [aʀmɔni] *f* harmony

*harpe [aʀp] *f* harp

*hasard [azaʀ) *m* chance; **par hasard** by chance

*hâte [ɑt] *f* haste; **avoir hâte de** to be eager to

hausser [ose] **hausser les épaules** to shrug

*haut [o] *m* top, upper part; **en haut de** at the top of; **là-haut** up there

hauteur [otœʀ] *f* height

hectomètre [ɛktɔmɛtʀ] *m* 100 meters

hélas [elɑs] alas

hélicoptère [elikɔptɛʀ] *m* helicopter

herbe [ɛʀb] *f* grass

héritage [eʀitaʒ] *m* heritage

*héros [eʀo] *m* hero

heure [œʀ] *f* hour, time; **quelle heure est-il?** what time is it?; **il est onze heures** it is eleven o'clock; **une demi-heure** a half hour; **à l'heure** on time; **de bonne heure** early; **tout à l'heure** in a while, a while ago; **à l'heure actuelle** at the present time

heureux [œʀø], **heureuse** [œʀøz] happy

heureusement [œʀøzmɑ̃] fortunately

hier [jɛʀ] *m* yesterday; **hier soir** last night

hippopotame [ipɔpɔtam] *m* hippopotamus

histoire [istwaʀ] *f* history, story; **l'histoire de France** French history

historique [istɔʀik] historical

hiver [ivɛʀ] *m* winter

homme [ɔm] *m* man; **jeune homme** boy, young man

honneur [ɔnœʀ] *m* honor

hôpital [ɔpital] *m* hospital

horaire [ɔʀɛʀ] *m* timetable

horloge [ɔʀlɔʒ] *f* clock

horloger [ɔʀlɔʒe] *m* jeweler

horriblement [ɔʀiblǝmɑ̃] terribly

*hors-d'œuvre [ɔʀdœvʀ] *m* hors d'œuvres

hostilité [ɔstilite] *f* hostility

hôtel [otɛl] *m* hotel

hôtelier [otǝlje] *m* hotel keeper

Hugo: **Victor Hugo** [viktɔʀygo] French writer (1802-1885)

*huit [ɥit] eight; **huit jours** a week; **d'aujourd'hui en huit** a week from today

*huitième [ɥitjɛm] eighth

humain [ymɛ̃] human

humide [ymid] humid

humidité [ymidite] *f* humidity

*Huns [œ̃] *m pl* Huns

I

ici [isi] here

idée [ide] *f* idea

identifier [idɑ̃tifje] to identify

identité [idɑ̃tite] *f* identity; **carte d'identité** identification card

il [il] he, it

île [il] *f* island; **Île-de-France** the region around Paris; **L'Île de la Cité** an island in the Seine, the heart of old Paris

illustration [ilystʀasjɔ̃] *f* illustration

ils [il] they

image [imaʒ] *f* picture

imaginer [imaʒine] to imagine

immense [imɑ̃s] immense

immensité [imɑ̃site] *f* immensity

immeuble [imœbl] apartment house

impair [ɛ̃pɛʀ] odd (*of numbers*)

imparfait [ɛ̃paʀfɛ] imperfect

impassible [ɛ̃pasibl] impassive

imperméable [ɛ̃pɛʀmeabl] *m* raincoat

impétueux [ɛ̃petɥø] impetuous

impliquer [ɛ̃plike] to imply

importance [ɛ̃pɔʀtɑ̃s] *f* importance

imposant [ɛ̃pozɑ̃] imposing

impression [ɛ̃pʀesjɔ̃] *f* impression; **avoir l'impression** to think

impressionné [ɛ̃pʀesjone] impressed

Impressionniste [ɛ̃pʀesjɔnist] Impressionist

incident [ɛ̃sidɑ̃] *m* incident

inconnu [ɛ̃kany] unknown

incroyable [ɛ̃kʀwajabl] unbelievable

indéfini [ɛ̃defini] indefinite

indépendance [ɛ̃depɑ̃dɑ̃s] *f* independence

indépendant [ɛ̃depɑ̃dɑ̃] independent

indication [ɛ̃dikasjɔ̃] *f* indication

indignation [ɛ̃diɲasjɔ̃] f indignation
indiquer [ɛ̃dike] to indicate, tell
industrie [ɛ̃dystRi] f industry
industriel [ɛ̃dystRijɛl] m manufacturer
infiniment [ɛ̃finimɑ̃] infinitely
influence [ɛ̃flyɑ̃s] f influence
ingénieur [ɛ̃ʒnjœR] m engineer
injustice [ɛ̃ʒystis] f injustice
inoubliable [inubliabl] unforgettable
inquiet [ɛ̃kjɛ] worried
inscription [ɛ̃skRipsjɔ̃] f inscription
inspirer [ɛ̃spiRe] to inspire
installer [ɛ̃stale] to set up; s'installer to settle
instant [ɛ̃stɑ̃] m instant; un instant for a moment
Institut [ɛ̃stity] m Institute
intelligent [ɛ̃teliʒɑ̃] intelligent
intention [ɛ̃tɑ̃sjɔ̃] f intention; avoir l'intention de to intend to
intéressant [ɛ̃teRɛsɑ̃] interesting, worth buying
intéresser [ɛ̃teRɛse] to interest; s'intéresser à to be interested in
intérieur [ɛ̃teRjœR] m inside; à l'intérieur inside
international [ɛ̃teRnasjɔnal] international
interrogatif [ɛ̃teRɔgatif], interrogative [ɛ̃teRɔgativ] interrogative
inventer [ɛ̃vɑ̃te] to invent
invention [ɛ̃vɑ̃sjɔ̃] f invention
inverse [ɛ̃vɛRs] inverse
inversion [ɛ̃vɛRsjɔ̃] f inversion
invitation [ɛ̃vitasjɔ̃] f invitation
inviter [ɛ̃vite] to invite
irai: j'irai [ʒiRe] fut 1st sg of aller
irais: j'irais [ʒiRe] cond 1st sg of aller
irlandais [iRlɑ̃dɛ] Irish
ironique [iRɔnik] ironical
Islande [islɑ̃d] f Iceland
Italie [itali] f Italy
italien [italjɛ̃], italienne [italjɛn] Italian (takes a capital only when used as a noun referring to a person)
ivresse [ivRɛs] f intoxication

J

j' see je
jaloux, jalouse [ʒalu, ʒaluz] jealous
jamais [ʒamɛ] never, ever; ne . . . jamais never
jambe [ʒɑ̃b] f leg
jambon [ʒɑ̃bɔ̃] m ham

janvier [ʒɑ̃vje] m January
Japon [ʒapɔ̃] m Japan
jaquette [ʒakɛt] f jacket
jardin [ʒaRdɛ̃] m garden
jaune [ʒon] yellow
je [ʒə] I
Jeanne d'Arc [ʒandaRk] Joan of Arc (1412-1431)
jeter [ʒəte] to throw, cast; jeter un coup d'œil sur to take a look at
jeu [ʒø] m game; vieux jeu out of date; Jeu de Paume famous Paris museum
jeudi [ʒødi] Thursday
jeune [ʒœn] young; jeune fille girl
Joconde: la Joconde [laʒɔkɔ̃d] the Mona Lisa
joindre [ʒwɛ̃dR] to join
joli [ʒɔli] pretty
joue [ʒu] f cheek
jouer [ʒwe] to play; jouer à, jouer de
jour [ʒuR] m day, daylight; par jour a day; huit jours a week; quinze jours two weeks; tous les jours every day; ces jours-ci some time soon; il fait jour it is daylight
journal [ʒuRnal], journaux [ʒuRno] m newspaper
journée [ʒuRne] f all day; toute la journée all day
juger [ʒyʒe] to judge
juillet [ʒɥijɛ] m July
juin [ʒɥɛ̃] m June
jumeaux [ʒymo] m pl twins
jupe [ʒyp] f skirt
jus [ʒy] m juice
jusqu'à [ʒyska] until, up to, as far as; jusque-là that far, till then; jusqu'à ce que until
juste [ʒyst] exactly, just; au juste precisely
justement [ʒystəmɑ̃] as it happens

K

kilo [kilo], kilogramme [kilɔgRam] m kilo (2.2 lbs.)
kilomètre [kilɔmɛtR] m kilometer (about $\frac{5}{8}$ mile)
kiosque [kjɔsk] m stand, newsstand
klaxonner [klaksɔne] to sound a horn (on car)

L

l' see le, la
la [la] art the; pron her, it

là [la] there; **là-bas** over there; **là-haut** up there; **ce jour-là** that day

labo [labo] *m* lab

laboratoire [labɔʀatwaʀ] *m* laboratory

lac [lak] *m* lake

La Fayette [lafajɛt] French statesman (1757-1834); **Galeries Lafayette** department store in Paris

laine [lɛn] *f* wool

laisser [lɛse] to let, leave

lait [lɛ] *m* milk

laitue [lɛty] *f* lettuce

lancer [lãse] to launch, to start, to throw

langue [lãg] *f* language

laquelle *see* **lequel**

laver [lave] to wash

le [lə] *art* the; *pron* him, it

leçon [ləsõ] *f* lesson

lecture [lɛktyʀ] *f* reading

légal [legal] legal

légende [leʒãd] *f* legend

léger [leʒe] light

légume [legym] *m* vegetable

lendemain: le lendemain [ləlãdmɛ̃] the next day

lentement [lãtmã] slowly

lequel [ləkɛl], **laquelle** [lakɛl], **lesquels** [lekɛl], **lesquelles** [lekɛl] *rel pron* which; who, whom; **lequel? laquelle? lesquels? lesquelles?** *interrog pron* which? which one? which ones?

les [le] *art* the; *pron* them

lettre [lɛtʀ] *f* letter; **papier à lettres** stationery

leur [lœʀ] *pers pron* to them, them; **leur** [lœʀ], **leurs** [lœʀ] *poss adj* their; **le leur, la leur, les leurs** *poss pron* theirs

lever: se lever [səlve] to get up, rise

lèvre [lɛvʀ] *f* lip

liberté [libɛʀte] *f* liberty

libraire [libʀɛʀ] *m* bookseller

librairie [libʀɛʀi] *f* bookstore

libre [libʀ] free

lieu [ljø] *m* place; **avoir lieu** to take place

ligne [liɲ] *f* line

limité [limite] limited

limpide [lɛ̃pid] limpid

lion [ljõ] *m* lion

lire [liʀ] to read

lis: je lis [ʒəli] *pr ind 1st sg of* **lire**

Lisbonne [lisbɔn] Lisbon

lisez: vous lisez [vulize] *pr ind 2nd pl of* **lire**

liste [list] *f* list

lit [li] *m* bed

litre [litʀ] *m* litre [1.0567 qts. liquid)

littérature [liteʀatyʀ] *f* literature

livre [livʀ] *m* book

livre [livʀ] *f* pound; **deux francs la livre** two francs a pound

loi [lwa] *f* law

loin [lwɛ̃] far

lointain [lwɛ̃tɛ̃], **lointaine** [lwɛ̃ten] distant; **dans le lointain** in the distance

Londres [lõdʀ] London

long [lõ], **longue** [lõg] long; **le long de** along

longtemps [lõtã] a long time, long; **depuis longtemps** for a long time

longueur [lõgœʀ] *f* length

lorsque [lɔʀsk] when

louer [lwe] to rent

Louis XIV [lwikatɔʀz] king of France (1638-1715)

Louisiane [lwizjan] *f* Louisiana

loup [lu] *m* wolf

loupe [lup] *f* magnifying-glass

lourd [luʀ] heavy

Louvre: le Louvre [ləluvʀ] former royal palace in Paris

loyer [lwaje] *m* rent

lu [ly] *p part of* **lire**

lugubre [lygybʀ] dismal, dreadful

lui [lɥi] him; to him, to her, to it

lundi [lœ̃di] *m* Monday

lumière [lymjɛʀ] *f* light

lune [lyn] *f* moon

lunettes [lynɛt] *f pl* glasses

luxe [lyks] *m* luxury

Luxembourg [lyksãbuʀ]: **Jardin du Luxembourg** park in Paris

lycée [lise] *m* secondary school

lys [lis] *m* lily

M

M. *abbr of* **Monsieur**

ma *see* **mon**

machine [maʃin] *f* machine; **machine à écrire** typewriter

madame [madam] *f* madam, Mrs.

mademoiselle [madmwazɛl] *f* Miss

magasin [magazɛ̃] *m* store

magazine [magazin] *m* magazine

magnifique [maɲifik] magnificent, splendid

mai [mɛ] *m* May

maigre [mɛgʀ] skinny

main [mɛ̃] *f* hand

maintenant [mɛ̃tnɑ̃] now

maire [mɛʀ] *m* mayor

mais [mɛ] but; **mais oui** oh yes; **mais non** oh no

maïs [mais] *m* corn

maison [mɛzõ] *f* house, company; **à la maison** at home

majestueux [maʒɛstɥø], **majestueuse** [maʒɛstɥøz] majestic

mal [mal] *m* pain, evil; **mal de tête** *m* headache; **avoir mal à la tête** to have a headache; **faire mal** to hurt; **mal** [mal] *adv* badly; **pas mal** all right; **avoir du mal à** to have trouble to

malade [malad] sick

maladie [maladi] *f* sickness

maladroit [maladʀwa] clumsy, awkward

malgré [malgʀe] in spite of

malheureusement [malœʀøzmɑ̃] unfortunately

malheureux [malœʀø], **malheureuse** [malœʀøz] unhappy; **les malheureux** *m pl* the unfortunate

manger [mɑ̃ʒe] to eat

mannequin [mankɛ̃] *m* fashion model

manquer [mɑ̃ke] to miss; **mes parents me manquent** I miss my parents

Mansart *or* **Mansard** [mɑ̃saʀ] French architect (1646-1708)

mansarde [mɑ̃saʀd] *f* garret

manteau [mɑ̃to] *m* coat, cloak

marchand [maʀʃɑ̃] *m* merchant, dealer, shopkeeper

marché [maʀʃe] *m* market; **à bon marché** cheap; **à meilleur marché** cheaper; **le Bon Marché** large department store in Paris

marcher [maʀʃe] to walk

mardi [maʀdi] *m* Tuesday

marguerite [maʀgəʀit] *f* daisy

mari [maʀi] *m* husband

mariage [maʀjaʒ] *m* marriage, wedding

marié [maʀje] *m* groom; **mariée** *f* bride

marier: se marier [smaʀje] to get married

marin [maʀɛ̃] *m* sailor

marine [maʀin]: **bleu marine** dark blue

marque [maʀk] *f* name, brand

marron [maʀõ] brown; **les yeux marron** brown eyes (no agreement)

marronnier [maʀɔnje] *m* horse chestnut tree

mars [maʀs] *m* March

Marseille [maʀsɛj] city in southern France

Martinique [maʀtinik] *f* Martinique

mathématiques [matematik] *f pl* mathematics

matin [matɛ̃] *m* morning; **le matin** in the morning; **tous les matins** every morning

matinée [matine] *f* morning

mauvais [mɔvɛ] *or* [movɛ] bad, wrong; **la mauvaise route** the wrong road

me [mə] me, to me

mécanique [mekanik] mechanical

mécontent [mekõtɑ̃] dissatisfied

médecin [metsɛ̃] *m* physician

médicament [medikamɑ̃] *m* medicine, drug

méfiance [mefiɑ̃s] *f* distrust

méfier: se méfier [sə mefje] to beware

meilleur, meilleure, meilleurs, meilleures [mɛjœʀ] (*compar of* **bon**) better; **le meilleur, la meilleure, les meilleurs, les meilleures** (*superl of* **bon**) the best

Melun [məlœ̃] town in the Île-de-France

même [mɛm] *adv* even, itself; **ne . . . même pas** not even; **tout de même** nevertheless, anyway; **au cœur même de Paris** in the very heart of Paris; **le même, la même, les mêmes** *adj and pron* the same

mémoire [memwaʀ] *f* memory

ménage [menaʒ] *m* housekeeping; **femme de ménage** cleaning woman

ménager [menaʒe] to arrange

mener [məne] to lead

menu [məny] *m* menu

mer [mɛʀ] *f* sea

merci [mɛʀsi] thank you; **merci quand même** thanks anyway

mercredi [mɛʀkʀədi] *m* Wednesday

mère [mɛʀ] *f* mother

merveille [mɛʀvɛj]: **à merveille** marvelously

mes *see* **mon**

messe [mɛs] *f* mass

mesure [məzyʀ] *f* measure

métallique [metalik] metallic

mètre [mɛtʀ] *m* meter (39.37 inches)

métro [metʀo] *m* subway

métropolitain [metʀɔpɔlitɛ̃] metropolitan

mettez: vous mettez [vumɛte] *pr ind 2nd pl of* **mettre**

mettre [mɛtʀ] to put, put on; **se mettre à** to begin; **mettre une lettre à la poste** to mail a letter; **se mettre en route** to set out

meuble [mœbl] *m* piece of furniture; **les meubles** furniture meublé [mœble] furnished

Mexique [mɛksik] *m* Mexico

Michelin: guide Michelin [gidmiʃlɛ̃] Michelin guide book

midi [midi] *m* noon; après-midi *m* afternoon

mien: le mien [ləmjɛ̃], la mienne [lamjɛn], les miens [lemjɛ̃], les miennes [lemjɛn] mine

mieux [mjø] *adv* (*compar of* bien) better; aimer mieux to prefer; tant mieux so much the better; le mieux (*superl of* bien) the best; de son mieux the best he could; je vais le mieux du monde I couldn't be better

milieu [miljø] *m* middle; au milieu de in the middle of, in the midst of

mille [mil] a thousand

Millet [milɛ] French painter (1815-1865)

millième [miljɛm] *m* a thousandth

millimètre [milimɛtʀ] *m* millimeter

million [miljɔ̃] *m* million

millionnaire [miljɔnɛʀ] *m* millionaire

mince [mɛ̃s] thin

ministère [ministɛʀ] *m* ministry

ministre [ministʀ] *m* Cabinet member

minuit [minɥi] *m* midnight

minute [minyt] *f* minute

mis [mi] *p part of* mettre

misère [mizɛʀ] *f* poverty

Mlle *abbr of* Mademoiselle

Mme *abbr of* Madame

mode [mɔd] *f* fashion; *pl* women's hats and other apparel

moderne [mɔdɛʀn] modern

modiste [mɔdist] *f* milliner

moi [mwa] I, me, to me

moindre, moindres [mwɛ̃dʀ] lesser; le moindre, la moindre, les moindres the least, the slightest

moins [mwɛ̃] less; moins . . . que less . . . than; à moins que unless; deux heures moins le quart a quarter of two; du moins, au moins at least

mois [mwa] *m* month; au mois de décembre in December

moisson [mwasɔ̃] *f* harvest

Molière [mɔljɛʀ) French playwright (1622-1673)

moment [mɔmɑ̃] *m* moment, time; à ce moment-là at that time; au moment de at the time of; au moment où at the time when

mon [mɔ̃], ma [ma], mes [me] my

monde [mɔ̃d] *m* world, people; tout le monde everybody

mondial [mɔ̃djal] world-wide

monnaie [mɔnɛ] *f* change; porte-monnaie *m* change purse

monotone [mɔnɔtɔn] monotonous

monsieur [məsjø] *m* Sir, Mr., gentleman

montagne [mɔ̃taɲ] *f* mountain

Monte-Cristo [mɔ̃tekʀisto]: Le Comte de Monte-Cristo a novel by Dumas

monter [mɔ̃te] to go up

Montmartre [mɔ̃maʀtʀ] a section of Paris

montre [mɔ̃tʀ] *f* watch

montrer [mɔ̃tʀe] to show

Mont-Saint-Michel, le [mɔ̃ sɛ̃ miʃɛl] town built on a rock off the coat of Brittany, famous for its monastery

monument [mɔnymɑ̃] *m* monument

monumental [mɔnymɑ̃tal] monumental

moquer: se moquer de [səmɔke də] to laugh at, make fun of

mordre [mɔʀdʀə] to bite

mort [mɔʀ] *p part of* mourir

Moscou [mɔsku] Moscow

mot [mo] *m* word

motocyclette [mɔtɔsiklɛt] *f* motorcycle

mouchoir [muʃwaʀ] *m* handkerchief

mouillé [muje) wet

mourir [muʀiʀ) to die

mourut: il mourut [ilmuʀy] *p simple 3rd sg of* mourir

mousquetaire [muskətɛʀ] *m* musketeer; Les Trois Mousquetaires a novel by Dumas

mouton [mutɔ̃] *m* sheep

moyen [mwajɛ̃] *m* means; il n'y a pas moyen there is no way; Moyen-Âge [Mwajɛnaʒ] *m* Middle Age

multiplier [myltiplije] to multiply

mur [myʀ] *m* wall

mural [myʀal] mural

mûrir [myʀiʀ] to ripen, mature

musclé [myskle] muscular

musée [myze] *m* museum

musicien [myzisjɛ̃] *m* musician

musique [myzik] *f* music

mutilation [mytilasjɔ̃] *f* mutilation

mutilé [mytile] mutilated

N

n' *see* ne

nager [naʒe] to swim

naître [nɛtR] to be born

Napoléon [napɔleõ] emperor of the French (1769-1821)

natal [natal] native

national [nasjɔnal] national

nationalité [nasjɔnalite] *f* nationality

naturel [natyRɛl] natural

naturellement [natyRɛlmã] naturally

ne [nə] not; no; **ne . . . pas** not, no; **ne . . . plus** no more, no longer; **ne . . . que** only; **ne . . . ni . . . ni** neither . . . nor; **ne . . . guère** hardly, scarcely; **ne . . . personne** nobody; **ne . . . aucun(e)** none

né [ne] *p part of* **naître**; **je suis né à Philadelphie** I was born in Philadelphia

néanmoins [neãmwɛ̃] nevertheless

nécessité [nesɛsite] *f* necessity

nef [nɛf] *f* nave

négatif [negatif], **négative** [negativ] negative

négativement [negativmã] negatively

négociant [negɔsjã] *m* wholesale merchant

neige [nɛʒ] *f* snow

neiger [nɛʒe] to snow; **il neige** it is snowing

nervure [nɛRvyR] *f* nervure, nerve

nettoyer [nɛtwaje] to clean

neuf [nœf] nine

neuf [nœf], **neuve** [nœv] new

neuvième [nœvjɛm] ninth

ni [ni] neither, nor; **ne . . . ni . . . ni** neither . . . nor; **ni l'un ni l'autre** neither

nier [nije] to deny

noble [nɔbl] noble

noblesse [nɔblɛs] *f* nobility

Noël [nɔɛl] *m* Christmas

noir [nwaR] black

noirci [nwaRsi] blackened

nom [nõ] *m* name

nombre [nõbR] *m* number

nombreux [nõbRø], **nombreuse** [nõbRøz] numerous

nommé [nɔme] named

non [nõ] no; **non plus** either

Nord [nɔR] *m* North

Normandie [nɔRmãdi] *f* Normandy

norvégien, norvégienne [nɔRveʒjɛ̃, nɔRveʒjɛn] Norwegian

notamment [nɔtamã] among others, in particular

notre [nɔtR], **nos** [no] *adj* our; **le nôtre** [lənotR], **la nôtre, les nôtres** *pron* ours

nous [nu] we, us, to us

nous-mêmes [numɛm] ourselves

nouveau [nuvo], **nouvel, nouvelle** [nuvɛl], **nouveaux, nouvelles** new; **de nouveau** again, once more; **La Nouvelle-Orléans** New Orleans

nouvelle [nuvɛl] *f* piece of news

novembre [nɔvãbR] *m* November

nuage [nɥaʒ] *m* cloud

nuit [nɥi] *f* night, darkness; **il fait nuit** it is dark

nul [nyl], **nulle** [nyl] no, no one; **nulle part** nowhere

numéro [nymeRo] *m* number

O

obéir [ɔbeiR] to obey

obélisque [ɔbelisk] *m* obelisk

objet [ɔbʒɛ] *m* object; **objet d'art** art object

obligatoire [ɔbligatwaR] required

obliger [ɔbliʒe] to oblige; **noblesse oblige** rank imposes obligations

oblique [ɔblik] oblique

obscurité [ɔpskyRite] *f* darkness

observatoire [ɔpsɛRvatwaR] *m* observatory

observer [ɔpsɛRve] to observe

occasion [ɔkazjõ] *f* occasion, bargain; **livre d'occasion** second-hand book

occupation [ɔkypasjõ] *f* occupation

occupé [ɔkype] busy

occuper: s'occuper de [sɔkype də] to take care of

octobre [ɔktɔbR] *m* October

oculiste [ɔkylist] *m* oculist

œil [œj], *pl* **yeux** [jø] *m* eye; **jeter un coup d'oeil** to glance

œillet [œjɛ] *m* carnation

œuf [œf], *pl* **œufs** [ø] *m* egg

œuvre [œvR] *f* work

offrir [ɔfRiR] to offer (*conjug like* **ouvrir**)

ogive [ɔʒiv] *f* ogive, pointed arch

oie [wa] *f* goose

oiseau [wazo] *m* bird

olive [ɔliv] *f* olive

ombre [õbR] *f* shade

omelette [ɔmlɛt] *f* omelet

on [õ], **l'on** [lõ] one, they, someone

oncle [õkl] *m* uncle

ont: ils ont [ilzõ] *pr ind 3rd pl of* **avoir**

onze [õz] eleven

onzième [õzjɛm] eleventh

opéra [ɔpeRa] *m* opera, opera house

opération [ɔpeʀɑsjõ] f operation

opposé [ɔpoze] m opposite

orange [ɔʀɑ̃ʒ] f orange

ordinaire [ɔʀdinɛʀ] ordinary; **d'ordinaire** usually

ordre [ɔʀdʀ] m order

oreillons [ɔʀɛjõ] m pl mumps

orgues [ɔʀg] f pl organ

original [ɔʀiʒinal] original, unusual

origine [ɔʀiʒin] f origin

orné [ɔʀne] embellished by

ornement [ɔʀnəmɑ̃] m ornament

os [ɔs], pl os [o] m bone; **je suis mouillé jusqu'aux os** I am wet to the skin

oser [oze] to dare

ou [u] or

où [u] where, where?, in which, when; **d'où le nom** whence the name

oublier [ublije] to forget

oui [wi] yes

ours [uʀs] m bear

ouvert [uvɛʀ] p part of **ouvrir**

ouvrage [uvʀɑʒ] m work

ouvrier [uvʀije] m worker

ouvrir [uvʀiʀ] to open

P

pain [pɛ̃] m bread

pair [pɛʀ]: **nombre pair** even number

paire [pɛʀ] f pair

paisible [pezibl] peaceful

paix [pɛ] f peace

palais [palɛ] m palace

panorama [panɔʀama] m sight, panorama

pantalon [pɑ̃talõ] m pants

Panthéon: le Panthéon [ləpɑ̃teõ] m monument in Paris

papeterie [papɛtʀi] or [paptʀi] f stationery store

papier [papje] m paper; **papier à lettres** stationery

paquet [pakɛ] m package, pack

par [paʀ] by, through; **par jour** a day; **par ici** this way

paraître [paʀɛtʀ] to seem, to appear

parapet [paʀapɛ] m parapet, low wall as a railing

parapluie [paʀaplɥi] m umbrella

parc [paʀk] m park

parce que [paʀskə] because

pardessus [paʀdəsy] m overcoat, topcoat

pardon [paʀdõ] pardon me, excuse me

parent [paʀɑ̃] m parent, relative

parfait [paʀfɛ] perfect

parfaitement [paʀfɛtmɑ̃] perfectly

parfois [paʀfwa] sometimes

Paris [paʀi] m Paris

parisien [paʀizjɛ̃], parisienne [paʀizjɛn] Parisian (*takes a capital only when used as a noun referring to a person*)

parle: je parle [ʒəpaʀl] pr ind 1st sg of **parler**

parler [paʀle] to speak; **entendre parler de** to hear of

parmi [paʀmi] among

part [paʀ] f share; **quelque part** somewhere; **nulle part** nowhere; **c'est gentil de votre part** it is nice of you; **à part cela** aside from that

partager [paʀtaʒe] to divide

particulièrement [paʀtikyljɛʀmɑ̃] particularly

partie [paʀti] f part; **en partie** in part; **partie de pêche** fishing trip

partir [paʀtiʀ] to leave; **je pars** I leave, I am leaving

partout [paʀtu] everywhere

pas [pɑ] not; **ne . . . pas** not, no; **pas encore** not yet; **pas du tout** not at all

pas [pɑ] m step; **à deux pas d'ici** just a step from here

passage [pasaʒ] m passage

passant [pɑsɑ̃] m passer-by

passer [pɑse] to spend; to go by; **comme le temps passe!** how time flies!; **passer un examen** to take an examination; **se passer** [spɑse] to happen, take place; **passer par** to go through; **passer à la caisse** to go to the cash window; **il est minuit passé** it is after midnight

Pasteur [pastœʀ] French scientist (1822-1895)

patience [pasjɑ̃s] f patience

patiner [patine] to skate

pâtisserie [pɑtisʀi] f pastry, pastry shop

patrie [patʀi] f fatherland

patronne [patʀɔn] f patron saint

pauvre [povʀ] poor

payer [peje] to pay

pays [pei] m country

paysage [peizaʒ] m landscape

paysan [peizɑ̃] m peasant

peau [po] f skin

pêche [pɛʃ] f peach

pêche [pɛʃ] f fishing; **aller à la pêche** to go fishing

pêcher [peʃe] to fish

pêcheur [peʃœR] m fisherman

peindre [pɛ̃dR] to paint

peine [pɛn] f trouble; **ce n'est pas la peine** it is not worth while, don't bother; **à peine** scarcely; **non sans peine** not without trouble

peint [pɛ̃] p part of **peindre**

peintre [pɛ̃tR] m painter

peinture [pɛ̃tyR] f painting

Pékin [pekɛ̃] Peking

pèlerinage [pɛlRinɑʒ] m pilgrimage

pendant [pɑ̃dɑ̃] during; **pendant que** as, while

pendre [pɑ̃dR] to hang

pendule [pɑ̃dyl] f clock

pénétrant [penetRɑ̃] penetrating

pénible [penibl] painful

pensée [pɑ̃se] f pansy

penser [pɑ̃se] to think, believe; **penser à** to think of; **penser de** to have an opinion about; **faire penser** to remind

penseur [pɑ̃sœR] m thinker; **le Penseur** a statue by Rodin

pension [pɑ̃sjɔ̃] f room and board

perdre [pɛRdR] to lose

perdu [pɛRdy] lost

père [pɛR] m father

permettre [pɛRmɛtR] to allow

permis [pɛRmi] m permit; **permis de travail** working permit

permission [pɛRmisjɔ̃] f permission

personne [pɛRsɔn] f person; no one, nobody; **ne . . . personne** no one

personnel [pɛRsɔnɛl] personal

perspective [pɛRspɛktiv] f perspective

petit [pəti] small, little; **petit déjeuner** breakfast

peu [pø] little; **un peu** a little; **à peu près** about; **racontez-nous un peu** just tell us; **quelque peu** somewhat; **peu après** soon after; **peu à peu** little by little

peuple [pœpl] m people

peur [pœR] f fear; **avoir peur de** to be afraid of; **avoir peur que** to be afraid that; **de peur que** for fear that

peut: il peut [ilpø] pr ind 3rd sg of **pouvoir**

peut-être [pøtɛtR] perhaps

pharmacie [faRmasi] f drugstore

pharmacien [faRmasjɛ̃] m druggist

Philadelphie [filadɛlfi] Philadelphia

philanthrope [filɑ̃tRɔp] m philanthropist

photo [fɔto] f photograph, picture

photographie [fɔtɔgRafi] f photograph, picture

phrase [fRɑz] f sentence

piano [pjano] m piano

pièce [pjɛs] f coin; play; apiece; **dix francs (la) pièce** ten francs apiece; **pièce d'eau** ornamental pool; **pièce de monnaie** coin

pied [pje] m foot; **aller à pied** to walk; **un pied de salade,** a head of lettuce

pierre [pjɛR] f stone

pigment [pigmɑ̃] m pigment

pilier [pilje] m pillar

pique-nique [piknik] m picnic; **faire un pique-nique** to go on a picnic

pire [piR] worse; **le pire** the worst part of it

pis [pi] worse; **tant pis** so much the worse, too bad

pistolet [pistɔlɛ] m pistol

pittoresque [pitɔRɛsk] picturesque

pivoine [pivwan] f peony

place [plas] f square, space, room, seat; **il y a de la place** there is room; **à votre place** if I were you; **pas de place** no room

placer [plase] to place

plafond [plafɔ̃] m ceiling

plage [plaʒ] f beach

plaignez: vous vous plaignez [vuvuplɛɲe] pr ind 2nd pl of **se plaindre**

plaindre: se plaindre [səplɛ̃dR] to complain

plaire [plɛR] to please; **s'il vous plaît** please; **est-ce que mon chapeau vous plaît?** do you like my hat?

plaisir [plezir] m pleasure; **se faire un plaisir de** to be glad to; **faire plaisir à** to please

plan [plɑ̃] m map

planter [plɑ̃te] to plant

plat m dish; **plat de viande** [pladvjɑ̃d] meat course, main course

plein [plɛ̃], pleine [plɛn] full; **en plein air** in the open

pleurer [plœRe] to cry, weep

pleut: il pleut [ilplø] pr ind 3rd sg of **pleuvoir**

pleuvait: il pleuvait [ilplœvɛ] imperf ind 3rd sg of **pleuvoir**

pleuvoir [plœvwaR] to rain; **il pleut à verse** it is pouring

pliant [plijɑ̃] m folding

plu [ply] p part of **plaire** and of **pleuvoir**

pluie [plɥi] f rain

plume [plym] f feather, pen

plupart: la plupart [laplypaʀ] most, the greater part; la plupart d'entre eux most of them

pluriel [plyʀjɛl] m plural

plus [ply] more; ne . . . plus no more, no longer; plus . . . que more . . . than; plus de more than; le plus grand the tallest; moi non plus nor I either; plus ou moins more or less

plusieurs [plyzjœʀ] several

pneumonie [pnømɔni] f pneumonia

poche [pɔʃ] f poçket

poétique [pɔetik] poetic

poids [pwa] m weight

poignée [pwaɲe] f handful; poignée de main handshake

point [pwɛ̃] m point; point de vue point of view

pointe [pwɛ̃t] f peak; aux heures de pointe during rush hours

pointure [pwɛ̃tyʀ] f size

poire [pwaʀ] f pear

pois [pwɑ] m pea

poisson [pwasɔ̃] m fish

poivre [pwavʀ] m pepper

police [pɔlis] f police; agent de police m policeman

politique [pɔlitik] political; un homme politique statesman

pollution [pɔlysjɔ̃] f pollution

pomme [pɔm] f apple; pomme de terre f potato

pont [pɔ̃] m bridge; le Pont-Neuf bridge in Paris

populaire [pɔpylɛʀ] popular

porc [pɔʀ] m pork, pig

port [pɔʀ] m port

porte [pɔʀt] f door, gate

portefeuille [pɔʀtəfœj] m wallet, billfold

porte-monnaie [pɔʀtəmɔnɛ] m change purse

porter [pɔʀte] to carry, wear, bear

portrait [pɔʀtʀe] m portrait

poser [poze] to set, lay, place; poser une question to ask a question

position [pozisjɔ̃] f position

posséder [pɔsede] to possess

possession [pɔsɛsjɔ̃] f possession

possible [pɔsibl] possible

poste [pɔst] f post, post office

potager [pɔtaʒe] adj vegetable

poulet [pulɛ] m chicken

pour [puʀ] to, for, in order to, so as to; pour que in order that, so that

pourquoi [puʀkwa] why; pourquoi pas? why not?

pourrai: je pourrai [ʒəpuʀe] fut 1st sg of pouvoir

pourtant [puʀtɑ̃] however

pousser [puse] to grow; faire pousser to grow

pouvez: vous pouvez [vupuve] pr ind 2nd pl of pouvoir; je n'y peux rien I can't do anything about it

pouvoir [puvwaʀ] to be able to, can, could, may, might

pratiquement [pʀatikmɑ̃] practically

précédent [pʀesedɑ̃] preceding

précis [pʀesi] exact; huit heures précises exactly eight o'clock

préfecture [pʀefɛktyʀ] f office of a "préfet," administrator of a "département"

préférer [pʀefeʀe] to prefer

premier [pʀəmje], première [pʀəmjɛʀ] first; le premier avril the first of April; premier [pʀəmje] m second floor

prendre [pʀɑ̃dʀ] to take; prendre quelque chose to have something to eat or to drink

prends: je prends [ʒəpʀɑ̃] pr ind 1st sg of prendre

prenez: vous prenez [vupʀəne] pr ind 2nd pl of prendre

préoccupé [pʀeɔkype] worried

préparation [pʀepaʀasjɔ̃] f preparation, making

préparer [pʀepaʀe] to prepare

près [pʀɛ] near, near by; près de near; à peu près about; tout près very close

presbytère [pʀɛzbiteʀ] m curate's house

présent [pʀezɑ̃] present

présentation [pʀezɑ̃tasjɔ̃] f presentation, introduction

présenter [pʀezɑ̃te] to introduce; se présenter to appear, introduce oneself

président [pʀezidɑ̃] m president

presque [pʀɛskə] almost

pressé [pʀɛse]: être pressé to be in a hurry

prêt [pʀɛ] ready

prêter [pʀɛte] to lend

prévenir [pʀevniʀ] to warn (conjug like venir)

prier [pʀije] to pray; Je vous en prie You are welcome, don't mention it

prière [pʀiɛʀ] f prayer

principal [pʀɛ̃sipal] principal

printemps [pʀɛ̃tɑ̃] m spring; au printemps in the spring

pris [pʀi] *p part of* **prendre**

prise [pʀiz] *f* taking, capture

Prisunic [pʀizynik] *m* ten-cent store

prix [pʀi] *m* price

probable [pʀɔbabl] probable

problème [pʀɔblɛm] *m* problem

procès-verbal [pʀɔsɛvɛʀbal] *m* police ticket

prochain [pʀɔʃɛ̃], **prochaine** [pʀɔʃɛn] next; **dimanche prochain** next Sunday; **la semaine prochaine** next week

procurer: se procurer [spʀɔkyʀe] to get

produit [pʀɔdɥi] *m* product

professeur [pʀɔfɛsœʀ] *m* professor

profession [pʀɔfɛsjõ] *f* profession

profiter de [pʀɔfite də] to take advantage of

progrès [pʀɔgʀɛ] *m* progress

prohibé [pʀɔibe] forbidden; **arme prohibée** concealed weapon

projet [pʀɔʒɛ] *m* plan

promenade [pʀɔmnad] *f* walk, drive; **faire une promenade** to take a walk; **promenade en bateau** boat ride

promener: se promener [spʀɔmne] to take a walk

promeneur [pʀɔmnœʀ] *m* person walking

promettre [pʀɔmɛtʀ] to promise

pronom [pʀɔnõ] *m* pronoun

proportion [pʀɔpɔʀsjõ] *f* proportion

proposer [pʀɔpoze] to suggest

propre [pʀɔpʀ] own; clean

propriétaire [pʀɔpʀietɛʀ] *m* owner

propriété [pʀɔpʀiete] *f* property, estate

prospère [pʀɔspɛʀ] prosperous

Provence [pʀɔvãs] *f* province in south of France

province [pʀɔvɛ̃s] *f* out of Paris (in the provinces)

provision [pʀɔvizjõ] *f* supply; **provisions** provisions

psychologue [psikɔlɔg] *m* psychologist

public [þyblik], **publique** [pyblik] public; **jardin public** public park

puis [pɥi] then; **et puis** and besides

puisque [pɥisk] since

puissent: ils puissent [ilpɥis] *pr subj 3rd pl of* **pouvoir**

pull-over [pylovɛʀ] *m* sweater

pur [pyʀ] pure

purement [pyʀmã] purely

put [py] *p part of* **pouvoir**

Pyramides [piʀamid] *f* Pyramids

Pyrénées: les Pyrénées [lepiʀene] *f pl* chain of mountains in southern France

Q

qu' *see* **que**

quai [ke] *m* platform, street along a river

qualité [kalite] *f* quality

quand [kã] when, when?; **depuis quand?** how long? since when?

quarante [kaʀãt] forty

quart [kaʀ] *m* quarter; **onze heures et quart** a quarter past eleven; **onze heures moins le quart** a quarter to eleven

quartier [kaʀtje] *m* quarter, part of a city

quatorze [katɔʀz] fourteen

quatre [katʀ] four

quatre-vingt-dix [katʀəvɛ̃dis] ninety

quatre-vingts [katʀəvɛ̃] eighty

quatrième [katʀijɛm] fourth

que [kə] *rel pron* whom, which; **ce que** [skə] that which, what; **que?** [kə]; **qu'est-ce qui?** [kɛski]; **qu'est-ce que?** [kɛskə] what?; **qu'est-ce que c'est que?** what is?; **que** *conj* that

quel? quelle? quels? quelles? [kɛl] *interrog adj* what?; **quel . . .!** what a . . .!

quelque, quelques [kɛlkə] some, a few; **quelque chose** something; **ça me fait quelque chose** that moves me

quelquefois [kɛlkəfwa] sometimes

quelques-uns [kɛlkəzœ̃], **quelques-unes** (kɛlkəzyn] some, a few

quelqu'un [kɛlkœ̃] somebody, someone

question [kɛstjõ] *f* question

qui [ki] *rel pron* who, whom, which; **ce qui** [ski] what; **qui?** [ki] *interrog pron* who? whom?; **qui est-ce qui?** who?; **qui est-ce que?** whom?; **à qui est cette cravate?** whose tie is this?

quincaillerie [kɛ̃kajʀi] *f* hardware store

quinze [kɛ̃z] fifteen; **Quinze-Vingts** [kɛ̃z vɛ̃] i.e. 300, name of a hospital in Paris

quinzième [kɛ̃zjɛm] fifteenth

quitte [kit] to get even with

quitter [kite] to leave

quoi [kwa] what, what?; **à quoi bon?** what is the use?; **il y a de quoi** there is reason for it; **il n'y a pas de quoi** you are welcome

R

raconter [Rakõte] to tell, to narrate

rafraîchissant [RafReʃisã] cooling

raisin [Rezɛ̃] *m* grapes; **grappe de raisins** *f* a bunch of grapes

raison [Rezõ] *f* reason; **avoir raison** to be right

ramasser [Ramɑse] to pick, pick up, gather

ramener [Ramne] to bring back; to restore

rappeler [Raple] to remind; **se rappeler** to remember

rapporter [Rapɔrte] to take back, bring back

rare [RaR] rare

rarement [RaRmã] seldom

ravager [Ravaʒe] to ravage

ravir [RaviR] to delight; **cette robe vous va à ravir** that dress looks fantastic on you

ravissant [Ravisã] ravishing, fantastic

rayonner [Rɛjɔne] to radiate

réalité [Realite] *f* reality

récemment [Resamã] recently

réception [Resɛpsjõ] *f* reception

recevoir [RəsəvwaR] to receive

recevrai: je recevrai [ʒəRəsəvRe] *fut 1st sg of* recevoir

réciter [Resite] to recite

recommander [Rəkɔmãde] to recommend

reconnaissant [Rəkɔnɛsã] grateful

reconnaître [RəkɔnɛtR] to recognize; to acknowledge

reconstruire [RəkõstRɥiR] to rebuild

reçu [Rəsy] *p part of* recevoir

refaire [RəfɛR] to restore

réfugier: se réfugier [səRefyje] to take refuge

refus [Rəfy] *m* refusal

refuser [Rəfyze] to refuse

regarder [Rəgarde] to look, look at

région [Reʒjõ] *f* region

règle [Rɛgl] *f* rule; **en règle** in order

règne [Rɛɲ] *m* reign

regretter [RəgRɛte] to regret, be sorry for

Reims [Rɛ̃s] Rheims, city in eastern France

reine [Rɛn] *f* queen

rejoindre [RəʒwɛdR] to meet, catch up with

relativement [Rəlativmã] relatively

religieux [Rəliʒjø] religious

remarquer [Rəmarke] to notice, to observe

remède [Rəmɛd] *m* remedy

remercier [RəmɛRsje] to thank

remettre [RəmɛtR] to put back

remplacer [Rãplase] to replace

Renaissance [Rənɛsãs] *f* Renaissance

rencontre [RãkõtR] *f* meeting; **aller, venir à la rencontre** to go to meet

rencontrer [RãkõtRe] to meet

rendez-vous [Rãdevu] *m* appointment

rendre [RãdR] to render, give back; to make; **est-ce que cela vous rend triste?** does it make you sad?; **se rendre compte** to realize

rendu [Rãdy] *p part of* rendre

renseignement [Rãsɛɲmã] *m* information

renseigner [Rãsɛɲe] to inform, give out information

rentrer [RãtRe] to return, to return home

réparation [Reparasjõ] *f* repair

réparer [RepaRe] to repair; **faire réparer** to have (something) repaired

repartir [RəpaRtiR] to leave again, set out again

repas [Rəpɑ] *m* meal

répéter [Repete] to repeat

répondez: vous répondez [vuRepõde] *pr ind 2nd pl of* répondre

répondre [RepõdR] to answer

réponse [Repõs] *f* answer

reposer: se reposer [səRpoze] to rest

représentation [Rəprezãtasjõ] *f* performance

représenter [RəpRezãte] to represent

reproduction [RəpRɔdyksjõ] *f* reproduction

réserver [RezɛRve] to reserve

résidence [Rezidãs] *f* residence

résignation [Reziɲasjõ] *f* resignation

responsable [Rɛspõsabl] responsible

ressembler à [Rəsãble a] to resemble, look like

ressort [RəsɔR] *m* spring

restaurant [RɛstɔRã] *m* restaurant

reste [Rɛst] *m* rest, remainder

rester [Rɛste] to stay; to be left, remain; **il reste** there remains, there remain

résultat [Rezylta] *m* result

rétabli [Retabli] recovered

retard [RətaR] *m* delay, lateness; **en retard** late

retour [RətuR] *m* return; **aller et retour** round trip; **être de retour** to be back

retourner [RətuRne] to go back; **se retourner** [səRtuRne] to turn around

retrouver [RətRuve] to find again, meet

réunion [Reynjõ] *f* a meeting

réussir à [ReysiR a] to succeed in

réveille-matin [Revɛjmatɛ̃] *m* alarm clock

réveiller: se réveiller [səRevɛje] to wake up

réveillon [Revɛjõ] *m* meal eaten on Christmas Eve at midnight

revenir [Rəvniʀ] to return

révision [Revizjõ] *f* review

revoir [RəvwaR] to see again (*conjug like* voir); **au revoir** good-bye

Révolution, la [Revɔlysjõ] the French Revolution

révolutionnaire [Revɔlysjɔnɛʀ] revolutionary

revue [Rəvy] *f* review, magazine

rez-de-chaussée [Redʃose] *m* ground floor

rhume [Rym] *m* cold; **un gros rhume** a bad cold

riant [Riɑ̃] *pres part of* rire

riche [Riʃ] rich

rideaux [Rido] *m pl* curtains

rien [Rjɛ̃] nothing; **ne . . . rien** nothing; **de rien** you are welcome; **rien d'intéressant** nothing interesting

rire [RiR] to laugh

risquer de [Riske də] to risk

rive [Riv] *f* bank; **la rive droite** the right bank of the Seine in Paris; **la rive gauche** the left bank

rivière [RivjɛR] *f* river, creek

riz [Ri] *m* rice

robe [Rɔb] *f* dress

Rodin [Rɔdɛ̃] French sculptor (1840-1917)

roi [Rwa] *m* king

rôle [Rol] *m* rôle, part

romain [Rɔmɛ̃] *m* Roman

roman [Rɔmɑ̃] *m* novel; **roman policier** detective story

roman [Rɔmɑ̃], **romane** [Rɔman] romanesque (architecture)

Rome [Rɔm] Rome

Ronsard [Rõsaʀ] French poet (1524-1585)

rosbif [Rɔsbif] *m* roast beef

rose [Roz] rosy, pink

rose [Roz] *f* rose

rosier [Rozje] *m* rosebush

Rouen [Rwɑ̃] city in Normandy

rouge [Ruʒ] red

rougeole [Ruʒɔl] *f* measles

rouler [Rule] to roll along

route [Rut] *f* road; **en route** on the way; **la bonne route** the right road; **la mauvaise route** the wrong road; **se mettre en route** to start out

royal [Rwajal] royal

royaume [Rwajom] *m* kingdom

rue [Ry] *f* street

ruine [Rɥin] *f* ruin; **en ruines** in ruins

russe [Rys] Russian (*takes a capital only when used as a noun referring to a person*)

Russie [Rysi] *f* Russia

S

s' *see* **si** *or* **se**

sa *see* **son**

sable [sabl] *m* sand

sac [sak] *m* bag

sacrifice [sakʀifis] *m* sacrifice

sain et sauf [sɛ̃ e sof] safe and sound

saint [sɛ̃] saint, holy; **la Sainte-Chapelle** XIIIth century church in Paris; **Saint-Germain-des-Prés** [sɛ̃ʒɛʀmɛ̃ de pʀe] section of Paris near the university and popular with students; **Saint-Malo** [sɛ̃ malo] old city on the coast of Brittany

sais: je sais [ʒəsɛ] *pr ind 1st sg of* savoir

saison [sɛzõ] *f* season

sait: il sait [ilsɛ] *pr ind 3rd sg of* savoir

salade [salad] *f* salad; lettuce, etc.

sale [sal] dirty

salle [sal] *f* room; **salle à manger** dining room; **salle de bain** bathroom

salon [salõ] *m* living room

samedi [samdi] *m* Saturday

sandwich [sɑ̃dwitʃ] *m* sandwich

sans [sɑ̃] without

satisfaction [satisfaksjõ] *f* satisfaction

satisfait [satisfɛ] satisfied, pleased

sauf [sof] except

sauriez: vous sauriez [vusɔʀje] *cond 2nd pl of* savoir

sauterie [sotʀi] *f* small dance

sauvage [sovaʒ] wild

sauver [sove] to save

savant [savɑ̃] *m* scholar

savez: vous savez [vusave] *pr ind 2nd pl of* savoir

savoir [savwaR] to know, know how

scène [sɛn] *f* scene

science [sjɑ̃s] *f* science

sculpture [skyltyʀ] *f* sculpture

se [sə] oneself, himself, herself, themselves; to oneself, etc.

seau [so] *m* bucket, pail

second [səgõ] second; **seconde** *f* second class
secret [səkrɛ] *m* secret
secrétaire [səkRetɛR] *m or f* secretary
Seine [sɛn] *f* Seine
seize [sɛz] sixteen
séjour [seʒuR] *m* stay, visit
sel [sɛl] *m* salt
selon [səlõ] according to
semaine [səmɛn] *f* week; **la semaine prochaine** next week
sembler [sãble] to seem
Sénégal [senegal] *m* Senegal
sens [sãs] *m* sense, direction; **sens unique** one way
sensationnel [sãsasjɔnɛl] sensational, fantastic
sentiment [sãtimã] *m* sentiment
sentir [sãtiR] to smell; **se sentir** to feel
séparer [sepaRe] to separate
sept [sɛt] seven
septembre [sɛptãbR] *m* September
septième [sɛtjɛm] seventh
sépulture [sepyltyR] *f* burial
serai: je serai [ʒəsRe] *fut 1st sg of* **être**
série [seRi] *f* series
sérieux [seRjø], **sérieuse** [seRjøz] serious
serpent [sɛRpã] *m* snake
serré [sɛRe] crowded
sert: il sert [ilsɛR] *pr ind 3rd sg of* **servir**
service [sɛRvis] *m* service; **à votre service** you are welcome
servir à [sɛRviR a] to serve, be of use; **se servir de** to use; **se servir** to help oneself; **servir de** to be used as
ses *see* **son**
seul, seule [sœl] alone, single
seulement [sœlmã] only, but
si [si] if, whether, so; **si** [si] yes; **mais si** oh yes
siècle [sjɛkl] *m* century; **au treizième siècle** in the thirteenth century
sien: le sien [ləsjɛ̃], **la sienne** [lasjɛn], **les siens** [lesjɛ̃], **les siennes** [lesjɛn] *poss pron* his, hers
signal [siɲal] signal
signifier [siɲifje] to signify
silencieux [silãsjø], **silencieuse** [silãsjøz] silent
silhouette [silwɛt] *f* figure
simple [sɛ̃pl] simple
simplement [sɛ̃pləmã] simply, merely
simplicité [sɛ̃plisite] *f* simplicity
singe [sɛ̃ʒ] *m* monkey
situé [sitɥe] situated
six [sis] six

sixième [sizjɛm] sixth
ski [ski] *m* ski; **faire du ski** to go skiing
société [sɔsjete] *f* society
sœur [sœR] *f* sister
soie [swa] *f* silk
soif [swaf] *f* thirst; **avoir soif** to be thirsty
soigner [swaɲe]: **se soigner** to take care of oneself
soir [swaR] *m* evening; **le soir** in the evening; **hier soir** last night
soirée [swaRe] *f* evening, evening party
soit: il soit [ilswa] *pr subj 3rd sg of* **être**; **soit . . . soit** either . . . or
soixante [swasãt] sixty
soixante-dix [swasãtdis] seventy
sol [sɔl] *m* soil, ground
solde: en solde [ã sɔld] *f* on sale
soldat [sɔlda] *m* soldier
sole [sɔl] *f* a choice fish, which is different from the common flounder—referred to in the expression "fillet of sole"
soleil [sɔlɛj] *m* sun, sunshine; **il fait du soleil** the sun is shining
solidité [sɔlidite] *f* solidity
sombre [sõbR] dark
somme [sɔm] *m* nap; **faire un somme** to take a nap
somme: en somme in a word
sommeil [sɔmɛj] *m* sleep
sommes: nous sommes [nusɔm] *pr ind 1st pl of* **être**
somptueux [sõptɥø], **somptueuse** [sõptɥøz] sumptuous
son [sõ], **sa** [sa], **ses** [se] *poss adj* his, her, its
sonner [sɔne] to ring
sont: ils sont [ilsõ] *pr ind 3rd pl of* **être**
Sorbon [sɔRbõ] founder of the Sorbonne (1201-1274)
Sorbonne: la Sorbonne [lasɔRbɔn] Division of Humanities of the University of Paris
sort [sɔR] *m* fate
sorte [sɔRt] *f* sort, kind; **de sorte que** so that
sortie [sɔRti] *f* exit, going out
sortir [sɔRtiR] to go out
soufflé [sufle] *m* soufflé
souffrir [sufRiR] to suffer (*conjug like* **ouvrir**)
souhaiter [swete] to wish
soulier [sulje] *m* shoe
souligné [suliɲe] underlined
soupe [sup] *f* soup
sourire [suRiR] *m* smile

sous [su] under

sous-sol [susɔl] *m* basement

souterrain [suteʀɛ̃] underground

souvenir [suvniʀ] *m* souvenir

souvenir: se souvenir [səsuvniʀ] to remember (*conjug like* venir)

souvent [suvɑ̃] often

soyez: vous soyez [vuswaje] *pr subj 2nd pl of* être

spécialement [spesjalmɑ̃] especially

spécialité [spesjalite] *f* specialty

spectacle [spɛktakl] *m* spectacle

spectateur [spɛktatœʀ] *m* spectator

spirituel [spiʀitɥɛl] spiritual

spirituellement [spiʀitɥɛlmɑ̃] mentally

splendeur [splɑ̃dœʀ] *f* splendor

stade [stad] *m* stadium

station-service [stasjõsɛʀvis] *f* service station

statue [staty] *f* statue

stupéfiants [stypefjɑ̃] *m* drugs

style [stil] *m* style

stylo [stilo] *m* pen; stylo à bille [stilo a bij] ball-point pen

substantif [sypstɑ̃tif] *m* noun

succéder [syksede] to follow, to be followed

succès [syksɛ] *m* success

sucre [sykʀ] *m* sugar

Sud [syd] *m* South

suédois [sɥedwa] Swedish

suffisamment [syfizamɑ̃] enough

suffit: il suffit [il syfi] one only has to

suggérer [sygʒeʀe] to suggest

suis: je suis [ʒesɥi] *pr ind 1st sg of* être; je suis [ʒəsɥi] *pr ind 1st sg of* suivre

Suisse [sɥis] *f* Switzerland

suite [sɥit] *f* succession, continuation; tout de suite [tut sɥit] right away

suivant [sɥivɑ̃] following

suivre [sɥivʀ] to follow, to take (a course)

sujet [syʒɛ] *m* subject; au sujet de about

super-marché [sypɛʀmaʀʃe] *m* supermarket

supplémentaire [syplemɑ̃tɛʀ] supplementary

supportable [sypɔʀtabl] bearable, endurable

supposer [sypoze] to suppose

sur [syʀ] on, upon, about

sûr [syʀ] sure

sûrement [syʀmɑ̃] surely, certainly

surpopulation [syʀpɔpylasjõ] *f* overpopulation

surpris [syʀpʀi] surprised *p part of* surprendre

surprise [syʀpʀiz] *f* surprise

surtout [syʀtu] above all

symboliser [sɛ̃bɔlize] to symbolize

symbolisme [sɛ̃bɔlism] *m* symbolism

symétrie [simetʀi] *f* symmetry

sympathique [sɛ̃patik] friendly, congenial

système [sistɛm] *m* system; système métrique metric system

T

tabac [taba] *m* tobacco

table [tabl] *f* table

tableau [tablo] *m* picture, painting

taille [taj] *f* size

tailler [taje] to trim

tailleur [tajœʀ] *m* tailor

talent [talɑ̃] *m* talent

Tamise [tamiʒ] *f* Thames

tandis que [tɑ̃di(s)kə] while

tant [tɑ̃] so much, so many; tant mieux so much the better

tante [tɑ̃t] *f* aunt

taper: taper à la machine to type

tapis [tapi] *m* rug, carpet

tapisserie [tapisʀi] *f* tapestry

tard [taʀ] late; plus tard later; au plus tard at the latest

tas [tɑ] *m* a pile; un tas de choses [œ̃tɑdʃoz] a lot of things

tasse [tas] *f* cup

taxi [taksi] *m* taxi

te [tə] to you, for you (*familiar*)

tel: un tel [œ̃tɛl], une telle [yntɛl], de tels [dətɛl], de telles [dətɛl] such a, such

télégramme [telegʀam] *m* wire

télégraphe [telegʀaf] telegraph

téléphone [telefɔn] *m* telephone

téléphoner [telefɔne] to telephone

télévision [televizjõ] *f* television

témoin [temwɛ̃] *m* witness; être témoin de to witness

température [tɑ̃peʀatyʀ] *f* temperature

temple [tɑ̃pl] *m* temple

temps [tɑ̃] *m* time, weather; emploi du temps *m* schedule; quel temps fait-il? how is the weather?; à temps on time; combien de temps? how long?; avoir le temps de to have time to; au temps où at the time when; de temps en temps, de temps à autre from time to time tendre [tãdʀ] to hold out, to offer

tenez! [təne] here!

tenir [təniʀ] to hold, to keep; **tenir un petit café** to run a bistro

tennis [tɛnis] m tennis; **jouer au tennis** to play tennis

terme [tɛʀm] m term

terminer [tɛʀmine] to finish

terrasse [tɛʀas] f terrace

terre [tɛʀ] f earth, ground

tête [tɛt] f head

texte [tɛkst] m text

thé [te] m tea

théâtre [teɑtʀ] m theatre

théologie [teɔlɔʒi] f theology

thermes [tɛʀm] m baths (Roman)

tien: le tien [lətjɛ̃], la tienne [latjɛn], **les tiens** [letjɛ̃], **les tiennes** [letjɛn] yours (familiar)

tiens! [tjɛ̃] well! here!

tiers [tjɛʀ] m one-third

tient: il tient [iltjɛ̃] pr ind 3rd sg of **tenir**

timbre [tɛ̃bʀ] m stamp; **timbre-poste** postage stamp

tirer [tiʀe] to pull, to draw; **se tirer d'affaires** to get along

tiroir [tiʀwaʀ] m drawer

titre [titʀ] m title

toi [twa] you (familiar)

toit [twa] m roof

Tokyo [tɔkjo] Tokyo

tomate [tɔmat] f tomato

tombeau [tõbo] m monumental tomb

tomber [tõbe] to fall; **la tombée de la nuit** nightfall

ton [tõ], **ta** [ta], **tes** [te] your (familiar)

torche [tɔʀʃ] f torch

tort [tɔʀ] m wrong; **avoir tort** to be wrong

tôt [to] soon; **plus tôt** sooner; **le plus tôt possible** as soon as possible

toucher [tuʃe] to touch; **toucher un chèque** to cash a check

toujours [tuʒuʀ] always, still

tour [tuʀ] f tower

touriste [tuʀist] m tourist

tourner [tuʀne] to turn

Tours [tuʀ] city in Touraine

tousser [tuse] to cough

tout [tu], **toute** [tut], **tous** [tu], **toutes** [tut] adj all, every; **toute la journée** all day; **tous les jours** every day; **tout le monde** everybody; **tout** [tu], **toute** [tut], **tous** [tus], **toutes** [tut]

pron all, everybody, everything; **tout** [tu] adv all, quite, completely; **tout à fait** quite; **tout de suite** right away; **tout à l'heure** a while ago, in a while; **pas du tout** not at all; **tout de même** all the same; **rien du tout** nothing at all; **tout à coup** suddenly

toutefois [tutfwa] however

trace [tʀas] f trace

tracteur [tʀaktœʀ] m tractor

tradition [tʀadisjõ] f tradition

traditionnel [tʀadisjɔnɛl] traditional

train [tʀɛ̃] m train; **en train de** in the act of

tranquille [tʀɑ̃kil] quiet; **soyez tranquille** don't worry

transformer [tʀɑ̃sfɔʀme] to transform

transmettre [tʀɑ̃ʒmetʀ] to transmit

transposer [tʀɑ̃spoze] to transpose

travail [tʀavaj] m, pl **travaux** [tʀavo] work

travailler [tʀavaje] to work

travers: à travers [atʀavɛʀ] through

traverser [tʀavɛʀse] to cross

treize [tʀɛz] thirteen

treizième [tʀɛzjɛm] thirteenth

trempé [tʀɑ̃pe] soaked; **trempé jusqu'aux os** soaked to the skin

trente [tʀɑ̃t] thirty

très [tʀɛ] very, very much

Trianon [tʀijanõ] m name of two small châteaux in the park of the Versailles palace

triste [tʀist] sad

Troglodyte [tʀɔglɔdit] m cave dweller

trois [tʀwɑ] three

troisième [tʀwɑzjɛm] third

tromper: se tromper [stʀõpe] to be mistaken, to miss (a road, etc.)

trop [tʀo] too, too much, too many

trou [tʀu] m hole

trouver [tʀuve] to find, think; **comment la trouvez-vous?** how do you like it?; **vous trouvez?** do you think so?; **se trouver** to be, be located

tu [ty] you (familiar)

tuer [tɥe] to kill

Tuileries: les Tuileries [letɥilʀi] park in Paris

tulipe [tylip] f tulip

Turquie [tyʀki] f Turkey

une

—

U

un [œ̃] m a, an; one; **l'un** one

une [yn] f a, an; one; **l'une** one

471

unique [ynik] unique
unité [ynite] *f* unity
universel [yniveʀsɛl] universal
université [yniveʀsite] *f* University
uns: les uns [lezœ̃], les unes [lezyn] some; les une(e)s . . . les autres some . . . the others: les un(e)s . . . d'autres some . . . others
urbanisé [yʀbanize] urbanized
usage [yzaʒ] *m* usage; faire usage to use
user [yze] to wear out
usine [yzin] *f* factory, plant
ustensile [ystɑ̃sil] *m* utensil
utile [ytil] useful; *nm* something useful

V

va: il va [ilva] *pr ind 3rd sg of* aller
vacances [vakɑ̃s] *f pl* vacation, holiday; en vacances on vacation
vache [vaʃ] *f* cow
vais: je vais [ʒəvɛ] *pr ind 1st sg of* aller
valeur [valœʀ] *f* value; avoir de la valeur to be valuable
vallée [vale] *f* valley
valoir [valwaʀ] to be worth; il vaut mieux it is better, it is preferable
vaste [vast] vast
Vaugirard: rue de Vaugirard [ʀydvoʒiʀaʀ] street in Paris
vaut: il vaut [ilvo] *pr ind 3rd sg of* valoir
véhémence [veemɑ̃s]: avec véhémence violently
vélo [velo] *m* bicycle; faire du vélo to go bicycling
venant [vənɑ̃] *pr part of* venir
vend: il vend [ilvɑ̃] *pr ind 3rd sg of* vendre
vendanges [vɑ̃dɑ̃ʒ] *f pl* grape gathering
vendeur [vɑ̃dœʀ], vendeuse [vɑ̃døz] salesman, salesgirl
vendre [vɑ̃dʀ] to sell
vendredi [vɑ̃dʀədi] *m* Friday
venez: vous venez [vuvne] *pr ind 2nd pl of* venir
venir [vənir] to come; faire venir to have . . . come; venir de to have just; il vient d'arriver he has just come; il venait d'arriver he had just come
vent [vɑ̃] *m* wind; il fait du vent it is windy
véritable [veʀitabl] true
vérité [veʀite] *f* truth; en vérité in truth, truthfully

véritablement [veʀitabləmɑ̃] really
verre [vɛʀ] *m* glass, lens
verrons: nous verrons [nuvɛʀɔ̃] *fut 1st pl of* voir
ver [vɛʀ] *m* worm
vers [vɛʀ] towards, about; vers deux heures around two o'clock
Versailles [vɛʀsaj] city near Paris
version [vɛʀsjɔ̃] *f* version, account
vert [vɛʀ] green
veston [vɛstɔ̃] *m* coat
vêtements [vɛtmɑ̃] *m pl* clothing
veut: il veut [ilvø] *pr ind 3rd sg of* vouloir
veux: je veux [ʒəvø] *pr ind 1st sing of* vouloir
viande [vjɑ̃d] *f* meat
victime [viktim] *f* victim
victoire [viktwaʀ] *f* victory
vie [vi] *f* life
viens: je viens [ʒəvjɛ̃] *pr ind 1st sg of* venir; je viens de I have just . . .
vient: il vient [ilvjɛ̃] *pr ind 3rd sg of* venir
vieux [vjø] *m*, vieil [vjɛj] *m*, vieille [vjɛj] *f*, vieux [vjø] *m pl*, vieilles [vjɛj] *f pl* old; mon vieux pal, old man
vigne [viɲ] *f* vine, vineyard
vignoble [viɲɔbl] *m* vineyard
village [vilaʒ] *m* village
ville [vil] *f* city, town; en ville downtown
vin [vɛ̃] *m* wine
vingt [vɛ̃] twenty
violence [vjɔlɑ̃s] *f* violence
violent [vjɔlɑ̃] violent
violette [vjɔlɛt] *f* violet
violon [vjɔlɔ̃] *m* violin
visite [vizit] *f* visit
visiter [vizite] to visit
visiteur [vizitœʀ] *m* visitor
visuel [viʒuel] visual
vite [vit] fast
vitesse [vitɛs] *f* speed; à toute vitesse at great speed
vitrail [vitʀaj] *m*, vitraux [vitʀo] *pl* stained-glass window
vitrine [vitʀin] *f* show window
vivait: il vivait [ilvive] *imperf ind 3rd sg of* vivre
vivant: de son vivant [də sɔ̃ vivɑ̃] when alive
vivement [vivmɑ̃] keenly; regretter vivement to regret very much
vivre [vivʀ] to live

voici [vwasi] here is; **le voici, la voici** here it is, here he is, here she is

voile [vwal] *f* sail; **bateau à voile** *m* sail boat; **faire de la voile** to sail

voir [vwaʀ] to see; **voir venir** to see . . . coming

vois: je vois [ʒəvwa] *pr ind 1st sg of* **voir**

voisin [vwazɛ̃], **voisine** [vwazin] neighbor, neighboring, person next to you; **voisin de** near

voisinage [vwazinaʒ] *m* neighborhood

voiture [vwatyʀ] *f* car

voix [vwa] *f* voice; **à voix basse** in a low voice

volant [vɔlɑ̃] *m* steering wheel

volcan [vɔlkɑ̃] *m* volcano

volet [vɔlɛ] *m* shutter

volontiers [vɔlɔ̃tje] willingly, gladly

Voltaire [vɔltɛʀ] French philosopher and writer (1694-1778)

vos *see* **votre**

votre [vɔtʀ], **vos** [vo] *poss adj* your

vôtre: le vôtre [ləvotʀ], **la vôtre** [lavotʀ], **les vôtres** [levotʀ] *poss pron* yours

voudrais: je voudrais [ʒəvudʀɛ] *cond 1st sg of* **vouloir**

voulez: vous voulez [vuvule] *pr ind 2nd pl of* vouloir

vouloir [vulwaʀ] to want, wish; to like; **vouloir bien** to be willing, be kind enough to; **je voudrais bien** I would like; **vouloir dire** to mean; **Que voulez-vous!** Well! What can you expect?

vous [vu] you, to you

voûte [vut] *f* arch

voyage [vwajaʒ] *m* trip

voyez: vous voyez [vuvwaje] *pr ind 2nd pl of* **voir**

voyons [vwajɔ̃] *imper 1st pl of* **voir**

vrai [vʀɛ] true

vraiment [vʀɛmɑ̃] truly, really

vu [vy] *p part of* **voir**

vue [vy] *f* view, sight; **point de vue** *m* point of view; **vue d'ensemble** general view

W

wagon [vagɔ̃] *m* car; **wagon-restaurant** diner

week-end [wikɛnd] *m* weekend

Y

y [i] to it, at it, to them, at them, there; **il y a** there is, there are; **y a-t-il?** is there? are there?; **il y avait** there was, there were; **il y a cinq ans** five years ago; **il y a un quart d'heure que j'attends** I have been waiting for fifteen minutes; **qu'est-ce qu'il y a?** what is the matter?

yeux [jø] *pl of* **œil**; **elle a les yeux bleus** she has blue eyes

Z

zéro [zeʀo] zero

zoologie [zɔɔlɔʒi] *f* zoology

zoologique [zɔɔlɔʒik] zoological

zut! [zyt] confound it!

English-French

A

a un *m*, une *f*

able: to be able to pouvoir

about *prep* vers; *adv* à peu près, environ; *prep* au sujet de, à propos de; **about what time?** vers quelle heure?; **about one hundred** une centaine; **what about you?** et vous?; **how about going fishing?** si nous allions à la pêche?

above au-dessus de; **above all** surtout

abroad à l'étranger

absent absent

accent accent *m*

accept accepter

accident accident *m*

according to d'après

acquaintance connaissance *f*; **I made his acquaintance** j'ai fait sa connaissance

acquainted: to be acquainted with connaître

acre arpent *m* (*approx.*)

across en face de, de l'autre côté de

act: to act as servir de

active actif *m*, active *f*

actor, actress acteur, actrice

adjective adjectif *m*

admirable admirable

admire admirer

advantage avantage *m*; **to take advantage of** profiter de

advice conseil *m*; **to follow (an) advice** suivre un conseil

advise: to advise conseiller

affirmative affirmatif *m*, affirmative *f*

affirmatively affirmativement

afraid: to be afraid of avoir peur de; **I am afraid so** j'en ai peur

Africa Afrique *f*; **North Africa** l'Afrique du Nord

after après; **after having gone to Normandy, he went to Brittany** après être allé en Normandie, il est allé en Bretagne

afternoon après-midi *m*; **in the afternoon** l'après-midi

afterwards après, ensuite

again de nouveau, encore

age âge *m*; **how old are you?** quel âge avez-vous?

ago: five years ago il y a cinq ans; **a while ago** tout à l'heure; **some time ago** il y a quelque temps

agree être de l'avis de, être d'accord avec

agreeable agréable

agreed c'est entendu, entendu, d'accord (d'ac.)

ahead: straight ahead tout droit

air air *m*; **in the open air** en plein air

alarm clock réveille-matin *m*

album album *m*

all tout, toute, tous, toutes; **is that all?** est-ce tout?; **not at all** pas du tout; **all of Paris** Paris tout entier; **all right** c'est entendu; **it is all right with me** cela m'est égal

allow permettre de

all right bon, bien, pas mal

almost presque

along le long de; **to go along** accompagner, suivre, venir

Alps Alpes *f pl*

already déjà

also aussi

although bien que, quoique

always toujours

am: I am je suis

America Amérique *f*; **South America** l'Amérique du Sud

American américain *m*, américaine *f*

among entre, parmi; **among others** entre autres

amusing amusant

an du, de la, de l', de, en; **not any** ne . . . pas de; **not any more** . . . ne . . . plus (de)

and et

angry fâché

animal animal *m*

announce annoncer

another un autre *m*, une autre *f*

answer réponse *f*; **to answer** répondre

any un *m*, une *f*

anyone quelqu'un; **not . . . anyone** ne . . . personne anything quelque chose; **not . . . anything** ne . . . rien

anyway tout de même; d'ailleurs

apologize s'excuser de

appear: **to appear** se présenter

appetite appétit *m*

apple pomme *f*

appointment rendez-vous *m*

April avril *m*

arch arc *m;* **Arch of Triumph** Arc de Triomphe; **round arch** arc en demi-cercle

architect architecte *m*

are: **they are** ils sont; **there are** il y a; **you are** vous êtes; **are you?** êtes-vous?

arm bras *m*

armchair fauteuil *m*

army armée *f*

around vers, autour de; **around five o'clock** vers cinq heures; **around Paris** autour de Paris

arrival arrivée *f*

arrive arriver

art art *m*

article article *m*

artist artiste *m*

as comme, pendant que; **as . . . as** aussi . . . que

ask demander, poser une question

asleep endormi; **to fall asleep** s'endormir

asparagus asperge *f*

aspect aspect *m*

aspirin aspirine *f*

astonish étonner

at à, chez; **at the** au, à la, à l', aux; **at Marie's** chez Marie; **at about six o'clock** vers six heures

Athens Athènes

Atlantic Atlantique

attain atteindre

attention attention *f*

attentively attentivement

attract attirer

August août *m*

aunt tante *f*

author auteur *m*

auto auto *f;* voiture *f*

autumn automne *m*

avenue avenue *f*

avoid éviter

await attendre

away: **to go away** partir, s'en aller; **right away** tout de suite; **to send away** renvoyer

awkward maladroit

B

back: **to go back (home)** rentrer; **to be back** être de retour

bad mauvais; **it is too bad** c'est dommage; **too bad** tant pis

badly mal

bag sac *m*

bakery boulangerie *f*

banana banane *f*

bank banque *f;* rive *f;* **the left bank** la rive gauche

banker banquier *m*

barber coiffeur *m;* **to the barber's** chez le coiffeur

basement sous-sol *m*

bath bain *m;* **bathroom** salle de bain *f*

battle bataille *f*

be: **to be** être; **how are you?** comment allez-vous?; **I am well** je vais bien; **he will be** il sera; **he would be** il serait; **there is, there are** il y a; **there was, there were** il y avait; **there will be** il y aura; **to be cold** avoir froid; **to be hungry** avoir faim; **to be right** avoir raison; **to be wrong** avoir tort; **to be (located)** se trouver; **to be (used) for** servir à; **I am to** je dois; **I was to** je devais

beach plage *f*

bean *haricot *m*

bear ours *m*

bear: **to bear** porter; supporter

beautiful beau, bel *m;* belle *f;* beaux *m pl;* belles *f pl*

because parce que; **because of** à cause de

become devenir

becoming: **your dress is very becoming** votre robe vous va très bien

bed lit; **to go to bed** se coucher; **to stay in bed** rester au lit

beef bœuf *m;* **roast beef** rosbif *m*

been été *p part of* être

beer bière *f*

beet betterave *f;* **sugar beet** betterave à sucre

before (*time*) avant, avant que; déjà; (*place*) devant

begin commencer, se mettre à

beginning commencement *m*

behind derrière

Belgium Belgique *f*

believe croire, penser

belong appartenir à, être à

beside à côté de

besides puis, d'ailleurs, en outre

best *adj* le meilleur, la meilleure, les meilleurs, les meilleures; *adv* le mieux; **the best he could** de son mieux

better *adj* meilleur, meilleure, meilleurs, meilleures; *adv* mieux; **I like spring better** j'aime mieux le printemps; **so much the better** tant mieux; **I am better** je vais mieux; **it is better to** il vaut mieux; **it would be better to** il vaudrait mieux

bicycle bicyclette *f;* vélo *m;* **to bicycle** aller à bicyclette, en vélo

big grand, gros; **that big** gros comme ça

bill addition *f;* facture *f;* **a fifty-franc bill** un billet de cinquante francs

billfold portefeuille *m*

bird oiseau *m*

birthday anniversaire *m*

bit: **a bit** un peu

bite: **to bite** mordre

black noir

blind aveugle

blond blond

blue bleu, bleue, bleus, bleues

board: **room and board** pension *f*

boat bateau *m*

bone os *m*

book livre *m;* **secondhand book dealer** bouquiniste *m;* **secondhand book** livre d'occasion

bookstore librairie *f*

bored: **to be bored** s'ennuyer

born né; **to be born** naître

botany botanique *m*

bother: **to bother** ennuyer, déranger, se déranger

bottle bouteille *f*

bottom fond *m*

boulevard boulevard *m*

bouquet bouquet *m*

box boîte *f;* carton *m*

boy garçon, petit garçon, jeune homme *m*

bread pain *m*

break: **to break** casser; **to break one's arm** se casser le bras

breakfast petit déjeuner *m*

breath souffle *m;* **to be out of breath** être essoufflé

bride (nouvelle) mariée; **bridegroom** (nouveau) marié

bridge pont *m;* (*game*) bridge *m*

bring apporter; **bring me** apportez-moi; **to bring over** apporter; **to bring back** rapporter

Brittany Bretagne *f*

bronchitis bronchite *f*

brother frère *m*

brown brun, marron; **she has brown eyes** elle a les yeux marron (*no agreement*)

brunette brune *f*

brush: **to brush** brosser

build: **to build** construire; **to have built** faire construire

building bâtiment *m*

burn: **to burn** brûler

bury enterrer

bus autobus *m;* autocar *m;* **on the bus** en autobus

busy occupé; **to be busy** être en train de (*followed by inf*)

but mais

butcher boucher *m;* **butcher shop** boucherie *f;* **pork butcher** charcutier *m;* **pork butcher's** charcuterie *f*

butter beurre *m*

buy: **to buy** acheter; **worth buying** intéressant

by par, de; *with pr part* en

C

cabbage chou *m*

Cabinet member ministre *m*

cable câble *m*

café café *m*

cake gâteau *m*

California Californie *f*

call: **to call** appeler; **to be called** s'appeler

can (pouvoir): **can you?** pouvez-vous?; **I can** je peux; **you can** vous pouvez, on peut

Canada Canada *m*

canal canal *m*

capital capitale *f*

car wagon (train) *m;* auto *f;* automobile *f;* voiture *f*

card carte *f;* **to play cards** jouer aux cartes; **ID card** carte d'identité

care soin *m;* **to take care of** s'occuper de; **to take care of oneself** se soigner

careful: **to be careful** faire attention; **to be careful not to** se garder de

caretaker concierge *m or f*

carnation œillet *m*

carpet tapis *m*

carry porter; **to carry away, to carry along** emmener, emporter

case cas *m;* **in any case** en tout cas; **in case of** en cas de

cash: **to cash** toucher (un chèque)

cashier caissier *m,* caissière *f;* **cashier's window** caisse *f*

catch: **to catch** attraper; **to catch up with** rejoindre, rattraper

cathedral cathédrale *f*

ceiling plafond *m*

cellar cave *f*

center centre *m*

centimeter centimètre *m*

century siècle *m;* **in the fifteenth century** au quinzième siècle

certain certain

certainly certainement, volontiers

chair chaise *f*

champagne champagne *m*

chance occasion *f,* *hasard *m;* **by chance** par hasard; **to have a chance to** avoir l'occasion de

change monnaie *f* **change purse** portemonnaie *m;* **to change** changer; **to change planes** changer d'avion

characterized caractérisé

chase: **to chase, to chase out** chasser

château château *m*

cheap bon marché, à bon marché; **cheaper** (à) meilleur marché

check chèque *m*

cheek joue *f*

cheese fromage *m*

chemical *adj* chimique; **chemical engineer** ingénieur-chimiste *m*

chemistry chimie *f*

chicken poulet *m*

child enfant *m or f*

Chinese chinois *m*

chocolate chocolat *m*

choose choisir

Christmas Noël *m;* **Christmas Day** le jour de Noël; **Christmas Eve midnight party** le réveillon

church église *f*

cigar cigare *m*

cigarette cigarette *f*

cinema cinéma *m*

city ville *f*

clarinet clarinette *f*

class classe *f*

classify classer

clean: **to clean** nettoyer

clock horloge *f,* pendule *f*

close fermer; **it closes** il ferme

clothing vêtements *m pl*

cloud nuage *m*

coat (ladies') manteau *m;* (men's) veston *m*

cobbler cordonnier *m*

coffee café *m*

coin pièce *f,* pièce de monnaie *f*

cold (*illness*) rhume *m;* (*temperature*) froid; **it is cold** il fait froid; **I am cold** j'ai froid

collect: **to collect** ramasser; collectionner **to make a collection** faire collection

collection collection *f;* **stamp collection** collection de timbres

college collège *m*

collide entrer en collision (avec)

colony colonie *f*

color couleur *f;* **what color?** de quelle couleur?

come venir, arriver; **he came** il est venu; **did he come?** est-il venu?; **to come back** revenir, rentrer; **to come in** entrer; **to come for, come to get** venir chercher; **to come along** venir avec, accompagner; **to have (someone) come** faire venir (quelqu'un)

comfortable confortable

common commun

compartment compartiment *m*

complain se plaindre de

complete complet *m,* complète *f*

compose composer

conditional conditionnel *m*

confidence confiance *f*

confound it! zut!

confuse confondre

connection correspondance *f*

consent: **to consent** consentir à

consul consul *m*

continue continuer à

continue
___

contrary contraire *m;* **on the contrary** au contraire

conversation conversation *f*

cook cuisinier *m*

cool frais *m*, fraîche *f*

cooling rafraîchissant

copy copier

corn maïs *m*

corner coin *m*

cost: to cost coûter

cough: to cough tousser

could (pouvoir); **I could** je pouvais, j'ai pu, je pourrais; **I could have** j'aurais pu

count: to count compter

country campagne *f;* pays *m;* **in the country** à la campagne; **country house** maison de campagne

course cours *m;* **main course** plat de viande *m;* **of course** naturellement, mais oui, bien entendu; **in the course of** au cours de

cousin cousin *m*, cousine *f*

cover: to cover couvrir

cow vache *f*

crazy: to be crazy about adorer

cream crème *f*

creek rivière *f*

cross: to cross traverser

crowded bondé

crusade croisade *f*

cry: to cry pleurer

cubic cube

cup tasse *f*

customer client *m*, cliente *f*

D

dairy crémerie *f*

daisy marguerite *f*

damp humide

dance bal *m;* sauterie *f*

danger danger *m*

dangerous dangereux *m*, dangereuse *f*

dare: to dare oser

dark sombre; **it is dark** il fait nuit

darkness obscurité *f*

date date *f*, rendez-vous *m;* **to date from** dater de

day jour *m*, journée *f;* **per day, a day** par jour; **all day** toute la journée; **every day**

tous les jours; **that day** ce jour-là; **the next day** le lendemain; **day after tomorrow** après-demain

daylight jour *m;* **it is daylight** il fait jour

dead mort

deal: a great deal, a good deal beaucoup; **a great deal of** beaucoup de; **to deal in** faire le commerce de

dealer marchand *m*, marchande *f;* **second-hand book dealer** bouquiniste *m;* **antique dealer** antiquaire *m*

December décembre *m*

decide décider, vouloir; **to decide upon** fixer

dedicate dédier

delay retard *m*

delicious délicieux, délicieuse

delighted enchanté

dentist dentiste *m*

departure départ *m*

descend: to descend descendre

desk bureau *m*

dessert dessert *m*

destroy détruire

detective story roman policier *m*

dictation dictée *f*

die: to die mourir; **he died** il est mort

difference différence *f;* **it doesn't make any difference** cela ne fait rien

different différent

difficult difficile

dine dîner; **dining room** salle à manger *f*

diner wagon-restaurant *m*

dinner dîner *m;* **to have dinner** dîner

directly directement

disappointed déçu

discuss discuter

display étalage *m*

distance distance *f*

do faire; **do you . . .?** est-ce que . . .?; **don't you? doesn't it?** n'est-ce pas?; **I did** j'ai fait; **I shall do** je ferai; **I should do** je ferais; **yes, you do** mais si; **how do you do?** comment allez-vous?; **to do again** refaire; **all you have to do . . .** vous n'avez qu'à; **don't do anything of the sort** gardez-vous en bien

doctor docteur *m*, médecin *m*

dog chien *m*

dollar dollar *m*

donkey âne *m*

door porte *f*

doubt doute *m;* **no doubt, doubtless** sans doute

doubt: to doubt douter

down en bas; **to go down** descendre; **downtown** en ville

dozen douzaine *f;* **five francs a dozen** cinq francs la douzaine

draw up dresser; préparer (une liste)

drawer tiroir *m*

dress robe *f;* **to dress** habiller; **to get dressed** s'habiller; **to be dressed** être habillé

dresser commode *f*

dressmaker couturière *f*

drink: to drink boire

drive: to drive conduire; **to drive a car** conduire

driver chauffeur *m*

drop: to drop laisser tomber

drugstore pharmacie *f,* drugstore *m*

E

each *adj* chaque; *pron* chacun, chacune; **each one** chacun, chacune; **ten francs each** dix francs (la) pièce

eager: to be eager to avoir *hâte de

early de bonne heure; en avance

easily facilement

East Est *m*

easy facile

eat manger

economics économie politique *f*

edge bord *m*

egg œuf *m*

Egyptian égyptien *m,* égyptienne *f*

eight *huit

eighteen dix-huit

eighth *huitième

eighty quatre-vingts

either: either . . . or soit . . . soit; **not . . . either** ne . . . non plus; **nor I either** (ni) moi non plus

elderly d'un certain âge

elevator ascenseur *m*

eleven onze

eleventh onzième

else: something else autre chose; **nothing else** rien d'autre

elsewhere ailleurs

emblem emblème *m*

embrace embrasser

empire empire *m*

employee employé *m;* employée *f;* **government employee** fonctionnaire *m*

end fin *f,* bout *m;* **at the end of the street** au bout de la rue; **to end** finir, terminer, achever

endurable supportable

engineer ingénieur *m;* **chemical engineer** ingenieur-chimiste *m*

England Angleterre *f*

English anglais *m,* anglaise *f*

enjoy: to enjoy aimer

enormous énorme, vaste

entire entier *m,* entière *f*

entirely tout à fait

envelope enveloppe *f*

epidemic epidémie *f*

equivalent équivalent

errand course *f;* **to do errands** faire des courses

Europe Europe *f*

European européen *m,* européenne *f*

even pair (*of numbers*)

even même

evening soir *m,* soirée *f;* **in the evening** le soir; **every evening** tous les soirs; **good evening** bonsoir

ever jamais

every chaque, tout; **every day** tous les jours; **every six months** tous les six mois

everyone chacun, tout le monde

everything tout

everywhere partout

exact exact

examination examen *m*

examine examiner

example exemple *m;* **for example** par exemple

excellent excellent

except sauf, excepté

exercise exercice *m*

exist exister

exit sortie *f*

expect attendre, s'attendre à

expensive cher *m,* chère *f*

explain expliquer

explanation explication *f*

express express *m*

extinguish éteindre

eye œil *m sg,* yeux *pl*

F

factory usine *f*

fall automne *m;* **in the fall** en automne; **to fall** tomber; **to fall asleep** s'endormir

family famille *f*

famous célèbre

far loin; **as far as** jusqu'à; **that far** jusque-là; **far from** loin de

farm ferme *f*

fast vite; **how fast?** à quelle vitesse?

fat gras *m*, grasse *f*

fate sort *m*

father père *m*

fault faute *f*

favorite favori *m*, favorite *f*

fear peur *f;* **for fear that** de peur que; **to fear** craindre, avoir peur de (que)

February février *m*

feel: **to feel** sentir, se sentir; **to feel like** avoir envie de

fertile fertile

fever fièvre *f*

few peu de, quelques; **a few** *pron* quelques-uns, quelques-unes

fiancé, fiancée fiancé *m*, fiancée *f*

field champ *m*

fifteen quinze

fifteenth quinzième

fifth cinquième

fifty cinquante; **about fifty** une cinquantaine

film film *m*

finally finalement; **he finally came** il a fini par venir

find: **to find** trouver, retrouver; **to find out** apprendre

fine beau; **it is fine weather** il fait beau

finger doigt *m*

finish: **to finish** finir, terminer

fire feu *m*

first *adj* premier *m*, première *f; adv* d'abord

fish poisson *m;* **a fish story** une histoire de pêcheurs

fisherman pêcheur *m*

fishing pêche *f;* **to go fishing** aller à la pêche

five cinq

flatterer flatteur *m*

floor étage *m;* **the second floor** le premier (étage); **the third floor** le second (étage)

flow: **to flow** couler

flower fleur *f*

fly: **to fly** voler; **how time flies!** comme le temps passe!

follow suivre; succéder à

following suivant

fond: **to be fond of** aimer

food (*cooking*) cuisine *f*

foot pied *m*

for pour; depuis; pendant; **I have been waiting for a quarter of an hour** j'attends depuis un quart d'heure

foreign étranger *m*, étrangère *f*

forget oublier de

fork fourchette *f*

form forme *f*

former ancien *m*, ancienne *f*

formerly autrefois

forty quarante

found fonder

fountain fontaine *f*

four quatre

fourteen quatorze

fourth quatrième

franc franc *m*

free libre

French français *m*, française *f*

Friday vendredi *m*

friend ami *m*, amie *f*

friendly aimable

frightful effrayant

from de, depuis, d'après; **from the** du, de la, de l', des

front: **in front of** devant

fruit fruit *m*

full plein, complet

fun: **to make fun of** se moquer de

funny drôle (de)

furnished meublé

furniture meubles *m pl;* **a piece of furniture** un meuble

further plus loin; **further on** plus loin

future futur *m*

G

gallery galerie *f;* **picture gallery** galerie de peinture

garage garage *m*

garden jardin *m*

garret mansarde *f*

gasoline essence *f*

gate porte *f*

gentleman monsieur *m*

get prendre, avoir, obtenir, recevoir, se procurer; **to get in, to get into** entrer, monter; **to get out** sortir; **to go to get** aller chercher; **to come to get** venir chercher; **to get to** arriver à; **to get up** se lever; **to get home** rentrer; **to get on** monter; **to get off** descendre; **to get used to** s'habituer à; **to get to the top** arriver en haut

gift cadeau *m*

gilded doré

girl jeune fille *f;* **little girl** petite fille; **girl friend** amie

give donner; **to give a ticket** faire un procès-verbal

glad content, heureux; **I'll be glad to** volontiers

gladly volontiers

glance: **to glance at** jeter un coup d'œil sur

glass verre *m;* **glasses** lunettes *f pl;* **magnifying glass** loupe *f*

glimpse: **to get a glimpse** apercevoir

glove gant *m*

go aller; **I go, I am going** je vais; **he goes, he is going** il va; **you go, you are going** vous allez; **I shall go** j'irai; **I should go** j'irais; **it is going to** il va; **to go in** entrer; **to go out** sortir; **to go up** monter; **to go down** descendre; **to go to bed** se coucher; **to go along** venir avec, accompagner; **to go in for** aimer; **to go away** partir, s'en aller; **to go with** accompagner; **to go through** visiter

good bon; **good-looking** beau, joli; **it's no good** cela ne vaut rien; **good** bien *m*

good-bye au revoir

goose oie *f*

Gothic gothique

graceful élégant, gracieux

gram gramme *m*

grandmother grand-mère *f*

grapes raisin *m sg*

grass herbe *f*

gray gris

greatly très, fort

Greek grec *m*, grecque *f*

green vert; **salad greens** salade *f*

grocer épicier *m*

grocery épicerie *f;* **grocery store** épicerie *f*

grow pousser

guard gardien *m*

guide guide *m*

guitar guitare *f*

H

habit habitude *f*

had eu *p part of* avoir

hair cheveu *m;* **she has blond hair** elle a les cheveux blonds; **hairdo** coiffure *f*

half demi *m*, demie *f;* **half past eleven** onze heures et demie; **a half hour** une demi-heure

hall galerie *f*

ham jambon *m*

hand main *f;* **secondhand book** livre d'occasion

handkerchief mouchoir *m*

happen arriver, se passer, avoir lieu

happiness bonheur *m*

happy heureux *m*, heureuse *f;* content

hard dur, difficile

hardly à peine, ne . . . guère

hardware store quincaillerie *f*

harmony harmonie *f*

harp harpe *f*

harvest moisson *f*

hat chapeau *m*

have avoir; **I have** j'ai; **I haven't** je n'ai pas; **have you?** avez-vous?; **to have to** devoir, il faut . . ., être obligé de, avoir besoin de; **I can have it sent to you** je peux vous le faire envoyer; **to have something to eat or drink** prendre quelque chose; **I have to** je dois; **I had to** j'ai dû; **all you have to do** vous n'avez qu'à

hay foin *m*

he il, lui, ce

head tête *f*

headache mal de tête *m;* **to have a headache** avoir mal à la tête; **a good headache** un bon mal de tête

hear entendre; **to hear of** entendre parler de; **to hear that** entendre dire que

heart cœur *m;* **in the very heart of Paris** au cœur même de Paris

heat chaleur *f*

heating chauffage *m*

helicopter hélicoptère *m*

hello bonjour

help: **to help** aider; **to help oneself** se servir

hen poule *f*

481

her *pers pron* la, lui, elle; *poss adj* son, sa, ses
here ici; **here is, here are** voici; **here it is** le (la) voici; **here they are** les voici; **here!** tenez!
hers le sien, la sienne, les siens, les siennes
him le, lui; **to him, for him** lui
hippopotamus hippopotame *m*
his *poss adj* son, sa, ses; *poss pron* le sien, la sienne, les siens, les siennes
historical historique
history histoire *f;* **French history** l'histoire de France
hold: to hold tenir; **to hold out** tendre
holiday fête *f;* **Christmas holidays** vacances de Noël
home maison *f;* **he is at home** il est chez lui; **to get home, to go home** rentrer
hope: to hope espérer; **I hope so** je l'espère
hors d'œuvres *hors-d'œuvre *m*
horse cheval *m sg*, chevaux *pl*
hospital hôpital *m*
hot chaud; **it is hot** il fait chaud
hotel hôtel *m*
hour heure *f;* **a half hour** une demi-heure
house maison *f;* **at our house** chez nous; **at their house** chez eux
housekeeping ménage *m*
how comment; **how much, how many** combien; **how much is it?** combien est-ce?; **how long** combien de temps
however pourtant, cependant
humble humble
humid humide
hundred cent; **about a hundred** une centaine
hungry: to be hungry avoir faim; **I am hungry** j'ai faim
hurry: to hurry se dépêcher; **to be in a hurry** être pressé
hurt: to hurt blesser, avoir mal à, faire mal à; **my legs are beginning to hurt** je commence à avoir mal aux jambes; **these shoes hurt my feet** ces chaussures me font mal aux pieds
husband mari *m*

I

I je, moi
idea idée *f*
identification identité *f*
if si, s'

imagine imaginer
immediately tout de suite
immense immense
important important
impressed impressionné
impression impression *f*
in dans, en, à, de; **in Paris** à Paris; **in France** en France; **in Canada** au Canada; **in South America** dans l'Amérique du Sud; **in 1715** en 1715; **in the XVth century** au quinzième siècle; **in the month of October** au mois d'octobre; **in the spring** au printemps; **in the fall** en automne; **in winter** en hiver; **in the morning** le matin; **at 7:00 in the morning** à sept heures du matin; **in a half hour** dans une demi-heure; **in a week** dans huit jours; **in time** à temps; **in the country** à la campagne; **in the course of** au cours de
incident incident *m*
included y compris
indeed en effet, bien
independence indépendance *f;* **Independence Day** le jour de la Déclaration de l'Indépendance
indicate indiquer
indignation indignation *f*
indirect indirect
inform renseigner
information renseignements *m pl*
injustice injustice *f*
inn hôtel *m*, auberge *f;* **innkeeper** hôtelier *m*
inside intérieur *m;* à l'intérieur; **to go inside** entrer
intelligent intelligent
intend to avoir l'intention de
interest: to interest intéresser
interesting intéressant
interior intérieur
interrogative interrogatif *m*, interrogative *f*
intoxication ivresse *f*
introduce présenter
invention invention *f*
invitation invitation *f*
invite inviter
Irish irlandais
ironical ironique
is est; **it is** c'est, il est, elle est; **is it?** est-ce? est-ce que c'est?; **there is** il y a; **is there?** y a-t-il?; **it is four o'clock** il est quatre heures; **it is cold** il fait froid

island île *f*

it *subj* il, elle, ce; **it is** c'est, il est, elle est; *dir obj* le, l', la; *ind obj* y; **of it** en

Italian italien *m*, italienne *f*

Italy Italie *f*

its son, sa, ses

J

January janvier *m*

jealous jaloux *m*, jalouse *f*

jeweler horloger *m*, bijoutier *m;* **at the jeweler's** chez l'horloger

judge: **to judge** juger

juice jus *m*

July juillet *m*

June juin *m*

just seulement, tout simplement; **to have just** venir de; **I have just finished** je viens de finir

K

keep: **to keep** garder, tenir, retenir; **to keep on** continuer à

keeper garde *m*, gardien *m;* **hotelkeeper** hôtelier *m*

kill: **to kill** tuer

kilo kilo *m;* **five francs a kilo** cinq francs le kilo

kilometer kilomètre *m*

kind espèce *f*, sorte *f*

king roi *m*

knife couteau *m*

knight chevalier *m*

know savoir, connaître; **I know** je sais, je connais; **do you know?** savez-vous? connaissez-vous?; **I shall know** je saurai; **I should know** je saurais; **to know how** savoir (*see Conversation 9*)

known connu, célèbre

L

laboratory laboratoire, labo *m*

lack: **to lack** manquer

lady dame *f*

lake lac *m*

land terre *f*, pays *m*

landscape paysage *m*

language langue *f*

large grand, gros, vaste; **as large as that** gros comme ça

last dernier *m*, dernière *f;* **last week** la semaine dernière; **last night** hier soir; **last Saturday** samedi dernier; **to last** durer

late tard, en retard; **later** plus tard; **at the latest** au plus tard; **I shall finish late** je finirai tard; **do you think I'll be late?** croyez-vous que je sois en retard?

Latin latin

lead: **to lead** mener, conduire

leaf feuille *f*

learn apprendre

least: **the least** le moins, la moins, les moins

leave: **to leave** partir, s'en aller; quitter; laisser; **when are you leaving?** quand partez-vous?; **I am leaving tomorrow** je m'en vais demain; **we left Melun two hours ago** il y a deux heures que nous avons quitté Melun; **as you leave the village** à la sortie du village; **it is better to leave those you are not sure of** il vaut mieux laisser ceux dont vous n'êtes pas sûr

lecture conférence *f*

left gauche; **to the left** à gauche

left: **I have not one of them left** il ne m'en reste aucun

leg jambe *f*

legend légende *f*

lend prêter

length longueur *f*

lens verre *m*

less moins; **less . . . than** moins . . . que; (*numbers*) moins de; **more or less** plus ou moins; **she is less tall than her brother** elle est moins grande que son frère; **there were less than a hundred pupils** il y avait moins de cent élèves

lesson leçon *f*

let permettre, laisser

letter lettre *f*

lettuce laitue *f*, salade *f*

lie: **to lie down** se coucher

lieutenant lieutenant *m;* **police lieutenant** commissaire de police *m*

life vie *f*

like comme; **to like** aimer, aimer bien; **I like** j'aime; **do you like?** aimez-vous?; **do you like it?** est-ce qu'il vous plaît?; **how do you**

like it? comment le (la) trouvez-vous?; **would you like to . . .?** voulez-vous bien . . .?; **I would like** je voudrais; **do you like my hat?** est-ce que mon chapeau vous plaît?

line ligne *f*

lion lion *m*

lip lèvre *f*

Lisbon Lisbonne

list liste *f*

listen: to listen écouter

literature littérature *f*

little *adj* petit; *adv* peu; **a little** un peu

live vivre; **to live at** demeurer à, habiter à

London Londres

long *adj* long *m*, longue *f*; *adv* longtemps; **no longer** ne . . . plus; **all day long** toute la journée; **how long?** combien de temps?; **for a long time** depuis longtemps, pendant longtemps

look regard *m*, coup d'œil *m*; **to take a look at** jeter un coup d'œil sur; **to look** regarder; avoir l'air; **it looks very well on you** il vous va très bien; **to look for** chercher; **good-looking** beau, joli; **to look like** ressembler à; **to look over** visiter; **to look at** regarder

lose: to lose perdre

lost perdu, égaré

lot: a lot of, lots of beaucoup de, un tas de

Louis XIV Louis Quatorze

low bas *m*, basse *f*

luck chance *f*; **to be lucky** avoir de la chance; **tough luck!** vous n'avez pas de chance!; **what luck!** quelle chance! quelle veine!

lunch déjeuner *m*; **to have lunch** déjeuner; **lunchroom** buffet *m*; **to lunch** déjeuner

M

Madam madame *f*

magazine revue *f*, magazine *m*

magnificence splendeur *f*

maid bonne *f*; **nursemaid** bonne *f*

mail: to mail mettre (une lettre) à la poste

main principal; **main course** plat de viande *m*

majestic majestueux *m*, majestueuse *f*

make faire; *followed by adj* rendre: **does that make you sad?** est-ce que cela vous rend triste?

man homme *m*

manufacturer industriel *m*

many beaucoup; **so many** tant; **too many** trop; **how many?** combien?

map carte *f*

March mars *m*

marriage mariage *m*

marry se marier; **to get married** se marier

marvelously à merveille

mass messe *f*; **midnight mass** la messe de minuit

material étoffe *f*

mathematics mathématiques *f pl*

matter: what is the matter? qu'est-ce qu'il y a?; **what is the matter with you?** qu'est-ce que vous avez?; **nothing is the matter with me** je n'ai rien

mature: to mature mûrir

May mai *m*

may (pouvoir): **I may** je peux, je pourrai; **may I?** est-ce que je peux?

mayor maire *m*

me me, moi

meal repas *m*

mean: to mean vouloir dire

measles rougeole *f sing*

meat viande *f*

medicine médicament *m*

meet: to meet rencontrer, rejoindre; faire la connaissance de; **I met him** j'ai fait sa connaissance; **to come to meet** venir attendre

memory mémoire *f*

mention: to mention parler de

menu carte *f*

merchant marchand *m*, marchande *f*; **wholesale merchant** négociant *m*

meter mètre *m*; **six francs a meter** six francs le mètre

Mexico Mexique *m*

mezzanine entresol *m*

middle milieu *m*; **in the middle of** au milieu de

midnight minuit *m*

midst milieu *m*; **in the midst of** au milieu de

might (pouvoir): **I might** je pourrais

milk lait *m*

milliner modiste *f*

million million *m*

millionaire millionnaire *m*

mind: if you don't mind si vous voulez

mine le mien, la mienne, les miens, les miennes; **it is mine** c'est à moi; **a friend of mine** un de mes amis

ministry ministère *m*

minute minute *f*

mirror glace *f*

Miss mademoiselle *f*

miss: to miss manquer; to miss the road se tromper de route

mistaken: to be mistaken se tromper

moment moment *m;* a moment ago tout à l'heure at the moment when au moment où; at the moment of au moment de

Mona Lisa la Joconde

Monday lundi *m*

money argent *m*

monkey singe *m*

month mois *m;* per month, a month par mois

monument monument *m*

monumental monumental

moon lune *f*

more plus, davantage; not . . . any more ne . . . plus; more . . . than plus . . . que; (*numbers*) plus de; no more ne . . . plus de; more or less plus ou moins; more and more de plus en plus; some more encore, d'autres; he is more intelligent than his brother; il est plus intelligent que son frère; there were hardly more than a hundred pupils il n'y avait guère plus de cent élèves; you can take some more pictures vous pourrez prendre d'autres photos; all the more d'autant plus

morning matin *m;* good morning bonjour; every morning tous les matins; in the morning le matin

most la plupart; most of them la plupart d'entre eux

mother mère *f*

mouth bouche *f*

movie film *m,* cinéma *m;* movie house cinéma *m*

Mr. Monsieur *m;* Mr. Duval M. Duval

much beaucoup; very much beaucoup; so much tant; too much trop; how much? combien?; not much pas beaucoup, pas grand-chose

mumps oreillons *m pl*

museum musée *m*

mushroom champignon *m*

music musique *f*

musketeer mousquetaire *m*

must (devoir, falloir): must I? faut-il?; I must je dois, il faut que je . . .; I must have j'ai dû; there must be il doit y avoir

my mon, ma, mes

name nom *m;* what is your name? comment vous appelez-vous?; my name is je m'appelle; to name nommer; to be named s'appeler

named nommé

nap somme *m;* to take a nap faire un somme

narrow étroit

national national

nationality nationalité *f*

near près de; near here, nearby près d'ici

nearly presque

necessary nécessaire; it is necessary il faut que

need: to need avoir besoin de

negative négatif *m,* négative *f*

negatively négativement

neighbor voisin *m,* voisine *f*

neighboring voisin *m,* voisine *f*

neither ni l'un ni l'autre; neither . . . nor ne . . . ni . . . ni . . .

never jamais, ne . . . jamais

new nouveau *m,* nouvelle *f;* neuf *m,* neuve *f;* New Orleans La Nouvelle-Orléans

news nouvelles *f pl*

newspaper journal *m,* journaux *pl*

next prochain; next Saturday samedi prochain; next week la semaine prochaine; the next day le lendemain

next *adv* ensuite, puis

nice gentil *m,* gentille *f;* aimable; it is nice of you c'est gentil de votre part

night nuit *f;* last night hier soir; tonight ce soir; at night la nuit

nightfall nuit *f*

nine neuf

nineteen dix-neuf

nineteenth dix-neuvième

ninety quatre-vingt-dix

no non, ne . . . pas de; no one personne, ne . . . personne

nobility noblesse *f*

nobody personne, ne . . . personne

noise bruit *m*

none aucun *m,* aucune *f;* ne . . . aucun(e)

noon midi *m;* at noon à midi

nor ni; neither . . . nor ne . . . ni . . . ni . . .

Normandy Normandie *f*

North nord *m*

Norwegian norvégien *m,* norvégienne *f*

not ne . . . pas; not at all pas du tout; not much

pas beaucoup, pas grand-chose; **not one** aucun(e), ne . . . aucun(e)

note: to note noter

nothing rien, ne . . . rien; **nothing at all** rien du tout; **nothing interesting** rien d'intéressant; **nothing else** rien d'autre

noun nom *m*

novel roman *m*

November novembre *m*

now maintenant; actuellement

nowhere nulle part

number nombre *m;* **room No. 3** la chambre numéro trois

nurse, nursemaid bonne *f*

O

oats avoine *f*

obelisk obélisque *m*

obey obéir à

object objet *m*

observatory observatoire *m*

occasionally quelquefois

occupation occupation *f*

occupy occuper

o'clock heure *f;* **it is eleven o'clock** il est onze heures

October octobre *m*

oculist oculiste *m*

odd impair (*of numbers*)

of de; **of the** du, de la, de l', des; **of it, of them** en

offer: to offer offrir, tendre

office bureau *m*

often souvent

O.K. entendu, O.K., d'accord, d'ac.

old vieux, vieil *m;* vieille *f;* vieux *m pl;* vieilles *f pl;* ancien, ancienne; **how old are you?** quel âge avez-vous? **old man** mon vieux

olive olive *f*

on sur, à, en, dans; **on the bus** dans l'autobus; **on the train** dans le train; **on time** à l'heure; **on Wednesday** mercredi; **on Christmas Day** le jour de Noël; **on arriving** en arrivant

once une fois, autrefois; **once a week** une fois par semaine

one un, une; *pers pron* on, l'on; *dem pron* **the one, the ones** celui, celle, ceux, celles; **this one** celui-ci, celle-ci; **that one** celui-là, celle-là; **not one** aucun(e), ne . . . aucun(e); **no one** personne, ne . . . personne; **I have**

one j'en ai un(e); **here are some gray ones** en voici des gris

only *adj* seul; *adv* seulement, ne . . . que

open ouvert *adj and p part of* ouvrir; **to open** ouvrir; **it opens** il ouvre

opera opéra *m*

opposite opposé *m; adv* en face (de)

or ou; **either . . . or** soit . . . soit

orange orange *f*

order: in order to pour, afin de; **to order** commander

ordinarily d'habitude

organ orgues *f pl*

other autre; **some . . . others** les uns . . . d'autres; **the other one** l'autre

ought (devoir): **you ought to come** vous devriez venir; **you ought to have come** vous auriez dû venir

our notre *sg,* nos *pl*

ours le nôtre, la nôtre *sg,* les nôtres *pl*

ourselves nous-mêmes; **by ourselves** seuls

out: to go out sortir; **he is out** il est sorti

outside dehors, en dehors

over sur; **over there** là-bas

owe devoir

own propre; **they were victims of their own injustice** ils furent victimes de leurs propres injustices

ox bœuf *m*

P

package paquet *m*

pail seau *m*

pain mal *m*

paint: to paint peindre

painter peintre *m*

painting peinture *f*

pair paire *f*

pal mon vieux

palace palais *m*

pan: sauce pan casserole *f*

panorama panorama *m*

pansy pensée *f*

pants pantalon *m*

paper papier *m;* **newspaper** journal *m;* **writing paper** papier à lettres

pardon: to pardon pardonner; **pardon me** pardon

parent parent *m*

Parisian parisien, parisienne

park parc *m;* **public park** jardin public

part partie *f;* **part of town** quartier *m;* **to be a part of** faire partie de

particular particulier *m,* particulière *f;* **in particular** notamment

partly en partie

party soirée *f*

passer-by passant *m*

pasteboard (box) carton *m*

pastry pâtisserie *f,* gâteau *m*

patient malade *m or f;* client (d'un médecin) *m*

pay: **to pay** payer; **to pay for** payer

pea pois *m*

pear poire *f*

peony pivoine *f*

people gens *pl,* monde *m;* **too many people** trop de monde

per: **30 kilometers per hour** 30 kilomètres à l'heure; **per month** par mois; **per dozen** la douzaine

perfectly parfaitement, tout à fait

performance représentation *f*

perhaps peut-être

period période *f;* époque *f*

perish mourir; **perish the thought!** ne m'en parlez pas!

permission permission *f*

person personne *f*

personal personnel *m,* personnelle *f*

pharmacist pharmacien *m*

photograph photographie *f,* photo *f*

photographer photographe *m*

piano piano *m*

pick: **to pick** cueillir, ramasser

picnic pique-nique *m*

picture photographie *f,* photo *f,* tableau *m;* **to take a picture** prendre une photo

picturesque pittoresque

piece pièce *f,* morceau *m;* **ten francs apiece** dix francs (la) pièce

pig porc *m,* cochon *m*

pink rose

pity: **to pity** plaindre

place endroit *m,* place *f;* **in your place** à votre place; **to take place** avoir lieu

plan: **to plan** avoir l'intention de; **to plan a garden** dessiner un jardin

plan projet *m*

plane avion *m*

plant: **to plant** planter

platform quai *m*

play pièce *f;* **to play** jouer; **to play tennis** jouer au tennis; **to play cards** jouer aux cartes; **to play the violin** jouer du violon

pleasant agréable; **the weather is pleasant** il fait bon

please s'il vous plaît; **to please** plaire à

plural pluriel *m*

pneumonia pneumonie *f*

pocket poche *f;* **pocketbook** portefeuille *m*

poem poème *m,* poésie *f*

point point *m;* **point of view** point de vue *m*

poison: **to poison** empoisonner

police police *f;* **police station** commissariat de police *m;* **police lieutenant** commissaire de police *m*

policeman agent de police *m*

pool bassin *m;* **ornamental pool** pièce d'eau *f*

poor pauvre

pork porc *m;* **pork butcher** charcutier *m;* **pork butcher's** charcuterie *f*

port port *m*

portrait portrait *m*

possible possible

post card carte postale *f*

postman facteur *m*

post office bureau de poste *m,* poste *f*

potato pomme de terre *f;* **French fried potatoes** pommes de terre frites, frites

pound livre *f;* **2 francs a pound** 2 francs la livre

pour verser; **it is pouring** il pleut à verse, il pleut à seaux

practically à peu près

practice habitude *f*

preceding précédent

prefer préférer, aimer mieux

present *adj* présent, actuel, actuelle **at present** actuellement

president président *m*

pretty *adj* joli; *adv* assez; **pretty well** assez, assez bien

price prix *m*

priest curé *m*

print estampe *f,* gravure *f*

probably sans doute; **there is probably a train** il doit y avoir un train

profession profession *f*

professor professeur *m*

progress progrès *m*

promise promettre

pronoun pronom *m*

properly bien, comme il faut

provision provision *f*

pub petit café *m*

public public *m*, publique *f*

pull: to pull tirer; **to pull it in to the bank (shore) (edge)** l'amener au bord

pupil élève *m or f*

purchase achat *m*

purse bourse *f;* **change purse** porte-monnaie *m*

put mettre; **to put out** (to bother) déranger

Q

quality qualité *f*

quarter quart *m*, quartier *m;* **a quarter past eleven** onze heures et quart; **a quarter of two** deux heures moins le quart; **the Latin Quarter** le Quartier latin

queen reine *f*

question question *f;* **it is a question of** il s'agit de; **to be a question of** s'agir de

quiet tranquille

quite tout à fait

R

radiate rayonner

railroad chemin de fer *m;* **railroad station** gare *f*

rain pluie *f;* **to rain** pleuvoir; **it is raining** il pleut; **it was raining** il pleuvait; **it had rained** il avait plu

raincoat imperméable *m*

rare rare; **rarer and rarer** de plus en plus rare

rather plutôt, assez, un peu

ravage: to ravage ravager

reach: to reach atteindre

read: to read lire; **I have read** j'ai lu

ready prêt

realize se rendre compte de (que)

really vraiment, je vous assure; **really!** tiens!

reason raison *f*

rebuild reconstruire

receive recevoir; **I received** j'ai reçu

recently récemment, dernièrement

recognize reconnaître

red rouge

refusal refus *m*

refuse refuser

region région *f*

regret: to regret regretter de

reign règne *m*

relative parent *m*, parente *f*

relatively relativement

relax: to relax s'amuser

remedy remède *m*

remember se rappeler, se souvenir de

rent loyer *m;* **to rent** louer; **for rent** à louer

repair réparation *f;* **repair job** réparation; **to repair** réparer; **to have repaired** faire réparer

repeat répéter

replace remplacer

reply: to reply répondre à

represent représenter

request demande *f*

residence résidence *f*

responsible responsable

rest reste *m*, repos *m;* **to rest** se reposer

restaurant restaurant *m*

return: to return here revenir (ici); **to return (some place else)** retourner; **to return home** rentrer (à la maison)

review révision *f*, revue *f*

rib côte *f*

rice riz *m*

rich riche

ride promenade (à bicyclette, en auto) *f;* **to ride** aller en auto, à bicyclette, en vélo

right droit (*opposite of left*), bon (*opposite of wrong*): **on, to the right** à droite; **the right road** la bonne route; **to be right** avoir raison; **that's right** justement; **all right** bon, entendu; **right to** jusqu'à; **right away** tout de suite

rise: to rise se lever

risk risque *m;* **to run the risk** risquer de

road route *f;* **the right road** la bonne route; **the wrong road** la mauvaise route; **country road** chemin *m*

roll croissant *m;* petit pain *m*

romanesque roman, romane

roof toit *m*

room chambre *f*, salle *f;* **room and board** pension *f;* **bathroom** salle de bain; **lunchroom** buffet *m;* **dining room** salle à manger; **living room** salon *m;* (*space*) place *f;* **there is room** il y a de la place

rose rose *f*

rosebush rosier *m*

rosy rose

royal royal

run: to run courir; my watch doesn't run ma montre ne marche pas; to run a pub tenir un café

rush: rush hours les heures de pointe

Russia Russie *f*

Russian russe

S

sacrifice sacrifice *m*

sad triste

sail voile *f*; sailboat bateau à voile *m*

saint saint; la Sainte-Chapelle XIIIth century Gothic church in Paris

salad salade *f*; salad greens salade *f*

salesgirl vendeuse *f*

salesman vendeur *m*

same même; the same le même, la même, les mêmes; that's all the same to me cela m'est égal; all the same tout de même

sandwich sandwich *m*, sandwichs *pl*

Santa Claus le Père Noël

Saturday samedi *m*; on Saturdays le samedi

say dire; they say on dit; how does one say? comment dit-on?; that is to say c'est-à-dire; to say to oneself se dire

scarcely à peine, ne . . . guère

scarf écharpe *f*

schedule horaire *m*, emploi du temps *m*

school école *f*; secondary school lycée *m*; collège *m*; at school à l'école

science science *f*

Scotland Écosse *f*

sea mer *f*; seashore le bord de la mer

season saison *f*

seat place *f*

second second, deuxième; the second floor le premier (étage); second class seconde *f*; deuxième (classe) *f*

secondary secondaire; secondary school lycée *m*, collège *m*

section section *f*

see: to see voir; I see je vois; let's see voyons; you see vous voyez; I saw j'ai vu; I'll see je verrai; see you Sunday à dimanche

seem: to seem to avoir l'air de

seen vu *p part of* voir

selection choix *m*

sell vendre; where do they sell newspapers? où vend-on des journaux?

send envoyer; to send for envoyer chercher, faire venir; to send away, send back renvoyer

sentence phrase *f*

September septembre *m*

series série *f*

serious sérieux *m*, sérieuse *f*; grave

serve servir à

service service *m*; I am at your service je suis à votre disposition; service station station-service *f*

set: to set mettre, poser; to set out partir

seven sept

seventeen dix-sept

seventeenth dix-septième

seventh septième

seventy soixante-dix

several plusieurs; several times plusieurs fois

shade ombre *f*; in the shade à l'ombre

she elle, ce c'

sheep mouton *m*

shirt chemise *f*

shoe chaussure *f*, soulier *m*

shoo: to shoo out chasser

shop magasin *m*; tobacco shop bureau de tabac *m*; shop window devanture *f*; to shop faire des courses

shopkeeper marchand *m*, marchande *f*

shore bord *m*, rive *f*; seashore le bord de la mer

short court

should (devoir): you should vous devriez; you should have vous auriez dû

shoulder épaule *f*

show: to show montrer

shrug (one's shoulders) hausser les épaules

sick malade

side côte *m*, bord *m*; on the other side of de l'autre côté de; on the side of au bord de; the under side le dessous

sidewalk trottoir *m*; sidewalk café la terrasse d'un café

significance signification *f*; do you know the significance of . . .? connaissez-vous?

silent silencieux *m*, silencieuse *f*

silk soie *f*

simple simple

since depuis, puisque

sing: to sing chanter

single seul; not a single ne . . . aucun

Sir Monsieur

sister sœur *f*

sit s'asseoir, être assis; **sit down** asseyez-vous; **to sit down at the table** se mettre à table

six six

sixteen seize

sixth sixième

sixty soixante

size étendue *f*, pointure *f*

skate: to skate patiner

ski: to ski faire du ski

skilful habile

skin peau *f*; **I am wet to the skin (to the bones)** je suis trempé(e) jusqu'aux os

sky ciel *m*

skyscraper gratte-ciel *m invar.*

sleep: to sleep dormir; **to fall asleep** s'endormir

slightest: the slightest le moindre, la moindre, les moindres

slippery glissant

small petit

smile sourire *m*

smoke: to smoke fumer

snake serpent *m*

snow neige *f*; **to snow** neiger

so aussi, si, ainsi; **so that** pour que; **so as to** pour

sock chaussette *f*

soil sol *m*

soldier soldat *m*

some du, de la, de l', des; *adj* quelque *sg*, quelques *pl*; *pron* en; quelques-uns, quelques-unes; les uns, les unes; **some of them** quelques-uns; **some . . . the others** les uns . . . les autres; **some . . . others** les uns . . . d'autres; **some more** encore, d'autres

someone quelqu'un

something quelque chose; **something good** quelque chose de bon; **something else** autre-chose

sometimes quelquefois, parfois

somewhere quelque part

soon bientôt, tôt; **sooner** plus tôt; **as soon as possible** le plus tôt possible

sore: to have a sore throat avoir mal à la gorge

sorry fâché; **I am sorry** je regrette, je suis fâché

sort espèce *f*

soup soupe *f*

South sud *m*

souvenir souvenir *m*

space espace *m*

Spain Espagne *f*

Spanish espagnol

speak parler; **do you speak?** parlez-vous?; **I speak** je parle; **he speaks** il parle

speed vitesse *f*

spend passer; dépenser; **he spent three years in England** il a passé trois ans en Angleterre;

splendor splendeur *f*

spring printemps (saison) *m*; ressort (d'une montre) *m*; **in the spring** au printemps

square place *f*

squirrel écureuil *m*

stadium stade *m*

stained-glass window vitrail *m*, vitraux *pl*

stair escalier *m*

staircase escalier *m*; **spiral staircase** escalier en colimaçon

stamp timbre *m*; **postage stamp** timbre-poste *m*

standing debout

star étoile *f*

start: to start commencer, se mettre à; **we started to work at 1:30** nous nous sommes mis à travailler à une heure et demie

station gare *f*

stay: to stay rester

steak: minute steak bifteck *m*

steering wheel volant *m*

step pas *m*; **steps** escalier *m*; **a step from here** à deux pas d'ici

still toujours, encore

stockbroker agent de change *m*

stomach estomac *m*

stop arrêt *m*; **to stop** arrêter, s'arrêter

store magasin *m*

story histoire *f*

straight droit; **straight ahead** tout droit

strawberry fraise *f*; **wild strawberry** fraise des bois *f*

street rue *f*; **surface of a street** chaussée *f*; **street level** rez de chaussée

structure bâtiment *m*

student étudiant *m*, étudiante *f*

study: to study étudier

style style *m*

succeed in réussir à

such un tel, une telle, de tels, de telles; **such a**

watch une telle montre
suddenly tout à coup
suffer souffrir
sugar sucre *m*
suggest suggérer, proposer
suit complet *m;* **to suit** convenir à; **this room suits me perfectly** cette chambre me convient parfaitement
suitable convenable
summer été *m;* **in summer** en été
sun soleil *m;* **sun bath** bain de soleil *m*
Sunday dimanche *m;* **see you Sunday** à dimanche
supermarket super-marché *m*
suppose supposer; **suppose we take a few of them back home?** si nous en rapportions quelques-uns à la maison?; **I am supposed to** je dois
sure sûr
surely sûrement
surface surface *f;* **surface of a street** chaussée *f;* **the upper surface** le dessus
surprise surprise *f*
surprised surpris *p part of* surprendre
surround with entourer de
suspect: to suspect se douter de; **I suspected it** je m'en doutais
sweater pull-over *m*
Swedish suédois
sweet doux *m,* douce *f*
swim: to swim nager
Switzerland Suisse
symbolize symboliser
system système *m;* **metric system** système métrique

T

table table *f*
tailor tailleur *m*
take prendre, emporter, mener, conduire; **to take a walk** faire une promenade; **you take** vous prenez; **I took** j'ai pris; **to take place** avoir lieu; **to take along** emporter, emmener; **how long does it take?** combien de temps faut-il?; **to take an examination** passer un examen; **this road will take you to Fontainebleau** ce chemin vous mènera à Fontainebleau

taking prise *f*
talk: to talk parler; **to talk over** parler de
tall grand
tapestry tapisserie *f*
taste goût *m*
taxi taxi *m*
tea thé *m*
telegram dépêche *f,* télégramme *m*
telephone: to telephone téléphoner
television télé, télévision *f*
tell dire; **to tell about** parler de
temperature température *f*
ten dix
tennis tennis *m;* **to play tennis** jouer au tennis
tenth dixième
terrific formidable
terrifically terriblement, horriblement
text texte *m*
thank remercier; **thank you** merci
that (those) *dem adj* ce, cet *m,* cette *f,* ces *pl;* ce . . .-là, cette . . .-là, ces . . .-là; **that** *dem pron* celui *m,* celle *f,* ceux *m pl,* celles *f pl;* cela; **that's it** c'est cela; **that** *rel pron* qui, que, lequel, laquelle, lesquels, lesquelles; **all that** tout ce qui, tout ce que; **that** *conj* que
the le, la, l', les
theater théâtre *m*
their *poss adj* leur *sg,* leurs *pl*
theirs *poss pron* le leur, la leur, les leurs
them les; leur; eux, elles; **of them** en
then alors, ensuite, puis; ainsi
theology théologie *f*
there là, y; **there is, there are** il y a; **is there? are there?** y a-t-il?; **thereon** là-dessus; **under there** là-dessous; **in there** là-dedans
these *dem adj* ces, ces . . .-ci; *dem pron* ceux-ci *m,* celles-ci *f*
they ils, elles; on
thick épais, épaisse
thin mince
thing chose *f;* **many things** beaucoup de choses
think penser à, penser de, croire, trouver; **what do you think of Charles?** que pensez-vous de Charles?; **I think so** je crois que oui; **she thought it was very good** elle l'a trouvé très bon; **I thought that** je croyais que; **I rather thought so** je m'en doutais
thinker penseur *m*
third troisième

thirst soif *f;* **to be thirsty** avoir soif

thirteen treize

thirteenth treizième

thirty trente

this *dem adj* ce, cet *m,* cette *f;* ce . . .-ci, cet . . .-ci, cette . . .-ci; **this** *dem pron* celui *m,* celle *f;* celui-ci, celle-ci; ceci; **this one** celui-ci, celle-ci

those *dem adj* ces, ces . . .-là; *dem pron* ceux-là *m,* celles-là *f*

thousand mille

three trois

throat gorge *f*

Thursday jeudi *m*

ticket billet *m;* **ticket window** guichet *m;* **to give a ticket** faire un procès-verbal

tie cravate *f*

till jusqu'à; **till Sunday** à dimanche; **till then** jusque-là

time temps *m,* heure *f,* fois *f,* moment *m;* **what time is it?** quelle heure est-il?; **at what time?** à quelle heure?; **the first time** la première fois; **several times** plusieurs fois; **to have time to** avoir le temps de; **on time** à l'heure; **at that time** à ce moment-là, à cette époque; **to have a good time** s'amuser, s'amuser bien; **from time to time** de temps en temps; **in time** à temps; **at the time when** au moment où; **at the time of** au moment de; **some time soon** ces jours-ci; **some time ago** il y a quelque temps; **harvest time** le moment de la moisson

tired fatigué

to à, en, pour, chez, jusqu'à; **to the** au, à la, à l', aux; **it is ten minutes to four** il est quatre' heures moins dix; **to the right** à droite; **to the top of** en haut de; **to, in the middle of** au milieu de; **I would go to Italy** j'irais en Italie; **to the United States** aux États-Unis; **to South America** dans l'Amérique du Sud; **to Versailles** à Versailles; **a round-trip ticket to Rheims** un billet aller et retour pour Reims; **to the Brown's** chez les Brown; **to our house** chez nous; **to the country** à la campagne; **I am wet to the skin (bones)** je suis trempé(e) jusqu'aux os; **they have been very nice to me** ils ont été très gentils pour moi; **how long does it take to go to Versailles?** combien de temps faut-il pour aller à Versailles?; **I'll be glad**

to volontiers; **she is to arrive soon** elle doit arriver ces jours-ci

tobacco tabac *m;* **tobacco shop** bureau de tabac *m*

today aujourd'hui; **today is Friday** nous sommes aujourd'hui vendredi

together ensemble

tomato tomate *f*

tomb tombe *f,* (*monumental*) tombeau *m*

tomorrow demain; **day after tomorrow** après-demain

tonight ce soir

too trop, aussi

tooth dent *f;* **to have a toothache** avoir mal aux dents

top haut *m;* **at the top of** en *haut de; **from the top of** du *haut de

towards vers

tower tour *f;* **the Eiffel tower** la tour Eiffel

town ville *f;* **downtown** en ville

track voie *f*

train train *m;* **on the train** dans le train

travel: to travel voyager

tree arbre *m*

trim: to trim tailler

trip voyage *m;* **round trip** aller et retour; **to have a good trip** faire bon voyage: **to take a trip** faire un voyage

trouble peine *f;* **it is not worth the trouble** ce n'est pas la peine

truck camion *m*

true vrai

try: to try essayer (de); **to try on** essayer

Tuesday mardi *m*

tulip tulipe *f*

turkey dinde *f*

Turkey Turquie *f*

turn: to turn tourner; **to turn around** se retourner

twelfth douzième

twelve douze; **twelve o'clock (noon)** midi; **twelve o'clock (midnight)** minuit

twenty vingt

twenty-one vingt et un

twice deux fois

two deux

U

umbrella parapluie *m*

uncle oncle *m*

under sous, dessous; **under side** dessous *m;* **under there** là-dessous

understand comprendre; **do you understand?** comprenez-vous?; **I understand** je comprends

undo défaire

unhappy malheureux *m,* malheureuse *f*

United States États-Unis *m pl; in the United States** aux États-Unis

university université *f*

unless à moins que

until jusqu'à, jusqu'à ce que; **until tomorrow** à demain

up en haut; **up there** là-haut; **to go up** monter

upper: upper surface dessus *m*

use emploi *m;* **what's the use?** à quoi bon?; **there is no use trying** vous avez beau essayer; **to use** employer, se servir de, **to be used for** servir à; **used to** *expressed by imperf ind:* **I used to go** j'allais; **to be used to** avoir l'habitude de; **to get used to** s'habituer à

usual: as usual comme d'habitude

usually d'habitude, d'ordinaire

V

vacation vacances *f pl;* **on vacation** en vacances

vain: in vain avoir beau + *infin:* **you'll try in vain** vous aurez beau essayer

value valeur *f;* **to be valuable** avoir de la valeur

vegetable légume *m*

very très; **in the very heart of Paris** au cœur même de Paris

victim victime *f*

view vue *f;* **point of view** point de vue *m*

village village *m*

violet violette *f*

violent violent

violin violon *m*

visit visite *f;* **to visit** visiter (*things*), aller voir

voice voix *f;* **in a low voice** à voix basse

W

waiter garçon *m*

wake up se réveiller

waken se réveiller

walk promenade *f,* allée *f*

walk: to walk marcher, aller à pied, se promener

wall mur *m*

want: to want vouloir, avoir envie de; **I want** je veux; **he wants** il veut; **do you want?** voulez-vous?

warm chaud; **it is warm** il fait chaud; **I am warm** j'ai chaud

warn prévenir; **I warn you** je vous préviens

was: I was j'étais, j'ai été; **I was born in Philadelphia** je suis né à Philadelphie

wash: to wash laver; **to wash one's hands** se laver les mains

watch montre *f;* **to watch out** faire attention à

water eau *f;* **to water** arroser

way moyen *m,* façon *f;* **this way** par ici; **on the way** en route; **it's a way of passing half an hour** c'est une façon de passer une demi-heure; **to lose one's way** s'égarer

wear porter; **to wear out** user

weather temps *m;* **how is the weather?** quel temps fait-il?; **the weather is fine** il fait beau

wedding mariage *m*

Wednesday mercredi *m*

week semaine *f;* **in a week** dans huit jours; **in two weeks** dans quinze jours; **last week** la semaine dernière; **a week from today** d'aujourd'hui en huit; **every week** tous les huit jours

weekend week-end *m*

welcome: you are welcome de rien, il n'y a pas de quoi, à votre service

well bien, eh bien!, tiens!; **I am well** je vais bien

were: you were vous étiez, vous avez été; **where were you born?** où êtes-vous né?

wet mouillé; **I am wet to the skin (to the bones)** je suis trempé(e) jusqu'aux os

what? *interrog adj* quel? quelle? quels? quelles?; **what?** *interrog pron* que? qu'est-ce qui? qu'est-ce que? quoi?; **what is?** qu'est-ce que c'est que?; **what for?** pourquoi?; **what** *rel pron* ce qui, ce que; **what is . . .** ce que c'est que . . .

whatever: whatever you do will be in vain vous aurez beau faire

wheat blé *m*

when quand, lorsque; où

whence d'où

whenever quand, chaque fois que

where où

which? *interrog adj* quel? quelle? quels?

493

quelles?; **which?** *interrog pron* lequel? laquelle? lesquels? lesquelles?; **which one?** lequel? laquelle?; **which ones?** lesquels? lesquelles?; **which** *rel pron* qui, que; lequel, laquelle, lesquels, lesquelles; **of which** dont; **in which** où

while tandis que, pendant que; **a while ago, in a while** tout à l'heure

white blanc *m*, blanche *f*

who? *interrog pron* qui? qui est-ce qui?; **who** *rel pron* qui; lequel, laquelle, lesquels, lesquelles

whom? *interrog pron* qui? qui est-ce que?; **whom** *rel pron* que; lequel, laquelle, lesquels, lesquelles; **of whom** dont, duquel; **to whom** à qui

whose? *interrog pron* à qui?; **whose gloves are these?** à qui sont ces gants?; **at whose house?** chez qui?; **whose** *rel pron* dont, de qui

why pourquoi; **why not?** pourquoi pas?

wife femme *f*

wild sauvage; **wild flower** fleur sauvage *f;* **wild strawberry** fraise des bois *f*

willing: I am willing je veux bien

wind vent *m;* **it is windy** il fait du vent

window fenêtre *f;* **ticket window** guichet *m;* **cashier's window** caisse *f;* **shop window** vitrine *f;* **stained-glass window** virtrail *m*, vitraux *pl*

wine vin *m*

winter hiver *m;* **in winter** en hiver

wire dépêche *f*, télégramme *m*

wish: to wish souhaiter; **if you wish** si vous voulez

with avec

without sans

witness témoin *m;* **to witness** être témoin de

wonder: to wonder se demander

wood bois *m*

word mot *m*

work travail *m;* **to work** travailler

world monde *m*

worried préoccupé, inquiet, inquiete

worry ennuyer; **don't worry** soyez tranquille, ne vous en faites pas

worse *adj* pire; *adv* pis; **so much the worse** tant pis

worth: to be worth valoir; **it is not worth while** ce n'est pas la peine; **worth buying** intéressant

wound: to wound blesser

write écrire

wrong: the wrong road la mauvaise route; **to be wrong** avoir tort; **something is wrong** il y a (vous avez) quelque chose

Y Z

year an *m*, année *f;* **every year** tous les ans; **New Year's Day** le jour de l'an

yellow jaune

yes oui, si

yesterday hier

yet encore, déjà; **not yet** pas encore

you vous; tu, te, toi

young jeune

your votre *sg*, vos *pl;* ton, ta, tes

yours le vôtre, la vôtre, les vôtres; le tien, la tienne, les tiens, les tiennes; **is it yours?** est-ce à vous?; **a friend of yours** un(e) de vos ami(e)s

zero zéro *m*

zoology zoologie *f*

Index

Photo Credits

PC2121.H26 1982
Harris, Julian Earle, 1896-
Basic conversational French

DATE	ISSUED TO

PC2121.H26 1982
Harris, Julian Earle, 1896-
Basic conversational French

DEMCO

CARTE DES PAYS DE LANGUE FRANÇAISE

130° 120° 90° 60° 30°

Cercle po

CANADA

NO

QUÉBEC

EIRE GRAND BRETA

FR

S. PIERRE-ET-MIQUELON

ÉTATS-UNIS

LES PROVINCES
MARITIMES

ÎLES AÇORES

PORTUGAL ESPAGNE

MAROC

MEXIQUE

Tropique du Cancer

ÎLES CANARIES

RIO DE ORO

AL

ÎLES HAWAI

CUBA

REP. DOMINICAINE

S. MARTIN

ÎLES DU CAP VERT

MAURITANIE

MAL

HONDURAS ANGL.

DOMINIQUE · S. BARTHELEMY

GUATEMALA

HONDURAS

HAÏTI

S. LUCIE · GUADELOUPE

SÉNÉGAL

HAUTE
VOLTA

SALVADOR

NICARAGUA

GRENADE: MARTINIQUE

GAMBIE GUINÉE

TO

COSTA RICA

S. VINCENT

SIERRA LEONE

GHAN

ÎLE CLIPPERTON

PANAMA

VÉNÉZUÉLA

LIBÉRIA

CÔTE
D'IVOIRE G

GUYANE

COLOMBIE

EX-BRIT.

GUYANE

Équateur

SURINAM

ÉQUATEUR

ÎLES MARQUISES

ÎLES DE LA SOCIÉTÉ

BRÉSIL

ÎLES TOUAMOUTOU

PEROU

TAHITI

BOLIVIE

ÎLES TOUBOUAI

ÎLES GAMBIER

PARAGUAY

Tropique du Capricorne

CHILI

URUGUAY

ARGENTINE

NDE

Pays ou régions où le français est langue officielle et maternelle

Pays ou régions où le français est langue officielle

Îles où le français est langue officielle et maternelle

Îles où le français est langue officielle ou maternelle

Pays où le français est langue d'enseignement

Pays où l'influence culturelle française reste importante

Pays de langue romane

Minorités francophones

120° 90° 60° 30°